Barry Sanders

Der Verlust der Sprachkultur

Aus dem Amerikanischen von
Kurt Neff

S. Fischer

Für Ivan

3. Auflage, 9.–10. Tsd.
Die amerikanische Originalausgabe erschien 1994
unter dem Titel »A is for Ox. Violence, Electronic Media,
and the Silencing of the Written Word«
im Verlag Pantheon Books, New York

Satz: Stahringer, Ebsdorfergrund
Druck und Einband: Clausen & Bosse, Leck
Printed in Germany 1995
ISBN 3-10-076803-5

Gedruckt auf chlor- und säurefreiem Papier

Inhalt

Dank

Meine Frau Grace ist gewöhnlich die erste, die meine Gedanken zu hören bekommt. Authentischer kommen sie dann zurück. Von meiner Tochter Kali und meinem Sohn Pebber habe ich viel gelernt. Sie haben mich inspiriert, und sie haben mich auf Fragen gebracht: Für beides danke ich ihnen von Herzen.

Danken möchte ich auch Majid Rahnema, Al Schwartz, Lew Ellenhorn, Robert Falk, Paul Livadary und Jim White. Sie haben Bedeutsames beigesteuert.

Zum Schluß möchte ich meiner Agentin Miriam Altshuler und meinem Lektor Peter Dimock dafür danken, daß sie mir geglaubt und an mich geglaubt haben.

Einleitung

Bestimmte Elementarvorstellungen sind so tief in unser Alltagsleben eingesenkt, daß sie dem Bewußtsein gänzlich entglitten zu sein scheinen. Wir handeln, ohne überhaupt an sie zu denken, und werden ihrer nur in Zeiten des Wandels oder der Krise gewahr. Vielleicht das schlagendste Beispiel hierfür ist die Idee des Selbst, die hinter den Kulissen unser Leben formt. Mag man auch das Selbst zu vertrackt oder zu ungreifbar finden, um es definieren zu können: an seinem Vorhandensein zweifelt niemand, seine Wichtigkeit stellt niemand in Frage. Die meisten Menschen würden einräumen, daß ein Leben ohne Selbst nahezu unvorstellbar ist.

Indes, das Selbst im heutigen Begriffsverständnis taucht verhältnismäßig spät in der Geschichte des abendländischen Denkens auf. Dieses Buch verficht die These, daß die Idee des kritischen, innengeleiteten Menschen, die für uns selbstverständliche Grundlage unseres Menschseins ist, sich nur im Schmelztiegel des Lesens und Schreibens bildet. Der Mensch, wie wir ihn heute kennen, ist ein Produkt der Literalität. Im Abendland beginnt die Buchstabenschrift sich irgendwann im fünften oder sechsten Jahrhundert v. Chr. einzubürgern. Was geschieht nun, über zweitausend Jahre danach, mit dem Selbst, so müssen wir uns angesichts der Tatsache fragen, daß die Welt der Bücher für die Jugend heute mehr und mehr an Anziehungskraft verliert. Anders gefragt: Was geschieht mit dem Geschöpf, an das wir uns so sehr gewöhnt haben? So die höchst bestürzende Frage, der die heutige Gesellschaft sich gegenübersieht, denn das Selbst, das im Gefolge der Literalität die Arena der Geschichte betrat, steht kurz davor, diese Arena wieder zu verlassen. Dieser Akteur namens Selbst, der als ein an die Buchkultur gebundenes soziales und intellektuelles Konstrukt ins Dasein trat, ist in Auflösung begriffen und dabei, sich aus dem Fundus des Humanen zu verflüchtigen. Mit ihm wird auch der Mensch, den wir heute kennen, dahingehen.

Dieses Buch schildert eine Welt, die bevölkert ist von Jugendlichen, deren Weg am Lesen und Schreiben vorbeigeführt hat und die infolgedessen gezwungen waren, sich ein Leben ohne die Mithilfe jenes intimsten und vertrautesten Ratgebers, des Selbst, zurechtzuzimmern. Es bedarf keiner sonderlich lebhaften Phantasie, das Bild einer solchen Welt auszumalen. Die Details kann man der Morgenzeitung entnehmen. Es ist eine Welt, deren Kennzeichen Leid und Tod sind, eine Welt voll Desperados und Aussteiger, voller Schülerselbstmorde, blutiger Bandenkriege, zerrütteter Familien und Morde. Es ist eine Welt, in der junge Leute lieber auf Rache und Vergeltung sinnen, als über sich selbst nachzudenken. Es ist eine Welt, in der Menschen töten, ohne Gewissensbisse oder Reue zu empfinden.

Wir müssen uns mit jeder Faser unseres Wesens bemühen, dem Alptraum Einhalt zu gebieten. Der erste Schritt zur Lösung des Problems ist die Wiederherstellung des Selbst. Diese Aufgabe kann nicht von Schulen und Lehrern allein bewältigt werden. Literalität ist ein soziales Unterfangen, das, um Erfolg zu haben, sowohl eine Neubestimmung seines Sinnes als auch eine Strategie erfordert. Jeder Mensch und jede Menschengruppe, dessen oder deren Weg in die Literalität führt, legt zuerst in der Welt der Oralität ein Fundament für das Beherrschen des Lesens und Schreibens. Die Oralität trägt die Literalität, liefert den Antrieb zu deren Ausformung. Weil Literalität mehr ist als ein Aneinanderreihen von Wörtern auf Papier, sind die in der Oralität erlernten Fertigkeiten von entscheidender Bedeutung. Lesen und Schreiben bilden einen Komplex von Beziehungen und Strukturen, ein dynamisches System, das verinnerlicht und in die Erfahrungswelt rückprojiziert wird. Erfolg und Mißerfolg in der Oralität entscheiden darüber, ob ein Mensch bei der Begegnung mit der Literalität auf diese »anspringt«. Der Weg zur Literalität öffnet sich in der allerersten Handlung des Neugeborenen – dem Akt des Atemholens. Die menschliche Stimme verweist wie ein lautstarkes Signalhorn auf den Weg zur Literalität.

Aber der Weg ist verbaut. Er ist verbaut durch elektronische Systeme jeder nur denkbaren Art, von Film und Fernsehen über Schallplatten und CDs bis zu PCs und Videospielen. Bevor Eltern und Lehrer daran denken können, des Lesens und Schreibens mächtige Kinder heranzuziehen, müssen sie zuallererst einmal für deren Existenz als Geschöpfe der Oralität sorgen. Der PEN-Club, eine internationale Schriftstellervereinigung, macht sich zum Sachwalter eingekerkerter Schriftsteller in aller Welt. Er schützt das Wort vor staatlichem Terror. Heutigentags täte er gut daran, sein Augenmerk auch auf die Jugendlichen zu richten, die vom Lesen und Schreiben abgeschnitten sind, weil sie zu Gefangenen der elektronischen Medien wurden. Am 12. Januar 1986 veranstaltete der PEN-Club in der New York Public Library seinen 48. Internationalen Kongreß. Hauptredner waren Nadine Gordimer und Norman Mailer, zwei bedeutende Autoren, die auf je eigene Weise das Konferenzthema »Die Phantasie des Schriftstellers und die Phantasie des Staats« behandelten. In seiner Eigenschaft als Präsident des amerikanischen PEN-Zentrums eröffnete Mailer das offizielle Programm mit einer feurigen Proklamation der Macht des Wortes:

> Wir sind verliebt in das Wort. Wir sind stolz auf es. Das Wort geht der Staatenbildung voraus. Das Wort spricht zu uns aus jeder Erscheinungsform frühmenschlichen Daseins. Als Schriftsteller haben

> wir mehr als andere die Pflicht, die Bindung unseres Lebens an die Urkraft des Wortes zu wahren. Aus den Veden, den heiligen Schriften der alten Inder, hören wir noch heute: »Durch das gesprochene Wort sind alle Götter, alle Tiere und Menschen. Im Wort leben alle Wesen. … Das Wort ist der Nabel der Götterwelt.«

Nehmen wir Mailers Worte als Präambel, die uns auf den Gegenstand dieses Buches einstimmt.

Erstes Kapitel

Konservative, Liberale und Denker des linken Flügels in den zeitgenössischen Schulen der Sprachphilosophie stimmen in einem überein: Nicht das Werkzeug hat den Menschen zum Menschen gemacht, sondern das Wort. Nicht der aufrechte Gang und der Stock, um damit nach Nahrung zu graben oder zu kämpfen, machen den Menschen zum Menschen, sondern die Sprache. Weder die intelligenten Menschenaffen noch die Delphine, die in den Meeren Wunderbares flüstern, teilen mit uns das Vermögen, die direkte Kommunikationsmöglichkeit in das geschriebene Wort zu verwandeln, das der Anfang einer langen Kette der Kommunikation und Verbindung zwischen Menschen und Generationen ist, die sich nie begegnen werden.
Nadine Gordimer, Das Wort kann man nicht umbringen. In: N. G., *Leben im Interregnum*.

Menschen sprechen. Menschen hören zu. Doch nur sehr wenige Völker der Welt – jenem riesigen Kollektiv von Sprechern und Hörern – haben irgendwann einmal den radikalen Bruch vollzogen, den der Schritt in die Literalität bedeutet. Nach der jüngsten Zählung der UNO haben von den ungefähr 3000 Sprachen, die heute in der Welt gesprochen werden, ganze 78 eine Literatur. Von den 78 Literaturen wiederum erfreuen sich kärgliche fünf oder sechs wirklicher internationaler Resonanz. Des Lesens und Schreibens Kundige bilden in der Weltbevölkerung nur eine sehr kleine Minderheit, bringen sich jedoch in einem Maße zur Geltung, das in keinem Verhältnis zu ihrer Zahl steht. In gewissem Sinn ist dies bei der Lese- und Schreibkenntnis die »Moral von der Geschicht'«: Sie befähigt Menschen, ihre Meinung auf so effiziente Weise zu formulieren, wie sie schriftlosen Völkern für immer unbekannt bleiben wird. Literalität – diese geheimnisvolle, schwer zu definierende Kraft, die den Menschen in eine ausnehmend leistungsfähige Bewußtseinsform hineinkatapultiert – ist der Gegenstand dieses Buches.[1]

Die große Mehrzahl der Menschen auf der Erde hat heute die Chance, aus der Schriftlosigkeit herauszutreten und in jene andere Welt, die Welt des Lesen-und-schreiben-Könnens, überzuwechseln. Doch die allermeisten von ihnen tun nie auch nur den ersten Schritt in diese Richtung. Mag sein, daß diese Menschen das untergründige Paradox der Lese- und Schreibkenntnis spüren: Die Brücke dorthin ist eine Einbahnstraße. Wer einmal das Territorium betreten hat, das man Literalität nennt, kann nie wieder zurück. In diesem Bezirk werden Besucher oder Touristen nicht geduldet. Die Literalität ist eine Welt ohne Ausgang und das Lesen-und-schreiben-Können eine Erfahrung, deren Konsequenzen auf keine Weise rückgängig zu machen sind. Die Welt der Oralität ist von der anderen Seite der Brücke aus kaum mehr zu erkennen. Nur verschwommene Umrisse vermag man noch von ihr auszumachen, und es scheint wie ein bloßer Traum, daß man dort einst zu Hause war.

Kein Wunder, daß die Welt der Oralität, deren Bewohner keinerlei Kontakt mit Lesen und Schreiben haben – in der Nomenklatur der Anthropologen: die Domäne der »primären Oralität« –, für die meisten des Lesens und Schreibens kundigen Geister ein Buch mit sieben Siegeln ist. Es ist nahezu unmöglich, die wahre Denkform von Analphabeten zu ergründen oder sich ein authentisches Bild von ihrer Weltwahrnehmung zu machen – eine Situation, die ein bißchen derjenigen ähnelt, in die man bei dem Versuch gerät, sich die eigene Geistesverfassung vor der Bekanntschaft mit dem Lesen und Schreiben zu vergegenwärtigen. Die authentischen Gefühls- und Erinnerungsschemata der Lebensphase vor unserer Begegnung mit der Schrift werden durch andere Denk- und Erinnerungsformen überdeckt. Aber es ist wichtig, den Zugang zur Wahrnehmungsdimension der Oralität zu suchen, denn dieses Stadium, das jeder von uns auf dem oder jenem Kurs durchlaufen hat, bildet die Grundlage der Literalität. Literalität läßt sich ohne Kenntnis ihrer Beziehung zur Oralität nicht richtig begreifen.

Geschichten sind das Herzblut oraler Kulturen, und der Geschichtenerzähler ist das Herz des Stammes, des Kollektivs. Er pumpt Geschichten in das Kreislaufsystem des sozialen Organismus und hält sie dort am Zirkulieren. Seine Geschichten sind nicht von der gewöhnlichen Sorte, die man sich beiläufig und planlos erzählt, sondern es sind Geschichten, die sein Publikum erwartet und herbeiwünscht und deren Grundzüge es auswendig kennt. Seine Geschichten geben den Zuhörern die beruhigende Gewißheit darüber, wer sie sind, und rufen ihnen in Erinnerung, woran sie glauben: so erwächst aus ihnen der Zusammenhalt des Kollektivs. Im Netz seiner Geschichten fängt der Erzähler alles ein: die Kunde von vergangenem Geschehen, Wahrheit, Heldentum, Religion, Philosophie, Moral, Liebe. Der Führer, der diese Geschichten erzählt – gewöhnlich ein Mann, gewöhnlich in vorgerücktem Alter –, verdankt seine privilegierte Stellung einem Erfahrungsvorsprung, der nach Jahren mißt. Er hat sich das Recht erworben, für alle zu sprechen – als ihr »Sprachrohr« zu fungieren. »In jedem Falle ist der Erzähler ein Mann, der dem Hörer Rat weiß. […] Rat, in den Stoff gelebten Lebens eingewebt, ist Weisheit«, notierte Walter Benjamin über die Rolle des Geschichtenerzählers in oralen Kulturen.[2] Auf der Kulturstufe der Oralität fällt dem Erzähler die Rolle des Weisheitslehrers zu, wie sie im Rollenkatalog der modernen, schriftbesitzenden Kulturen nicht mehr vorkommt.

Bei einigen Stämmen der amerikanischen Ureinwohner ist der Geschichtenerzähler, weil sein Atem heilig ist, zugleich der Hüter des geheiligten Requisits des Erzählens, der Tabakspfeife. Der Führer entzündet die Pfeife und schmaucht, und der Erzählfluß ahmt die Formenbildung des Rauchstroms nach, der davonzieht und sich dann in sich selbst zurückschlingt, niedersinkt und schließlich entschwebt und sich auflöst. Weil er die für ihr nacktes Überleben wichtigen Geheimnisse kennt – und mit ihnen allen teilt –, begegnen die Mitglieder des Stammes oder des Kollektivs dem Erzähler mit Hochachtung und Ehrerbietung. Schlechterdings alles, was der Stamm an lebenswichtigem Wissen benötigt, geht in Erzählzeiteinheiten aufgeteilt aus seinem Mund hervor.

Als Mitglieder einer Schriftkultur neigen wir dazu, das Erzählen in den Aufgabenbereich diverser Literaturgattungen – des Romans, der Novelle usw. – zu verweisen. In Wahrheit jedoch ist noch heute das Leben in literalisierten Gesellschaften durchdrungen von einem Erzählen, dessen tiefreichende Bindung an die Welt der Oralität – wenn auch unbewußt – weitgehend unbeeinträchtigt erhalten geblieben ist. Nicht wenige Psycholinguisten vergleichen sogar den Lebensprozeß selbst mit dem Erzählen einer Geschichte. Als Vorreiter agiert dabei der Psychologe Jerome Bruner, der einen Zusammenhang zwischen Erzählkunst und dem Selbstbewußtsein glaubt diagnostizieren zu können. Zu diesem Befund gelangte er bei der Auswertung der Protokolle von Dutzenden und Aberdutzenden von Gesprächssitzungen, in denen Menschen der verschiedensten Altersstufen zwanglos über sich und ihr Leben geplaudert hatten:

> In einem bestimmten wichtigen Sinn ist das »Leben« ein Text: ein Text, der Überarbeitungen, Auslegungen, Umdeutungen usw. unterzogen wird. Will sagen: Ein *zur Bilanzierung anstehendes* Leben wird von dem, der Bilanz zieht, als unterschiedlichen Deutungen offenstehender Text aufgefaßt. Menschen, die ihre Lebensbilanz

uminterpretieren, leugnen damit nicht den früheren »Text« [...] sie leugnen vielmehr die Interpretation, die sie ihm früher gegeben haben. Das ist eine Gewohnheit, die ein Leben lang währt.
Ich möchte »Text« [...] in diesem Sinne mit einer in Stichworten formulierten erzählerischen Lebensbilanz gleichsetzen. Daß diese Bilanz im Gedächtnis abgelegt ist beziehungsweise im Gedächtnis in einer Form abgelegt ist, die es ihr erlaubt, längere und kürzere Varianten ihrer selbst aus sich zu erzeugen, verwehrt ihr nicht den Status eines unterschiedlichen Interpretationen offenstehenden Texts.[3]

Für Bruner wie auch für andere Sozio- und Psycholinguisten heißt Leben, den Faden der Ereignisse zu einem verschlungenen Erzählmuster, der »Lebensgeschichte« oder »Biographie«, zu verweben. Dann und wann – bei der Beichte zum Beispiel oder während einer psychoanalytischen Sitzung, ja sogar im Verlauf einer Unterhaltung in entspannter Atmosphäre – dröseln Menschen während einer begrenzten Zeitspanne gefühlsdurchdrungenen und sorgfältig ausformulierten Erzählens ihre Biographie auf.

Therapeutische Selbsthilfegruppen wie die »Anonymen Alkoholiker« oder die »Narcotics Anonymous« nutzen solche Erzählphasen im Rahmen von Gruppensitzungen dazu, Menschen aus Isolation und destruktiven Lebensmustern heraus- und in eine gesündere Lebensform hineinzulotsen. Menschen, die füreinander in jeder sonstigen Beziehung Fremde bleiben, treten vor und beichten ihr Leben in dem Bemühen, die universellen Wahrheiten aufzudecken, die Alkoholiker oder Drogenkonsumenten oder Medikamentenabhängige miteinander verbinden. Der Vorgang verwandelt isolierte Einzelne in Stammesmitglieder beziehungsweise Mitglieder einer kleinen Gemeinschaft – eine heilsame Wandlung. Die Planer von *twelve-step programs* beuten Elemente der oralen Kultur aus, wenn sie formelhafte Wendungen, Wiederholungen, Schwüre, deklarative Sätze und Mythen zu Hilfe nehmen, um Gruppenteilnehmern ihre Lehren einzuschärfen. Bei derlei Zusammenkünften übernimmt stets eine Person die Rolle des Geschichtenerzählers.

Jede Stammesgemeinschaft braucht den Geschichtenerzähler, so wie jeder Geschichtenerzähler die Stammesgemeinschaft braucht, denn Erzählen ohne eine aufmerksame Zuhörerschaft bedeutet nicht viel. Eine Geschichte, mag sie *per se* so interessant sein, wie sie will, muß angehört werden, um ihre Wirkung entfalten zu können: Eine flinke Zunge lechzt stets nach dem offenen Ohr. Auch der Geschichtenerzähler muß ein scharfes Gehör haben, aber sein Lauschen ist ein anderes als das des Stammes, und er hört andere Dinge. Die Maya im Hochland von Guatemala nennen ihren weisesten Geschichtenerzähler den »Echomann«.

Den Bezirk des gewöhnlichen Lebens verlassend, wird der Echomann, wie Robert Bly ausführt, geschlechtslos und verwandelt sich in einen »Menschen, der hörend jeden Kummer, jede Eingebung, jede Reaktion auf Geräusche vernimmt. Er handelt nicht, sondern lauscht vielmehr der Gemeinschaft und den Ahnen und sucht zu erkunden, an wen wir die Schuld, die durch unser Dasein aufläuft, zu begleichen haben.«[4]

Durch Zauberei – in Trance oder anderen Entrücktheitszuständen – wird der Geschichtenerzähler zum Seher und reist in solcherlei Verzückung bis an den Rand der Erfahrungswelt und darüber hinaus. Als alle Grenzen überschreitender Wanderer streift er außerhalb seiner selbst umher – geht auf Fahrt –, ohne sein Lieblingsplätzchen zu verlassen. Das griechische Wort *ek-stasis* bedeutet ja eigentlich nichts anderes als »aus sich gestellt sein«, »Außersichsein«. Der Geschichtenerzähler fungiert als der *spiritus rector* des Kollektivs: Da er über die weitestmögliche Perspektive verfügt, vermag er mit seinen Schilderungen den gesamten Bereich der menschlichen Vorstellungskraft auszumessen und Wegweisungen für die Fahrt aller Fahrten, die große Lebensreise, zu geben. Er beschwichtigt Ängste und weckt Hoffnungen. Wenn man das Bewußtsein als ein Neben-sich-Stehen-und-sich-Beobachten charakterisieren kann, dann ist in oralen

Kulturen der Geschichtenerzähler die wandelnde Verkörperung des Bewußtseins – jener Instanz, die in Schriftkulturen durch Lese- und Schreibkenntnis in jedem einzelnen hervorgebracht wird.

Wo es dergestalt Weisheit zu verbreiten gilt, muß der Erzähler die Wahrheit in eine epische Form kleiden, in der sie sich allen – von den ältesten Greisen und Greisinnen bis zu den jüngsten Knaben und Mädchen – erschließt. Seine Stimme muß das Ohr eines jeden in der Gruppe erreichen, keiner darf ausgegrenzt werden. Selbst eine momentane Störung – Hundegekläff etwa oder das Weinen eines Säuglings – wird von einem geschickten Meister des Wörterhandwerks in das Gewebe der Erzählung mit eingearbeitet. Er gibt dem Stamm, was des Stammes ist. Was er seinen Stammesgenossen erzählt, ist für deren Gefühl etwas so Vertrautes und Notwendiges wie der Herzschlag. Der Romancier G. F. Michelsen hat das Wesen solchen Geschichtenerzählens, wie es auf oraler Kulturstufe gepflegt wird, treffend beschrieben:

> »Sehen Sie«, fährt er fort, »das Leben eines jeden Mannes ist an und für sich eine Geschichte, eine Geschichte mit Helden und Ungeheuern und Gefahren, die bestanden sein wollen. Mit Sinnenlust und Niederlagen und Demütigungen. Ein Mann findet sein Leben in der Geschichte wieder, die er darüber erzählen kann. Beispielsweise wenn du zum erstenmal mit deinem Vater in den Busch zum Jagen gehst, und es passiert etwas Aufregendes, ein bösartiger Leopard kommt auf kurze Distanz heran, du versteckst dich, und dann kommst du heim und erzählst es deinen Altersgenossen und machst eine ganze Geschichte daraus. Mit einem Volk, einem Land ist es das gleiche. Ein Volk schafft eine lange und breite Geschichte, in die jeder einzelne Mann seine eigene, kleinere Geschichte einbringen kann. Und binnen kurzem sind die Geschichte und das Volk ein und dasselbe. Diese Geschichten helfen uns, sie sagen uns, wie wir leben müssen.«[5]

Die Geschichten des Meisters entwachsen dem Sprachfluß, dem Redestrom des Stammes. »Fließende« Sprache, »strömende« Rede – die Ureigenschaften des Wassers veranschaulichen am besten das Wesen des Erzählens in oralen Kulturen: Einzelne Elemente der Geschichte gleichen in der Regelmäßigkeit ihrer Wiederkehr und ihres Verrauschens den Meereswellen. In der mündlichen Erzählung wie auf See schaffen regelmäßige, wiederkehrende Wellenbildungen ein Gefühl von Vertrautheit und die Illusion von Wechsel im Immergleichen – wie die kleinen Geschichten innerhalb der langen und breiten Geschichte des Kollektivs, von denen G. F. Michelsen spricht. Der Geschichtenerzähler nimmt seine Zuhörer mit auf eine Seefahrt über die Kämme in endloser Folge heranrollender Wogen.

Literaturwissenschaftler sprechen im Zusammenhang mit diesem wellenförmigen Erzählschema von »formelhaften Wendungen«. Solche in ein und derselben Geschichte wie im gesamten Erzählrepertoire stets von neuem wiederholten Formeln erlauben es dem Stamm, Informationen für einige Zeit »auf Lager zu halten«. Nach Meinung des Altphilologen Eric Havelock besteht die mündliche Überlieferung – oder, in neuerer anthropologischer Terminologie: die »orale Tradition« – schriftloser Kulturen in solchen »ritualisierten Äußerungen«:

> Auch eine Gesellschaft, die die sich ausschließlich eines durch und durch oralen Kommunikationssystems bedient, kann – wie die unsrige – einer in feststehenden Formulierungen niedergelegten und in dieser Form tradierbaren Überlieferung nicht entraten. Welcherart Sprache kann diesem Bedürfnis abhelfen, ohne die Grenzen der reinen Oralität zu sprengen? Die Antwort, so scheint es, bietet die ritualisierte Äußerung, herkömmliche Worte, die auf irgendeine Weise der feierlichen Wiederholung fähig werden wie ein Ritual, in dem die Worte ihre festgelegte Ordnung bewahren.
> Diese Worte müssen dem Gedächtnis eingeprägt werden. Anders ist ihr Überdauern nicht zu gewährleisten. Das mnemotechnische Mittel hierfür ist die Ritualisierung. Das Erinnerungsvermögen ist personengebunden, ist Gedächtnis der einzelnen Männer, Frauen, Kinder der Gemeinschaft, doch sein Inhalt – die aufbewahrten Worte – ist Gemeinbesitz, in dem die Überlieferung und die historische Identität der Gemeinschaft niedergelegt sind.[6]

Die einfacheren Formeln haben sich in die Welt der Literalität hinübergerettet und sind dort noch heute identifizierbar. Wenn ein weiser König Kinder hat, so stets drei an der Zahl. Wenn der Held in den Kampf zieht, hat er stets in drei separaten Episoden Prüfungen zu bestehen. Zu irgendeinem Zeitpunkt wird die hohe Geburt des armen Waisenkinds offenbar. Das Meer bespült das Ufer stets mit Wellen von der Farbe dunklen Weins; die davongaloppierende Stute ist stets ein Rotschimmel.

Wenden wir uns jetzt noch einmal den Treffen der Anonymen Alkoholiker zu, stellen wir fest, daß die Teilnehmer während jeder Sitzung die ganze Zeit über periodisch feststehende Wendungen – kurze ritualisierte Äußerungen – wiederholen, bis schließlich das ganze Kollektiv sie automatisch, ohne zu denken, wiederholen kann: »Wir kamen zu dem Glauben, daß eine Macht, größer als wir selbst, uns unsere geistige Gesundheit wiedergeben kann.« Jeder Teilnehmer erzählt eine etwas andere Geschichte, die jedoch mit standardisierten Wendungen durchsetzt ist, so daß die Gruppenmitglieder jede Sitzung als als etwas abweichend von der vorangegangenen und doch wiederum als ihr fast gleich erleben. Das Verfahren trägt zu einer Atmosphäre von Sicherheit und Geborgenheit bei; Neulinge fühlen sich ermutigt und angenommen.

Oder betrachten wir – um ein uns näher liegendes Beispiel aus der Welt der Literalität heranzuziehen –, wie es aussieht, wenn man einem Kind eine Geschichte erzählt. Wer je in seinem Leben einem Kind aus dem Stegreif eine Gutenachtgeschichte erzählt hat, hat de facto schon einmal den großen Zeh in die Wasser der Oralität hineingehalten. Ich sage den großen Zeh, aber auch nicht mehr, denn beide, der erwachsene Erzähler wie der kindliche Zuhörer, leben tief in der Literalität. Die Sätze des Erwachsenen sind durch die Literalität geformt. Das Kind hat während seines ganzen noch kurzen Lebens solchen Sätzen gelauscht. Keiner von beiden kann je die authentische Form primärer Oralität kennenlernen, aber beim Geschichtenerzählen kommen sie ihr ziemlich nahe.

Sagen wir, eine Mutter will für ihr Kind ein Märchen extemporieren. Auf der Suche nach einem Anfang greift sie zu einer formelhaften Wendung: »Es war einmal ...« oder »Hinter den Bergen lebte einmal ein kleiner Junge« oder »Vor vielen, vielen Jahren lebte einmal ein König, der hatte drei Töchter, und zwei davon waren böse, aber die dritte war sehr, sehr lieb«. Gleichgültig, für welche Formel die Mutter sich entscheidet, eine hilft ihr so gut wie die andere, die Weichen zu stellen und den Zug ihrer Erzählung in Fahrt zu bringen. Wenn es der Erzählerin dann noch gelingt, ein gleichmäßiges Erzähltempo – gewissermaßen den Dampfdruck im Kessel ihrer Lokomotive konstant hoch – zu halten, ist es bald so, als würde sich das Märchen von selbst erzählen. Was als Pflichtübung unter gewissen Mühen begann, wird nach und nach zum Vergnügen. Die Mutter empfindet langsam eine echte Genugtuung, wenn jetzt unaufhaltsam die Lösung des Handlungsknotens heranrückt – das Herz des Drachen nach dem Schwertstreich des Helden weit aufklafft, oder die Tochter nach ihrer Irrfahrt durch die Welt wieder mit der Mutter vereint ist, oder die scheinbar lieblose Königstochter für alle Welt als reine Seele erkennbar wird. Und nachdem die Erzählerin den Handlungsgang ans Ziel gebracht hat, beschließt sie jetzt die Erzählung mit einer letzten formelhaften Wendung: »Und wenn sie nicht gestorben sind, dann leben sie noch heute«, oder, einfacher noch: »Damit ist die Geschichte aus.«

Eine formelhafte Wendung erzeugt, wenn sie an ihren Platz in der Erzählung gleitet, all die beruhigenden Assoziationen eines Sicherheitsriegels, der an der Tür in die Halterung schießt: Vor Fremden und Eindringlingen fühlt man sich jetzt geschützt. Auf ausschließlich durch die Schriftkultur geprägte Menschen wirken derlei Wendungen klischeehaft. Aber das kommt nur daher, daß Autoren unter den Bedingungen der Literalität »es neu [zu] machen« suchen (wie ein Ratschlag Ezra Pounds lautet). Erzählformeln lassen sich besser verstehen, wenn man sie als Äquivalente dessen betrachtet, was Sprichwörter und Redensarten für uns darstellen – Goldkörner der Wahrheit, von denen viele im Strom der Zeit in unveränderter Gestalt aus dem Mittelalter bis in die Gegenwart gespült wurden. Allerdings gibt es *einen* bedeutsamen Unterschied: Die Formeln spielen in unserem literarischen Leben keine zentrale Rolle mehr. Sie gehen uns nicht mehr glatt von der Zunge. In schriftlosen Kulturen sind die Formeln Ausdruck einer durch und durch schablonierten Lebensform – die dann wiederum durch das Medium der Schablone hindurch wahrgenommen wird. Hören die Menschen diese Schablonen laut vorgetragen, finden sie ihr Weltbild bestätigt und bekräftigt. Der Altertumsforscher Walter Ong mißt diesen Formeln große praktische Bedeutung bei:

> Bei den Griechen des homerischen Zeitalters standen Klischees hoch im Kurs, denn auf die formelhafte Struktur des Denkens stützten sich nicht nur die Dichter, sondern sie war zugleich das Fundament der gesamten oralen Geistes- und Gedankenwelt. In einer oralen Kultur mußte neu erworbenes Wissen ständig wiederholt werden, wenn es nicht verlorengehen sollte: ohne feststehende, formelhafte Denkschablonen keine Weisheit und keine leistungsfähige Verwaltung.[7]

In jener uns so fremden Welt der Oralität sind Weisheit und Verbreitung der Weisheit nicht bei irgendeiner Institution zu Hause, sondern wohnen dem Herzen und der Seele eines einzelnen Menschen – des Geschichtenerzählers – inne.

In der Oralität ist kein Platz für einen »Autor« im heutigen Wortsinn: einen Menschen, der sich vermittels seiner persönlichen Einbildungskraft Geschichten ausdenkt und sich den Mantel der Autorität umhängt. Wenn etwa eine Mutter ihrem Töchterchen ein Märchen erzählt, scheint sie aus der Sicht der Tochter Bilder und Gedanken und Taten aus dem Innenleben der Zuhörerin selber – deren Träume, Wünsche und Ängste – heraufzubeschwören. Tatsächlich ist dies – Marie-Louise von Franz, einer Tiefenpsychologin aus der Schule C. G. Jungs, zufolge – das Wesentliche: Märchen und Geschichten dienen dazu, die schwärzesten Ängste und finstersten Zweifel des Kindes ans Licht zu bringen, wo sie dann beredet werden können. Das Kind bekommt so das Gefühl, daß es nicht der einzige Mensch ist, der sich im Dunkeln fürchtet.[8]

Mit der Idee der Autorschaft kommt etwas total Neues in die Welt: die Originalität. Der Autor spricht nicht mehr aus dem Erleben des Stammes oder des Kindes heraus, sondern er spricht aus der durch die Perspektive eines Einzelnen geprägten Erfahrung. Mit seiner Originalität versucht er sich von allen anderen Autoren abzuheben, die jemals zur Feder griffen. Und mit dieser Originalität geht der Autor auf sprachliche Distanz – auf eine sprachliche Gegenposition – zur Gemeinschaft.

Das Wort »originell« selbst führt in seiner Etymologie ein Warnsignal mit sich: Die Wortwurzel verlockt, an »Ursprünge« und »Anfänge« zu denken. Indes, in der Oralität ist jeder Anfang zugleich die Vorausdeutung auf das Ende, ein Zirkel, der alles orale Erzählen durchwebt: Der Held zieht aus und kehrt wieder heim an seinen Ausgangsort. Die orale Mentalität verlangt nach der Geborgenheit im Vertrauten; das Herkommen ist ihr Lebenselement. Obwohl die Worte sich verflüchtigen, kaum daß sie ausgesprochen wurden, fördert die Oralität ein Gefühl der Dauerhaftigkeit, das man in der Welt der Literalität nicht kennt. In einer oralen Kultur steppt der Dichter seinen Erzählteppich aus Abenteuern zusammen, die dem Kollektiv längst bekannt sind, und er schmückt diese Abenteuer mit formelhaft phrasierten Einzelheiten aus, die sich wiederholen wie die Gebete des Rosenkranzes. »Originelles« im modernen

Sinn oder vollkommen Neues würde der Stamm nicht »schlucken«, sondern als fremdartig und »ungenießbar« verwerfen.[9]

Dieses Buch plädiert für die Restitution des Zusammenhangs zwischen Literalität und Oralität – und warnt zugleich vor den katastrophalen Folgen, die ein Versäumnis in diesem Punkt haben müßte. Vielseitige Erfahrungen mit der Oralität sind das unerläßliche Vorspiel der Literalität. Die Oralität bietet ein »Versuchsgelände«: ein sicheres Plätzchen, wo die kindliche Phantasie sich ohne Furcht vor Tadel oder kritischer Beurteilung entfalten kann. Autorität und Originalität haben hier nichts zu bestellen, für Tests und Messungen ist hier kein Platz. Geschichten vereinen alle in der Gemeinschaftlichkeit innig geteilten Wissens. In der Oralität ist Wissen keine individuelle Erfahrung, sondern ein soziales Phänomen, daher kann niemand für dümmer oder gescheiter als ein anderer befunden werden. Mythen und Geschichten und Gedichte für den Stamm, Märchen und Geschichten für die Kleinen – so beginnt Wissen sich als *con-scientia* unter allen auszubreiten: als Wissen, zu dem man *mit* den anderen zusammen gekommen ist.

In der Oralität braucht man nichts auswendig zu lernen, ja, es ist sogar völlig unmöglich, etwas im eigentlichen Wortsinn auswendig zu lernen. Denn in der Oralität funktioniert das Gedächtnis in ganz anderer Weise als das Gedächtnis des Menschen, der lesen und schreiben gelernt hat. Ein Mitglied einer oralen Gemeinschaft beziehungsweise ein Kind lernt bestimmte Wahrheiten, wenn man sie so nennen will, indem es sie in Geschichten und Gedichten und Märchen wieder und wieder hört, und es lernt auch, daß man aufmerksam zuhören muß, weil die Worte schnell davonfliegen.

In der Praxis hören die meisten Kinder so gespannt zu, daß es ihnen das liebste wäre, die Geschichte würde niemals enden. Sie bitten darum, sie wieder und wieder hören zu dürfen, denn sie macht ihnen einen Heidenspaß. Von der Wiederholung geht in der Oralität ein machtvoller Zauber aus. »Freilich, mit der bloßen Wiederholung identischer Inhalte würde man nicht weit kommen«, kombiniert Eric Havelock, »der Umfang des solchermaßen vermittelten oralen Wissens wäre begrenzt. Verlangt ist ein Verfahren des repetitiven Vortrags (soll heißen der Reproduktion akustisch identischer Lautmuster), das gleichwohl der inhaltlichen Variation fähig und damit zum Ausdruck mannigfaltiger Bedeutungen in der Lage ist.« Havelock beschließt seine Überlegungen mit der bemerkenswerten These: »Die Lösung, die das Gehirn des Frühmenschen fand, bestand in der Umwandlung von Gedanken in rhythmisierte Rede.«[10] Der Rhythmus schafft – wie der Herzschlag – eine als angenehm und beruhigend empfundene Wiederholung, auf deren Rücken reitend die Bedeutung sich im Verlauf der Erzählung geringfügig verschieben und so die Handlung vorantreiben kann. Man sieht: Havelock beschreibt nichts Geringeres als das Aufkommen einer neuen Ausdrucksform in der Oralität, einer Form, geboren aus dem Verlangen nach Wechsel im Immergleichen, der Form, die von den Literaturhistorikern »Dichtung« genannt wird.

Soviel über das Erzählen in der primären Oralität: Wenden wir uns nun der dichterischen Kompositionsweise im alten Griechenland zu, in einer Gesellschaftsformation also, in welcher orale Formen inmitten einer rudimentären Form von Literalität überdauerten und die sich somit als ein Übergangsstadium ähnlich jenem darstellt, in dem sich junge Leute heute zu Beginn ihrer Grundschulerziehung befinden. Spiel, lebhafter Vortrag, Improvisation, Unterhaltung – diese Stichworte bezeichnen das poetische Kompositionsprinzip epischer Dichtungen wie der Ilias und der Odyssee Homers, bezeichnen darüber hinaus aber auch genau die Art von Dingen, die das Erleben junger Menschen auf dem

Niveau der Oralität prägen, und damit wiederum genau die Art von Dingen, die ein Lehrer sich im Unterricht zunutze machen kann.

Der beste Weg zum Verständnis der dichterischen Kompositionsweise in der Antike ist, sich Jazzimprovisationen aus der Zeit von den späten zwanziger bis in die vierziger Jahre anzuhören, Stücke von Formationen wie den Kansas City Bands von Count Basie oder den kleineren Ensembles von Duke Ellington und Benny Goodman – kurz gesagt, von »Swing Bands« (deren es zur fraglichen Zeit eine stattliche Zahl gab). Hier weiß jeder Musiker im Ensemble aufgrund jahrelanger Erfahrung als Mitwirkender und Zuhörer haargenau, was erlaubt ist und was nicht; musikalischer Vortrag bedeutet hier, daß Solisten unter Verwendung bestimmter Akkorde Improvisationen um Melodiefetzen schlingen. Was kennen diese Musiker eigentlich auswendig? Vielleicht die Melodie und die Akkordbewegungen, aber auch die nicht Note für Note. Vielmehr können sie die Melodie summen – sie »oralisieren« – und auf ihrem Instrument spielen. Sie können Variationen auf ein geläufiges Thema spielen und damit das Publikum, das die Komposition langsam erfaßt, immer stärker fesseln. Mit fortschreitendem Wiedererkennen des Themas beginnt das Publikum vielleicht sogar mitzusummen. Jazzmusiker müssen keine Noten lesen können. Ja, unter Umständen sind ihre Improvisationen sogar besser, wenn jeder im Ensemble nur »nach Gehör« spielt.

Interpreten klassischer Musik müssen in der Lage sein, eine Partitur zu lesen. Und sie müssen in der Lage sein, ihren Part im Ganzen einer Sinfonie als während der Aufführung abrufbare Information im Kopf zu behalten. Das Gedächtnis trägt auf seine Weise entscheidend zum Erfolg einer musikalischen Darbietung bei. Der Geiger weiß, daß er bei der Aufführung von Beethovens Fünfter Sinfonie jedesmal die gleichen Noten spielen muß. Was soviel heißt wie: Ein Interpret klassischer Musik muß des Lesens und Schreibens kundig sein. Die Notenzeichen lassen sich auf eine einzige Weise konservieren: auf Papier. Gleich den Worten verliert sich auch die Musik, kaum gehört, im Äther. Das Papier hält sie für alle Zeiten fest. Nur unter den Bedingungen der Literalität wird ein Blatt Papier als Anschauungsobjekt vor das innere Auge zitiert. Auf diesem verinnerlichten Blatt zeichnen wir die Informationen auf, die im Gedächtnis behalten werden müssen. Wenn wir einem Menschen ein »fotografisches Gedächtnis« attestieren, drükken wir damit aus, daß er eine einmal erlebte Szene so klar und präzise vor seinem inneren Auge heraufzubeschwören vermag, als sehe er sie auf einem Foto abgebildet oder auf einem Blatt Schreibpapier mit Worten geschildert. Geben wir zu diesem Punkt noch einmal Walter Ong das Wort:

> Fordert man einen des Lesens und Schreibens Kundigen auf, an das Wort »nichtsdestoweniger« zu denken, so wird die betreffende Person normalerweise (oder eigentlich immer, wie ich stark vermute) ein Vorstellungsbild des ausbuchstabierten Wortes vor Augen haben; sie wird vollkommen außerstande sein, für eine Zeitspanne von, sagen wir, 60 Sekunden an das Wort »nichtsdestoweniger« zu denken und dabei keinerlei Buchstabenvorstellung, sondern *ausschließlich* eine Lautvorstellung zu haben. Daraus folgt, daß jemand des Lesens und Schreibens Kundiges niemals ganz authentisch nachempfinden kann, was das Wort für rein orale Menschen bedeutet.[11]

Solche exakte Erinnerung kann es in der Oralität nicht geben. In oralen Kulturen ist das Gedächtnis weder ein Lagerhaus, aus dem Informationen im Handumdrehen herbeigeschafft werden können, noch eine Wachstafel, auf der Erlebtes tief eingegraben ist, noch ein Stück Pergament, auf dem Schlüsselwörter aufgezeichnet sind. All diese Metaphern gelten für ein Gedächtnis, das unter den Bedingungen der Literalität geformt wurde. Will man die Funktionsweise des Gedächtnisses in der Oralität veranschaulichen, muß man zu einem entlegeneren Bild greifen. In der Antike findet sich für die Art und Weise, wie ein solches Gedächtnis wahrscheinlich funktionierte, ein höchst vielsagendes Modell.

Für die Einbildungskraft unter den Bedingungen der Oralität hängt alle Realität mit großer Zähigkeit an ihrem Leben. Was einmal zum Leben erwacht ist, bleibt erstaunlich lebendig. Die Geschichte von Christi Tod und Auferstehung handelt zugleich vom Tod und von der Wiedergeburt des Logos – des Worts. Die Oralität kennt grundsätzlich keine Trennungslinie zwischen Lebenden und Toten: Jedes Wiedererzählen einer Geschichte erweckt deren Personal neu zu voller Lebendigkeit. Nicht nur weil der Tod für sie etwas in höchstem Grad Abstraktes ist, haben kleine Kinder Mühe, ihm einen Platz in ihrem geistigen Haushalt zuzuweisen, sondern auch weil die Vorstellung vom Tode für ihre unter den Bedingungen der Oralität geformte Einbildungskraft etwas sehr Fremdartiges ist. Die kindliche Phantasie hat die Kraft, selbst Tote und längst Begrabene wieder zum Leben zu erwecken. Allein schon die Nennung des Namens eines Toten genügt unter Umständen für die Auferstehung, so stark ist die Einbildungskraft des Kindes. Im alten Griechenland besaßen die Dichter diese Gabe, Tote zu kraftvoller, sprühender Lebendigkeit zu erwecken.

Der Dichter im alten Griechenland – der genauer gesagt ein *rhetor* war, jemand, der »zusammennäht« – pflegte sein Tun mit einem rituellen Anruf der Mnemosyne, der Mutter der Musen, zu beginnen, damit diese während der Komposition des Gedichts seine Führerin sei. Mnemosyne als der Urquell des Lebens wallt und sprudelt. In der antiken Mythologie ist sie als klarer Bach überliefert, der allen, die seinem Lied ihr Ohr leihen, fort und fort zumurmelt und -plappert. In ihrem Wasser treiben die Überreste vergangener Leben – die Erinnerungen, die der Lethestrom von den Seelen der frommen Verstorbenen abgespült hat, damit diese unbeschwert, als durchsichtige Schatten, in die elysischen

Gefilde eingehen konnten. Wer an ihrem Ufer stand, konnte Mnemosyne von den Dingen singen hören, die waren, sind und sein werden. Von ihrem Wasser trinkend, vermochte der Rhetor die Erinnerungen eines ganzen Kollektivs, die im Lauf der Zeit dem individuellen Vergessen anheimgefallen waren, wieder *in toto* herbeizuzitieren. Jede Erinnerung ist kollektive Erinnerung, gleichwie jede Kelle Wasser der Mnemosyne aus unzähligen Tropfen besteht.[12]

Diese Erinnerungen nun trug der Dichter laut singend vor, Episode um Episode in Tönen psalmodierend, die uns heute vielleicht wie »Urlaute« vorkommen würden. Die gezupften Klänge der Leier oder der Kithara, die Kadenzen seines eigenen Gesangs, der geregelte Rhythmus der Erzählung, das Ein- und Ausströmen seines Atems – das alles trieb den Dichter auf seiner epischen Wanderfahrt fort und voran. Der Rhythmus seines Gesangs wiederholte den Rhythmus des Lebens selbst. Nie flocht er überraschend Neues in seine Erzählung ein. Stets zog der Held vom heimatlichen Boden in die Fremde hinaus, doch das lauschende Kollektiv konnte sich darauf verlassen, daß er nach bestandenen Abenteuern und Prüfungen wohlbehalten zurückkehren würde. Mochte der König in allergrößter Verzweiflung versinken, alles verlieren bis auf ein Restchen seiner Macht: das Kollektiv konnte sich zuletzt über seinen unaufhaltsamen Wiederaufstieg zu Glück und Heil freuen.

Jedesmal, wenn der Dichter die Geschichte erzählte, erzählte er sie ein kleines bißchen anders als beim letztenmal. Zwangsläufig: Er selbst hatte inzwischen andere Dinge gehört, andere Erfahrungen gemacht, andere Anschauungen gewonnen. Und ebenso veränderte auch jeder Vortrag den Vortragenden in unwiderruflicher Weise, denn der Dichter selbst verleibte sich die Geschichte ein – in dem Zeitraum von einem Vortrag zum nächsten lebte er die ihr innewohnenden Wahrheiten aus. Einen glaubwürdigen Vortrag konnte er nur zustande bringen, wenn er selber an diese Wahrheiten glaubte – *und* nach ihnen handelte. Mit anderen Worten, bei jedem neuen Vortrag mußte die Geschichte dem Dichter wieder genausoviel bedeuten wie seinen Zuhörern. Der Dichter erzählte seine Mären nicht, um die Gemeinschaft einzuschläfern, sondern vielmehr um sie wachzurütteln.

Das Gedicht wurde nicht niedergeschrieben, infolgedessen gab es keine »autorisierte Fassung«, keine Elle, an der alle anderen Fassungen hätten gemessen werden können. Da es keine Originalfassung gab, konnte es auch keine – im Sinne von Schriftkulturstandards – »präzise«, »akkurate« Form des Handlungablaufs geben. In oralen Kulturen wurde die Realität in den Kategorien des Dichters erlebt. Die Fixsterne ergehen sich in einer Art Improvisation, erzählen jedoch im großen und ganzen tagein, tagaus dieselbe Geschichte. Die Sonne geht jeden Tag auf und strahlt mehr oder weniger Wärme aus als am Vortag; der Mond geht jeden Abend ein bißchen größer oder kleiner als am Vortag auf. Doch die Sonne wie der Mond bleibt immer als ein und derselbe Himmelskörper erkennbar. In größerem Rahmen präsentiert sich der Zyklus der Jahreszeiten in der gleichen Weise – manche Winter sind kälter, manche etwas wärmer als andere, doch ein bestimmter Abschnitt des Jahres wird immer als »Winter« erlebt. Auch im Pflanzenreich geht Werden und Vergehen in dieser Manier vor sich. Aus der natürlichen Welt strahlt poetischer Sinn wider.

Indem er vom Wasser der Mnemosyne trank, verschaffte der Dichter den Toten die Möglichkeit, mit den Lebenden in Kontakt zu bleiben, denn die Toten führten ihr stummes Dasein unmittelbar unter der Oberfläche des Wassers der Mnemosyne weiter. Demgegenüber sprechen Menschen, die lesen und schreiben können, von den Toten in der Vergangenheitsform. Des Lesens und Schreibens Kundige lesen auf dem Friedhof – auf Grabmälern, Grabsteinen und Plaketten – Zeichen der Erinnerung an die Toten, die ihnen sagen, daß jene einstmals ein intensives und bewegtes Leben führten. Aber das ist auch schon alles. Wenn Mitglieder einer Schriftkultur von ihren Toten erzählen, fachen sie damit Schmerz und Kummer von neuem an, denn die Endgültigkeit der Trennung trifft sie abermals mit voller Härte. Gelingt dem Erzähler bei solchen Gelegenheiten eine hinlänglich plastische Schilderung, sieht unter Umständen der eine oder andere seiner lese- und schreibkundigen Zuhörer noch einmal das Gesicht oder den charakteristischen Gang eines Verstorbenen vor seinem geistigen Auge oder vernimmt mit dem inneren Ohr die unverwechselbare Stimme des Dahingangenen. In der antiken Welt konnten Verstorbene auf ursprünglichere Weise, mit allen Sinnen, erlebt werden – sie konnten gefühlt und geschmeckt und gerochen werden. Die Menschen im vorsokratischen Griechenland konnten Verbindung mit dem Totenreich aufnehmen und sogar genau angeben, auf welchem Weg man dorthin gelangte.

Rhetoren gaben geliebten Verblichenen, die wiederzubeleben ihre Aufgabe war, die Möglichkeit, als Geister unter den Lebenden zu wandeln. Zwischen den Lebenden und den Toten existierte keine klare Trennungslinie. Dieser Zug ist kennzeichnend für alles Erleben auf dem Niveau der Oralität, das ohne die kategorischen Entgegensetzungen und isolierenden Klassifikationen vonstatten geht, die der Geist vornimmt, der lesen und schreiben gelernt hat. Um bei unserem Beispiel zu bleiben: Zwischen Lebenden und Toten besteht keine Kluft, sondern ein fließender Übergang wie zwischen den Farben des Regenbogens. Orale Völker kennen keine andere Daseinsweise als die, deren Zentrum in der Totalität des eigenen Erlebens liegt. Wie ich später in diesem Kapitel noch zeigen werde, verfügt die Oralität einfach nicht über das Instrumentarium für hohe Abstraktionsgrade. Walter Ong hat das so ausgedrückt: »Orale Kulturen verwenden Begriffe üblicherweise innerhalb eines situativen, operationalen Bezugsrahmens von minimaler Abstraktheit (›minimale Abstraktheit‹ in dem Sinne verstanden, daß er sich nicht von der aktuellen menschlichen Lebenswelt entfernt).« Selbst auf einem so sensiblen und anspruchsvollem Gebiet wie dem des Rechts, das die Anwendung allgemeiner Prinzipien verlangt, dachten die vorsokratischen Griechen laut Ong »nicht in formalisierten Begriffen, sondern operational«.[13]

Um analysieren und abstrahieren zu können, muß der Verstand die Möglichkeit haben, sich immer wieder neu mit einem Sachverhalt zu befassen, um ihn jedesmal unter anderem Aspekt zu betrachten und zu begutachten. Das Auge muß jedesmal wieder dasselbe sehen wie beim letztenmal. Was diese bedeutsame Innovation ermöglichte, war die Schrift, und wie wir noch genauer sehen werden, vor allem die alphabetische. Ein Leser konnte sich wieder und wieder denselben Satz vornehmen und seinen Sinn enträtseln, seine Konstruktion zergliedern, alle Bedeutungsnuancen aus ihm herausquetschen. Ein Satz konnte zuletzt auch noch nach dem allerletzten Tropfen Wahrheit, den er enthielt, durchkämmt und durchstöbert werden. Lesen und Schreiben war das Schlüsselexerzitium des Geistes in der Schriftkultur, das die Möglichkeit schuf, die Alltagserfahrung einer kritischen Sichtung zu unterziehen.

Ein Beispiel aus der jüngsten Vergangenheit bietet das Clarence-Thomas-Hearing vor einem Berufungsausschuß des US-Kongresses 1991. Tagelang war der *small talk* in den USA von zwei Fragen beherrscht: Hatte der Anwärter auf einen Richtersitz im *Supreme Court*, Clarence Thomas, seine Mitarbeiterin Anita Hill sexuell belästigt? Und: War Anita Hill eine Lügnerin? Diese Fragen ließen sich zu einer einzigen zusammenziehen: Wie sah die Wahrheit aus? Beeinflußt durch die von Kongreßabgeordneten zur Schau getragene Selbstgewißheit, waren die meisten Menschen überzeugt, daß es möglich sei, diese schwierige Frage eindeutig zu beantworten. Bürger, die sich in den Regeln und Verfahren der Wahrheitsfindung nicht auskannten und zumeist auch von der Technik des Kreuzverhörs nichts verstanden, hielten es aus irgendeinem Grund für möglich, die Wahrheit ans Licht zu bringen. Wie konnte man ihrer habhaft werden? Manche lauschten mit gespitzten Ohren auf alle Einzelheiten, als Thomas seine Version des Sachverhalts ausbreitete, andere beobachteten mit Argusaugen sein Mienenspiel, wieder andere verfolgten die Körpersprache des Angeschuldigten und seiner neben ihm sitzenden Frau. Die Menschen ergriffen Partei und stritten über das Ergebnis, zu dem das Hearing ihrer Meinung nach führen müsse. Jedermann sprach im Ton des Fachmanns.

Unter den Bedingungen der Oralität lösen Worte sich in Nichts auf, kaum daß sie ausgesprochen sind; Gedanken verflüchtigen sich ins Nirgendwo. Es ist einfach unmöglich, sie sich in exakt ihrer ursprünglichen Form ins Gedächtnis zurückzurufen. In der Welt der Oralität steht nichts wirklich still oder bleibt exakt so, wie es ist. Im Bannkreis der Oralität ist »Analyse« ein Ding der Unmöglichkeit. Niemand erinnerte sich an den genauen Wortlaut von Thomas' Aussage; man kannte sie aus dem Tonbandprotokoll. Wo das mündliche Erzählen das Modell für die Lebensgeschichte des einzelnen liefert, ist »Wahrheit«, wie die Schriftkultur sie versteht, ein Ding der Unmöglichkeit. Niemand kann ein Geschehen zweimal in haargenau gleicher Form erzählen. Der Erzähler schafft jedesmal, wenn er den Mund auftut, eine neue Fassung. Einmal läßt er seinen Helden auf dieser, das nächstemal auf jener Straße von dannen ziehen. Aber der Held bleibt immer derselbe, und er kehrt stets in dieselben zum Willkommen ausgestreckten Arme zurück. Doch niemand käme je auf die Idee, dem Fabulierer vorzuwerfen, er verbreite Lügen. Niemand würde je unterstellen, er wolle oder solle etwas so Abstraktes und Absolutes wie die Wahrheit von sich geben.

Man kann nichts tun, als jede Schilderung, jede Geschichte, jeden Bericht über Geschehenes wie gehört zu akzeptieren. Ein abschließendes Urteil ist nicht möglich, denn es gibt keinen Maßstab der Wahrheit, an dem ein Satz oder eine Geschichte gemessen werden könnte. Zwar ist jegliches Denken – einerlei ob im Boden einer primär oralen oder einer schriftlichen Kultur wurzelnd – bis zu einem gewissen Grad analytisch in dem Sinn, daß es seinen Stoff in Komponenten zerlegt. Aber eine abstrakt logische, klassifikatorische, erläuternde Untersuchung von Erfahrungen oder laut gesprochenen Sätzen ist ohne Zuhilfenahme von Lesen und Schreiben nicht zu bewerkstelligen. In oralen Kulturen lernen die Menschen sehr viel; sie besitzen und praktizieren eine enorme Weisheit; aber sie erwerben ihre Weisheit nicht auf dem Weg, der bei uns »Studium« heißt. Sie lernen auf dem Weg der Jüngerschaft, eines engen Lehrer-Schüler-Verhältnisses: durch Zuhören und Wiederholen des Gehörten; indem sie Spruchweisheiten in sich aufnehmen, die sie immer wieder neu zu kombinieren lernen; indem sie sich andere formelhafte Weisheiten aneignen; durch Teilnahme an einer Art kollektiver Erinnerung.

Schreiben und Lesen privilegieren das Auge, indem sie die Aufmerksamkeit auf das Sichtbare lenken. Damit Sinn eruiert werden kann, muß unausgesetzt prüfend gesichtet werden. Das Auge hungert ständig nach Erfahrungen und bemächtigt sich mit dem Blick all dessen, was sich im Gesichtsfeld befindet. Um die Realität entziffern zu können, muß es alles, worauf sein Blick fällt, seiner Herrschaft unterwerfen, indem es jegliches Sichtbare in separate Komponenten zerlegt. Es analysiert Beziehungen im Raum und schickt die gewonnene Information zur Weiterverarbeitung an das Gehirn. Die kleinsten Schwankungen im Verhältnis von Licht und Schatten können Fragen von größter Tragweite aufwerfen. Ist dieses Gebilde konkav oder konvex? Befindet sich diese Kante auf der mir zu- oder der mir abgewandten Seite? So sieht die Art und Weise aus, in der das Auge mit der Realität »umgeht«. Jemand, der die Floskel »Ich sehe, worauf Sie hinauswollen« ausspricht, gibt damit zu erkennen, daß sich sein Begreifen an einem architektonischen Modell orientiert, daß er die Ideenwelt als ein kompliziertes Geflecht räumlicher Beziehungen begreift: Manche Ideen rangieren höher, manche niedriger als andere; manche nehmen einen Platz im Vordergrund ein, manche stehen im Hintergrund. Die Wahrnehmung formt die Begriffe, die ihrerseits wieder die Wahrnehmung formen.

Aber wie jedes Organ besitzt auch das Auge nur ein begrenztes Leistungsspektrum. Um feststellen zu können, was ein Gefäß enthält oder auch nur wie groß sein verbleibendes Fassungsvermögen ist, müßte das Auge direkten Einblick in das Innere des Gefäßes haben. In bezug auf Sachverhalte, die ich nicht *realiter* sehen kann, bin ich auf Mutmaßungen angewiesen. Aber indem ich jetzt auf die Außenwand desselben hermetisch verschlossenen Behälters klopfe, liefere ich mit dem dadurch erzeugten Klang dem Ohr eine verwertbare Information. Ein nur zur Hälfte gefüllter Behälter klingt anders als ein voller, und fester Inhalt klingt anders als flüssiger. Menschen verfügen über eine eigene Art von Röntgenblick, die allerdings über das Ohr realisiert wird. In der Antike wußte man um dieses »Seh«vermögen des Ohrs. Nach Auskunft des etymologischen Wörterbuchs ist unser Wort »taub« verwandt mit dem griechischen *typhlos*, »blind«. (Ähnlich besitzt der Mund sein eigenes Gehör. Wie wir an späterer Stelle noch genauer sehen werden, besteht ein direkter Zusammenhang zwischen dem Gehör eines Menschen und seinem Artikulationsvermögen.)

Mittelalterliche Ärzte nutzten die subtile Verbindung zwischen Auge und Ohr dazu, sich Einblick in das Innere ihrer Patienten zu verschaffen. Sie bestimmten den Gesundheitszustand des Patienten durch Beklopfen und Abhorchen seines Körpers. Von den vier Säften, die im Körper umliefen, antwortete jeder mit seinem eigenen, unverwechselbaren Echoton. So hörte sich beispielsweise ein Zuviel an gelber Galle ganz anders an als ein Überschuß an Schwarzgalle. Das Phlegma warf einen anderen Ton zurück als das Blut. Um eine zutreffende Diagnose stellen zu können, mußte der Arzt sich auf den Patienten »einstimmen«. Er mußte sein Ohr dafür öffnen, was die Patienten ihm durch ihren Körper – in einer hochdifferenzierten Variante von Körpersprache – sagten.

Antike Schriftsteller wie Aristoteles und Porphyrios personifizierten das Auge als militärischen Strategen, als Feldherrn, der starke Truppen in Gestalt von Strahlen ausschickt, die jedes Ding, dessen er ansichtig wird, gefangennehmen: Das Sehen war für diese Denker etwas Stoffliches und Aggressives. Mit beachtlicher Schlagkraft und Stärke zieht der Blick aus und durchstreift das Treibgut der Erfahrung, um hier dieses, dort jenes Detail »einzufangen«. (Diese Metaphorik war auch typisch für die Frühzeit der Kamera, des mechanisierten Auges, als George Eastman und andere dieses oder jenes Bild, wie es üblicherweise hieß, für alle Ewigkeit »einfingen«.) Ist das Auge dergestalt ein Organ der Aggressivität, so funktioniert das Ohr praktisch in genau entgegengesetzter Weise, als Organ passiver Rezeptivität. Es heißt Reize willkommen. Mehr noch: Im Gegensatz zum Auge, das sich nach Belieben schließen und damit seine Sehtätigkeit einstellen kann, muß das Ohr verstöpselt werden, wenn es aufhören soll zu hören. Das Ohr verfügt über keine Möglichkeit, von sich aus eine Ruhepause einzuschalten. Es hört unentwegt – während des Schlafs, während einer Ohnmacht, ja manchen Neurologen zufolge sogar während eines längeren Komas.

Wie wir gesehen haben, agieren die Ohren zuweilen als zweites Augenpaar. Auch das Ohr hat einen Doppelgänger: Es scheint über einen indirekten Kanal mit dem Mund verbunden. Gehörlose oder Schwerhörige können nicht deutlich artikulieren. Die Beziehung ist eine so innige, daß wir uns Sprechen und Hören nicht als separate Tätigkeiten vorstellen dürfen, sondern sie genaugenommen als zwei Seiten ein und derselben Medaille betrachten müssen. In ihrem Buch *A Natural History of the Senses* belegt Diane Ackerman dieses Zwillingsverhältnis mit interessanten Ausblicken in die Etymologie:

> Im Arabischen bedeutet »Absurdität« soviel wie »Gehörlosigkeit«. *Surd*, das arabische Wort für ein mathematisches Unding, ist der Stamm des Worts »Absurdität«, das vom lateinischen *surdus*, »taub«, »stumm«, abgeleitet ist [...] welches seinerseits, die Übersetzung des griechischen *alogos*, »sprachlos«, »stumm« aber auch »unvernünftig«, »unsinnig«, darstellt.[14]

Die Ohrmuschel hat ihre Form aus gutem Grund. Sie erfüllt ihre Aufgabe am besten in geräuschvoller Umgebung; hier sammelt sie die Töne, die über ihre Oberfläche fluten. Das Ohr harmonisiert, während es aufnimmt. Es integriert und schafft aus Vielheit Einheit. Man denke an die »Zuhörerschaft« (das »Publikum«) in einem Konzertsaal oder sonstigen »Auditorium«. Schon das Wort »Zuhörerschaft« als solches verweist auf eine gewisse Integration von Vielheit zu Einheit: In sprachwissenschaftlicher Sicht ist es ein Kollektivum, das eine unbestimmte Zahl von Einzelpersonen bezeichnet. Einerlei, ob hundert oder hunderttausend Menschen im Auditorium sitzen, sie sind in beiden Fällen die eine Zuhörerschaft. Wer im Bereich der Literalität ein Äquivalent erhalten will, kommt um eine Anleihe nicht herum: Verleger sprechen gern von der »Leserschaft« (dem »Leserpublikum«), der Ausdruck ist jedoch geisterhaft und hohl, ein theoretisches Konstrukt, das letztlich etwas Inexistentes bezeichnet: eine nur im Raum der Theorie vereinigte buntgewürfelte Masse von lesenden Durchschnittsbürgern, die, jeder im eigenen Wohnzimmer, in ein Buch vertieft sind. Da Oralität *per definitionem* keine Berührungspunkte mit der Literalität hat, ist ihr Bestand an Ausdrücken der kritischen Selbstdarstellung und Selbsteinschätzung sehr gering. Selbst ein so elementarer Ausdruck wie »Lautstärke« mußte in manchen Sprachen, so im Englischen, aus der Welt der Literalität entlehnt werden: Englisch *volume*, »Klangfülle«, »Lautstärke«, aber auch »Buch«, »Band [eines Druckwerks]«, ist vom lateinischen *volumen*, »Gerolltes«, abgeleitet und bedeutete ursprünglich »Buchrolle«; die Bedeutungsausweitung in die akustische Dimension erfolgte *per analogiam* – vermutlich dachte man sich ein umfangreiches Buch mit viel größerer Stimmkraft begabt als ein dünnes.

Im Theater, Konzertsaal oder Hörsaal im Publikum zu sitzen ist ein Gemeinschaftserlebnis. Alle im Raum hören praktisch zur selben Zeit dasselbe. Die Reaktionen gehorchen in der Regel kollektiven Impulsen, erfolgen ziemlich rasch und in beträchtlicher Lautstärke – als Zischlaute, Buhrufe, Bravorufe, Beifallklatschen. Demgegenüber ist Lesen ein sehr viel privateres, viel stärker in Absonderung und Vereinzelung führendes Erlebnis, die stumme Begegnung eines einzelnen mit einer imaginären Welt im Medium des Texts. Ein Lesender kann sich den Luxus erlauben, sich über seinem Buch in Tagträumen zu verlieren, die Gedanken schweifen zu lassen, und zu dem Text zurückkehren, wann es ihm beliebt, ohne daß er befürchten muß, auch nur die kleinste Einzelheit der Geschichte zu versäumen. Der Lesende kann seine Tätigkeit sogar geheimhalten, indem er sich ein abgeschiedenes, verstecktes Plätzchen für sie aussucht oder ihr hinter verschlossenen Türen nachgeht.

Nicht zuletzt weil Informationsübertragung allein durch Sprechen und Zuhören – die völlige Abhängigkeit vom gesprochenen Wort – eine Gemeinschaft von kooperativ zusammenwirkenden Menschen voraussetzt, ist Oralität praktisch gleichbedeutend mit kollektivem, gemeinschaftlichem Handeln. (Selbstgespräche zu führen ist in einer schriftlichen Kultur in den Augen der meisten ein Zeichen von Verrücktheit. Wer nicht schief angesehen werden will, wenn er laut vor sich hinspricht, muß sich dabei schon ein Buch vor die Nase klemmen, aber selbst dann erregt er noch Argwohn.) In oralen Kulturen kann das nackte Überleben von einem Wort oder einem gestischen Zeichen abhängen, das verrät, wo man jagdbare Tiere, Wasser oder freundlich gesinnte Stämme findet. In einer Gemeinschaft, deren Hauptsorge der Nahrungserwerb ist, muß man gut zuhören können. Soziale Distanz, der Grad der Nähe oder Ferne zwischen einzelnen Personen im sozialen Raum, spielt in der Auseinandersetzung mit der Umwelt eine wesentliche Rolle. Stehe ich dem Meister nahe genug, höre ich jedes seiner Worte; bin ich weit in den Hintergrund verwiesen, kann ich unter Umständen nicht einmal sein Mienenspiel erkennen. Da in der Welt der Oralität das Lügen unbekannt ist, sind in der Regel alle Mitteilungen »öffentlich«, nämlich laut genug, um von jedermann mitgehört werden zu können. Streitereien sind noch in großer Entfernung zu hören, ebenso Lachen und Weinen. In einer oralen Gemeinschaft gibt es kaum Geheimnisse: Was könnte man da auch geheimhalten wollen oder müssen? Um etwas so auszusprechen, daß es Geheimnis bleibt, muß man sich außer Sicht- und Hörweite begeben. Es führt kein Weg daran vorbei: Das echte Gespräch speist sich aus der Vertraulichkeit der unmittelbaren Begegnung von Angesicht zu Angesicht. Mimik und Gestik unterstützen das Wort und den Satz. Der ganze Körper ist bei sozialen Interaktionen mit von der Partie. Das lateinischen Verbum *sentire*, »fühlen«, und das deutsche Substantiv »Sinn« gehen auf eine gemeinsame Wurzel zurück.

Der französische Jesuitenpater und Gelehrte Marcel Jousse, der in einem kleinen Bauerndorf, in einer im Prinzip oralen kulturellen Umgebung, aufwuchs, prägte das Wort *verbomoteur*, »verbalmotorisch«, um das Wesen sozialer Interaktionen in oralen Kulturen auf den Punkt zu bringen. Er hoffte, eine Ahnung davon vermitteln zu können, wie Wörter in oralen Kulturen »somatisiert«, verleiblicht, werden – verleiblicht vielleicht in dem Sinn, in dem es im Johannesevangelium heißt, das Wort sei Fleisch geworden. In einer oralen Kultur reifen die Wörter gleich Bakterien tief im Inneren eines Menschen zur Wirkungskraft heran. Gestikulieren, Tanzen, in die Hände Klatschen, kurzum, rhythmische Bewegungen aller Art helfen, das Wort heraus ins Offene zu bringen. Bei den alten Griechen hieß die Geistesbildung *mousiké*, »Musik«, weil sie ihre Mathematik- und Dichtkunst- und Rhetorikübungen unter Tanzen, Händeklatschen und lautem Gesang verrichteten. Aristoteles machte keinen Unterschied zwischen Rhythmus und Bildung, zwischen körperlicher und Gemütsbewegung: »Bewegt« bin ich in beidem.

Beispiele für »verbalmotorisches« Verhalten finden wir auch in unserer Zeit. Betrachten wir eine Gemeinde von frommen Juden beim lauten Beten in der Synagoge: Alle Beter wiegen den Oberkörper heftig vor und zurück. »Davanen« nennt die hebräische Sprache diese Form des Betens unter lebhaften rhythmischen Körperbewegungen, als ob der Beter im Innersten seines Körpers festsitzende Wörter losrütteln und zum Aufsteigen bringen wollte. Oder sehen wir uns auf dem Markt eines mexikanischen Dorfs um: überall lauter anschauliche Beispiele für Jousses »Verbalmotorik«. Die Dörfler wickeln das Geschäft des Kaufens und Verkaufens unter lebhaftem Handeln und Feilschen ab, einem Hin und Her, bei dem Käufer und Verkäufer immer mehr in Fahrt geraten, mit den Händen fuchteln und ihre Stimme hochschrauben, bis sie über die Köpfe der Menge hinweg schallt. Sie liefern eine regelrechte komödiantische Einlage. Wenn sie ihre Sache gut machen, sammelt sich nach und nach ein Publikum um sie. Die Zuschauer wissen, daß sie bald etwas anderes als einen nackten Kaufhandel zu sehen bekommen werden. Denn in Wirklichkeit geht es hier weniger um Ware und Geld als um Schlagfertigkeit und theatralisches Geschick. Jeder im Dorf erwartet, auf dem Markt fortwährend solche Episoden eruptiven Feilschens zu erleben, mit besonderem Gusto verfolgen die Einheimischen jedoch derartige Auftritte, wenn die beiden Akteure geschickt und stilvoll zu Werke gehen. Ein Supermarkt mit seinen sauber dekorierten Gondeln und sauber geputzten Gängen, durch die isolierte Individuen ihre Karre schieben, stellt wohl die am weitesten »literalisierte« Form des *mercado* dar. Der Supermarkt gibt dem Kunden zu verstehen: Bedien' dich oder laß es bleiben. Wenn dir dieses Produkt zu teuer ist, nimm eine andere Marke. So gesehen ist hier das Käuferverhalten etwas Ähnliches wie das »Zappen« vor dem Fernsehbildschirm. Der Konsument kann meckern, aber er kann nicht verhandeln oder feilschen. Er kann seine Meinung nur vermittels des Geldes, das er ausgibt, kundtun – oder mit den Füßen. Käufer und Verkäufer bleiben genauso stumm wie die Ladeneinrichtung: »Das Geld hat das Wort.«

Der Geschäftskontakt auf dem Marktplatz borgt sich seine äußere Form von der oralen Erzählkunst. Der Käufer und der Verkäufer spielen lustvoll ihren Part in der sorgfältig in Szene gesetzten Geschichte eines Konflikts, die mit einer für beide Teile befriedigenden Lösung endet, wenn zu guter Letzt doch noch der Kauf getätigt wird. Der Verkäufer sagt, es müsse diese bestimmte Summe für seine Ware bekommen, der Käufer entgegnet ihm, er seinerseits sei nun leider einmal weder bereit noch in der Lage, mehr als soundsoviel zu bezahlen. »Aber bei mir bekommen Sie etwas Besonderes, mein Freund.« »Na, so besonders nun wohl auch nicht. Das gibt's doch hier überall, und da drüben hab ich's für den halben Preis gesehen.« Und so weiter und so fort. Ein Wort gibt das andere in dieser scharfzüngigen Wechselrede nach ungeschriebenen, aber festen Regeln, und jeder der beiden Kontrahenten müht sich nach Kräften, dem anderen nicht ins Garn zu gehen. Keiner von beiden zeigt sich gekränkt oder beleidigt und läßt den anderen stehen, auch wenn sie sich beide schier bis zum Exzeß in die Rolle des Entrüsteten hineinsteigern. Das Ganze geht so lange weiter, bis der Auftritt seinen Höhepunkt erreicht und der Gegenstand des Verlangens im Kaufakt den Besitzer wechselt. Das englische Wort *purchase*, »Kauf«, verwandt mit dem französischen *pourchasser quelquechose*, »eifrig hinter etwas her sein, auf etwas Jagd machen«, deutet indirekt noch auf die Jagdleidenschaft hin, die in dieser volkstümlich-lebhaften Form, ein Geschäft abzuschließen, zum Tragen kommt.

Anfang der dreißiger Jahre führte der sowjetische Psychologe Alexander R. Lurija mit Bauern im hintersten Usbekistan und Kirgisien eine Reihe von Experimenten durch. Die faszinierenden Entdeckungen, die er dabei machte, stellte er in einer Monographie vor, die erst 1974 in Moskau veröffentlicht wurde.[15] Dieses Buch informiert aus erster Quelle darüber, wie der menschliche Geist unter den Bedingungen der Oralität die Wirklichkeit in Begriffen abbildet, und gewährt einen Einblick in die mentalen Strukturen hinter dem Begriff »Verbalmotorik«. Sein Datenmaterial erhob Lurija an Bauern, mit denen er sich im Teehaus traf, um sie in entspannter Atmosphäre zu befragen. Die meisten seiner Versuchspersonen waren Analphabeten; nur wenige besaßen eine rudimentäre Lese- und Schreibkenntnis.

Den Anfang machte Lurija mit simplen Tests. Er legte den Probanden Zeichnungen von einfachen geometrischen Figuren vor. Bauern, die keinerlei Lese- und Schreibkenntnis besaßen, benannten die einzelnen Figuren niemals mit dem Namen, den sie als Abstrakta trugen, Kreis, Rechteck, Dreieck usw. Vielmehr sahen sie in einem Kreis einen Teller oder eine Münze oder den Mond, und ein Rechteck war eine Tür oder ein Haus oder ein Brett, auf dem Obst zum Dörren ausgelegt wurde. Die Figuren mußten immer und in jedem Fall »wie« etwas in ihrer Erfahrungswelt sein. In umgekehrter Richtung arbeitete ihr Verstand nicht: Von einem runden Gegenstand in ihrer unmittelbaren Umwelt abstrahierten sie nie die Eigenschaft »Rundheit« als solche. Da man einen Kreis weder schmecken noch riechen noch fühlen kann, kann man ihm keine Existenz zuschreiben. Existenz hat er nur in dieser und jener Einkörperung im Konkreten, als Wagenrad, Mond usw., nicht als Platonische Idee.

Bei einem anderen Experiment zeigte Lurija seinen Probanden vier Gegenstände, von denen drei ein und derselben Kategorie angehörten, der vierte hingegen einer anderen. Wieder waren die Antworten seiner analphabetischen Versuchspersonen denkbar spezifisch und situationsbezogen. Mit Abbildungen konfrontiert, die einen Hammer, eine Säge, ein Holzscheit und eine Axt zeigten, und gefragt, welches von den Dingen nicht in die Gruppe paßt, diskutierten die Bauern mit Lurija, wie wenn er blanken Unsinn geredet hätte. Ihre Aufmerksamkeit konzentrierte sich auf das Holzscheit, die Sache, die geschnitten und behauen werden mußte, um einen Gebrauchswert zu bekommen. Einer der Männer sagte: »Sie gehören alle zusammen. Wenn man etwas sägen will, braucht man eine Säge, und wenn man etwas in Stücke hauen will, dann braucht man eine Axt. Wenn da unbedingt was weg muß, würde ich das Beil wegtun. Das leistet nicht so gute Arbeit wie die Säge.« Auch als Lurija ihm sagt, daß Axt, Hammer und Säge Werkzeuge sind, läßt sich der Bauer dadurch nicht von seiner konkreten, operationalen Denkweise abbringen: »Das stimmt. Aber auch wenn wir Werkzeug haben, brauchen wir Holz. Sonst können wir nichts bauen.« Was eine ernst zu nehmende ontologische Frage aufwirft: Ist ein Werkzeug noch Werkzeug, wenn es nicht benutzt wird? Oder wird es erst dann zum Werkzeug, wenn es als brauchbar für einen bestimmten Zweck definiert ist und dieser Definition gemäß praktisch eingesetzt wird? Im Milieu der Schriftkultur scheint es so zu sein, als ob dem Hammer immer und jederzeit das Etikett »Werkzeug« anhaftete. Im oralen Milieu ist der Hammer ein Hammer, wenn und solange er konkret für diesen oder jenen speziellen Zweck eingesetzt wird.

Jedwede sprachliche Äußerung ist in gewissem Maß abstrakt. »Holzscheit« ist bereits eine Abstraktion, eine Kategorie, in der unterschiedliche reale Scheite untergebracht werden können. Mit den Begriffen »Kreis« und »Quadrat« bewegt sich die Sprache auf höherem Abstraktionsniveau. Lurijas Probanden jedoch liegen mit der Erfahrung auf allerkonkretester Ebene im Handgemenge. Und das in ganz unbildlichem Sinn: Was sie nicht in die Hand nehmen können, kriegen sie nicht in den Griff – das können sie nicht be-greifen und folglich auch nicht als nützlich oder einsichtig oder auch nur als real in ihrem Vorstellungshaushalt unterbringen.

Ganz andere Reaktionen erhielt Lurija von Versuchspersonen, die eine rudimentäre Lese- und Schreibkenntnis besaßen. Sie ließen umgehend Ansätze zu kategorisierendem, abstrahierendem Denken erkennen. Als beispielsweise die Aufgabe gestellt wurde, die Reihe Axt, Beil, Sichel aus dem Angebot Säge, Getreideähre, Holzscheit zu ergänzen, wählte einer der Probanden mit elementarer Lese- und Schreibkenntnis die Säge aus und begründete seine Wahl damit, daß es sich in allen vier Fällen um in der Landwirtschaft gebrauchtes Werkzeug handle. Aber wie um nicht den Eindruck eines total praxisfernen Menschen zu machen, fügte er dann wenige Augenblicke später hinzu: »Mit der Sichel könnte man das Getreide schneiden.«

Von seinen analphabetischen Bauern begann Lurija Rückschlüsse auf bestimmte Merkmale des »kritischen« Denkens zu ziehen. Er kam zu dem Befund, daß seine Probanden ihre Folgerungen ohne Rückgriff auf logische Schemata trafen. Was nicht bedeutet, daß ihr Denken der logischen Organisation ermangelte, sondern lediglich, daß sie mit rein logischen Schemata als solchen nichts anzufangen wußten. Aus dem Zusammenhang tatsächlicher Erfahrung herausgelöste syllogistische Probleme ergaben für sie einfach keinen Sinn. So legte Lurija der Gruppe beispielsweise folgende Frage vor: »Im hohen Norden, wo Schnee liegt, sind die Bären weiß. Die Insel Nowaja Semlja liegt im hohen Norden, und dort ist immer Schnee. Welche Farbe haben dort die Bären?« Die Antwort, die einer der Männer gab, ist typisch für die Reaktionen aller Gruppenmitglieder: »Ich weiß es nicht. Ich habe einmal einen schwarzen Bären gesehen, andere noch nicht. Jede Gegend hat ihre eigenen Tiere. [...] Wir reden immer nur darüber, was wir gesehen haben. Über Dinge, die wir nicht gesehen haben, sprechen wir nicht.«

Man beachte, daß dieser Mann über die Grenzen des Syllogismus hinausgeht, um sich draußen seine eigene Antwort zu suchen: Er verlegt seine Suche in die Welt selbst. Sie ist für ihn der einzige Ort, wo man nach Antworten zu suchen hat, denn sie ist die *einzige* Welt. Der Bauer ist nicht imstande, sich im Kopf eine zweite, imaginäre Welt zu konstruieren. Wie Walter Ong scharfsinnig bemerkt, »ist der Syllogismus somit wie ein Text: fixiert, abgegrenzt, isoliert«.[16] Anders das Rätsel, ein in fast allen oralen Kulturen populäres Genre: Wer die Lösung finden will, muß sie mit der Geschicktheit des erfahrenen Jägers außerhalb des Rätsels selbst aufspüren. Um ein Rätsel zu lösen, muß man auf frühere Erfahrungen zurückgreifen. Für den oralen Menschen ist ein Syllogismus etwas Ähnliches wie für ein Mitglied unserer Kultur ein Videospiel in der virtuellen Realität: eine Fata Morgana ohne die Substanz und Solidität tatsächlicher Erfahrung. Wenn man die Sache genauer untersucht, löst sie sich in Luft auf.

Tatsächlich stießen bei Lurijas Bauern alle Problemstellungen ins Leere, die von ihnen verlangten, innerhalb einer rein verbalen Sphäre zu verweilen. »Definieren Sie, was ein Baum ist«, fordert Lurija einen von ihnen auf. Der Proband wird angesichts einer so törichten Aufgabe ungehalten, ja sogar ein bißchen zornig: »Wozu? Jeder weiß, was ein Baum ist, das muß ich den Leuten nicht erst sagen.« Lurija versucht auf anderem Weg den Zugang zur Idee der Definition zu eröffnen: »Angenommen, Sie kommen irgendwohin, wo es keine Karren gibt. Wie erklären Sie den Leuten dort, was ein Karren ist?« Der Bauer antwortete in demselben operationalen, direkten Stil: »Wer auf den Karren steigt und eine Fahrt macht, wird schon merken, was ein Karren ist.« In einer oralen Kultur kann schlechterdings nichts die tatsächliche Erfahrung der wirklichen Welt ersetzen. Bei abstraktem Gerede kommt nichts heraus.

Eine weitere Entdeckung, genaugenommen die wichtigste, machte Lurija schließlich im Zuge einer experimentellen Befragung, mit der er erkunden wollte, ob diese Bauern irgendeinen Begriff vom Selbst hatten. Ein bewußter Begriff von etwas namens Selbst setzt, in äußerste Vereinzelung treibend, den vielleicht höchsten Grad an Abstraktion und isolierendem Denken voraus. Der gesamte situative Kontext eines Menschen muß seinem Bewußtsein entsinken, während die Aufmerksamkeit sich nach innen wendet, um sich dort auf – wir haben keinen anderen Namen dafür – jene Gewißheit namens Selbst zu konzentrieren. Wenn wir jedoch daran denken, wie hochgradig operational das orale Denken verfährt, dürfte es uns nicht überraschen zu erfahren, daß Lurijas Versuchspersonen die Idee der Selbstanalyse nicht zu erfassen vermochten.

Das »Selbst« zählt – und darin gleicht es dem »Bewußtsein« – zu den Begriffen, die der Definition trotzen. Mehr noch: Das Selbst und das Bewußtsein gehen auf gemeinsamem Weg und vielleicht gleichermaßen symbiotisch verbunden wie siamesische Zwillinge durch die Geschichte. Beide, das Selbst wie das Bewußtsein, erzwingen im Menschen eine Spaltung, und beide bilden sich nur unter den Bedingungen der Literalität heraus. Das Bewußtsein scheint die Idee des Selbst vorauszusetzen. Wie ich indessen zu zeigen versucht habe, setzt ein gewisses Kollektivbewußtsein bereits auf der oralen Ebene ein, auf der noch kein Selbst existiert. Ein individualisiertes Bewußtsein bildet sich jedoch erst auf der Ebene der Literalität heraus. Und diese spezielle Bewußtseinsform nun setzt als *conditio sine qua non* ein Selbst voraus. Die Geschichte des Bewußtseins läßt sich in groben Zügen aus der Geschichte des Wortes »selbst« rekonstruieren.

Im Englischen schloß das Wort *self* anfänglich keine Reflexivität – keinen Rückverweis auf das »Ich« – ein, sondern versah eine Personen- oder Sachbezeichnung mit besonderer Betonung. Der früheste Beleg für diese Verwendung von *self* findet sich bei Cynewulf, einem altenglischen Dichter des frühen zehnten Jahrhunderts: *»Nu is rodera Weard, God sylfa mid us«* (Nun ist der Wächter des Himmels, Gott er-selbst, mit uns).[17]

Laut dem *Oxford English Dictionary* gelangte *self* durch einen orthographischen Zufall zu reflexiver Bedeutung: »Der substantivische Gebrauch scheint sich hauptsächlich aus charakteristischen, häufig auftretenden Wortverbindungen entwickelt zu haben, bei welchen der altenglische Genitivus masculinus und der altenglische Genitivus neuter *selfes* als Genitiv eines substantivischen Neutrums aufgefaßt werden konnten. So zum Beispiel konnte das *selfes* in *his selfes, Godes selfes* statt als das kongruierende Pronominaladjektiv, das es war, [aufgrund ähnlicher Schreibweise] leicht als ein den vorangehenden Genitiv regierendes Substantiv interpretiert werden.« Die zitierten Wendungen hätten nicht als »sein Selbst« oder »Gottes Selbst«, sondern vielmehr als »Gott selbst« oder »Gottes eigenes« verstanden werden müssen.

Ich halte es für unwahrscheinlich, daß ein für die Verständigung über das menschliche Dasein so unentbehrliches Wort durch ein beiläufiges Mißverständnis aufkommen kann. In England brachte die zunehmende Bildung im Lesen und Schreiben das Bedürfnis hervor, dem Wort *self* zur Eigenständigkeit zu verhelfen. Als dann um 1300 *self* in Wendungen wie *my own self*, *your dear self*, *our two selves* zum vollwertigen Substantiv geworden war, hatte die Lese- und Schreibkenntnis auf ihrem Weg die Sozialpyramide hinunter bereits den Laienstand erreicht. Das Wort erwies sich als so wirkungskräftig, daß es nach nur einem Jahrhundert bereits jenes innere Ding bezeichnete, das die Frommen von ihrer Andacht abzulenken vermochte. Im Jahr 1400 legte eine englische Übersetzung der Benediktinerregel in Vers 577 den Mönchen die Mahnung ans Herz: *»Our own self we sal deny, And folow oure lord god al-mighty«*[18] (Unser eigen Selbst werden wir verleugnen und unserm Herrn, dem allmächtigen Gott, nachfolgen). Wer ein reines mönchisches Leben führen wollte, mußte dem Selbst entsagen.

Der Wesenswandel des Lesens vom lauten Sichvorsprechen der Wörter zu deren stummer Aufnahme mit dem Blick versetzte den Lesenden in die Lage, gleichzeitig Schriftzeichen zu entziffern und über ihre Bedeutung zu reflektieren. Die unausweichliche Folge davon war die Entstehung des reflektierenden Selbst. Unter den Bedingungen der Oralität verflüchtigen sich die Worte zu schnell, um im Gedächtnis behalten und analysiert werden zu können. Die Geburt des Selbst setzt voraus, was Horaz einmal als kennzeichnendes Merkmal der Schriftkultur apostrophierte: *»Littera scripta manet«* (Das geschriebene Wort hat Bestand). Nur wenn die Wörter stillstehen, können sie nachgeprüft und immer wieder von neuem nachgeprüft werden. Das Selbst ist stets reflektierendes Selbst, und reflektierend gelangt es zu einem individualisierten Bewußtsein.

Lurija hatte sich demnach auf eine unlösbare Aufgabe

eingelassen, als er seinen oral geprägten Versuchspersonen Äußerungen zu entlocken suchte, in denen sich mehr als nur allerrudimentärste Ansätze des durch Schriftkultur bedingten Selbst gezeigt hätten. Doch er ließ nicht locker und wiegte sich sogar in dem Glauben, er könne seine Probanden zum Reden bringen, indem er Tee mit ihnen trank und zwanglos über Unterschiede und Gemeinsamkeiten zwischen den Dörflern mit ihnen plauderte. Wenn es ihm gelang, einen Dorfbewohner so weit zu bringen, daß er über andere Dorfbewohner sprach, charakterisierte der Befragte seine Nachbarn und Bekannten anhand ihrer Arbeitsgewohnheiten und Alltagsroutinen. Zu seiner eigenen Person befragt, ging der Proband alsbald zu Erklärungen über sein Lebensmilieu und sein Verhalten über:

Frage: »Sind Sie zufrieden mit sich, oder wären Sie lieber anders?«
Antwort: »Ich hätte gern mehr Land, damit ich mehr Weizen anbauen kann.«
Frage: »Die Menschen sind verschieden, mal ruhig, mal cholerisch, und manchmal haben sie ein schlechtes Gedächtnis. Wie sehen Sie sich selbst?«
Antwort: »Wir verhalten uns anständig. Wenn wir schlechte Menschen wären, würde uns niemand achten.«

Obwohl Lurija seine Untersuchungen vor sechs Dezennien unter Bedingungen durchführte, die kaum als kontrollierte bezeichnet werden können, lehren seine Ergebnisse noch heute die Welt der Oralität besser verstehen. Menschen, die keinen Unterricht im Lesen und Schreiben – wie er im wesentlichen Inhalt der Schulbildung ist – genossen haben, denken nicht in hochabstrakten Kategorien, die ja, wie wir von Ong und anderen wissen, samt und sonders nicht einfach dem schulisch gebildeten, sondern dem »textgeprägten« Denken entspringen. Lese- und Schreibkenntnis schafft eine radikal veränderte Wahrnehmung. Und für diesen Zusammenhang spielt es keine Rolle, ob die Lese- und Schreibkenntnis groß oder gering ist: Bereits in minimalem

Umfang bedingt sie eine Wahrnehmungsänderung. Fast auf der Stelle versetzt sie den Menschen aus dem Kollektivdenken in eine Sphäre verstärkter Selbstzentriertheit und Abstraktion. Platon, der erste abendländische *homme de lettres*, fackelt nicht lange: Um Platz für abstrakte Denker und Philosophen zu schaffen, verbannt er aus seinem Staat alle Dichter – jene Rhetoren alten Stils –, die Geschichten über das Hier und Jetzt erzählen. Die Philosophie der Neuzeit verwendet den Ausdruck »Platonische Ideen« als *terminus technicus* für abstrakte Kategorien wie zum Beispiel das Konzept des idealen Kreises oder des idealen Dreiecks. Für Platon verkörpern die Dichter eine obsolete Denkform, deren Antiquiertheit in dem Bemühen liegt, die Wirklichkeit in größtmöglicher Unmittelbarkeit und Anschaulichkeit wiederzugeben. Demgegenüber fordert er für seinen neuen Staat Denker, Theoretiker, Philosophen. Die Idee der Zukunft und alles Zukunftsweisenden liegt in Platons Vision beschlossen. Der Intellektuelle Platonischen Typs nimmt heute eine Aufgabe im Staatswesen wahr, ohne dem Staatsapparat anzugehören.

Anhand seiner experimentellen Befragungen vermochte Lurija in groben Zügen das Denken unter den Bedingungen der Oralität nachzuzeichnen, brachte jedoch letzten Endes kaum etwas über die angeborene Intelligenz seiner Bauern in Erfahrung. Jeder Test unter Verwendung papierener Requisiten, ja sogar größtenteils auch die mündlich vorgebrachten Fragen eines lese- und schreibkundigen Interviewers verlangen von dem oralen Menschen eine Anstrengung, die offenbar seine Kräfte übersteigt, auch wenn sie in etwas besteht, das der durchschnittliche Mittelstufenschüler jeden Tag ohne sonderliche Mühe beim Hausaufgabenmachen exerziert. Was da verlangt wird, hat viele Namen: aus dem Zusammenhang Lösen, Abstrahieren, Isolieren, Konzeptualisieren, Generalisieren, Definieren, Charakterisieren, Kategorisieren, Klassifizieren usw. Für Lurijas Bauern waren all diese Dinge offenbar böhmische Dörfer. Sie blieben ganz ihrer sinnlich erfahrbaren Lebenswelt verhaftet, sahen keinen Anlaß, sich aus dieser Verhaftung zu lösen, und verfügten auch gar nicht über das Instrumentarium, mit dem dies zu bewerkstelligen gewesen wäre. Ergo ließen sie sich durch nichts von der konkreten Situation abbringen. Für kategorische Ausdrücke hatten sie keine praktische Verwendung. »Baum« als Kategorie, das ist etwas Inexistentes. Aber *dieser* Baum steht dort drüben; er spendet Schatten und trägt Früchte. Der Mensch auf dem Niveau der Prä- oder Nicht-Literalität denkt stets stark situationsbezogen und begegnet der Erfahrung, indem er geradewegs auf sie zugeht und sie buchstäblich mit Händen greift.

Ein Kind, das zum ersten Mal ein Klassenzimmer betritt und damit die Schwelle zum Schülerdasein überschreitet, tut dies als ein verkleinertes Abbild von Lurijas Bauern, und das heißt: mit der ganzen Magie und Faszination der oralen Welt im Gepäck. In die Schule kommt es nicht nur mit unermeßlichen Geistesgaben, sondern auch mit einer Weltsicht, die den Lehrern und der Schulbürokratie völlig fremd ist. In der Tat so fremd, daß keiner aus der vielköpfigen Phalanx von Lehrern und Verwaltungsbürokraten, die dieses Kind im Verlauf seines zwölf, dreizehn oder, wenn es die Universität besucht, siebzehn, achtzehn oder mehr Jahre währenden Schülerdaseins kennenlernen wird, in der Lage ist, es mit Meß- und Testmethoden auszuloten. Wie im Fall von Lurijas Bauern schützt eine feste Verankerung in der Oralität dieses Kind gegen unzeitige psychometrische Eingriffe. Niemand vermag seine angeborene Intelligenz zu berechnen, denn das für diesen Zweck bereitstehende meßtechnische Instrumentarium ist samt und sonders auf Menschen mit Lese- und Schreibkenntnis zugeschnitten. Ein Kind in diesem Stadium kann lediglich beobachtet, sein Verhalten lediglich zum Gegenstand von Erörterungen gemacht werden. Beteiligt es sich an den Spielen der Gruppe, ist es gesellig? Oder ist es ein Einzelgänger? Die Fragen kreisen alle darum, wie die Beziehung des Kindes zur umgebenden Gruppe beschaffen ist, denn das Kind fühlt sich noch immer als Stammesmitglied. Das kindliche Denken folgt derselben Logik wie das Denken von Lurijas Bauern und faßt alle Fragen und Aussagen in unreflektierter Wortwörtlichkeit auf. Kinder identifizieren wahrgenommene Formen und Figuren mit Gegenständen ihrer Erlebnissphäre. Ein Kreis *ist* der Mond, Rechtecke *sind* Bauklötzchen.

Im Kindergarten und in der Vorschule hören Kinder für ihr Leben gern Geschichten. Sie erwarten und erhoffen sie. Sind entzückt über jede Einzelheit. Für das Kind besitzt die Kindergärtnerin genau die gleiche Macht wie für die Mitglieder eines primitiven Volksstammes der weise Meister, der Hüter aller Geheimnisse und der magischen Praktiken der Gruppe; sie ist eine unerschöpfliche Fundgrube für Märchen von sprechenden Tieren, die allesamt in eitel Glück und Wonne enden und mit dem Satz: Und wenn sie nicht gestorben sind, dann leben sie noch heute. Wie der gute Geschichtenerzähler versteht es die gute Kindergärtnerin, die gesamte Welt zu verblüffender Lebendigkeit zu erwecken. Sobald die Kinder sich einigermaßen miteinander angefreundet haben, mit anderen Worten: sobald sie anfangen zu »harmonieren«, beginnt der Kindergarten mehr und mehr einer Stammesgemeinschaft auf elementarster Stufe, der Stufe der Oralität, zu ähneln.

Es liegt mir fern, orale Völker mit Kindern gleichzusetzen. Worauf ich hinauswill, ist vielmehr, daß kleine Kinder sich in der einzigen Welt engagieren, die sie kennen, und das ist eine Welt ziemlich lebhafter Oralität. Schließlich produzieren sie von Geburt an – und anfänglich sogar fast ausschließlich – Laute und Geräusche. Auch ohne ein einziges Wort sprechen zu können, verdeutlicht das Kind in den ersten Lebensjahren all seine Wünsche und Bedürfnisse; mit nichts weiter als einem Wimmern oder einer Bewegung signalisiert es Hunger oder Unbehagen oder Liebesverlangen. Kinder beweisen eine Oralität von solcher Wirkungskraft, daß sie ihre Mütter mühelos zu gelehrigen Partnerinnen machen, denen sie beibringen, ihnen mit einer Intensität zu lauschen, die zuweilen an die bei hellseherisch veranlagten Menschen oder bei guatemaltekischen »Echomännern« anzutreffende vollständige Öffnung aller Sinne erinnert.

Doch wozu machen wir hier soviel Aufhebens von diesen Dingen? Wozu der Wirbel um anscheinend doch ganz Gewöhnliches: Reden und Zuhören? Was soll das ganze Getue um die menschliche Stimme? Darauf gibt es eine einfache, unverschnörkelte Antwort: Ohne vorangegangenes volles Erleben der oralen Dimension kann ein Mensch nicht wirklich zu einer kräftigenden und belebenden Literalität finden. Die Oralität ist das Gerüst, in dem die Substanz der Literalität aufgebaut wird, die Gußform, in der sie Kontur gewinnt. Die Oralität macht Sozialisation und emotionale Entwicklung überhaupt erst möglich. Nach Ansicht vieler Psycholinguisten werden die grundlegenden Wahrnehmungsschemata des Menschen im Reden geformt.[19] Durch das Austauschen von Geschichten lernt er, daß er nicht alles so hinnehmen muß, wie es ist. Er kann sich fabulierend eine eigene Welt erfinden und sie ausgestalten, wie es ihm gefällt. Jugendliche reden sich so in ein ungeschmälertes, volles Leben hinein: Aus dem, was sie laut sagen, erfahren sie, was in ihrem Inneren vorgeht. Ohne Übung im Reden und Geschichtenerzählen, ohne die Freude am Spiel mit der Sprache (zu dem auch gelegentliches Lügen gehört) steuern Heranwachsende auf Selbst-Zerstörung im buchstäblichen Wortsinn zu. Nicht nur daß ihr Bewußtsein der eigenen Identität nicht zu voller Stärke heranreift: ohne die prägende Kraft der Sprache kann ihr Innenleben sich nicht entfalten und Gestalt gewinnen. So ist da am Ende nichts, woraus Lese- und Schreibkenntnis sich speisen, kein Rohstoff, den sie sich zu eigen machen könnte.

Auch wenn es nicht im Schoß der Oralität aufgewachsen ist, kann ein Kind lesen und schreiben lernen. Das ist gar keine Frage. Doch in der Mehrzahl dieser Fälle geht das Kind an das Lesen und Schreiben nicht mit Begeisterung, sondern zögernd und argwöhnisch heran – die Prozeduren, mit denen es hier Bekanntschaft machen soll, sind ihm völlig neu und fremd. Denn Oralität und Literalität sind nicht eigentlich kategorial verschieden. Beide haben es mit Lauten beziehungsweise Lautzeichen und Bedeutungen zu tun. Durch Sprechen wie durch Lesen und Schreiben soll Sinn vermittelt werden. Die Literalität, eine kulturgeschichtlich sehr viel jüngere Entwicklung als die gesprochene Sprache, speist sich aus der Oralität.

Um es in anschaulicherer Form auszudrücken: Die Literalität schließt die Oralität in sich ein wie ein Gummihandschuh die Hand, die ihn trägt, und bildet deren Kontur und Umriß in allen Einzelheiten nach. Aus der Welt der gesprochenen Sprache kommen die Rhythmen und Klangfarben, die lauten und leisen Töne und auch noch die Tonleiter der Gefühle, die am Ende im Medium der Schrift Ausdruck finden. Die Oralität fungiert somit als Vorschule, als unentbehrliches solides Fundament für das Gebäude der Literalität. Kinder müssen Gesprochenes hören, um sprechen lernen zu können. Das mag wie eine Tautologie klingen, aber ein Kind muß Sprachlaute von Menschen aus Fleisch und Blut gesprochen hören. Umgekehrt muß ein Mensch aus Fleisch und Blut dem Kind zuhören und geduldig dessen Tausende von Fragen und Klagen über sich ergehen lassen. Eine elektronisch simulierte Stimme tut es nicht. Breyne Arlene Moskowitz, eine Sprachwissenschaftlerin, die den Spracherwerb des Kleinkinds untersucht, berichtet folgende Geschichte. Ein kleiner Junge, der zwar gehörlose Eltern hatte, aber selbst ganz normal hörte, verbrachte seines schweren Asthmas wegen die meiste Zeit im Haus. Die Eltern, die sich mit ihm mittels ASL (= *American Sign Language*, die amerikanische Taubstummensprache) verständigten, setzten ihn alle Tage vor den Fernsehapparat, damit er Englisch lernen könne. Mit drei Jahren konnte er sehr fingerfertig ASL-Zeichen ausführen, Englisch jedoch weder sprechen noch verstehen. Nachdem sie dieses Kind jahrelang wissenschaftlicher Beobachtung unterzogen hatte, kam Moskowitz zu dem einzig möglichen Ergebnis. Und wie Giftflaschen eine Banderole mit Totenkopf und gekreuzten Knochen tragen, so sollte an jedem Fernsehgerät ein Warnschild mit Moskowitz' Befund angebracht werden. Sie schreibt: »Als alleiniges Medium zum Erlernen von Sprache ist ein Fernsehapparat ungeeignet, denn wenn er auch Fragen stellen kann, so kann er doch Fragen des Kindes nicht beantworten. Ein Kind kann also nur dann Sprachfähigkeit ausbilden, wenn es Sprache in seiner Umwelt vorfindet und diese Sprache dazu benutzen kann, sich mit seiner unmittelbaren Umgebung zu verständigen.«[20] An diesem Maßstab gemessen, wächst die Mehrzahl der amerikanischen Kinder heute in einer Umgebung auf, aus der die Sprache effektiv ausgetilgt ist.

Die Geschichte lehrt, daß Kulturen erst ein Stadium der Oralität durchlaufen, ehe sie in die Literalität eintreten – wenn sie denn je so weit kommen. Jedes kleine Kind erlebt diese Entwicklung neu. Das heißt, jedes Kind tat dies noch bis vor kurzem. Die Zahl der kleinen Erdenbürger, die Oralität, die Kultur der mündlichen Verständigung, noch im vollen Umfang erleben, geht immer stärker zurück, mit katastrophalen Folgen für alle, denen diese Erfahrung vorenthalten bleibt. Die Quote der High-School-Abgänger ohne Abschluß liegt landesweit bei 40 Prozent und in den Großstädten noch höher. In den Oberklassen kalifornischer High-Schools sind die Leistungen im Lesen im Lauf des letzten Jahrzehnts stetig zurückgegangen. Falls man in Amerika hofft, weiterhin Generationen von jungen Leuten heranziehen zu können, deren Leben durch Lese- und Schreibkenntnis geprägt ist, signalisieren diese Angaben eine Katastrophe größeren Ausmaßes. Die erdrückende Mehrzahl der Kinder in diesem Land erlebt die menschliche Stimme heute vorzugsweise durch Vermittlung von Kino und Fernsehen, Schallplatte und Radio – elektronische Hexereien, die mit ihrem hypnotischen Einfluß zwei, drei Nachwuchsgenerationen dazu gebracht haben, Elektroimpulse für bare Münze zu nehmen.

»Im heutigen Amerika stoßen wir auf Schwierigkeiten, wenn wir unseren Kindern das Lesen beibringen wollen. Könnte das daran liegen, daß wir uns nicht die Mühe machen, jedes einzelne von ihnen gleichzeitig auch in der Kunst des mündlichen Vortrags zu unterweisen?« Der so fragt, ist der klassische Philologe Eric Havelock.[21] Die Frage mag zwar berechtigt sein, doch schenkt der Frager einem dahinterliegenden Grundproblem zuwenig Beachtung. Niemand kann Schüler, die im eigenen Leben niemals Bekanntschaft mit einer echten Kultur der mündlichen Verständigung gemacht haben, im mündlichen Vortrag unterrichten. Zumindest eine Ahnung von diesem Problem beweist auch Havelock: »Wird das Kind in der Entwicklung nicht als erstes in der oralen Kultur seiner Vorfahren verankert, mit der zu wetteifern sein sich entwickelndes Gehirn gemacht ist, wie kann man da erwarten, daß es mit Erfolg den unnatürlichen Schritt vollzieht, sein orales Spracherkennen in einen visuellen Akt umzuwandeln?« Im Sprechen und Zuhören muß ein Kind nicht unterrichtet werden: In die Welt der Oralität gelangt es durch Nachahmen und Mitmachen. Anders ist das beim Lesen und Schreiben: Beides muß unter Anleitung erlernt werden. Es erfordert das Auswendiglernen des Alphabets und das Verstehen und Behalten bestimmter Regeln. Das meint Havelock, wenn er von einem

»unnatürlichen Schritt« spricht. Freilich, die Schulung des Sprachvermögens, das Verstehen von Wörtern und Sätzen und Bedeutungen beginnt auf der Ebene der mündlichen Verständigung.

Nach gängiger Ansicht haben die jungen Leute heute durch CDs und das Fernsehen eine früheren Generationen völlig unbekannte Möglichkeit, tief in die Welt der Oralität einzutauchen. Kinder sitzen im Durchschnitt fünf Stunden täglich vor dem Bildschirm, und das sieben Tage in der Woche. Wird ihnen da nicht eine satte Dosis menschlicher Stimme verabreicht? Bekommen sie nicht bei Talkshows, Sitcoms, Nachrichtensendungen usw. eine Menge Gespräche mit? Richtig ist, daß Jugendliche in beunruhigendem Ausmaß von dem Konsumangebot elektronischer Medien Gebrauch machen. Der oder die durchschnittliche achtzehnjährige US-Bürger(in) von heute hat seit dem sechsten Lebensjahr rund 16000 Stunden vor dem Fernsehapparat und weitere 4000 Stunden mit dem Anhören von Radioprogrammen und CDs oder im Kino verbracht. Diese Jugendlichen haben in die Beschäftigung mit Medien irgendwelcher Art mehr Zeit investiert als in den Schulbesuch oder das Zusammensein mit ihren Eltern. Innerhalb von nicht einmal zwei Jahrzehnten hat der tägliche Fernsehkonsum der Sechs- bis Achtzehnjährigen um mehr als 70 Prozent zugenommen. Findigen Elektronikherstellern ist diese Entwicklung nicht entgangen, und sie haben daraufhin umgehend PCs und Videospiele ins Blickfeld von Kindern und Jugendlichen gerückt. In einer 1983 veröffentlichten Erhebung unter Volksschülern der sechsten Klasse im Bundesstaat Oklahoma verzeichnete Godfrey Ellis, daß 73 Prozent der Befragten ein Videospiel und 17 Prozent einen PC besaßen. Sie wandten im Durchschnitt zwei Stunden täglich für Videospiele auf; zusätzlich besuchten mehr als die Hälfte (52 Prozent) der Jungen und 35 Prozent der Mädchen mindestens einmal die Woche eine Spielhalle.[22]

Aber das alles zusammen ergibt noch keine Kultur des mündlichen Ausdrucks. Was in elektronischen Medien geredet wird, steckt in der Zwangsjacke eines Skripts; der Vortrag – Stimmlage, Satzmelodie, Betonungen – ist geprobt. Jede Sendung ist eine Theateraufführung *en miniature*. Nur wenige Sendungen können sich auf das Wagnis der Spontaneität oder der Improvisation einlassen, ganz zu schweigen von einer zwanglosen Unterhaltung. Die Sponsoren aus der Wirtschaft bezahlen nicht für Überraschungen. Selbst die Sendungen, in denen es scheinbar völlig entspannt und menschlich zugeht, bestehen aus einer lückenlosen Mauer von Tönen – da gibt es keine Schweigepausen oder Notbehelfe, keine Fehlstarts, keine toten Momente. Schweigen bedeutet Einnahmeverluste.

Wer einem elektronischen Medium lauscht, nimmt nicht an einer Kultur mündlicher Verständigung teil. Elektronische Medien verstoßen gegen die Kardinalregel des Gesprächs: Der Zuhörer muß unterbrechen können. Unterbrechungen, Einwände, Fragen und Wiederholungen – die zeitweilige Abkehr von wohlgeordnetem Verlauf und geradem Kurs mit anschließender Rückkehr zu diesen Dingen – sind das Herzstück der mündlichen Verständigung. Im Gespräch steht den Teilnehmern die Möglichkeit offen, die Ordnungsregeln zu durchbrechen. Jederzeit kann sich unversehens Grobheit ins Spiel mischen. Demgegenüber übermittelt das Radio seine Botschaften streng nach vorgegebener Partitur und sozusagen als abgepackte Ware. Wo zwei Menschen nicht einer des anderen Gesicht sehen können, kann von einem Gespräch zwischen ihnen kaum die Rede sein.

Das Fernsehen ist von der Kultur mündlicher Verständigung noch um einiges weiter entfernt, denn die Flimmerkiste täuscht dem Zuschauer vor, daß er selbst an einem lockeren, zwanglosen Austausch zwischen realen Personen teilnehme. Selbst eine angeblich für die ganze Nation so ungeheuer bedeutsame Veranstaltung wie eine Pressekonferenz des Präsidenten, die den Eindruck von Spontaneität, Unmittelbarkeit und persönlicher Atmosphäre erweckt, ist in allen Einzelheiten peinlich genau durchgestaltet und geprobt. Der Präsident beantwortet vorher schriftlich eingereichte Fragen, wobei er seine Ausführungen zuweilen mit einstudierten Hand- und Körperbewegungen begleitet. Fernseh-Pressekonferenzen sind durch und durch Produkte der Regiekunst, nicht anders als eine Seifenoper. Unter dem Gesichtspunkt echter Oralität betrachtet, ist das Fernsehen in der akustischen wie der optischen Dimension eine Lüge.

Das Fernsehen erstickt die menschliche Stimme. Mit den Bildern auf der Mattscheibe kann man nicht disputieren. Sie flimmern zu schnell vorüber, als daß der jugendliche Verstand über sie nachzudenken und sie zu analysieren vermöchte. Jugendliche verwechseln den Stoff, aus dem die Werbung ist, mit realer Befriedigung. Selbstverständlich steht es ihnen frei, wenn ihnen nicht gefällt, was sich auf dem Bildschirm abspielt, den Kanal zu wechseln oder auf die nächste Sendung, den nächsten Werbeblock zu warten. Oder noch besser: das Gerät abzuschalten. Was ja heutzutage dank Fernbedienung denkbar einfach ist.

Wir sollten uns klarmachen, daß Kinder diese Verhaltensmuster auf Situationen im wirklichen Leben übertragen. Sie kommen zu der Ansicht, daß mit jemandem Schluß zu machen, ihn »abzustoßen«, nicht mehr Umstände macht und auch nicht mehr zu bedeuten hat als das Abschalten des Fernsehgeräts oder das Umschalten auf einen anderen Kanal. Typisch für die heutige Lebensform ist ein Aufschrei, der aus so tiefem Herzen kommt wie kaum ein zweiter: »Jetzt laß uns doch mal den Fernseher abschalten und darüber reden!«

Was noch mehr zählt: Das Fernsehen macht Jugendliche zu passiven Konsumenten Hunderttausender Bilder von Gewalt und von Sex und von sexueller Gewalt, Bilder, die sie sich Tag für Tag, Abend für Abend »reinziehen«, wie das in ihrem Jargon heißt. Auch wenn ein Kind, während es vor dem Bildschirm sitzt, sich mit dem Gesehenen kritisch auseinandersetzt – zu Licht- und Klangeffekten einen inneren Monolog führt –, ist die Wirkung der Bilder unvermindert, der Eindruck, den sie in der Phantasie hinterlassen, unauslöschlich. Vom dritten bis zum fünften Lebensjahr, mit anderen Worten: während der Zeit, in der sich die entscheidende Phase in der Entwicklung der kognitiven und sprachlichen Fähigkeiten des Gehirns auf ihrem Höhepunkt befindet, sitzt das Durchschittskind mindestens 28 Stunden in der Woche vor dem Fernsehapparat. Bei Grundschülern beansprucht der Fernsehkonsum wöchentlich 25 Stunden und bei Hauptschülern wöchentlich 28 Stunden. Zum Zeitpunkt der Vollendung seines fünften Lebensjahrs hat ein solches Kind die niederschmetternde Zahl von 6000 Stunden Fernsehprogramm in sich aufgenommen. In Anbetracht dessen, was wir über die Auswirkungen des Fernsehkonsums wissen, können wir die Bedeutung dieses Zahlenmaterials auch so ausdrücken: Mit fünf Jahren ist das Durchschnittskind heute bereits 6000 Stunden lang programmiert worden.

Durch eine derartige Schulung werden junge Menschen gründlich geschwächt. Ihre natürliche emotionale Entwicklung, Voraussetzung geistiger Gesundheit, wird kurzgeschlossen; die Entwicklung ihrer Stimme wird abgewürgt; der Zugang zu den Kräften ihrer Phantasie wird ihnen abgeschnitten. Manche Neuroanatomen behaupten, daß übermäßiger Fernsehkonsum – siebenmal in der Woche mehr als vier, fünf Stunden täglich – letztendlich einen hohen Tribut in Form einer Schwächung der kognitiven Fähigkeiten fordert. Ihrer Meinung nach entwickelt sich das limbische System, jene rätselhafte Gruppe von Zellstrukturen zwischen Hirnstamm und Hirnrinde, die der Hirnforschung zufolge unsere Vorstellungsbilder produzieren, merklich langsamer bei jungen Menschen, die die Hälfte ihres wachen Lebens vor dem Fernsehapparat verbringen.

Zu den Funktionen des limbischen Systems, das zuweilen auch als emotionales Gehirn bezeichnet wird, gehört auch die, das Immunsystem des Körpers zu regulieren: Es steuert somit dessen Fähigkeit zur Selbstheilung. Aktuelle populärmedizinische Bestrebungen, mittels gedanklicher Konzentration auf Vorstellungsbilder von Gesundheit Heilung herbeizuführen, haben hier ihre rationale Basis. Eine sehr viel speziellere Aufgabe erfüllt das limbische System bei der Entwicklung des kindlichen Gefühlslebens, insofern es als »Sitz aller emotionalen Bindungen« fungiert: »von der Mutter-Kind-Bindung über die Kind-Familie-, Kind-Gesellschaft-Bindung usw. bis hin zur fundamentalen Paarbindung Mann-Frau. Es ist mitbeteiligt an der Traumtätigkeit, den Bildern unserer Innenwelt, subtil-intuitiven Erfahrungen und selbst an den Tagträumen und Phantasmen, die aus dem ein Stockwerk höher residierenden Neocortex hervorquellen.«[23]

Das limbische System lebt offenbar von selbstgeschaffenen Bildern. Während der Zeit, in der Kinder vor ihrem inneren Auge Szenen heraufbeschwören – beispielsweise beim Lesen, oder wenn sie eine Geschichte erzählt bekommen, oder auch wenn sie einfach nur dasitzen und vor sich hinträumen –, produziert das Herz nach Ansicht einiger Hirnforscher ein Hormon, welches das limbische System kräftigt und es anregt, neue Bilder von wachsender Plastizität hervorzubringen. Ein starkes limbisches System ist ein natürlicher Schutz gegen die ständige Bombardierung mit Bildern von Sadismus und Gewalttätigkeit, die in der zeitgenössischen Konsumkultur allenthalben stattfindet.[24]

Die eigentliche Frage ist nicht, ob ein Kind, das im Fernsehen Beispiele von Gewalttätigkeit sieht, hinterher auf die Straße läuft und unter dem Eindruck des Gesehenen selber Gewalttaten begeht. Vielmehr geht es darum, die biologischen und neurologischen Auswirkungen des Medienkonsums zu begreifen; es geht darum zu begreifen, daß und wie das Fernsehen die eigene Bilderwelt des Kindes restlos aus ihm herausspült. Wenn die erwähnten Neuroanatomen recht haben, wird es einem Kind, das mit Fernsehen und Kino und Videospielen aufwächst, später einmal schwerfallen, sich eine Welt vorzustellen, in der unpersönliche Gewalt *nicht* als das einzige Medium gilt, in dem sich Geltungswille und gehobenes Lebensgefühl authentisch artikulieren können.

Joseph Chilton Pearce hat sein Leben lang über die Entwicklung des Kindes nachgedacht und geschrieben. In den letzten Jahren hat er sich vor allem mit der Beziehung zwischen dem Fernsehen und jener Gruppe von Zellstrukturen im Gehirn beschäftigt, die gemeinhin als limbisches System, mitunter auch als altes Säugerhirn bezeichnet werden. Seine Entdeckungen sind für das Verständnis der Literalität von enormer Tragweite:

> Das Fernsehen überschwemmt das frühkindliche bzw. kindliche Gehirn genau zu der Zeit mit Bildern, in der es lernen sollte, Bilder aus sich selbst zu erzeugen. Das Geschichtenerzählen löst im Kleinkind bzw. Kind einen Reiz aus, der eine bilderschaffende Reaktion hervorbringt, an welcher alle Komponenten unseres dreieinigen Systems beteiligt sind. Das Fernsehen speist in das frühkindlich/kindliche Gehirn als integralen Doppeleffekt *sowohl* den Reiz *als auch* die Reaktion ein, und das ist das Gefährliche an ihm. Das Fernsehen überschwemmt das Gehirn mit Abbildern der Reaktionen auf sprachliche und musikalische Reize, die das Organ eigentlich lernen müßte, selbst hervorzubringen. Die Folge davon: Ein Großteil der strukturellen Koppelungen zwischen Psyche und Umwelt kommt nicht zustande; es entwickelt sich nur ein geringer Bestand von metaphorischen Bildern; nur wenige der höheren Rindenfelder werden in Anspruch genommen; es bilden sich, wenn überhaupt, nur wenige symbolische Strukturen heraus. Die Formel $E = mc^2$ wird ein Ensemble von Strichen auf dem Papier bleiben, denn es wird kein metaphorisches Vermögen existieren, das diese Symbole zur Umsetzung in Begriffe dem Neocortex zuleiten könnte, und daraufhin wird sich auch dessen Hauptfunktion, die Schaffung symbolischer Begriffssysteme, nicht herausbilden.

Eine gleichermaßen heimtückische Wirkung hat die Gewöhnung – der natürliche Zustand unserer beiden animalischen Gehirne mit ihren starren Reaktionen auf »konkrete Informationen«. Weil sie unfähig sind, sich auf Neuerungen einzustellen, weichen diese beiden urtümlichen Systeme ihnen aus. Solange sie nicht dem Antrieb des neuerungsfreudigen Neocortex gehorchen, halten sie sich an verträgliche Reize mit vertrautem Input [...] jede neue Geschichte verlangt einen kompletten Satz von neuen Verarbeitungsmustern für die neuen Reize, wozu wieder und wieder die Einschaltung aller drei Gehirne erforderlich ist. Das Gehirn wird immer wieder neu gefordert und erweitert beständig die Zahl der an der Übertragung von neuen Bildmustern mitwirkenden Neuronenfelder.[25]

Ein Kind, das im Durchschnitt nur zwei bis vier Stunden täglich vor dem Fernsehapparat gesessen hat, ist bis zum Ende seiner Grundschulzeit Zeuge von über achttausend Morden geworden. Das Wort »Zeuge« muß in diesem Zusammenhang allerdings sorgfältig gewichtet werden, denn das Kind hat angesichts denkbar effektvoller Dramatisierungen des abscheulichsten Verbrechens gegen die Menschlichkeit – vorsätzlichen Mordes – geschwiegen, hat sich komplizenhaft verhalten, hat gelernt, dergleichen als normales, gewohnheitsmäßiges Verhalten zu akzeptieren. Das Fernsehen macht das Kind zum handlungsunfähigen Zeugen, zur ohnmächtigen Kreatur, die zwar fähig wäre zu sprechen, der jedoch die Stimmbänder durchtrennt wurden. Was sich in ihrem Innersten verbirgt, können junge Menschen nur vor sich selbst enthüllen, und auch das nur in Augenblicken tiefster Weltabgeschiedenheit und Privatheit – im verborgenen oder im Traum. In einem inneren Gruselszenario sieht das Kind die gräßlichsten von jenen Bildern zweimal, einmal, wenn es sie auf dem Fernsehbildschirm oder der Kinoleinwand betrachtet, und dann noch einmal, wenn sie wiederkommen, um es im Traum zu bedrängen.

Das Fernsehen verstrickt den kindlichen Zuschauer in den teuflischsten aller Teufelskreise: Es macht ihn ansprechbarer für konfektionierte Bilder, indem es seine

Fähigkeit verringert, sich seine eigenen Bilder zu schaffen – eine der Schwächung des Immunsystems vergleichbare Sachlage. Fernsehkonsum schwächt überdies den Willen. Ein Kind, dem jederzeit ein Fernsehgerät zur Verfügung steht, braucht im Kampf gegen die Langeweile keine natürlichen Hilfsquellen mehr in Anspruch zu nehmen, ja lernt den Zustand des Gelangtweiltseins überhaupt nicht mehr kennen. Der Fernsehapparat verhindert, daß das Kind erlebt, was ein Kritiker des Mediums einmal als »tote Zeit« bezeichnet hat – die Momente, in denen der Stundenplan des Kindes zerbröckelt und es hilflos im Fluß der Zeit treibt. Die Nachmittage, an denen es »nichts zu tun« gab, zwangen Kinder einstmals, sich Spiele oder sonstige interessante Beschäftigungen auszudenken. Heutzutage haben sie es nicht mehr nötig, ihre Phantasie zu strapazieren. Sie brauchen keine neuen Geschichten mehr zu erfinden, sich keine neuen Spiele mehr einfallen zu lassen, sich keine neuen Varianten der Wirklichkeit mehr auszudenken. Die Fernseh-Produktionsstudios nehmen ihnen diese Arbeit ab. Das Fernsehen verkündet die frohe Botschaft: Du sollst niemals Einsamkeit und Langeweile fühlen; nie soll es dir auch nur einen Moment lang an Unterhaltung fehlen.

Das Fernsehen verbreitet seine Botschaft mit solcher Durchschlagskraft, daß es sogar den Inhalt des Begriffs Langeweile nicht unbeeinträchtigt gelassen hat. Fernsehfilme – wie übrigens auch Kinofilme – führen ihre Konsumenten zu der Einstellung, daß Erfahrungen den höchstmöglichen Intensitätsgrad erreicht haben müssen, um als befriedigend erlebt werden zu können. Die Währung, in der solche Erwartungen auf dem Bildschirm eingelöst werden, sind Schießereien, Kämpfe, Mord und Totschlag, Bettszenen. Alles, was hinter solchen Intensitätsgraden zurückbleibt, ist für Fernsehfans keine sinnvolle Erfahrung. Langeweile, als Gegenstand der Kinderpsychologie von den meisten Vertretern des Fachs zuwenig beachtet, wird unbesehen als Leere und Stillstand der Zeit eingestuft. Doch Langeweile kann zur Chance für das Nachdenken werden, zu einem Raum der Stille, in dem Jugendliche die wahren Gegenstände ihres Interesses entdecken können. »Die Langeweile ist der Traumvogel, der das Ei der Erfahrung ausbrütet«, schrieb Walter Benjamin.[26] Hinter dem Zustand der Langeweile, in dem einem so ist, als stünde alles still, als tue sich rein gar nichts – das Gegenteil der Erfahrung, die das Fernsehen vermittelt –, verbirgt sich für das Kind die Möglichkeit, etwas extrem Wichtiges, nämlich sich selbst, zu entdecken. Dieser Moment ausufernder Stille – eine Erfahrung, wie sie das Kind nicht häufig machen wird – bietet dem jungen Menschen die Chance zu erfahren, was er glaubt und denkt, und erweist sich somit letzten Endes als eine enorm kräftigende Erfahrung. Wenn ein Jugendlicher es schafft, in dieser toten Zeit auszuharren, kann die Langeweile für ihn zur Begegnung mit dem Abenteuer der Selbsterkenntnis werden.

Allerdings nicht, wenn das Fernsehen dazwischenkommt. Das Fernsehen lenkt den jungen Menschen von seiner Langeweile ab und zerstreut die mit seiner Apathie einhergehenden Frustrations- und Angstgefühle. Auf dem Fernsehschirm ist immer etwas los, er zeigt das eindringliche Leitbild eines Lebens, wie man es sich wünscht. Sobald das Kind den Apparat einschaltet, weil es »nicht weiß, was ich sonst tun soll«, beginnt das Fernsehen ihm nicht nur mit der Werbung, sondern auch mit dem regulären Programmangebot Bedürfnisse und Wünsche einzuhämmern. Für den kindlichen Fernsehkonsumenten ist das Gerät eine elektronische Mutter, die jedes Bedürfnis ihres Kindes stillt, ohne es je kennengelernt zu haben. Der Apparat kann jedoch seine Mutterfunktion nur in allerpauschalster Weise ausüben und für alle Probleme nur unpersönliche, schablonierte Lösungen bieten.

Das Fernsehen bedingt so gesehen eine psychologische Schwächung ersten Ranges, weil es das Kind der Chance beraubt, in seine eigene Innenwelt einzukehren und dort in ein stummes Gespräch mit dem aufkeimenden sozialen Konstrukt namens Selbst einzutreten. Das Fernsehen verdrängt emotionale und psychologische Wünsche und Bedürfnisse zugunsten des Wertesystems der Waren- und Konsumwelt und schließt so den Prozeß der Persönlichkeitsentwicklung kurz: Statt auf seine innere Stimme zu lauschen, läßt sich der junge Mensch von dem grellsten Werbespot, dem turbulentesten Serienklamauk faszinieren. Der Kinderpsychotherapeut Adam Phillips schrieb kürzlich über das entwicklungspsychologische Potential der Langeweile:

> Die Langeweile ist eigentlich ein störanfälliger Vorgang, bei dem das Kind, so könnte man sagen, gleichzeitig auf etwas wartet und nach etwas sucht, das im stillen Hoffnung schafft, und so gesehen ist die Langeweile verwandt mit der »gleichschwebenden Aufmerksamkeit« des Psychoanalytikers. [...] Doch zunächst braucht das Kind natürlich den Erwachsenen, um die Erfahrung bestehen – und zu ihr stehen – zu können, das heißt, um sie als solche anerkennen zu können, statt sie durch Zerstreuung zu sabotieren. Die kindliche Langeweile beginnt als regelrechte Krise in der sich entwickelnden Fähigkeit des Kindes, in Gegenwart der Mutter für sich zu sein. Mit anderen Worten, die Fähigkeit, gelangweilt zu sein, kann unter entwicklungspsychologischem Aspekt für das Kind eine positive Errungenschaft bedeuten.[27]

Wie entstehen Selbstbewußtsein und das Gefühl der eigenen Kraft? Allem Anschein nach im Lauf eines langen und komplizierten Prozesses, der sich bei jedem Menschen anders gestaltet. Aber die erste Orientierung auf diesem Weg ist allemal buchstäblich aus der Luft gegriffen, nämlich aus der menschlichen Stimme. Sätze zu jemandem zu sprechen, sich die Antwort anzuhören und währenddessen in Gedanken die Replik zu formulieren und immer so weiter, immer so fort, das regt dazu an, sich für andere, für ihre »Geschichte« zu interessieren und diese Geschichte mit der eigenen zu verweben. Es schafft Vertrauen. Beim Austausch von Geschichten keimt die Hoffnung auf, daß der andere, wie es bei dem Dichter Robert Browning heißt, »anklopft und anpocht und in unsere Seele eintritt«[28]. Wenn sich die Tür auftut, beten wir, daß drinnen jemand Interessantes anzutreffen sein möge. Indes, das Selbst – das Organ der reflexiven Subjektivität und der teilnehmenden Verbundenheit zwischen Menschen, das die moderne Gesellschaft als letzten Bezugspunkt aller Erfahrung und Moral voraussetzt – kann und darf nicht als Selbstverständlichkeit angesehen werden. Ohne eine in der vollen Erfahrung sozialer Oralität wurzelnde Literalität ist das Selbst eine psychologische und soziale Unmöglichkeit.

Die Literalität des Kindes fängt mit Mund und Ohr an. Nach Feststellung von Courtney B. Cazden, einem Professor der Psychologie an der Harvard University, nützt Kindern eine normale Unterhaltung mehr als die ständige Verbesserung ihrer Sprachfehler von erwachsener Seite. Sie lernen sprechen durch Sprechen. Und sie lernen schneller, wenn sie nicht pausenlos verbessert werden. Das Gespräch vermittelt dem Kind erstmals die Bekanntschaft mit einem verfeinerten Rhythmus, mit der »Form« eines Arguments, mit Spannung und rhetorischer Klimax; es weist ihm den Weg zur Selbstkorrektur und zur Änderung seines Sprachverhaltens und, was vielleicht das wichtigste ist, zu innerer Sicherheit und Unbeirrbarkeit. Reden eröffnet praktisch einen Zugang zum Leben – zu den Geschichten, die man nach und nach erzählen wird und die eine Rechenschaftslegung über die eigene Erfahrung bilden. Im fortgesetzten Gespräch mit anderen, in Unterhaltungen, die wie ein Riesenrad kreisen, mal in dieser, mal in der anderen Richtung, um mal bei diesem, mal bei jenem Punkt länger zu verweilen – in diesen Gesprächen muß das Kind, um seinerseits mit einer Antwort »aufwarten« zu können, ständig aus seinem Innenleben schöpfen, muß auf sein Empfindungsvermögen und seine Fähigkeit zu schlußfolgerndem Denken zurückgreifen. Zwischenmenschliche Beziehungen bestehen in überwiegendem Maß im Austausch von Geschichten: über Alltagsdinge oder, auf vertrauterer Ebene, über Hoffnungen und Wünsche, die man hegt, oder, bei noch intimerem Verhältnis zueinander, über Liebe und Angst. Menschen berühren einander körperlich, wie man weiß – Beziehungen leben aus der Körperlichkeit –, aber wieviel leidenschaftlicher ist die Umarmung, wenn wir uns gleichzeitig von der Geschichte des anderen eng umschlossen, in sie eingebunden fühlen (in sie »eingeklammert« wie ein bestimmter Satzteil: zum Beispiel dieser). Unter solchen Voraussetzungen fühlen wir uns zweifach berührt, körperlich und emotional.

Aus seiner Sicht der Dinge erzählend, gestaltet ein Kind die Welt nach eigenem Gutdünken. Wenn es seine Geschichte variiert, geht dieses Kind noch einen Schritt weiter: Es erschafft die Welt neu. Welch eine herzerhebende Lektion, die es hier lernt, indem es erfährt, daß es die Dinge nicht so akzeptieren muß, wie sie sind, sondern daß es sie mit der Kraft seines Atems verwandeln kann. Welche Kraft in einem Satz! Welch *spielerische* Kraft! Im Mund eines gewandten Menschen werden Wörter formbar. Sich etwas vorzustellen ist zuallererst eine semantische Operation. Als sprechende Wesen bleiben wir spielende Wesen – jeder von uns findet seine Erfüllung als *homo ludens*.

Das Werden der Persönlichkeit ist ein unendlich komplexer Vorgang, vielleicht das geheimnisvollste Wegstück auf unserer Lebensreise. Aber das Geschichtenerzählen in beiderlei Wortsinn – Vorgefallenes wiedergeben und lügen – ist eines der Vehikel, diese Strecke zu bewältigen. Es ist ein Irrtum, eine Geschichte als Wortfolge zu betrachten, die lediglich aus dem Mund kommt und nur die Zunge, die Lippen und die Stimmbänder beschäftigt. Geschichten entspringen aus emotionalen Wurzeln, die unterirdisch ebenso wachsen und sich ausbreiten wie droben die Geschichten, die wir zu hören bekommen. Jedesmal, wenn ein Kind eine Geschichte herunterschnurrt, greift es tief in dieses emotionale Wurzelwerk hinab, denn die Geschichten werden aus dem »inneren Empfinden« heraus erzählt. Schließlich kommt »Person« von *per-sonare* und bedeutet »Hindurch-Klingen« oder auch »Hindurch-Erzählen«.

Nur ganz wenige Eltern erzählen heute noch ihren Kindern Gutenachtgeschichten. Die meisten Kinder sehen fern und schlafen dabei ein, und während sie dann ins Bett getragen werden, sehen sie womöglich im Traum noch die Bilder, die ihnen das Abendprogramm gerade vorsetzte. Das Fernsehen erzählt keine verwickelten Geschichten. Eigentlich erzählt es ein und dieselbe Geschichte immer wieder von vorn. Genau das besagen die Ausdrücke »Programm« und »Programmschema«. Die große Mehrzahl aller Fernsehsendungen weicht mit Bedacht den komplizierten Feinheiten echter zwischenmenschlicher Konflikte aus. Sie findet für alle Probleme eine glatte, saubere Lösung, und das innerhalb des vorgegebenen Zeitrahmens von dreißig oder sechzig Minuten. Im Gegensatz zu Romanen und Erzählungen, die den Leser mit vieldeutigen Sachverhalten konfrontieren und ihn anregen, über Fragen von Sinn und Bedeutung nachzudenken, glätten und verkürzen Fernsehprogramme die Zusammenhänge. Zu jeder Frage, die sie aufwirft, hat die Fernsehsendung schnell eine Antwort parat: Jede Sendung ein Seelentrost, jede Sendung eine Belehrung.

Ein Kind, das nicht in der Lage ist, sich eigene Geschichten auszudenken, weil seine Phantasie von den Handlungsschemata und der Situationskomik der Erfolgsserien der Saison verklebt ist, kann nicht in stummem Selbstgespräch eine eigene Welt in seinem Inneren aufbauen. Als Erzähler kann dieses Kind nur Klischees hervorbringen. Konfektionierte Geschichten haben dieselbe Wirkung wie *junk food*: Sie uniformieren den Geschmack und eliminieren jegliches

Überraschungsmoment. Klischees legen dem Leben Handschellen an; sie setzen auf Regelmäßigkeit und Vorhersehbarkeit und ersticken damit Spannung und Nervenkitzel. Sie verbauen die Möglichkeit, die Oberfläche der Erfahrung zu durchdringen, um zu tieferliegenden Bedeutungsschichten vorzustoßen. Wenn sich alle dieselben Sendungen anschauen, erhalten alle dieselbe Bildung. In einer elektronischen Travestie des oralen Gemeinschaftserlebnisses bekommen alle Mitglieder des Gemeinwesens nicht nur dieselbe Botschaft zu hören, sondern auch dieselben Bilder zu sehen. Unter diesen Umständen kann das Außergewöhnliche, eine neue Idee etwa oder auch bloß ein neuer Aspekt einer altbekannten Idee, nur Entgeisterung und Bestürzung auslösen. Neuerungen werden nur allzu leicht ignoriert oder abgewertet – es sei denn, es handelt sich um die neuesten Tricktechniken der Filmstudios.

Im heutigen Fernsehprogramm sind es oftmals nicht die Sendungen selbst, sondern die eingeblendeten Werbespots, die die kindliche Aufmerksamkeit fesseln, so daß die jungen Zuschauer als Dreingabe noch Unterricht in Konsumideologie erhalten. Im Zuge einer 1993 durchgeführten Untersuchung kam Michael Morgan, Soziologe an der University of Michigan, zu dem Befund, daß die schulischen Subskribenten von *Channel One* – dem Sender, dessen Programm ungekürzt, also einschließlich der Werbeblöcke, in die Klassenzimmer übertragen wird – in der überwiegenden Zahl Schulen sind, die in Wohngebieten der unteren Einkommensklassen liegen, und weniger solche in Wohngebieten von Beziehern mittlerer und höherer Einkommen.[29] Das bedeutet, daß die Kinder der Armen nicht nur jeden Morgen eine massive Lektion in Kauf- und Konsumideologie erhalten, sondern daß diese Lektion überdies enorme Frustrationsgefühle in ihnen schafft, weil sie sich die meisten Dinge, die da aufreizend vor ihrer Nase geschwenkt werden, gar nicht leisten können. Die Mattscheibe ruft ihnen zu: Kauft dieses Zeug! Von ihren Eltern bekommen sie zu hören: Das können wir uns nicht leisten. Man braucht wohl nicht besonders zu betonen, daß manche von diesen Jugendlichen dann bis zum Äußersten gehen werden, um, egal wie, doch noch in den Besitz der begehrten Dinge zu kommen. Und das wiederum bedeutet, daß manche von diesen Jugendlichen am Ende ihre Lebensgeschichte einem Richter erzählen werden.

Sowohl mit dem regulären Programm als auch mit der Werbung schafft das Fernsehen ein Klima, das dem originären Geschichtenerzählen faktisch den Garaus macht. Es fördert eine Einstellung, die für die Schaffung der Grundlagen einer kraftvollen Literalität in des Wortes umfassender Bedeutung die absolut falsche ist. Kinder brauchen Situationen, in denen sie sich vereinsamt, verwirrt, verstört genug fühlen, um sich Geschichten eigener Machart zusammenzufabulieren, an denen sie sich wie an einer rettenden Strickleiter aus der psychischen Klemme heraushangeln. Sie müssen da und dort aufgelesene Erzählstränge miteinander verknüpfen, um Sinn in ihr Leben zu bringen. Das Fernsehen verniedlicht Probleme, in dem es für jedes eine prompte und patente Lösung bereithält. Es reduziert die Komplexität des Lebens auf ein simples Gleichungssystem. Es stilisiert zwischenmenschliche Konflikte und die ernstesten sozialen Probleme zu Unterhaltung – behandelt sie als Rohstoff für *privatim* konsumierte Spektakel.

Wir müssen uns ein umfassendes Bild davon verschaffen, was diese Situation bedeutet, wenn wir den Problemen auf den Grund kommen wollen, die sich hinter der vielberedeten, aber in Wirklichkeit zuwenig ernst genommenen »Krise der Literalität« – der Krise der Lesekultur, des geschriebenen Worts im allgemeinen – in der heutigen Gesellschaft verbergen.

Zweites Kapitel

Ich meine, daß wir uns nicht einrichten können mit den Tatsachen unserer Unbehaustheit, unserer Vertriebenheit aus einer zentralen Humanität angesichts der flutartigen Provokationen politischer Barbarei und technokratischer Sklaverei, wenn wir nicht das Lebendige der Bedeutung in Text, in Musik, in Kunst neu definieren, neu erfahren. Wir müssen zur Erkenntnis, recht eigentlich also zur *Wieder*erkenntnis einer Bedeutungshaftigkeit gelangen, die die einer Freiheit des Gebens und Empfangens jenseits der Beschränkungen der Immanenz ist.
George Steiner, *Von realer Gegenwart*

Den Satz, den Sie gerade lesen, können Sie lesen, sooft Sie wollen. Sie können ihn an Bekannte mit Lese- und Schreibkenntnis weitergeben, und auch die werden ihn mühelos entziffern können, ohne daß sie dazu diese spezifische Buchstabenkombination zuvor schon einmal gesehen haben müßten. Wenn Sie die Augen schließen, wird sehr wahrscheinlich ein schwaches Nachbild des Satzes vor ihrem inneren Auge schweben. Dank nicht mehr als achtundzwanzig Buchstaben habe ich die grenzenlose Freiheit, über alles, was ich will, alles, was ich will, zu schreiben. Oder ich kann andere, nicht weniger beachtliche Tricks vollbringen. Ich kann mir Lügen ausdenken, kann überzeugende Fiktionen schaffen. Und nach Meinung zahlreicher Sprachwissenschaftler und Philosophen finden zwei noch spektakulärere Kunststücke ihr Artikulationsmedium in der Schrift: Ich kann mit geltenden, akzeptierten Wahrheiten in Konkurrenz treten, indem ich mit Hilfe »kontrafaktischer Sätze« etwas entwerfe, das die Philosophen seit Leibniz »mögliche Welten« nennen; und ich kann über Ereignisse sprechen, die möglicherweise irgendwann in der Zukunft eintreten werden.[1] Diese Anhäufung von Wundern wurde ermöglicht durch einen einzigen, simplen Schritt: die Umwandlung von Sprachlauten in ein sichtbares Gebilde.

Diese Umwandlung – der Vorgang, den Sie in diesem Augenblick miterleben – verhalf den Griechen zu einem Bewußtsein, von dem sie sich in ihrer oralen Welt nie hätten träumen lassen. Was für eine atemberaubende Erfindung – und mit dem griechischen Alphabet so formvollendet, daß sie nur ein einziges Mal gemacht werden mußte. Anders als Hieroglyphen, bei denen das Kollektiv sich im voraus auf die semantische Bedeutung aller einzelnen Formen verständigt haben mußte, konnten Alphabetzeichen in beliebiger Auswahl und Reihenfolge kombiniert und von jedem Mitglied des Kollektivs, das sich ihren Lautwert eingeprägt hatte, entziffert werden. Man mußte nicht Bilder identifizieren oder sich Vorstellungen oder Silben ins Gedächtnis zurückrufen können, sondern statt dessen lediglich in der Lage sein, aneinandergereihte Buchstaben zu identifizieren und sich an die den einzelnen Zeichen korrespondierenden Lautwerte zu erinnern. Die Kombinationsmöglichkeiten waren unerschöpflich. Der Wortschatz konnte endlos erweitert werden. Hieroglyphen waren an die Widerspiegelung von Realität gebunden; die Grenzen des Ausdrückbaren fielen mit den Grenzen der Erfahrung zusammen. Wer ein Bild noch niemals *zuvor* gesehen hatte, dem blieb sein Sinn verborgen. Nach dem Aufkommen des Alphabets endete der Bereich des Ausdrückbaren erst an den Grenzen der Phantasie des Schreibenden. Gewiß, der Wortschatz konnte der Sinnbildung gravierende Schranken setzen. Aber die Sprachbilder mußten jetzt nicht mehr mit der Erfahrung übereinstimmen. Der Text stand jetzt nicht mehr in einer Eins-zu-eins-Relation zur Wirklichkeit. Durch Neuerschaffung der Welt in der Phantasie des Lesers erweiterte das Alphabet den Bereich der Erfahrung über die Grenzen der Wirklichkeit hinaus.

Als das Alphabet die Szene betrat, spielte die Schrift ihren Part auf der historischen Bühne schon seit Jahrtausenden. Es eroberte die Herzen des Publikums vor allem deshalb, weil es die Sinnentschlüsselung – die Rückverwandlung von Schriftzeichen in Sprachlaute – enorm erleichterte. Wo kam diese erstaunliche Erfindung her? Wenn das Alphabet im Lauf der Geschichte nur ein einziges Mal erfunden wurde, muß es zu irgendeinem Zeitpunkt in voller Rüstung, wie Athene dem Kopf des Zeus entsprang, aufgetaucht sein. Wie lautet die älteste alphabetische Inschrift, die wir kennen? Sie stammt aus der Zeit 750–690 v. Chr. und findet sich auf einer der sogenannten Dipylonvasen. Die nach altphönikischem Brauch von rechts nach links geschriebene Hexameterzeile lautet: »Wer unter allen Epheben nun regt seine Füße am muntersten im lieblichen Tanzspiel?«

Daß die älteste erhaltene Zeile in Alphabetschrift – eine Art »Grafitto«, dessen Satzbau noch ganz oral ist – von Spiel und Tanz spricht, daß sie den Frohsinn des einzelnen und die Hochgestimmtheit des ganzen Kollektivs apostrophiert, verweist auf eine der größten und imposantesten Leistungen des geschriebenen Worts: auf seine Fähigkeit, die vergänglichen Aspekte der Realität, die tänzerische Leichtigkeit des flüchtigen Erlebens einzufangen und für alle Zeit in feste Form zu bannen, wie die Liebenden auf Keats' berühmter griechischer Urne auf ewig festgebannt sind in den einen Augenblick: »Für immer liebesdurstig und für immer jung.«

Eine der Theorien über die Erfindung des Alphabets sieht in ihm eine in Griechenland vorgenommene Verbesserung des Schriftsystems der phönikischen Kaufleute, die mit den griechischen Stämmen Seehandel trieben. Demnach hätten die Griechen das rein konsonantische System der Phöniker durch »Vokalisierung« weicher phönikischer Konsonanten für ihre eigenen Bedürfnisse adaptiert. Folgt man dieser Theorie, dann war es ein kommerzielles Motiv, das den Anstoß zur Erfindung des Alphabets gab: Die Alphabetschrift erlaubte es den Griechen erstmals, Listen zu führen. Diese Merkantiltheorie, wenn wir sie einmal so nennen wollen, wird erhärtet durch archäologische Funde, die einen engen Zusammenhang zwischen der Schrift und den Buchhaltungstechniken dokumentieren, einen Zusammenhang, der sich noch heute in etymologischen Fakten spiegelt: so zum Beispiel in den französischen Wörtern *conte* und *raconteur* für »Erzählung« beziehungsweise »Erzähler« (*tenir compte* = »Bücher führen«; *conte* und *compte* sind Homonyme), oder wenn man im Englischen von *recounting a story*, »eine Geschichte erzählen«, *accounts of an event*, »Berichten über ein Ereignis«, ja sogar vom *summing up*, »Resümieren«, einer Geschichte spricht (in den englischen Beispielen stecken, wie übrigens auch in dem deutschen »er*zähl*en«, Ausdrücke für buchhalterische Tätigkeiten: zählen, Rechnung legen, addieren).

Das Schriftsystem der Phöniker gab nicht alle Laute der phönikischen Sprache wieder, was zur Folge gehabt haben muß, daß die Leser gelegentlich über uneindeutige Sätze stolperten, deren Sinn aus dem Zusammenhang erschlossen oder auf der Grundlage vorhandenen Wissens erraten werden mußte. Die Griechen hingegen überließen in dieser Hinsicht nichts dem Zufall. Ihr Alphabet ermöglichte Ökonomie und gleichzeitig auch Genauigkeit des Ausdrucks. Dieses »alles Aussprechen« war sein großer Vorzug gegenüber dem phönikischen Alphabet. Den Griechen gelang es, ein Schriftsystem zu schaffen, das es an Genauigkeit und Präzision mit einem Zahlensystem aufnehmen konnte. In der Tat sind die historischen Schicksale von Buchstaben und Zahlzeichen einander sehr ähnlich. In allen Kulturen wächst mit der Lese- und Schreibkenntnis auch die Rechenkenntnis. Die eine wie die andere setzt Menschen voraus, die in der Lage sind, aus der konkreten Realität Ideen und Begriffe zu abstrahieren.

Die Schrift – ein System von dauerhaften Zeichen, die aufbewahrt und zu einem späteren Zeitpunkt entziffert werden können (was gleichsam ihren Inhalt wieder zum Leben erweckt) – erfüllte also anfangs durchaus nicht so anspruchsvolle Aufgaben wie etwa die, den Reichtum der gesprochenen Sprache oder die Feinheiten von Gedankengängen festzuhalten. Allem Anschein nach diente die Schrift in ihren Anfängen als Hilfsmittel, den Viehbestand und seinen Verbleib zu kontrollieren, seine »Spur nicht zu verlieren«, wie man sagen könnte.[2] Anhand von kugel-, ei-, oktaeder- und doppeloktaederförmigen konkreten Merkzeichen in Form von kleinen Zählsteinen aus gebranntem Lehm, die in Mesopotamien ausgegraben wurden, datieren die Archäologen diese Art Schrift ungefähr ins zwölfte vorchristliche Jahrtausend. Von diesen Zählsteinchen, die erstmals im frühen Neolithikum auftauchen – also genau zu der Zeit, als das Jagen und Sammeln durch die Domestikation von Pflanzen und Tieren abgelöst wird –, darf man annehmen, daß sie den Ur-Bauern und -Viehzüchtern bei der Entwicklung der neuen Lebensform behilflich waren. Dank Bodenbearbeitung und Viehhaltung war der neolithische Mensch nicht mehr vollkommen abhängig von den Wanderzügen des Jagdwilds und den Launen des Wetters hilflos ausgeliefert, sondern konnte eine kontinuierliche Nahrungsversorgung erzielen, allerdings nur wenn er in üppigen Zeiten den überschüssigen Ertrag wegschloß, um in knappen Zeiten darauf zurückgreifen zu können. Das »Schreibenkönnen« lenkte demnach nicht nur die Welt zum abstrakten Denken, indem es lehrte, ein Ding, ein Zählsteinchen, stellvertretend für ein anderes, ein Stück Vieh, zu nehmen, sondern bereitete auch den Boden für einen vagen Begriff von Zeit als einer Dimension, die nicht zusammenfiel mit den natürlichen Rhythmen der Jahreszeiten und des Sternenhimmels, einer Dimension, in der auf Ereignisse, obwohl sie noch nicht eingetreten waren, im Geist vorausgegriffen werden konnte. Die Menschen lebten fortan mit einer eigenartigen neuen Vorstellung: der Erwartung, daß irgend etwas bevorstehe. Diese bemerkenswerte Fiktion war die Keimform dessen, was wir heute Zukunft nennen.

Rund dreitausend Jahre später wandelt sich ungefähr in derselben Region die Behandlung der Zählsteinchen in bedeutsamer Weise, so daß dieses primitive Zählsystem sehr viel näher an die Schrift heranrückt. Wie das Vieh in den Pferch werden nun auch die Gegenstände, die es symbolisieren, weggeschlossen, und zwar in eiförmige Tonbörsen (in der Archäologie *bullae* genannt), auf deren Außenfläche die genaue Zahl der enthaltenen Zählsteinchen verzeichnet wird. Dieses Verfahren der Wirklichkeitsdarstellung – Zählsteinchen in Tonbörsen – gewann aus der *Realität* des vorhandenen Bestands ein *Modell* des Bestands. (Diese Entwicklung deutet zwar einerseits auf einen gewissen Grad von Abstraktion hin, doch wird diese andererseits unterhöhlt durch die Konkretheit der aus Lehm gebrannten Gegenstände, die als Symbole verwendet werden. Solcherlei Symbolgegenstände können noch immer in die Hand genommen, hin und her gedreht, betastet und berochen werden.)

In dieser vor zehntausend Jahren gebrauchten Primitivform des »Schreibens« ist ungewollt das Wesen aller Schrift eingefangen: Striche zeigen an, daß im Inneren des Systems eine lebendige Botschaft eingeschlossen ist, doch du, der Außenstehende, mußt zusehen, wie du dahinterkommst, wie du den Code knackst, ohne die Wand des Gefäßes zu zerschlagen. Auf unheimliche, gespenstische Weise verdeutlichen diese Tonbörsen die mit der Schrift gesetzte metaphysische Innenwelt, die sich der Leser seinerseits im Akt des Lesens als Innerlichkeit introjiziert. Diese Symbole von Realem – Zählsteinchen oder eingeritzte Striche – verheißen geheimnisvolle innere Bedeutung. Wie gesagt: Der Code muß geknackt, die Börse geleert werden. Doch das muß mittels einer taschenspielerischen Volte des Auges, eines virtuosen Zauberkunststücks geschehen, denn geknackt werden muß bei unversehrter Außenhülle.

Fünftausend Jahre später, um 3500 v.Chr., macht dieses primitive Zeichensystem wiederum einen Schritt in Richtung Schrift. In ungefähr demselben nahöstlichen Großraum haben Archäologen aus Schichten dieser Zeit die ältesten Schrifttafeln ausgegraben; sie tragen Zahlzeichen, die für Vieh und Getreide stehen. Diese Tafeln ähneln nicht im mindesten den plumpen steinernen Tafeln, die der Patriarch Moses auf zahllosen Gemälden emporhebt. Vielmehr sind es konvexe Tonschalen, die wie die abgesägte obere Hälfte der *bullae*/Tonbörsen oder der Rückenschild eines Rieseninsekts aussehen.

Die Zählsteinchen sind verschwunden. Die Einritzungen auf der Oberfläche der Tonschale geben jetzt wieder, was ehemals in der kompletten Tonbörse zu finden war. Hier ist erstmals in der Geschichte die Schrift im wahrsten Sinne aus ihrer »Schale« geschlüpft. Der »Leser« muß die Existenz von realem Vieh, realen Getreidegarben auf Treu und Glauben akzeptieren; die Realität der gezählten Dinge hat sich in Abstraktion verflüchtigt. Das Schreiben überspringt jetzt gänzlich die konkreten Merkzeichen und bezeichnet die Realitäten, von denen es Rechenschaft geben will, auf viel abstraktere Weise. Die Tatsache, daß die Einritzungen eigentlich auf die Phantome von Zählsteinchen verweisen, existiert nur in der Erinnerung. Die Tatsache, daß sie auf irgendwelches Vieh oder Getreide verweisen, existiert nur in der Vorstellung. Der Leser muß an die Zuverlässigkeit der Aufzeichnung glauben.

Die Schrift, die dem Zweck diente, mit »Inventaren« die Spur von magazinierten Waren zu verfolgen, war selbst so etwas wie ein Magazin. In Buchstaben lagerten Botschaften, die bei Bedarf abgerufen werden konnten.[3] Diese Metaphorik um das doppelsinnige Konzept des »Inventars« läßt sich noch weiter ausbauen. Wer lange mit einem Schriftsystem umgeht, verinnerlicht diverse Ebenen des Inventarisierens: das Abrufen der Laute aus den Buchstaben, das Abrufen der Bedeutung aus den Sätzen, das Abrufen von Vorstellungen aus dem Gedächtnis usw. Und schließlich ist natürlich das Lesen und Schreiben, die Literalität, selbst ein einziges großes Magazin *(inventarium)* der technischen Erfindungen *(inventiones)*: der Satzzeichen, des Leerraums zwischen den Wörtern, der Kapiteleinteilung, Großbuchstaben und anderen Fortschritte, die das Lesen erleichterten und speziell das stumme Lesen überhaupt erst ermöglichten.

Der ganze Prozeß wirkt wie ein mit Hilfe von Rauch und Spiegeln bewerkstelligter Zaubertrick. Kein Wunder, daß im frühen Mittelalter der listenreiche Zauberer Merlin zum Schutzheiligen der Schrift avanciert. Denn die Schrift vollbringt die erstaunlichsten Zauberkunststücke. Sie trägt die Idee der Gewißheit – der zuverlässigen, präzise übermittelbaren Information – erfolgreich über die Schranken von Zeit und Raum hinweg. Ohne große Mühe können Sie beispielsweise diesen Satz nicht nur lesen, sooft Sie wollen, sondern praktisch auch wo Sie wollen. Heute hält man das alles für selbstverständlich, doch gegenüber der Welt der Oralität, in der die Worte, kaum daß sie geäußert sind, sich ins Nirgendwo verflüchtigen, bedeutet es einen Wandel von exorbitanter Tragweite. Die Schrift zielt auf Unsterblichkeit und überwindet so in gewissem Sinn die Zeit. Ich kann heute eine Handschrift lesen, die im Mittelalter oder noch viel früher angefertigt wurde.

Nach dem Aufkommen der Alphabetschrift lebt die mantische Praxis – die magische Praxis – in einer Semantik unverhohlener Hoffnung weiter.[4] In ihrem Metier hochbewanderte Schriftsteller verstehen sich darauf, das reale Raumzeitkontinuum zu dekonstruieren und es als imaginäres, »kontrafaktisches« Universum zu rekonstruieren: »Was, wenn Marilyn Monroe Präsidentin der Vereinigten Staaten wäre?« Kontrafaktische Szenarien künden von höchster menschlicher Anmaßung, die dem unerträglichen IST der göttlichen Schöpfung ein profanes WENN entgegensetzt. Ein solches WENN hat freilich die Kraft, sogar die Tatsache von Kennedys Präsidentschaft aufzuheben und die köstlich-frivole Vorstellung einer Präsidentschaft Marilyns an ihre Stelle zu setzen. Für eine Weile wird Kennedy ins Licht des Zweifels gerückt oder ganz weggezaubert. Die Zeitgeschichte räumt das Feld und verschwindet in der Versenkung; der Schriftsteller hat etwas Besseres *in petto*. Vor unserem geistigen Auge sehen wir Marilyn ins Oval Office einziehen. Auf dieser Ebene besitzt die Sprache das volle Potential fabulierfreudiger Erzählliteratur.

Obwohl das Kräftereservoir der Menschheit damit schon reichlich gefüllt war, fand George Steiner Anlaß zu der folgenden Beobachtung: »Von allen evolutionären Mitteln zum Überleben halte ich die Fähigkeit, die Zukunftsformen des Verbs zu benutzen – wann, wie hat die Psyche diese monströse und befreiende Macht erworben? – für die wichtigste. Ohne sie wären die Menschen nichts Besseres als ›fallende Steine‹ (Spinoza).«[5] Das Futurum und kontrafaktische Sätze, diese beiden eminent wichtigen grammatischen Formen dienen uns als Medien, in denen wir unsere auf Wandel und Fortschritt zielenden Träume, Wünsche und Hoffnungen artikulieren.

Das griechische Alphabet komplettierte die semitischen Schriftsysteme, indem es die Sprache »stromlinienförmiger« – »fließender« – und windungsreicher als einen Wasserlauf machte. Das Hebräische stellt den Leser vor eine Konsonantenfolge, die in – am besten als »Wurzeln« zu bezeichnende – Gruppen unterteilt ist. Betrachten wir das Hebräische im Zusammenhang mit den Anfängen der Schrift in der Buchführung, müssen wir sagen, daß es niemals ein vollständiges Lautbestandsverzeichnis liefern kann, denn es übergeht in seiner »Buchführung« die Vokale. Um diese sich zu kümmern überläßt es dem Leser, der die Konsonanten zum Klingen bringt, indem er die fehlenden Vokale beisteuert, anders gesagt: die menschliche Stimme beisteuert. Ohne Vokale liegen die Konsonanten (die »Mit-Laute«, von lateinisch *consonare*, »mitklingen«) wie toter Ballast auf der Seite. Leben, Hörbarkeit gewinnen sie nur mit Hilfe der Vokale: »f« zum Beispiel als »ef«, »g« als »ge«, »k« als »ka« usw. Und diese spezielle Last der Verantwortung wälzt das Hebräische nun auf den Leser ab: Während er die einzelnen Wurzeln auf der Seite mit dem Blick abtastet, muß er ihnen gleichzeitig alle Stücke aus dem Fundus ihrer möglichen Bedeutungen anprobieren und eine seriöse Entscheidung treffen, welche von den letzteren im Rahmen des gesamten Texts beurteilt an dieser Stelle die paßgenaue ist. Ohne diese mentale »Trockenübung« gibt es für den Leser keine Gewißheit, welche Vokale er ergänzen muß, um die Wurzel zu einem vollwertigen Wort zu machen. Geringfügige Unterschiede des Vokalbilds können bei gleicher Wurzel gewaltige Bedeutungsunterschiede ergeben. *Zahok* zum Beispiel bedeutet »Lachen«, *zahak* »Geschlechtsverkehr« – und das sind ja (ungeachtet möglicher Zusammenhänge auf emotionaler Ebene) zwei durchaus verschiedene Aktivitäten. Es steht im Prinzip im Belieben des Lesers, ob er dieses oder jenes Wort aus der für beide gleichen Wurzel entfalten will. Welches im konkreten Fall das angemessene ist, entscheidet allein der Kontext.

Die Rabbiner des dritten und vierten Jahrhunderts verwarfen das stumme Lesen als unfruchtbares Tun. Liest man die Thora schweigend, so die Mahnung eines Rabbi, können die Worte nur wie Steine zu Boden fallen. Die Rabbinen meinen, was sie sagen, denn nach jüdischer Tradition erhebt Lesen den Lesenden zum Teilhaber am Schöpfungsakt. Womit dem Lesen ein besonderer Seinsstatus zugeteilt ist: Nur eine bestimmte Gruppe von Männern, die Kahanen, erfreuen sich des Vorrechts, aus der Thora vorlesen zu dürfen. Lesen ist eine göttlichem Tun gleichende Verrichtung. Wie Gott den Erdenkloß, aus dem er Adam geformt hat, mit seinem Atem zum Leben erweckt, so erwecken Leser die Schriftzeichen auf der Buchseite zum Leben, indem sie sie mit ihrem Atem in Laute umwandeln. Der Stimmlaut muß hier als etwas ganz Reales, als etwas Handfestes und Stoffliches aufgefaßt werden: Das Wort muß sich *materialisieren.* (Hebräisch *dabar* bedeutet sowohl »Wort« als auch »Ding«.) Weil das Hebräische laut gelesen werden muß, scheint es eine kommunitäre Sprache zu sein: Alle hören zur selben Zeit dasselbe. Indes, der Schein trügt ein bißchen. Ohne den Text vor Augen sind die Zuhörer außerstande, sich ein Urteil darüber zu bilden, ob der Vorleser die Wahl der Vokale immer korrekt getroffen hat. Die Zuhörer müssen die Interpretation des Vorlesers auf Treu und Glauben annehmen. Der Vorleser übermittelt dem Kollektiv die Wahrheit in der Weise, wie Moses die Zehn Gebote empfängt und übermittelt.

Tatsache ist, daß die Entscheidung darüber, welche Wörter den Text konstituieren sollen, für die Allgemeinheit von dem jüdischen Vorleser in Zusammenarbeit mit einer Gruppe von Rabbinen getroffen wird, in der man über die Auswahl der Vokale so lange diskutiert hat, bis eine von allen gemeinsam vertretene Interpretation erreicht war. Interpretation per Gremiumsarbeit schließt natürlich mit ein, daß ein anders zusammengesetztes Gremium sie zu einem späteren Zeitpunkt wieder außer Kraft setzen kann. Der Sinn bleibt immer im Fluß. Der Alphabetschriftleser trifft seine Entscheidungen aus eigener Machtvollkommenheit im Rahmen eines sich selbst bestätigenden Selbstgesprächs, das ihn zum Redaktor und zugleich zur Autorität in Fragen der Bedeutung macht. Er übermittelt der Allgemeinheit seine fertige Interpretation nicht etwa als Vorschlag und unvorgreifliche Offerte, sondern als unanfechtbare Überzeugung und Entscheidung. Niemand ist an seiner Textredaktion und -revision beteiligt, denn der Lektürevorgang ist seine Privatangelegenheit. Seine Interpretation ist eine »Lesart«. »Die Thora ist mit allem individuellen und glaubensgemeinschaftlichen Leben unbestimmt synchron«, lesen wir bei George Steiner: »Die Evangelien, die Apostelbriefe und die Apostelgeschichte sind das nicht.«[6] Die Vokale enthalten den Schlüssel zum Geheimnis des hebräischen Schriftsystems, und sie enthalten den Schlüssel zum griechischen Alphabet. Um die Schriftkultur verstehen zu können – und das heißt soviel wie: um die Entstehung des modernen Bewußtseins verstehen zu können –, müssen wir uns dem ätherischsten Ding unter der Sonne, der menschlichen Stimme, zuwenden, und das wiederum heißt: wir müssen uns den Vokalen zuwenden.

Obgleich es sich nach etwas Einfachem anhört, war es *die* große Erfindung der Griechen: ein Notationssystem, das der scheinbar grenzenlosen Vielfalt von Lauten, die durch die Stimmbänder vibrieren und im Mund ihre Form erhalten, Rechnung zu tragen vermag. Diese ungefähr um das Jahr 700 v. Chr. gemachte Erfindung ist ein Ereignis von enormer Tragweite in der sozialen Dimension. Sie brachte für das Individuum einen radikalen Bruch mit dem Status, der ihm unter dem Zepter anderer Schriftsysteme zuerkannt worden war. Der Leser des semitischen Schriftsystems nahm als der »Große Interpret«, der er war, in Fragen der Schrift die Verantwortung für das ganze Gemeinwesen auf sich. Jedesmal, wenn sein Blick über das Pergament streift, faßt er Entschlüsse, wie wir gesehen haben. Das Hebräische läßt der Deutung so viel Freiraum, daß die definitive Lesart in einem Lesergremium, einer Gruppe von Rabbinen, ausgehandelt werden muß. Den abendländischen Leser entlastet das Alphabet von dieser Verantwortung. Die Bedeutung – zumindest die Oberflächenbedeutung – ist in der Buchstabenfolge vollständig kodiert. Jeder Leser eines semitischen, sagen wir: des hebräischen Schriftsystems bringt seine individuelle Eigenart zur Geltung, wenn er die Schriftzeichen verlebendigt: Allein schon um die komplizierte Aufgabe des Lesens bewältigen zu können, muß er seine Intelligenz zu einer Interpretationsleistung nutzen. Im Hebräischen ist Lesen gleich Interpretieren. Interpretationsfehler machen heißt Unsinn in die Sätze *hineinlesen*.

Dem Leser der Alphabetschrift ist eine solche individuelle Verantwortung unbekannt: Jedermann, ob Gelehrter oder Bauer, übersetzt die Buchstaben in haargenau dieselben Lautwerte. Die Interpretation erfolgt nicht während des Lesens, sondern *danach*. Sinn und Unsinn werden mit gleicher Geduld angehört und erwogen. Im Frühstadium der Schriftkultur, im Mittelalter, pflegte ein des Alphabets Kundiger Gruppen von Analphabeten (»Textgemeinschaften«, wie ein Spezialist für mittelalterliche Geschichte sie genannt hat[7]) die für die Allgemeinheit bestimmten Texte – königliche Erlasse etwa, und kirchliche Kapitularien – vorzulesen.

In einem noch ganz buchstäblichen Sinn »eröffnete« der Vorleser diesen kleinen Zirkeln das jeweilige Dokument, so daß es von allen gemeinschaftlich erörtert werden konnte. (Er ist somit in der Welt der Literalität das Gegenstück zum oralen Geschichtenerzähler in der Rolle des Weisheitslehrers.) In diesen Textgemeinschaften verbanden sich Oralität und Literalität, einander ergänzend, zum Instrument der Sinnfindung und Unterweisung. Doch im Gefolge der Ausbreitung der Lese- und Schreibkenntnis verschwanden diese Gruppen still und leise von der Bildfläche. Erst im neunten Jahrhundert kamen in der Schreibtechnik die Neuerungen auf, die das stumme Lesen der Alphabetschrift ermöglichten. In den *Bekenntnissen* des heiligen Augustinus ist erstmals ein Mensch bei stummer Lektüre beschrieben. Von seinem Lehrer Ambrosius, dem Bischof von Mailand, berichtet Augustinus:

> Wenn er aber las, so glitten die Augen über die Blätter, und das Herz spürte nach dem Sinn, Stimme und Zunge aber ruhten. Oft wenn ich zugegen war [...], sah ich ihn so still ins Lesen versunken.

Der Betrachter der Szene zerbricht sich den Kopf darüber, was seinen sonst so großzügigen Lehrer wohl veranlassen könnte, ihm, dem Schüler, bestimmte Informationen vorzuenthalten, indem er sie stumm liest, und er ist erleichtert, als ihm schließlich die einzig vernünftige Erklärung einfällt – Ambrosius hat ja eine chronische Rachenentzündung:

> Die Schonung der Stimme, welche bei ihm sehr leicht in Heiserkeit übergeht, kann recht wohl der Grund sein, warum er das stille Lesen vorzieht.[8]

Rabbiner konnten über die korrekte Wahl der Vokale beim Lesen disputieren; die Frage der Bedeutung konnte auf der phonetisch-phonologischen Ebene, der Ebene der Lautung, angegangen werden. Das Alphabet indessen schloß die Lautung so fest ein, wie späterhin, nach der Erfindung des Buchdrucks, die Absätze und die Seiten im Formkasten des Setzers eingeschlossen sein sollten. Durch Hinzufügung von Schriftzeichen für die Vokale wurden Lautung und Bedeutung im voraus festgelegt. Erstmals konnte auch Unsinn niedergeschrieben und gelesen werden.

Diese Ganzheitlichkeit des Alphabets hatte zur Folge, daß die Autorität zur Sinnbestimmung auf eine Vielzahl von Individuen überging; jeder, der lesen konnte, konnte Bedeutung entziffern. Ein derart demokratisierender Effekt vermag natürlich die ganze Gesellschaft umzuwandeln. In der Tat waren die Griechen von der demokratischen Energie ihres Alphabets so fest überzeugt, daß sie ihm das Attribut *a-tomos* beilegten: unteilbar, weil Einheit und Ganzheit. Diese tief in das Alphabet eingesenkte Vorstellung von Einheit und Ganzheit wurde auf anderer Ebene umgesetzt in die griechische Idee der *polis* – der ranghöhere Vorleser, den das semitische Schriftsystem hervorbrachte, weicht hier einer Vielzahl von des Lesens und Schreibens kundigen Bürgern, die zusammen den Staatskörper bilden. Unter Gelehrten findet man den Gedanken vertreten, daß die Zeitform des Perfekts im Griechischen – der Drang zur Vollendung unter anderem den Wunsch nach Errichtung eines Idealstaats hervorgebracht habe. Indes, der Idee der idealen, ganzheitlichen Staatsform waren die Griechen nicht zuletzt auch deswegen mit solchem Feuer zugetan, weil ihre Sprache – ihr System des Informationsaustauschs – alles, was sie sahen oder worüber sie lasen oder schrieben, mit dieser Vorstellung von Ganzheitlichkeit durchtränkte. In ganz buchstäblichem Sinn entstammte die Autorisation des Idealstaatsgedankens dem Alphabet. Platon, der erste abendländische *homme de lettres*, formulierte in der *Politeia* eine Idee, die von dem, was Literalität als solche leistet, nicht zu trennen ist.

Lesen und Schreiben sind das leistungsfähigste Instrumentarium, das sich überhaupt denken läßt. Sie gestalten die Weltsicht eines Menschen völlig neu. Wie das? Obzwar jeder, der Sätze lesen und schreiben kann, diesen Umbau seiner Welt erfahren hat, kann keiner von uns sich auch nur halbwegs genau an diesen dramatischen Wandel erinnern, aus dem einfachen Grund, weil Lese- und Schreibkenntnis unser Erinnerungsvermögen verändert. Wir besitzen jetzt ein Gedächtnis, das sich der Literalität verdankt. Bevor wir lesen und schreiben können, als kleine Kinder, *haben* wir nicht nur ein Erleben – wir *sind* das Erleben. Auf irgendeine unheimliche Weise hat Walt Whitman es verstanden, sich die Erinnerung an diese Lebensphase zu bewahren:

Da war ein kleiner Junge, der machte sich alle Tage auf und ging hinaus,
Und das erste Ding, auf das sein Blick fiel und das er voll Verwunderung oder Mitleid oder Liebe oder Furcht in sich aufnahm, zu diesem Ding wurde er.
Und dieses Ding wurde eins mit ihm für die Dauer dieses Tages oder für eine bestimmte Zeit an diesem Tag [...]
Oder für viele Jahre oder ausgedehnte Zyklen von Jahren.[9]

Lese- und Schreibkenntnis erzwingt eine Trennung. Sobald das Kind anfängt, sich mit Buchstaben zu beschäftigen, muß es sich von den Dingen um sich herum für immer verabschieden. Es kann sich ihrer nur mehr aus der Distanz erfreuen. Lese- und Schreibkenntnis zieht das Kind von der »Dingwerdung« ab und drängt es auf den Weg der »Selbstwerdung«. Ist das Kind erst einmal in die Welt der Sprache eingetreten, kann es kein Ding mehr ansehen, ohne es zu analysieren und zu beschreiben, es im Geiste hin und her zu wenden und zu kategorisieren. Es geht, bildlich gesprochen, zu allen Dingen in seiner Umgebung auf Abstand. Je mehr Dinge es sieht, desto tiefer die Kluft zwischen ihm und allem um es herum. Das Kind schreitet auf dem Weg zum Bewußtsein fort, indem es die Dinge dieser Welt – sie gleichzeitig interpretierend und analysierend – »liest«, als ob die Realität ein Text wäre. Und es erreicht das vollständige Bewußtsein in dem Augenblick, in dem es anfängt, sich selbst wie ein Ding unter anderen Dingen in der Welt zu lesen. Der Vorgang dürfte die geheimnisvollste und von den meisten Mißverständnissen betroffene Phase unseres Reifungsprozesses sein. Mit fortschreitender Ausbildung des Bewußtseins vom eigenen Selbst in dem Kind schiebt sich das Selbst aus dem Kind hinaus, um dessen Tun von außen zu betrachten und zu beobachten. Wie wenn man sich einen Finger langsam immer näher vor die Augen hält, bis er nur noch unscharf zu sehen ist und sich schließlich verdoppelt, so zwingt die Lese- und Schreibkenntnis das

Kind, sich gewissermaßen zu verdoppeln. Neben sich selbst stehend und sich selbst bei den alltäglichen Verrichtungen zusehend, ein »Ich«, das aufgespalten ist in Subjekt und Objekt, wobei das Subjekt zuweilen stumm mit dem Objekt spricht – man versteht das des Lesens und Schreibens mächtige Bewußtsein vielleicht am organischsten, wenn man es so versteht.[10]

Von einem alltäglichen, aber komplizierten Sujet wie dem Bewußtsein verschafft man sich unter Umständen am ehesten einen klaren Begriff, wenn man es in seinen atypischen Formen betrachtet. Um das Bewußtsein als grammatisches Konstrukt, als ein Konzept, das sich innerhalb der Literalität herausbildet, begreifen zu können, werfen wir einen Blick auf einen aus dem neunzehnten Jahrhundert überlieferten berühmten Fall von Entwicklungsstörung. Am 26. Mai 1828, es war der Pfingstmontag, gegen fünf Uhr nachmittags »taumelte«[11] (einem Augenzeugen zufolge) ein wilder Knabe auf einen öffentlichen Platz der Stadt Nürnberg. Er war etwa siebzehn Jahre alt, konnte jedoch keine einzige artikulierte Silbe sprechen und gab nur grunzende, ächzende Laute von sich. Eine »Muttersprache« hatte er nicht. Sein Idiom war ein gutturales Gekrächze. Kaum daß er in Verwahrung genommen worden war, begann man ihn in Griechisch und Latein – beides »tote«, das heißt nur noch in geschriebenen Quellen tradierte Sprachen – zu unterrichten.

Der seinerzeit berühmte Jurist Anselm von Feuerbach, Präsident des Appellationsgerichts in Ansbach, der den Fremdling am 11. Juni kennenlernte, »ließ sich angelegen sein, an Hand von Augenzeugenberichten und Vernehmungsakten zu erkunden, wie der Jüngling sich bei seiner Ankunft in der Stadt betragen habe«.[12] Feuerbach verfaßte einen ausführlichen Bericht über das Leben des Knaben. Auf der Polizeiwachtstube, wohin man den Findling zunächst verbracht hatte, schlugen alle Versuche, ein Verhör mit ihm anzustellen, fehl. Endlich hatte der diensttuende Beamte den Einfall, ihm ein Stück Papier und einen Bleistift entgegenzustrecken; der rätselhafte Besucher griff danach und malte den Namen Kaspar Hauser auf, und unter diesem Namen sollte er dann in die Geschichte eingehen. Bald nach seiner ersten Begegnung mit dem Knaben erlebte Feuerbach, der dem Findling inzwischen einige Brocken Deutsch beigebracht hatte, die folgende Episode:

> Ich befahl Kasparn, nach dem Fenster zu sehen, deutete auf die große, weite Aussicht in die schöne, im Schmuck des Sommers prangende Landschaft, und fragte ihn: ob das nicht schön sei, was er da draußen sehe? Er gehorchte, fuhr aber zugleich mit sichtbarem Abscheu wieder zurück, indem er ausrief: garstig! garstig!

Später, nachdem er sprechen gelernt hatte, erklärte Kaspar seine Reaktion so:

> Wenn ich nach dem Fenster blickte, sah es immer so aus, als wenn ein Laden ganz nahe vor meinen Augen aufgerichtet sei, und auf diesen Laden habe ein Tüncher seine verschiedenen Pinsel mit weiß, blau, grün, gelb, roth, alles bunt durcheinander, ausgespritzt. Einzelne Dinge darauf, wie ich jetzt die Dinge sehe, konnte ich nicht erkennen. Das war denn gar abscheulich anzusehen.[13]

Zum fraglichen Zeitpunkt kannte Kaspar Hauser von nur ganz wenigen Dingen die Namen und nur ganz wenige Begriffsdefinitionen, so daß ihm nur ganz wenige Kategorien zu Gebote standen. Und so merkwürdig es klingen mag: ohne diese Orientierungsmarken vermochte er die Dinge nicht gegeneinander abzugrenzen. Erst nachdem er sich Sprache angeeignet hatte, wurde ihm dies offenbar.

Später, als Kaspar lesen und schreiben lernte, nahm *ein* Thema sein Interesse und seine Phantasie völlig gefangen, und das war er selbst. Freilich vollzog sich das in ungewöhnlicher Form. Er gebrauchte nur äußerst selten das Personalpronomen in der ersten Person Singular: »ich«. Der Effekt bestand in der Auslöschung seiner selbst als Persönlichkeit, nach der lediglich ein Ding zurückblieb. Da er nicht auf dem Boden der Literalität aufgewachsen war, hier nicht wirklich seine Entwicklungs- und Reifejahre durchlebt hatte, fiel es ihm schwer, zu irgend etwas hinzufinden, das mit Fug als Innenleben bezeichnet werden könnte. Er konnte, unter Qualen, seiner nur als dieser Neuschöpfung Kaspar Hauser bewußt werden. So gedenkt er denn, wo er über seine Erinnerungen an sein früheres Leben spricht, dieses sonderbaren Wesens, dieses fremden Fleischkloßes, in der einzigen Form, die er zu gebrauchen weiß, in der dritten Person:

> So lange er sich entsinnen könne, habe er nur immer in einem Loch (kleinem niedrigen Gemach, das er zuweilen auch Käfich nennt) gelebt, wo er, bloß mit einem Hemd und ledernen, hinten aufgeschlitzten, Hosen bekleidet und barfuß, auf dem Boden gesessen sei. Er habe in seinem Gemach nie einen Laut gehört, weder von Menschen, noch von Thieren, noch von sonst Etwas. Den Himmel habe er nie gesehen, noch habe er je eine Hellung (Sonnenlicht) wahrgenommen. Einen Unterschied zwischen Tag und Nacht habe er nie erfahren, noch weniger habe er die schönen Lichter am Himmel jemals zu sehen bekommen. Neben ihm habe sich in dem Boden ein Loch (wahrscheinlich mit einem Topf) befunden, in welchem er seine Nothdurft verrichtet habe. So oft er vom Schlafe erwacht, sei ein Brod neben ihm gelegen und ein Krug mit Wasser gestanden. [...] Den Mann, der ihm Essen und Trinken gebracht, habe er nie im Gesicht gesehen.[14]

Auf eigenartige Weise ist Kaspar Hauser ganz Bewußtsein und lebt immerfort außerhalb seiner selbst. Der Zugang zum tieferen Verständnis seines Innenlebens, seines Selbst bleibt ihm freilich für immer versperrt, denn nicht einmal ansatzweise hat er so etwas wie ein reflexives Selbst ausgebildet. Als ein Produkt spät aufgeblühter Lese- und Schreibkenntnis und noch später erblühter Fähigkeit zu sprechen kann Kaspar Hauser sich nur wie eine Kamera, ein Golem durch seine Umwelt bewegen. Eine Möglichkeit, sich das Bewußtsein des mit Lese- und Schreibkenntnis ausgestatteten Menschen verständlich zu machen, besteht darin, es als Integration der ersten und der dritten Person zu betrachten: Ich bin mein Selbst (qua »ich«) und beobachte es (qua »er«). Kaspar Hauser kann diese Integration nicht vollbringen; er kann nicht in das eigene Selbst hinabsteigen. Selbst in dem zitierten Absatz über sein »Gemach« bekundet er keine echten Gefühle – keine Sehnsüchte, keine Wünsche, keine Ängste –, sondern schildert nur Äußerlichkeiten. Kaspar Hauser ist für das hier verhandelte Thema von Bedeutung, weil in seinem Leben die normale Abfolge von Oralität und Literalität eine überraschende Umkehrung erfahren hat.

Normalerweise macht natürlich die Oralität den Anfang; von der Literalität wird sie jedoch nicht verdrängt. Vielmehr steigt die Literalität zu dominierender Stellung im Leben des einzelnen auf, während die Oralität im Hintergrund bleibt, dort aber allgegenwärtig ihre Rolle weiterspielt. Die Literalität muß dominieren, weil das normative Bewußtsein auf der Grundlage der Lese- und Schreibkenntnis erwächst, die das Kind als Fertigkeit erwirbt – die wichtigste Fertigkeit im kindlichen Leben. Dessenungeachtet tut sich, wenn auch auch langsam und praktisch unbemerkt, zwischen der überwiegend oralen Welt des Kindes und seinem Eintritt in die Welt der Literalität ein Riß auf. Bei Kaspar Hauser leuchtet dieser Riß grell in die Augen, denn Kaspar besitzt fast keinerlei Erfahrung – und ganz bestimmt keine frühe Erfahrung – mit der Oralität. Er gebraucht die Verben so gut wie nie in der Zeitform des Präsens, weil die Ereignisse beständig an ihm vorübergehen, so daß er nichts weiter tun kann, als zuzuschauen und Kommentare abzugeben.

Diese durch Lese- und Schreibkenntnis erzeugte Kluft ist kein weniger dramatischer, weniger bedeutsamer Bruch als der, den ein junger Mensch vollzieht, wenn er das Elternhaus verläßt. Der mit dem Lesen- und Schreibenlernen verbundene Trennungsschritt bahnt vielleicht im emotionalen Bereich in aller Stille den Weg für die spätere Nestflucht des Kindes. Tatsache ist, daß der Übergang von der Oralität zur Literalität dem jungen Menschen die erste Erfahrung mit dem Auflösen von Verbindungen, dem Zurücktreten aus der konkreten Situation vermittelt – Voraussetzungen für alle im späteren Leben herbeigeführten Brüche.

Die archetypische Rigorosität und das absolut Befeuernde dieser Art von Trennung läßt sich am besten in einer Analogie zum Ausdruck bringen. Trennung, Scheidung, Sonderung ist ein Charakteristikum der Schöpfungsmythen praktisch aller Kulturen, und die alttestamentliche Schöpfungsgeschichte bildet da keine Ausnahme. Um aus dem formlosen Chaos die Welt hervorzubringen, muß Gott die oberen Wasser von den unteren Wassern scheiden. Er stellt sich dieser äußerst beschwerlichen, anstrengenden Aufgabe am zweiten Schöpfungstag. Den zweiten Schöpfungstag schildert die Überlieferung als einen Kampf von extremer Gewaltsamkeit und kosmischen Dimensionen. Die Wasser widersetzen sich brüllend der Trennung. Gott vollendet zwar zu guter Letzt sein Tagewerk wie geplant, beschließt jedoch diesen zweiten Schöpfungstag anders als die anderen. An allen anderen Tagen heißt es zum Schluß von seinem eigenen Urteil über die Früchte seines Mühens: »Und Gott sah, daß es gut war.« Nicht so am zweiten Schöpfungstag. Gott läßt jedoch nicht locker, und er läßt deswegen nicht locker, weil er weiß, daß ohne diese Scheidung nicht Grenzziehung noch Form noch Kategorieneinteilung möglich wäre, keine Unterscheidung zwischen Tag und Nacht, keine Benennung von Pflanzen und Tieren mit je eigenem Namen – kurzum, keine abgeschlossene Schöpfung, die sich in den Begriff »Erde« fassen ließe.[15]

Die biblische Scheidung schafft die Ganzheit des Alls. Die Scheidung im sprachlichen Universum schafft das Bewußtsein. Indem es die Rede in ein geschriebenes Kunstgebilde umwandelte, schied das Alphabet sie für alle Zeit vom Sprecher und schuf dabei ein eigengesetzliches Etwas namens »Sprache«, das untersucht, analysiert und diskutiert werden konnte. Nachdem die Sprache erst einmal zum Studienobjekt geworden war, konnten Regeln und Vorschriften für ihren Gebrauch formuliert werden. Das Erleben der Sprache brachte Maßstäbe der Korrektheit (sowie der Vortrefflichkeit) hervor, die wiederum auf alle Aspekte des Lebens angewandt wurden. Die Menschen mit der höchstentwickelten Lese- und Schreibkenntnis wurden für die anderen zu Modellen der Korrektheit und verfügten als solche über enorme Autorität. Angesichts solch weitreichender Konsequenzen bescheinigte Eric Havelock dem Alphabet grundlegende, erstrangige Bedeutung mit den Worten: »Das griechische Alphabet [...] ist ein Stück explosiver Technologie mit revolutionären Auswirkungen auf die menschliche Kultur, wie keine zweite Erfindung sie je in genau gleicher Weise gezeitigt hat.«[16]

Diese explosive Revolution hatte viele Gesichter. Zum einen konnte man mit Hilfe des Artefakts namens Sprache die unzähligen Sachverhalte in der Welt konservieren, ohne das Gedächtnis einschalten zu müssen. Alles, woran man sich erinnern können mußte, konnte jetzt in Sätzen gespeichert und aufbewahrt werden. Vierundzwanzig Buchstaben (so viele hat das griechische Alphabet) faßten die ganze Welt! Zum anderen konnten Gedanken jetzt in Muße erwogen werden, indem man sich wieder und wieder dieselben Sätze vornahm, um ihren Sinn zu ergründen. Im Gegensatz zum Hörer kann der Leser das Tempo, in dem er eine Nachricht aufnimmt, selbst bestimmen; er kann auch ganze Abschnitte einer Darlegung oder einer Geschichte überspringen. Sätze, die auf einem Trägermaterial sichtbar fixiert sind, können zudem umgeformt, neu gegliedert und generell komplizierter als Sätze der mündlichen Rede angelegt werden. Und weil die Sprache das Medium ist, durch das wir die Welt wahrnehmen, bedeuten komplexere Sätze höhere Komplexitätsgrade unserer Erfahrung. Unter den Bedingungen der Oralität gebildete Sätze haben typischerweise die Form Subjekt/Verb/Objekt, und Sätze dieses Typs halten die Realität säuberlich und überschaubar und jede Überraschung ausschließend in Reih und Glied. Nachdem die Macht dieses einfachen Satzbauschemas über die Sprache gebrochen ist, kann Altbekanntes – wie Alltagserfahrungen oder gängige, ja abgedroschene Ideen – in radikal veränderte Perspektiven rücken und dabei ganz neue Einsichten gewähren.

Die revolutionärste unter den durch das Alphabet bedingten Neuerungen ist jedoch eine, die auf den ersten Blick als eminenter Nachteil erscheint: Die Literalität erzwingt das Auseinandertreten von Wissendem und Gewußtem. Für den Menschen, der lesen und schreiben kann, existiert die Realität draußen, außerhalb seiner, eine Armlänge entfernt von ihm. Ihrer wieder habhaft werden kann er ironischerweise nur mit Hilfe derselben Sache, die den Abstand überhaupt erst hervorgebracht hat: mit Hilfe der Sprache – durch Beschreiben und Analysieren, Definieren und Kategorisieren. In jenem toten Raum zwischen Subjekt und Objekt, Leser und Text kommen wie durch ein Wunder die kritische Analyse und das Selbstbewußtsein zur Welt. Genährt und gekräftigt durch den Umstand, daß Sätze viele Male gelesen – von einem Menschen in Zurückgezogenheit stumm auf ihren Gehalt hin durchforscht – werden können, bildet sich nach und nach jene Aktivität heran, die wir als reflexives, kritisches Denken bezeichnen.[17]

Unter den Bedingungen der Oralität ist dergleichen ein Ding der Unmöglichkeit. Unter den Bedingungen der Oralität vollziehen Sprechen und Denken sich simultan: in den gesprochenen Sätzen. Unter den Bedingungen der Oralität kann man nicht sagen: Laß mich darüber einmal laut nachdenken. Unter den Bedingungen der Oralität kann man nicht einen Gedanken, eine Vorstellung im Kopf haben und etwas ganz anderes aussprechen. Auch die vorsätzliche Irreführung, die Lüge, wächst nur auf dem Humus der Literalität. Der verinnerlichte Text, genannt »Denken«, existiert in oralen Gesellschaften noch nicht. Einen Satz lesen heißt Raum und Zeit unter ein abstraktes begriffliches Vorzeichen stellen. Jeder Leser verinnerlicht diesen neu gebildeten Begriff: Des Lesens und Schreibens kundige Menschen eignen sich einen Innenraum an, mit dem sie ihre Persönlichkeit ausstaffieren.

Das hat gewichtige Folgen. Der Aufstieg der abendländischen Kultur läßt sich zurückverfolgen bis zum Entstehen des kontemplativen freien Raums zwischen dem Wissenden und dem Gewußten. Wie ich bereits andeutete, ist dieser Zwischenraum ausgedehnt genug, um der Erschaffung eines individualisierten Bewußtseins Platz bieten zu können. Zugleich ist er aber auch ein Ort, wo der einzelne bequem einen Standpunkt finden kann, der es ihm erlaubt, Kontrolle über sein Leben zu gewinnen – wir drücken es gewöhnlich in der Form aus: »Abstand zu gewinnen« oder »eine Perspektive zu finden«. Wie man von einem geschriebenen Satz ein Stück zurücktreten muß, um seinen Sinn zu erfassen, kann man auch von einem Erlebnis ein Stück zurücktreten, es kritisch bewerten, ohne unbedingt gleich von ihm überwältigt zu werden. Das eigene Erleben neu ordnen, neu gewichten zu können, bedeutet etwas entscheidend Wichtiges für das tägliche Leben: Es signalisiert, daß man Wahlmöglichkeiten hat.

Jemand, der ausreichend Lese- und Schreibkenntnis besitzt, um diese Sätze lesen zu können, vermag sich wohl kaum vorzustellen, daß man mit dem eigenen Erleben anders verfahren könnte. Jeder, der lesen und schreiben kann, kann auch eine Situation analysieren und kritisch bewerten. Lese- und Schreibkenntnis kann freilich auch blind machen für die Welt der Prä-, der Nicht- und – auch sie gibt es! – der Antiliteralität. Die Literalität führt ein so unumschränktes Regiment über unsere Wahrnehmung, daß unsere Kindheit für uns vom Erwachsenenleben aus kaum noch erkennbar ist. Unsere Kenntnis von ihr beschränkt sich auf rasch verblassende Bilder, die uns durch den Kopf schießen, oder auf die durch alte Familienfotos angeregte Rekonstruktion einzelner Episoden. Die meisten von uns sind unumstößlich und unwiderruflich aus der Oralität in die Literalität übergewechselt.

Bei vielen jungen Menschen heute ist dies nicht der Fall. Viele von ihnen sind nach nur wenigen Jahren Grundschule auf der Straße gelandet. Für uns mit unserer ausgebildeten Lese- und Schreibkenntnis ist es genauso ein Problem, uns ihre Lebensweise und die der Gangs, denen sie sich anschließen, vorzustellen, wie uns an unsere Kindheit zu erinnern.

In dieser anderen Welt – einer harten, düsteren und von Gewalt entstellten Variante der Kindheit – werden Gang-Kids vom Schwall der Ereignisse, der sie täglich überspült, mitgerissen und mal hierhin, mal dorthin geworfen. Ihnen gehen die Fertigkeiten ab, die sie in den Stand setzen würden, wie andere Jugendliche den Gang der Ereignisse in kontemplativer Einstellung, gewissermaßen vom Spielfeldrand aus, zu verfolgen. Viele von ihnen leben wie ein Kaspar Hauser, in ihr Verlies eingesperrt, unfähig, ihr eigenes Tun von außen zu betrachten. Gang-Kids haben im Grunde kapituliert und lassen sich im Strom treiben. Sie haben keine Distanz zu dem, was um sie herum vor sich geht. Was geschieht, scheint vielmehr *mit* ihnen zu geschehen, das Geschehen scheint *durch* sie hindurchzugehen, und auf jeden Fall geht es *über ihren Kopf hinweg*. Sie fühlen sich preisgegeben, dem, was sie erleben, hilflos ausgeliefert; sie sehen keine sinnvollen Wahlmöglichkeiten, keine Chance, echte Wirksamkeit zu entfalten. Ihre Wahlmöglichkeiten beschränken sich auf das Kaliber ihrer Pistole. Kein Wunder, daß diese Jugendlichen sich erdrückt fühlen und nicht mehr nach einem Ausweg aus ihrem »verrückten Leben«, der *vida loca*, suchen. Lese- und Schreibkenntnis eröffnet gewiß nicht den Ausweg aus dem Bandenleben, aber sie dürfte mit der sicherste Weg sein, gar nicht erst hineinzugeraten. Des Lesens und Schreibens mächtiges Bewußtsein hat in der Welt das Sagen. Wer vorzeitig die Schule abbricht, hat sein Leben lang schlechte Karten. Der »Dropout« kann zwar trotz miserabler Chancen den Kampf gegen die Umstände aufnehmen, aber der Ausstieg aus der Grube, die er sich selbst gegraben hat, ist ein wahrhaft steiler Weg.

Es ist von entscheidender Bedeutung, daß jeder, der ein Kind hat, jeder Lehrer, jeder Bürger diesen einfachen, aber folgenschweren Sachverhalt erkennt. Eine beträchtliche Zahl junger Menschen ist nicht in der Lage, die mechanischen Operationen des Lesens und Schreibens auszuführen. Aber das ist noch das geringste unserer Probleme. In der Tat ist es lediglich die dünne Oberfläche, unter der ein sehr viel tieferreichendes Problem verborgen liegt. Der eigentliche, der größte und schwerste Schaden ist die Leere, die in den Herzen und Seelen dieser analphabetischen Dropouts herrscht, ist die Verödung ihres Gefühls- und Seelenlebens. Eine gewisse Anschauung von diesem Schaden läßt sich anhand einer knappen, summarischen Beschreibung des Bewußtseins vermitteln, das sich auf der Grundlage der Literalität herausbildet.

Wörter beginnen erst dann zu existieren, wenn der gesamte Bestand an gesprochenen Lauten auch niedergeschrieben werden kann. Erst dann können wir *realiter* sehen – durch eigenen Augenschein feststellen –, daß eine Lautreihe einen Anfang und ein Ende hat und daß danach eine neue Lautreihe anfängt. Unter den Bedingungen der Oralität gibt ein Sprecher lediglich eine kontinuierliche Folge von definierbaren Lauten, sogenannten Phonemen, von sich. Er spricht jedoch nicht in Wörtern. Die Laute, die der Sprecher produziert, werden beim Sprachvollzug definiert – indem er beispielsweise die Lautfolge für »Baum« hervorbringt und dabei auf einen Baum zeigt. Orale Völker haben keinen Bedarf an Wörterbüchern, ebensowenig wie sie Bedarf an Grammatiklehrbüchern haben, denn in der Welt der Oralität gibt es keine Normen des korrekten Sprachgebrauchs, keine Syntaxregeln, keine Orthographie. Die Schrift macht nicht nur die Laute als Wörter sichtbar, sondern verfestigt diese Wörter auch zu erstarrten Gebilden, so daß ein Leser über jeden Satz nachsinnen kann, um seinen Sinn zu ergründen. Die Schrift verfestigt also die Erinnerung, fixiert sie. Statt mein Gedächtnis anstrengen zu müssen, um mich zu erinnern, was jemand gesagt hat, kann ich mich, sooft ich will, einem Text zuwenden. Ein Leser kann mit Hilfe des Erinnerungsvermögens diese Wörter oder Sätze auch vor sein inneres Auge zitieren. Er kann sogar in ein Zwiegespräch mit dem Selbst eintreten – jenem anderen in der Werkstatt des Alphabets konstruierten Wesen, dem bei weitem wichtigsten aus der Literalität geborenen Konstrukt. Damit ist ansatzweise wiedergegeben, wie die Literalität den Prozeß des reflexiven Denkens begründet und vorantreibt – wie sie etwas hervorbringt, das nicht selten als »Introspektion« (In-sich-hinein-Sehen) bezeichnet wird.

Ein des Lesens und Schreibens Kundiger nimmt die Realität in sich auf – er verleibt sie sich ein und scheidet Benötigtes von Nichtbenötigtem. Eine Metapher aus dem Sinnfeld der Nahrungsaufnahme paßt um so besser hierher, als das Lesen den Leser zum Allesfresser erzieht, der Ideen jeglicher Art, jeglichen Stoffs und Zuschnitts verschlingt. Lesen und Schreiben erzeugen einen Innenraum, in dem ein aktives und zuweilen auch kontemplatives Leben abrollt, realisiert vermittels jener drei wesentlichen Elemente, die den modernen Menschen ausmachen: Gedächtnis, Gewissen und Selbst. Sobald er alphabetisiert ist, nimmt der

Mensch eine eigentümliche metaphorische Struktur an. Man kann ihm jetzt Charaktereigenschaften wie tief oder flach, hohl oder voller Leben zuweisen. Er kann sich tief in sich selbst zurückziehen; er kann von sich selbst besessen oder in sich selbst versunken sein. Schneidet man einen Körper auf, bemerkt man nichts von einem solchen Innenraum. Zwischen den Muskeln, Organen und Blutgefäßen eines sezierten Leichnams ist er nicht zu finden. Er läßt sich nur metaphorisch vergegenwärtigen. Ivan Illich hat versucht, einen Blick in diesen schimärischen Raum zu werfen:

> Sobald ich sage, daß ich in der und der Sache »zu einer Erkenntnis gekommen bin«, habe ich mir zuvor auch »die Angelegenheit besehen«, »nach der richtigen Perspektive gesucht«, mir einen »Marschplan zurechtgelegt«, »wie ich an die Sache herangehe«, habe die »gesuchte« Einsicht »zum Greifen nahe vor mir gehabt« und sie schließlich »zu fassen« bekommen. All diese Tätigkeitswörter, die mir erlauben, den »Vorgang« und »Fortgang« meines Denkens wiederzugeben, sind natürlich Raummetaphern, und sie beziehen sich auf einen Raum, der in mir ist. Wenn ich einen von diesen Ausdrükken gebrauche, bin ich mir bewußt, daß der Raum, den ich zwischen mir und der Welt meines Erkennens erlebe, sich nicht »in« derselben Art Raum befindet, »in« der ich die Dinge um mich herum wahrnehme. Man sagt mir, »im Geiste« sei ein systematisch irreführender Ausdruck, und ich wäre gut beraten, auf ihn so radikal wie nur möglich zu verzichten.
> Ich vermag diesem gutgemeinten Rat nicht Folge zu leisten.[18]

Vorstellungen wie Vordergrund und Hintergrund, Nähe und Ferne – das ganze Rastersystem der Perspektive – existieren zunächst als planimetrisch-stereometrisches Schema »im Geiste« und werden von dort in die Außenwelt projiziert. Für Kinder mit gestörter Sprachentwicklung sind solche räumlichen Beziehungen verwirrend. Das heißt, sie haben nicht teil an der reziproken Beziehung zwischen dem, was draußen vor ihnen ist, und dem, was in ihnen ist. Ihnen fehlt das vom Ich beobachtete Ich, das der Festpunkt für das Abschätzen von Entfernungen ist. Wieder kann Kaspar

Hauser die Problemlage für uns erhellen. Anselm von Feuerbach bemerkte bei Gelegenheit eines kurzen Spaziergangs mit seinem Schützling,

> daß dieser bärtige Lateiner [d.h. dieser Schulanfänger im Adoleszentenalter], als er im Frühjahr 1831 bei mir lebte, noch nicht einmal die Erfahrung gemacht hatte, daß Gegenstände des Gesichts in der Entfernung kleiner scheinen als sie wirklich sind; er war ganz befremdet darüber, daß die Bäume einer Allee, in der ich mit ihm spazieren ging, immer kleiner und niedriger seien, und der Weg in der Ferne immer schmaler, so daß man am Ende gar nicht mehr hindurchgehen könne.[19]

Feuerbach hält es für eine Sache der Erfahrung, »daß Gegenstände des Gesichts in der Entfernung kleiner scheinen als sie wirklich sind«, aber Erfahrung hat verhältnismäßig wenig damit zu tun.

Am Fall »Genie« läßt sich das noch deutlicher zeigen. Im November 1970 wurde auf dem Sozialamt von Temple City in Kalifornien eine Mutter mit ihrer dreizehnjährigen Tochter vorstellig: Das Kind war von seinem Vater von Geburt an in einem kahlen Zimmer in rigoroser Isolationshaft gehalten worden und hatte kaum menschliche Sprache zu hören bekommen. Von Sozialarbeitern erhielt das Mädchen den Namen Genie [ein Eigenname; nicht zu lesen als (das) Genie. Anm. d. Lektorats]. Klinische Psychologen, die mit Genie arbeiteten, berichten, daß die Kleine große Schwierigkeiten hatte, sich im Raum zurechtzufinden, und beim Gehen die Arme vor sich ausgestreckt hielt, um nirgends anzustoßen. Sachen, die man ihr in die Hand gab, pflegte sie zunächst gegen ihr Gesicht zu drücken, um festzustellen, wie hart sie waren, ob sie scharf waren, und auch wie groß sie waren.[20]

Ein Mensch muß zuerst abstrakte Vorstellungen von Raum und Raummaß im Kopf haben, ehe er eine perspektivische Sicht wiedergeben und analysieren kann, von ihrer Übertragung aufs Papier als zentralperspektivische Zeichnung ganz zu schweigen. Diese Abstraktionsfähigkeit gedeiht unter den Bedingungen der Literalität. Die Zentralperspektive setzt mehr als bloßes Sehenkönnen voraus, nämlich Abstrakionsvermögen und die Fähigkeit, die Wirklichkeit mittels Begriff und Wahrnehmung zu gestalten. Im dreizehnten Jahrhundert begannen toskanische Maler, die Wirklichkeit in diesem neuen räumlichen Rastersystem zu arrangieren. Davor bildeten die Maler die Dinge mit Fluchtlinien ab, die in einen euklidischen Raum führen, in dem Parallelen niemals zusammentreffen. Im dreizehnten Jahrhundert beginnt sich auf dem Malgrund ein neues Wirklichkeitskonzept – anders gesagt, eine neue Beziehung zwischen dem Betrachter und seiner Erfahrung – zu zeigen. Die Maler leben jetzt in einem gründlicher vermessenen Raum, und sie bilden eine nach anderen Begriffen aufgeschlüsselte Welt ab. Lese- und Schreibkenntnis schafft in jedem Individuum einen neuen Raum – einen Seelenraum, der in die Außenwelt projiziert wird. Die »Produktion« des neuen Raums ergibt sich aus einer reziproken Beziehung, die zwischen dem des Lesens und Schreibens kundigen Geist und der Erfahrung austariert wird. Diese Entdeckung der neuen, um das Selbst zentrierten Weltsicht war es, was die toskanischen Maler in ihren Bildern festhielten: »Die Horizontlinie, der Fluchtpunkt und das Zusammentreffen der Parallelen ›im Unendlichen‹ bewirken eine zugleich intellektuelle und visuelle Darstellungsweise, die innerhalb einer Art ›Logik der Visualisierung‹ den Primat des Blickes im Gefolge hat. Diese im Lauf von Jahrhunderten erarbeitete Darstellungsweise geht in die architektonische und städtebauliche Praxis ein: als *Perspektive*, als allgemeine Norm des Sehens.«[21]

Der verinnerlichte Raum ist die Heimat von Empfindungen und Gefühlen aller Art. Manche davon sind allerdings den Menschen vorbehalten, die in der Welt der Literalität leben; dies sind vor allem diejenigen Empfindungen, die auf einem verinnerlichten Blatt (oder sonstigen Trägermaterial) als Text aufgezeichnet werden und die der betreffende Mensch auf seinem Weg durch die Zeit in dieser Form bei sich trägt. Schuld und Gewissen zum Beispiel bringen eine Dauerhaftigkeit in das Innenleben, die im Effekt der eines historischen Dokuments gleichkommt. In gewissen Abständen kann der Mensch in diesem inneren Text nachschlagen und seinen Inhalt publik machen – in der Beichte, in förmlichen Entschuldigungen oder beiläufigen Erklärungen. »Gewissen« und »Schuld«, als welche diese psychologischen Kategorien in der abendländischen Kultur ausgeformt und erlebt werden, sind Konstruktionen, die in der Fähigkeit zu lesen und zu schreiben gründen. Menschen mit Lese- und Schreibkenntnis verhalten sich, als ob jede Tat und jedes Ereignis, die in der Außenwelt stattfinden, gleichzeitig unauslöschlich in einem unsichtbar in ihrem physischen Selbst vorhandenen Text protokolliert würden. Auch nachdem das reale Geschehen vorbei und verflogen ist, bleibt es dem Gewissen oder dem Gedächtnis des Menschen, der lesen und schreiben kann, auf Dauer eingeschrieben.

Orale Völker – Völker, die keinerlei Kontakt mit Lesen und Schreiben haben – organisieren ihr Leben nicht um ein solches verinnerlichtes Textarchiv herum. Das besagt nicht, daß sie keine Gefühle haben. Das Gegenteil ist der Fall. Doch orale Völker lernen nicht, indem sie ein System von Regeln und Vorschriften verinnerlichen, nicht durch Unterordnung unter das Diktat des Gewissens: Sie lernen am konkreten Beispiel. Sie geben ihrem Gefühlsleben Umfang und Inhalt, indem sie wieder und wieder Mythen und Geschichten von richtigem Verhalten anhören, ähnlich wie kleine Kinder nach den Einsichten von Bruno Bettelheim und Marie-Louise von Franz aus Märchen eine moralisierte Daseinskulisse beziehen. In der Welt der Oralität sind es nicht Schuld und Reue, die die Lebensform und die Struktur der sozialen Institutionen bestimmen. Anders als in schriftbesitzenden Gesellschaften hinterläßt eine Handlung in oralen Kulturen kein inneres Nachbild. Ist sie vollendet, verschwindet die Handlung restlos – wie das ausgesprochene Wort.

Sobald die Lese- und Schreibkenntnis als absinkendes Kulturgut den Laienstand erreicht hatte, bemächtigte sich die katholische Kirche der Kontrolle über die neu entstandene Innerlichkeit. Das menschliche Innenleben war jetzt wirklich viel komplizierter geworden. Ein Kontrollinstrument schuf das Vierte Laterankonzil im Jahr 1244 mit dem Gebot, daß jeder Gläubige einmal im Jahr eine Ohrenbeichte abzulegen habe. Jedes Pfarrkind hatte einem Priester durch das Sprachgitter des Beichtstuhls die sündhaften Handlungen zu berichten, die es im zurückliegenden Jahr begangen hatte. Mit diesem Gebot bewies die Kirche ihre klare Einsicht in die Tatsache, daß das Leben des Christen die Form eines – stellenweise recht verwickelten – verinnerlichten Texts angenommen hatte, der nach Belieben eingesehen und aufgesagt werden konnte. Was da als spinnwebartige Vernetzung von Erzählfäden vor den forschenden Blicken des Priesters ausgebreitet wurde, war das verinnerlichte Selbst. Das Buch wurde zur beherrschenden Metapher der Lebensplanung, einer Metapher, die in den folgenden siebenhundert Jahren eine dominierende Rolle für das Leben des abendländischen Kulturmenschen spielen sollte. Heute gibt sich der Computer alle Mühe, das Buch aus dieser Position zu verdrängen.

Die neue Bedeutsamkeit des Texts wird auch in einer Motivverschiebung greifbar, zu der es um die Mitte des zwölften Jahrhunderts in der christlichen Ikonographie kam. Der Figurenschmuck im Tympanon – der Fläche oberhalb eines Kirchenportals innerhalb des Bogenfelds – wechselte damals die Attribute. Dort war Christus als Weltenrichter zuvor mit einer Waage in der Rechten dargestellt worden, auf der er die Seele jedes einzelnen Auferstandenen wiegt, bevor er entscheidet, wer in den Himmel aufsteigt und wer in die Hölle hinabfährt. Die Seelen der Frommen zeigen eine charakteristische Leichtigkeit des Wesens *(levitas)*, die Seelen der Unreinen dagegen eine ausgesprochene Schwere *(gravitas)*. Von ungefähr 1150 an stellen die Schöpfer der Tympanonreliefs Christus mit einer Schreibfeder in der Rechten dar, mit der er gute und schlechte Werke in einem Buch – dem Buch des Lebens – aufzeichnet. Am Jüngsten Tag wird er dieses Buch aufschlagen und laut jedermanns Lebensbilanz vorlesen, denn an jenem Tag der Abrechnung wird in der Tat das Leben eines jeden zu einem »offenen Buch«. (»Abrechnung« hat mit Buchführung zu tun. Selbst Christus ist sich nicht zu gut für das Geschäft des Schreibers und Buchhalters.) Im Vorgriff auf jenen bedeutungsvollen Tag war dem mittelalterlichen Menschen aufgegeben, jedes Jahr einmal selbst feierlich das Buch seines Lebens aufzuschlagen und einem Priester vorzulesen, was darin geschrieben stand. Der Mensch des Mittelalters trug in seinem Inneren ein Hauptbuch mit sich herum, in dem alle Vorgänge verzeichnet waren, die ihn in seinem Leben irgendwie betroffen hatten. Im Lauf der Jahrhunderte bildet sich ein Name heraus für die Interaktion zwischen dem textförmigen Innenleben und dem, was der Außenwelt zugekehrt wird. Das neunzehnte Jahrhundert nennt diese Dynamik »Persönlichkeit«.

Man muß sich das Selbst als den Vermittler der Verbindung – den Dolmetscher – zwischen dem Innenleben und dem Strudel der Ereignisse draußen vorstellen. Das Selbst liefert das Gerüst oder Gestell, um das herum beziehungsweise auf dem die Komplexitäten der Persönlichkeit sich anlagern wie lästige Sandkörner in einer Auster. Rudimenten des Selbst als *ens grammaticum* begegnet man heute noch in den Reflexivsuffixen einiger Sprachen, des Spanischen und Italienischen zum Beispiel; man denke an die italienischen Ausdrücke *vendesi*, wörtlich: »es verkauft sich«

(zu deutsch: »es ist zu verkaufen«), und *lavasi*, wörtlich: »es wäscht sich« (zu deutsch: »man kann es waschen, es ist waschbar«).

Es ist dieses unsichtbare Etwas namens Selbst, das die Welt für die Menschen abwechslungsreich und komplex macht. Das Selbst ist der Makler, der Unterhändler, der Vorreiter, der als erster auf die Realität trifft und dann Nachrichten über sie zurückbringt. Ist da draußen sicheres Gelände oder nicht? Ist es Zeit zu handeln oder nicht? (Hamlet allein auf der Bühne, bei seinem berühmten Monolog, ist ganz *Selbst.*) Bewußtseinsfördernd, wie es ist, scheint das Selbst eine trennende Kluft zwischen dem Individuum und seiner physikalischen und biologischen Umwelt zu schaffen. Wie ich jedoch schon früher ausgeführt habe, bedeutet solcherlei Trennung für das Individuum Befreiung. Wo es zuvor willenlos verstrickt war, beginnt es jetzt ersichtlich Herrschaft auszuüben. Die Psychotherapeuten nennen diesen Vorgang Individuation, die Anthropologen nennen ihn Menschwerdung, die Psychologen nennen ihn Persönlichkeitsbildung, und Eltern sehen in ihm einfach nur eine Phase im Prozeß des Erwachsenwerdens. Einerlei, wie man es bezeichnet: Das Selbst ist gleichbedeutend mit dem Personsein.

Wenn wir wissen wollen, wie Menschen sich verhalten, denen das Gefühl, ein Selbst zu sein, abhanden gekommen ist, brauchen wir uns nicht mehr den Kopf mit Spekulationen zu zerbrechen. Wir sehen uns heute einer jungen Generation gegenüber, von der ein bedeutender Teil es aufgegeben hat, sich mit Buchstaben auseinanderzusetzen oder sich auf die gründliche Beschäftigung mit einem Satz oder einem Absatz, geschweige denn mit einem Buch einzulassen. Diese jungen Leute haben dem Buch den Rücken gekehrt, ja lassen offene Verachtung für es erkennen. Sie glauben nicht an Kräfte und Potenzen – an irgendein Wirkungsvermögen –

des Lesens und Schreibens. Zugleich genießen sie keinen der Vorteile, die das Dasein auf der Stufe der Präliteralität gewährt: Sie hatten nicht die Gelegenheit, in früher Kindheit in eine Welt der Oralität einzutauchen und daraus innere Kräfte zu ziehen. Sie passen nicht in die Standardkategorien, weder in die der Literalität noch die der Präliteralität. Am besten wären sie mit »Postanalphabeten« bezeichnet. Was ich hier schildere, wäre noch vor zehn Jahren praktisch undenkbar gewesen: eine der Sprache, der mündlichen wie der schriftlichen, beraubte Generation. In den Schulen und auf den Straßen spitzt sich diese neue Art von Analphabetismus zu der schlimmsten überhaupt nur vorstellbaren Tragödie, der seelischen Degeneration der amerikanischen Jugend, zu.

Diese Kinder verkörpern ein gegenüber dem Herkömmlichen auf elementarstem Niveau verändertes Menschsein. Ihnen fehlen nicht nur die Voraussetzungen dafür, sich lesend und schreibend ein empfundenes Selbst zu konstruieren, sondern sie haben auch keinen Zugang zum Kräftereservoir der Oralität. Ihr Erleben überwältigt sie. Von der Welt der Literalität abgeschnitten, von der Schule enttäuscht, lungern sie zuletzt zum Zeitvertreib in Ladenstraßen herum oder schließen sich einer Gang an, weil sie sich davon Abwechslung und Nervenkitzel versprechen.

Diese Kinder sind die amerikanischen Kaspar Hausers. Es ist nicht abwegig, sich vorzustellen, sie seien letztes oder vorletztes oder vorvorletztes Jahr als Findlinge in unsere Städte getaumelt. Gleich Kaspar Hauser waren sie endlos lange Stunden ohne den Trost einer menschlichen Berührung, ohne die Berührung durch eine menschliche Stimme in lichtlosen Räumen untergebracht. Sie sprechen nur Rudimente, nur Brocken von »Muttersprache«. In den Schulen nimmt man das nicht zur Kenntnis, unterrichtet sie vielmehr im Lesen und Schreiben. Egal, wie schlecht die Erfolgschancen stehen, man versucht, sie in die Kultur der

Literalität einzubinden. Diese Jugendlichen verdienen Beachtung – genausoviel, wenn nicht mehr Beachtung, wie die Jugendlichen erhalten, die den Ausbildungsweg brav und bieder zu Ende gehen. Sie lassen außergewöhnliche Fähigkeiten erkennen; nur daß sie diese Fähigkeiten leider in die falsche Richtung lenken – in Richtung Gewalttätigkeit, Drogensucht, Desperadotum und Zynismus. Man kann ihnen die Schuld an ihren Untaten durchaus zurechnen, doch damit geht man am Kern der Sache vorbei. Da ihnen der Weg zur Lese- und Schreibkenntnis verbaut war, blieben sie auch von der Nutzung der an Lese- und Schreibkenntnis gebundenen sozialen Katalysatoren – und Ressourcen des Selbst – ausgeschlossen.

Die Statistik weiß zu berichten: Seit zehn Jahren geht die Fähigkeit zu lesen bei Jugendlichen stetig zurück, während die Quote der Hauptschulabgänger ohne Abschluß steigt.[22] Unterdessen sorgen sich Zeitungen und Nachrichtenmagazine über den möglichen Rückgang der Zahl der Buchveröffentlichungen und die abnehmende intellektuelle Stringenz der veröffentlichten Bücher. Doch mit diesen Problemen ist man lediglich bei den handgreiflichsten, augenfälligsten Anzeichen von Niedergang in einem schrumpfenden Reservoir von Lesern und Schreibern angekommen. Die heimtückischeren Veränderungen gehen im Inneren des Menschen vor sich, der sich vom Buch abkehrt. Mit dem Buch würde der modernen Gesellschaft das wertvollste Instrument zur Schaffung ihres inneren Zusammenhalts verlorengehen: der verinnerlichte Text, in den das Gewissen, das Schuldbewußtsein und, wichtiger als alles andere, das Selbst eingeschrieben sind.

Analphabetismus macht aus den Menschen Hohlformen – Gespenster, die auf den Straßen ihr grausig-bedrohliches Unwesen treiben. Egal, was sie tun – selbst wenn sie die übelsten Gewalttaten und Scheußlichkeiten begehen –, sie sind unfähig, ob ihrer Taten Gewissensbisse oder Bedauern oder Schuld zu empfinden. Die Gesellschaft hat allen Grund, Gespenster zu fürchten, die für ihr eigenes Empfinden nicht realer sind als die flimmernden Schemen auf dem Computermonitor. Für sie sind auch andere nicht realer als sie selbst. Unter diesen Umständen kann alles passieren – und passiert auch. Verhalten wird in des Wortes wahrster Bedeutung asozial.

Es nützt nichts, solche Jugendlichen hinter Gitter zu bringen. Wenn Strafjustiz eine Wirkung haben soll, bedarf sie als elementarer Voraussetzung der zivilisatorischen Grundsubstanzen Gewissen und Reue – des Schuldbewußtseins mit daraus resultierendem Verlangen, sich zu ändern. Doch die neuen Postanalphabeten, die weder in der Oralität noch in der Literalität heimisch sind, streifen als wahrhaft abnorme Wesen durch die Gegend. Sie halten sich an andere Regeln. Sie haben sich zu Stammesverbänden eigener Art zusammengeschlossen, aber ihr Verhalten ist alles andere als solidarisch. Die verkümmerten Geschichten, die sie untereinander kolportieren, handeln nicht von Helden im moralischen Zwiespalt, sondern von Gangstern, die ihre Wut und ihre Verzweiflung austoben. Sie haben das Bedürfnis, sich genauso wichtig und bedeutend fühlen zu können wie die Alphabetisierten um sie herum. Sie lechzen nach Anerkennung und dem Gefühl, jemand zu sein. Mit Drogen verschaffen sie sich ihre »Kicks«, die mit dem rauschhaften Hochgefühl von »tollen« Zukunftsaussichten, Macht und Unverwundbarkeit einhergehen.

Wann immer ein Problem auftaucht, es mag heißen, wie es will, brauchen die neuen Postanalphabeten als erstes einen »Schuß«. Sie werden »high«, landen »auf Wolke sieben«. Wenn sie wieder auf den Boden kommen, sperrt die Gesellschaft sie hinter Schloß und Riegel. Das ist jedoch fraglos ein Eingeständnis des eigenen Scheiterns und der Ratlosigkeit. Haftanstalten sind die Monumente eines gigantischen sozialen Debakels.

Die Lösung muß anderswo liegen. Sie kann nur in der menschlichen Stimme liegen – all deren Substanzlosigkeit, Unsichtbarkeit und Flüchtigkeit zum Trotz. Sie kann nur in dem zu artikulierten Lauten umgeformten Atemstrom liegen. Wonach diese Jugendlichen sich sehnen, das ist das Gefühl und der Zustand des Ermächtigtseins durch die eigene Stimme.

Drittes Kapitel

> Jeder feste Körper im Kosmos ist bereit, sich bei der Annäherung des Geistes zu verflüssigen, und Verflüssigungsvermögen ist das Maß des Geistes. Bleibt die Mauer undurchdringlich hart, denunziert sie damit einen Mangel an Gedanken. Unter dem Zwang einer subtilen Gewalt wird sie sich in neue Formen ergießen, die von der Eigenart des Geistes künden.
> Ralph Waldo Emerson, *Versuche*

Historiker treiben Stollen in die Vergangenheit, um für so gut wie jedes Ding unter der Sonne seinen Ursprung, seine allerersten Anfänge zu ergründen. Die ersten Krakel, die mit Fug als Schrift bezeichnet werden können, wurden, wie schon im vorigen Kapitel erwähnt, in Mesopotamien gefunden und datieren aus der Zeit um elftausend v. Chr. Die Anfänge der erzählenden Literatur – die man sich als Fortentwicklung jener prähistorischen Krakel zu äußerstem Raffinement denken kann – liegen in sehr viel jüngerer Zeit. Ich vergewissere mich der Wurzeln der fiktionalen Literatur, weil sie für das Verständnis der heutigen Literalität von entscheidender Bedeutung sind und von noch größerer Bedeutung für den Lese- und Schreibunterricht.

Die Art und Weise, wie heutigentags in den meisten Schulen Lesen und Schreiben, das klassische Grundinstrumentarium des Wissens und logischen Denkens, unterrichtet wird, könnte einen uneingeweihten Beobachter leicht zu dem Schluß verführen, daß die Erzählliteratur aus dem Geist leichenbitterhaften Trübsinns hervorgegangen sei und daß die Lehrer sich ganz natürlicherweise dem Ziel verschrieben haben, diese schwerblütige und schwermütige Tradition fortzusetzen. Der Blick auf die Geschichte lehrt jedoch das genaue Gegenteil: Die Wurzeln des Erzählens liegen in Spaß und Spiel, ein Umstand, den die Mehrzahl der heutigen Lehrer vergessen zu haben scheint. Aber wer Literalität im tiefsten durchdringen will, täte gut daran, sich ihrer spielerischen Anfänge zu erinnern.

Die Schule steuert den entgegengesetzten Kurs. Kinder müssen die Freiheit und Ungebundenheit des Spielens aufgeben und sich mühen, beim Lesen und Schreiben »alles richtig zu machen«. Die Lehrer ziehen für die Schüler eine scharfe Trennungslinie zwischen Schulhof und Klassenzimmer. Wenn gespielt wird, dann draußen; das Drinnen bleibt der ernsthaften Arbeit vorbehalten. Doch ein junger Mensch, der in eine lebendige Beziehung zu den Buchstaben eintreten möchte, braucht dazu eine spielerische Haltung. Ezra Pound, einer der einflußreichsten Dichter des zwanzigsten Jahrhunderts und unter den ernsthaften entschieden einer der ernsthaftesten, nannte diese Haltung mit einem selbstgeprägten Neologismus *logopoeia*: »Der Tanz des Intellekts unter den Wörtern.« Hier haben wir des literarischen Titanen Ezra Pound Replik auf jene uns bekannte älteste griechische Inschrift: »Wer unter allen Epheben nun regt seine Füße am muntersten im lieblichen Tanzspiel?«

Der spielerische Geist ist charakteristisch für das Geschichtenerzählen sowohl auf der oralen Stufe wie auf der Stufe der Literalität. Wie auch anders? Alles Erzählen tanzt und tändelt mit der Realität, um eine völlig neue Welt zum Vorschein zu locken. Gleichzeitig kann jede Geschichte nichts anderes sein als – eben eine Geschichte, eine Sammlung von Lauten, Bildern, Betonungen. Auch noch so gut erzählt bietet eine Geschichte nur die Illusion von Wirklichkeit. Die Dinge der Welt bleiben mit unverbrüchlicher Autarkie, wie sie sind. Sie liefern ihr Wesen einfach nicht so leicht an die Sprache aus.

Aber alle Geschichten tollen und tändeln nicht nur, sondern landen mit freundlich vorgetragenen Späßen und Witzen auch Hiebe. In den Kulturen auf der Stufe der Präliteralität kennt man das teuflische Wesen der Sprache nur zu gut und läßt ihm bei allen formellen Anlässen ungeniert Auslauf. Mit der Erfindung einer subversiven Figur, die von der modernen Kulturanthropologie den Namen »Trickster« erhalten hat, stellt man sicher, daß die Zuhörer die Geschichten nicht ernst nehmen. Der Trickster ist eine possenreißerhafte Erscheinungsform des Kulturheros, ein »göttlicher Schelm«[1], dessen ganzes Sinnen und Trachten nur darauf zielt, dumme Streiche und Schabernack auszuhekken, mit denen er die etablierte Ordnung untergräbt, wo immer er kann. Mit seinem possenreißerhaften Wesen macht er klar, daß auch die Geschichte nur eine Posse ist. Die Zuhörer klatschen dem Erzähler Beifall und lachen über die Schelmenstreiche des Tricksters. Die beiden Geräusche – Klatschen und Lachen – ergänzen einander.

Trickster treten in unterschiedlichen Kulturen in unterschiedlicher Erscheinungsform auf: in afrikanischen Volksmärchen als Spinne, in den Mythen der amerikanischen Ureinwohner als Coyote, als Reineke Fuchs in europäischen Tiergeschichten seit den Fabeln des Äsop, als Br'er Rabbit (»Bruder Kaninchen«) in den (aus afroamerikanischer Folklore geschöpften) Uncle-Remus-Geschichten von Joel Chandler Harris (1848–1908) – wo immer Geschichten erzählt werden, sind sie mit dabei und verhindern, daß die Geschichten von den Zuhörern als absolute Wahrheit aufgefaßt werden.[2] Während der Erzähler seinen Erzählteppich spinnt, ist der Trickster damit beschäftigt, ihn mit Fleiß und Sorgfalt wieder aufzulösen; wo der Erzähler gibt, nimmt der Trickster wieder weg. Die Zuhörer, das ist damit beabsichtigt, sollen verwirrt, ratlos in dem Niemandsland zwischen Erzähler und Trickster stehen. Sie müssen auf eigene Faust einen Sinn entdecken in dem Hin und Her zwischen den zwei Kampfhähnen, dem Geschichten-Geber und dem Geschichten-Nehmer, in dem Wechselspiel innerhalb der – wie der Anthropologe Claude Lévi-Strauss das nennt – »binären Opposition« zwischen den zwei Akteuren, die ein Charakteristikum aller oralen Kulturen ist. Von unserem technischen Zeitalter aus gesehen, erscheint diese binäre Opposition wie eine Parodie des Binärsystems, mit dem der Computer arbeitet. Der Computer zielt darauf ab, Eindeutigkeit herzustellen, wohingegen der Trickster Freude daran hat, Doppel- und Mehrdeutigkeiten zu schaffen.[3]

Für die amerikanischen Ureinwohner ist diese binäre Opposition das Kernstück des Geschichtenerzählens. Wenn die Zuni sich versammeln, um sich Geschichten anzuhören, stehen am einen Ende des Pueblos »Koyemshi« oder, im Volksmund, »Torfköpfe« genannte Spaßmacher und parodieren mit grotesk übersteigerten Gesten jedes Wort des Erzählers, der auf der anderen Seite beziehungsweise in der anderen Hälfte des Pueblos Posten bezogen hat. In buntscheckigem Aufputz, häufiger noch als Frauen verkleidet, machten die Koyemshi jedermann nachhaltig klar, daß Information, selbst die allerwichtigste, immer auch ganz anders, ja sogar in entgegengesetztem Sinn verstanden werden kann. Der Trickster gibt der Geschichte buchstäblich einen anderen »Drall«, indem er sie total verdreht. Worte können eine neue Realität schaffen, aber Worte – daran erinnern die Possenreißer – können diese Realität auch wieder null und nichtig machen, und so geht der Tanz von Aussage und Verneinung, von Position und Negation weiter und weiter, gleich einer ins Endlose sich fortsetzenden Reihe von wechselseitigen Spiegelungen.

Auch Kulturen ohne formalisierte Trickstertradition erfinden sich Mittel und Wege, dem Ernsthaften das Komische aufzupfropfen. In England, Frankreich und Deutschland gab es im Mittelalter eine Reihe von Festen, bei denen selbst geheiligteste religiöse Riten travestiert wurden. In Frankreich zum Beispiel zelebrierte man alljährlich eine spezielle Messe zum Gedenken an die Flucht der Heiligen Familie nach Ägypten, deren Feierlichkeit dadurch konterkariert wurde, daß ein als Priester verkleideter Spaßmacher eine Eselsprozession durch die Kirche führte und jedesmal, wenn ein Abschnitt der Meßliturgie beendet war, einen Wechselgesang anstimmte, bei dem die Gemeinde mit Eselsgeschrei respondierte. Und jedermann – die Darsteller von Maria und Josef, der Priester, die Gläubigen – führte sich dann zeitweilig wie ein Esel auf. Die Flucht nach Ägypten ist in der christlichen Vorstellungswelt ein Element von großer Bedeutsamkeit und Ernsthaftigkeit, doch wenn wir ihre Bedeutsamkeit in Worte fassen, ihr sprachlichen Ausdruck verleihen wollen, können wir uns am Ende, im Grunde genauso eselhaft anstellen wie Zettel in Shakespeares *Sommernachtstraum*. Eine Welt aus Buchstaben ist in der Tat ein »Sommernachstraum«, in dem – in Wort und Tat – alles möglich ist. Aber da liegt der Haken: Die Sprache kann uns dazu bringen, uns zum Narren zu machen, bietet zugleich aber auch den einzigen Ausweg aus unserer Narretei. Die Lehre, die wir zu ziehen haben, lautet: Nehmen wir die Dinge nicht zu ernst, verlieren wir nicht die komische Seite an allem aus den Augen. Wir sind alle in unseren Sätzen, in unseren grammatischen Konstruktionen gefangen wie die Maus in der Falle.

Mit der Figur des Tricksters geben die Menschen schriftloser Kulturen anschaulich zu verstehen, daß die Sprache stets ihr eigenes verzerrtes Schattenbild mit sich führt. Ob »Torfköpfe« oder Eselsmesse oder irgendein anderes der zahllosen Narrenfeste, die die Kulturgeschichte kennt – stets klingt das gleiche beruhigende Lachen auf und mahnt die ganze Gemeinschaft: Nehmt das alles nicht so ernst! Gewiß, die Geschichte ist wahr, sie ist aber zugleich auch nicht wahr. Die persischen Märchen tragen diesem Sachverhalt mit einer paradoxen Eingangsformel Rechnung: *Yeki bud, yeki nabud*, »Einst *war* und war *nicht* ... Es *hat sich* zugetragen und *nicht* zugetragen ...« In dem Treiben der Zuni-Possenreißer sollte man vielleicht doch etwas Rigoroseres, Radikaleres sehen als lediglich die Profanation einer Geschichte und Desillusionierung eines Publikums. Diese Clowns propagieren eine Botschaft ähnlich der, die man in den persischen Märchen findet: Wenn der Weise zur Pfeife greift und eine Geschichte zu erzählen beginnt, verweisen seine Worte zuletzt vielleicht auf nicht mehr als – eben die Geschichte. Alles was der Weise sagt, löschen die »Torfköpfe« mit ihrem Lachen praktisch wieder aus. Angesichts dieses verbalen Schlagabtauschs zwischen den Possenreißern und dem Geschichtenerzähler können die Zuhörer nicht viel mehr tun, als die dramatische Darbietung als solche – Pounds »Tanz des Intellekts« – zu genießen. Das ist alles, was ihnen bleibt. Aber das sollte auch genügen. Die Sprache erreicht ihren höchsten Grad an Lebendigkeit, wo sie einer Theatervorstellung am nächsten kommt.

In schriftbesitzenden Kulturen sind die Trickster verschwunden. Sie haben sich in die Sätze selbst verkrochen. Beim stummen Lesen muß uns ständig bewußt bleiben, daß unsichtbare »Torfköpfe« still und leise jeden Satz genauso schnell auslöschen, wie wir ihn lesen. Sie ziehen uns den Zauberteppich unterm Hintern weg, auf dem wir durch die Lüfte gondeln. Sie holen uns ins Wachleben zurück, wo die Erkenntnis auf uns wartet, daß wir uns in einen fiktionalen Traum hatten hineinziehen lassen. Der literarische Erzähler schafft eine eigene Wirklichkeit, verleiht dem Inhalt seines Buches Realitätsstatus. Doch früher oder später platzt die Seifenblase, und der Traum ist aus.

Das Possenspiel – ein kultureller Gauklerakt – nimmt mitten im Zentrum der Sprache eine so dominierende Stellung ein, daß eine ganze Schulrichtung der modernen Philosophie, die sogenannte Philosophie der normalen Sprache, es zu einem ihrer Forschungsgegenstände gemacht hat.[4] Die Vertreter dieser Schule begannen sich für die Frage zu interessieren, in welcher Weise Sätze sich selbst travestieren – das Wort in seinem ursprünglichen Sinn als transvestieren, »die Kleidung des anderen Geschlechts anlegen«, verstanden. Praktisch bedeutete das nichts anderes, als daß sie die binäre Opposition zwischen dem Geschichtenerzähler und dem Possenreißer als Phänomen der Schriftkultur untersuchten, das sie hier in jedem einzelnen Satz wiederfanden. Jeder Autor spielt die Rolle des ernsthaften Erzählers und die des Possenreißers zu gleicher Zeit.

Die Sprache treibt unausgesetzt und auf alle erdenkliche Weise ihr Possenspiel, und sie narrt damit gleichermaßen Sprecher wie Leser. Die Menschen verlassen sich auf die Sprache, als ob jegliche Aussage vollkommen der Wirklichkeit entspräche. Will sagen: Sie messen ihren Sätzen, ob gesprochen oder geschrieben, so viel Bedeutung bei, daß sie sich damit selbst an der Nase herumführen und zuletzt ihre Sätze mit der Wirklichkeit verwechseln. Wir beschreiben einen Baum, sei's in hochpoetischer Metaphorik, sei's in aller wissenschaftlichen Ausführlichkeit, und glauben allen Ernstes, damit die Natur zu »erkennen«.

Wenngleich die Sprache uns zu dem Glauben verleitet, wir hätten die Wahrheit gefunden, betrifft in Wirklichkeit das einzige sichere Wissen, das wir am Ende in Händen haben, die Sprache selbst – die Grammatik und die Syntax und die Prosodie der Sätze, die wir fabrizieren. Eingefleischte Buchstabenmenschen, Menschen, die sich bis über beide Ohren in die Sprache verliebt haben, nasführen sich selbst noch gründlicher als Menschen auf der Stufe der Oralität. Wie soll man es sich sonst deuten, daß erwachsene Männer und Frauen bei der Lektüre des *König Lear* in Tränen ausbrechen? Im achtzehnten Jahrhundert ging man sogar so weit, einen neuen Schluß für das Drama zu schreiben, denn der alte, so das weitverbreitete Lamento, sei gar zu traurig und schmerzlich – so bar allen Trostes. Niemand kann bestreiten, daß Shakespeare sich mit diesem Stück einen Platz im Himmel erschrieben hat. Die Sprache singt. Aber Lear ist kein wirklicher König, Cordelia ist nur eine Dramenfigur. Und wenn *König Lear* unser Gemüt noch so sehr in Wallung versetzt, das Stück bleibt eine Sammlung von Bögen und Strichen auf Papier. Trotzdem beginnen Leser zu weinen oder empfinden eine abgrundtiefe Traurigkeit oder zeigen sich leidenschaftlich erregt oder betrübt, wenn sie die letzte Szene beendet haben, die so Zeugnis ablegt von der ehrfurchtgebietenden Macht der Sprache. Und zugleich Zeugnis von deren Fähigkeit, das unglaublichste und alles überbietende Possenstück zu vollbringen: den Leser so zu verblenden, daß er kopfüber in die Traumwelt auf der Buchseite hineinstürzt.

In der Nachfolge Ferdinand de Saussures und Ludwig Wittgensteins haben Sprachwissenschaftler und Sprachphilosophen den frechsten Schabernack der Sprache unter die Lupe genommen: die Art und Weise, wie sie den Anschein erweckt, eine direkte und stabile Brücke zwischen Wort und Welt zu schlagen. Nachdem er ein Leben lang das Wesen der Sprache untersucht hatte, kam Wittgenstein zu der Ansicht, daß das Sprachgefüge in seinen tragenden Teilen eine wacklige Angelegenheit sei und auf keinen Fall in der Lage, dem ungeheuren Gewicht und Druck der Realität standzuhalten – woraufhin der Philosoph sich denn des Lachens über die Mißlichkeit der *conditio humana* nicht enthalten konnte. Keine ihrer Funktionen erfüllt die Sprache so gut, so die unausweichliche Konsequenz seiner Überlegungen, wie sie den Bruch zwischen unseren sorgsam ausgearbeiteten Beschreibungen und den im wesentlichen da draußen existierenden Dingen dokumentiert. Menschen werden die Kluft zwischen ihrer Erfahrung und ihrem Verlangen, ihre Erfahrung zu verstehen, niemals überbrücken können.

Am Schluß des *Tractatus logico-philosophicus* konnte Wittgenstein nur noch für Schweigen – eine Mystik *à contre-cœur* – als den Sprachzustand plädieren, der das Wesen der menschlichen Erfahrung am vollkommensten in sich faßt. Der vernünftige Teil unserer selbst, erklärte er, »bewahrt Ruhe«. Er beendet den *Tractatus* mit einer mimetischen Reverenz vor dem wahren Wesen der Sprache, dem ihr innewohnenden Geist der Spaßhaftigkeit, indem er sich vom Leser mit einem Witzwort verabschiedet: »Wovon man nicht sprechen kann, darüber muß man schweigen.« Wittgenstein zufolge kann man von nichts wirklich sprechen, wenn man »sprechen« allen Ernstes als »den Geist der Sache erfassen« versteht. Sogar die Selbsterkenntnis, das Bewußtsein, ist womöglich eine vergebliche Anstrengung, da ja auch sie ein sprachliches Phänomen ist. Was wir hören, wenn wir unser Selbst belauschen, ist vielleicht nichts weiter als ein »Hintergrundrauschen«.[5]

Für George Steiner bezeichnet dieser Zusammenbruch unseres Vertrauens in die Sprache – die Durchtrennung der Nabelschnur, die uns mit der Erfahrung verbindet und uns Halt in der Erfahrung vermittelt – den Beginn der Moderne, den Steiner in das ausgehende neunzehnte Jahrhundert datiert: »Mallarmé bricht (*rupture* wird zu einem Kardinalbegriff) den Vertrag, unterbricht die Kontinuitäten zwischen Wort und Welt. Dieser Vorgang wiederum bringt die potentiellen Diskontinuitäten zwischen dem Wort und früheren oder späteren Gebrauchsweisen des Wortes hervor, wie sie in den *Philosophischen Untersuchungen* [Ludwig Wittgensteins] erkundet werden. Wir befinden uns auf hoher See, und ohne Kompaß.«[6]

Mallarmé schrieb seine Hauptwerke in den 1890er Jahren, die »Kompaßlosigkeit«, anders gesagt: der linguistische Bruch, den er bewirkte, manifestierte sich in eruptiver Form jedoch erst in den im Zeichen des Lachens stehenden Kunstrevolutionen des zwanzigsten Jahrhunderts wie Surrealismus und Dadaismus: in Bildern und Gebilden und Literaturwerken, deren Kennzeichen poetischer Nonsens und visuelle Pointen und Knalleffekte waren. In dem Maß, wie nach und nach immer mehr Künstler den Witz mitten im Herzen der Sprache, deren tief in ihre Erbanlagen eingesenkte Widerborstigkeit entdeckten, griff das Lachen auf andere Kunstformen über, ja sogar auf bestimmte Richtungen des kritischen und theoretischen Denkens, so etwa den Dekonstruktivismus, dessen führender Kopf Jacques Derrida seine These von der spielerischen Natur der Sprache mit Hilfe von Witzen und Wortspielen verdeutlicht. Dieser Geist durchdrang sogar eine so feierlich ernst und gesetzt wirkende Sache wie die Architektur. Auch sie, wiewohl in so hohem Maß den Gesetzen der Physik und den Prinzipien des Ingenieurwesens verpflichtet, zeigte sich für die Überraschungen der Sprache empfänglich. Schon der erste Blick auf die Arbeiten zeitgenössischer Architekten wie Frank Gehry und Michael Graves zeigt, wie in ihren postmodernen Entwürfen Humor – in Form des Spielens mit den Elementen verschiedener Stile – zu gebauten Witzen geronnen ist. Eine Art Insider-Witz in Szene setzend, reißt diese Architekturrichtung die trennenden Schranken zwischen den verschiedenen historischen Baustilen nieder. Mit einem spielerischen Durcheinanderwerfen der Baustile durchlöchern solche postmodernen Witze den Ernsthaftigkeitsnimbus eines Metiers, das sich daran gewöhnt hatte, erhabene Monumentalbauten in die Welt zu stellen. Postmoderne Bauten sind sowohl Bauwerke als auch Parodien auf historische Bauwerke. Ihre Architektur zerstört die Bedeutsamkeit und Dauerhaftigkeit historischer Baustile, indem sie diese aus der Geschichte herausbricht und Elemente unterschiedlicher Stile in einem einzigen Bauwerk vereint. So könnte man beispielsweise an einem heutigen Gebäude nachbarschaftlich vereint eine Renaissancesäule und ein Gesims im Geschmack des späten achtzehnten Jahrhunderts entdecken. Sujet dieser architektonischen Formgebung ist das Zerbrechen der Geschichte selbst – der Kollaps der Kategorien – in eine Ansammlung von historischen Formelementen. Postmoderne Architekturwerke wollen gebaute Witze, baukünstlerische Doppeldeutigkeiten sein.

Jedesmal, wenn wir uns der Sprache bedienen, vollziehen wir – vielleicht nicht bewußt und absichtlich, aber deswegen nicht minder faktisch – einen ähnlich gearteten Bruch. Was immer wir beschreibend in Worte zu fassen versuchen, sei es ein Tisch oder ein Stuhl oder eine Bowlingkugel, verformen wir im selben Zuge zu einem Gegenstand, der sich in Worten abbilden läßt. Dabei wird dem Tisch oder Stuhl ein Teil seiner Individualität genommen, damit er nach Form, Größe, Farbe und Materialbeschaffenheit kategorisiert werden kann. Das ist der kleine Possen, den die Sprache uns beständig spielt: Der reale Gegenstand, den wir verstehen oder beurteilen wollen, geht im Dickicht der Sprache verloren.

Das alphabetisierte Bewußtsein, der große Lichtbringer, spielt uns einen ähnlichen Streich. Mit der Gabe des Bewußtseins stellt sich zugleich die furchtbare Gewißheit unserer eigenen Sterblichkeit ein. Indem wir, nach dem Geheiß des Delphischen Orakels, uns selbst erkennen, bekommen wir zugleich unseren sicheren Tod in den Blick.[7] Im *Phaidros* erzählt Platon, wie Theut (Thot) den Menschen das Alphabet bringt, und bezeichnet in diesem Zusammenhang Lese- und Schreibkenntnis als *pharmakon*, »Arznei«. Wie alle Arzneien kann auch diese heilsam oder todbringend wirken. Der Verdoppelungseffekt der Sprache hängt an ihr wie eine Klette.

Womit wir bei einem weiteren Grund wären, warum die Sprache ganz natürlicherweise dem Späßemachen und Witzereißen Vorschub leistet: Sie ist von Natur aus schmiegsam und formbar. Ihr Bestes leistet sie als Metaphernschöpferin, denn da sie selber nicht die Realität ist, vermag sie alles, was wir erleben, nur in metaphorischen Modellen widerzuspiegeln. Zugriff auf die Realität gewinnt sie also am effektvollsten auf Umwegen, indem sie nämlich die Erfahrung in den Netzen der Metaphorik einfängt. *Per analogiam* erhascht sie die Dinge an ihrem äußersten Saum, bestenfalls nähert sie sich ihnen bis auf eine flüchtige Berührung. In jeder sprachlichen Äußerung, jedem Wort, Satz, Absatz stekken Ironie und Doppelsinn. Was also kann Sprache sonst noch sein, wenn nicht zuallererst ein Füllhorn von Witz und Spaß? Nur wer sich im Angesicht des Alphabets in einen entspannten Zustand versetzt, wer den spielerischen Geist der Sprache entdeckt und in sich selbst auferweckt, der kann – mit einem Seufzer der Erleichterung – echtes Vergnügen am Lesen und Schreiben haben. In diesem Augenblick geht ihm die Wahrheit über die Lese- und Schreibkenntnis auf: Lesen und schreiben ist ein wahrhaft poetisches Unterfangen.

Die Mehrzahl der heutigen Lehrer weiß jedoch nichts von dem lachlustigen, absolut spielerischen Wesen der Sprache. Sie verfahren nach einer pädagogischen Methode, zu deren vorrangigen Leitideen Exaktheit und Regelmäßigkeit zählen. So gut wie jeder verlangt heute von der Sprache die gleiche Präzision, die er von einem Computerprogramm zu erwarten gelernt hat. Am Auto streikt der Motor, das Fahrgestell am Flugzeug bricht, im PC kommt es zu einem *head crash* – so sehen die kleineren oder größeren Maschinenpannen aus, die nach sofortigen Instandsetzungs- und Vorbeugungsmaßnahmen verlangen. In manchen Fällen erfordert die Vorbeugung eine Änderung der gesamten Konstruktion. Jugendliche sind sofort frustriert, wenn sie beim Schreiben »die Sache nicht ganz genau hinkriegen«, so als ob sie dringend eine Art Reparatur oder Konstruktionsänderung nötig hätten, damit ihre Mechanik oder ihr Schaltkreis in Ordnung kommt. Wie anders sähe alles aus, wenn die Jugendlichen sich die natürliche Verfassung der Sprache als einen Pannenzustand vorstellen könnten. In der Sprache gibt es nichts, das »ganz genau« hinzukriegen wäre. Selbstverständlich existieren Normen der korrekten Sprachverwendung, aber die betreffen lediglich Dinge wie Grammatik, Semantik, Tempus und Kongruenz – Elementarregeln, die das Gros der Schüler schnell gelernt hat. Alles übrige jedoch, Sinn und Gehalt von Sätzen, läßt sich am besten zuwege bringen, wenn man die Regeln ignoriert und eine spielerische Haltung einnimmt. Auf diesem Wege findet man unmittelbar zum Geist der Sprache.

Lesen und Schreiben sind unnatürliche Tätigkeiten, unnatürlicher als zum Beispiel Sprechen und Zuhören. Niemand schafft es, diese Tätigkeiten innerhalb kurzer Zeit zu beherrschen. Den meisten Menschen ist an der PC-Tastatur wohler als mit dem Kugelschreiber in der Hand vor einem Blatt Papier, und das hat nicht zuletzt damit zu tun, daß Computerprogramme keine Doppeldeutigkeiten und Unstimmigkeiten dulden. Im seinem Inneren jagt der Computer elektrische Impulse mit übermenschlicher Präzision durch seine Schaltkreise. Diese Leistungsnorm bleibt nicht in die Maschine eingeschlossen; jeder Benutzer übernimmt sie und wendet sie auf sich selbst an. Der PC erweckt sogar den Eindruck, daß er auch die Sprache mit dieser Art Genauigkeit und Präzision ausstatten könne. Wie sollte man da nicht auf den Gedanken kommen, daß man mit einer solchen Wundermaschine an der Hand »alles ganz genau hinkriegen« werde? Doch derlei sprachliche Präzisionsnorm ist eine Illusion. Zu den Wesensmerkmalen der Sprache gehört Doppel- und Mehrdeutigkeit. Desgleichen eine damit nahe verwandte Eigenschaft: Witz.

So gut wie jede Form von Witz benötigt einen bestimmten Grundbestandteil, den schon die frühesten Theoretiker des Lachens als solchen erkannten: die Verbindung heterogener Elemente. Nach Meinung von James Beattie, einem schottischen Dichter und Essayisten des achtzehnten Jahrhunderts, wurde Lachen erregt »durch das Bild zweier oder mehr widersprüchlicher, unpassender oder unvereinbarer Elemente oder Umstände, die man als in einem zusammengesetzten Gegenstand oder Sachverhalt vereint ansieht«. Dieser etwas hölzernen Definition gab der Anthropologe Elliot Oring in seinem Buch *Jokes and Their Relations* eine neue Formulierung: »Die Empfindung von Humor ergibt sich aus der Wahrnehmung einer sinnvollen Ungereimtheit, das heißt aus der Wahrnehmung einer sinnvollen Wechselbeziehung zwischen Elementen aus Bereichen, die gemeinhin als unvereinbar gelten.«[8] »Sinnvoll« ist eine Ungereimtheit, die sich in einem vertrauten Kontext auflöst. Als Beispiel nennt Oring die im englischen Sprachraum populäre Rätselfrage: *When is a door not a door?*

Kinder lieben Rätsel. Das gleiche gilt für Völker auf der Stufe der Präliteralität. In Rätseln manifestiert sich das spielfreudige Wesen der Sprache gewissermaßen in handlicher Form. Rätsel zählen zu den frühesten Zeugnissen der altenglischen Dichtkunst. Das folgende Rätsel ist die Nummer 65 im *Exeter Book*, einer wahrscheinlich zwischen 970 und 990 kompilierten Handschrift altenglischer religiöser und weltlicher Dichtung:

> Gesund und frisch, ganz still, bin ich gleichwohl am Sterben
> Ich hab gelebt, ich werde wieder leben. Jeder
> packt mich, hebt mich hoch, hackt mir den Kopf ab,
> beißt in meinen nackten Leib, verstümmelt mich.
> Ich beiße niemals einen Menschen, es sei denn, er hat mich zuvor gebissen;
> und es gibt viele Menschen, die mich beißen.[9]

Um auf die Antwort zu kommen, müssen die Hörer in ihrer Erfahrung nach einem Ding graben, auf das die Aussagen des Rätsels passen – in diesem Fall ist es die Zwiebel. Wie wir von Alexander R. Lurija wissen, sind die Angehörigen oraler Völker unfähig, sich geistig auf dem Terrain eines sprachlichen Konstrukts zu bewegen. Sie verlassen niemals den Boden ihrer Erfahrung.

Was nicht heißt, daß sie keine Freude am Spiel hätten. Um eine Probe der Spielfreudigkeit zu geben, die die Angelsachsen in ihren Rätseln bewiesen, sei im folgenden die Nummer 25 des *Exeter Book* zitiert, die ebenfalls eine verhüllte Beschreibung der Zwiebel ist, allerdings eine, die, um im Bild zu bleiben, ihrem Gegenstand eine neue Haut, eine Schicht von Schlüpfrigkeit, hinzufügt:

> Ich bin ein sonderbares Wesen, denn ich verschaffe Frauen Befriedigung
> im Rahmen nachbarschaftlicher Gefälligkeit. Niemandem tue ich etwas zuleide außer demjenigen, der mich schlachtet.
> In einem Bett werde ich sehr groß und richte mich auf;
> unten habe ich Haare. Dann und wann
> findet ein schönes Mädchen, die beherzte Tochter eines Landmanns,
> den Mut, mich mit der Hand zu packen,
> faßt meine rotbraune Haut, raubt mir den Kopf
> und steckt mich in die Vorratskammer. Auf der Stelle
> muß die Schöne mit den geflochtenen Haaren, die mich eingesperrt hat,
> ihres Zusammenseins mit mir gedenken. Ihre Augen füllen sich mit Tränen.[10]

When is a door not a door? Dieses im englischen Sprachraum populäre Rätsel, dessen Lösung dort jedes Schulkind kennt, fragt mit vollendeter Unschuldsmiene: Was in der Welt kann gleichzeitig Tür und Nicht-Tür sein? Anders als bei den Rätseln der Menschen auf oraler Stufe muß in diesem Fall die Lösung im Sprachzusammenhang selbst gesucht werden. Anders gesagt: Die Antwort liegt in der Frage selbst. Auf den ersten Blick scheint das Rätsel unlösbar. Etwas kann nicht sein eigenes Gegenteil sein. Den Hörer stellt die Vexierfrage vor die Aufgabe, etwas zu finden, das beide Bedingungen erfüllt: Tür sein und Nicht-Tür sein. Dafür, daß es sich um ein gelungenes Rätsel handelt, sorgt in diesem Fall nicht eine Erfahrungstatsache, sondern eine sprachliche Zweideutigkeit. Die Ausgangsfrage ließe sich fundamentalster eben so formulieren: Wann ist die Sprache doppeldeutig? Die Antwort lautet: Immer. Im vorliegenden Fall ist es ein homophoner Ausdruck, der zwei Fliegen mit einer Klappe schlägt, indem er der Tür erlaubt, sie selbst und gleichzeitig Nicht-Tür zu sein. Die Antwort muß natürlich lauten: *A door is not-a-door when it is – ajar.*[11]

Man beachte, daß dieses Rätsel zwar nur in der Welt der Literalität möglich ist, die Antwort jedoch nur als gesprochene im angestrebten Sinn funktioniert, da die lexikalische Doppeldeutigkeit ausschließlich in der Lautung gründet, im Schriftbild dagegen beseitigt ist (*ajar* ist von *a jar* auf den ersten Blick zu unterscheiden).

Die Sprache gebiert also die Zwillinge Erzählen und Witzereißen, die beide mit einer speziellen Flaschennahrung aufgepäppelt werden, bestehend aus einem Teil Wahrheit, einem Teil Lüge und einem Teil Un-Wahrheit (wie Literaturwissenschaftler es nennen[12]). Gleich der Metapher geben Erzählung und Witz jedes auf seine Weise zu verstehen, daß die echte Begegnung mit dem Leben zwischen den Zeilen stattfindet, dort, wo die Sprache *ajar* ist (halb offensteht). Erinnern wir uns an die Eingangsformel persischer Märchen: »Einst *war* und war *nicht* ...« Sie spiegelt die schöpferische und zersetzende Kraft, die Realität und die Irrealität der Sprache – jene Türöffnung in der Sprache, Eingang und Ausgang zugleich, die man verstanden haben muß, um die psychosozialen Dimensionen sowohl der Sprache wie der Lese- und Schreibkenntnis ermessen zu können.

Schon in den Kategorien des Erzählens verrät sich dieses empfindliche Gleichgewicht: Fiktion (»erfundene Geschichte«), Fabel, Märchen usw. – jeder Typus will mal als wahr, mal als unwahr aufgefaßt werden. Ein Kind bettelt darum, daß man ihm ein Märchen erzählt; ein andermal wird es von einem erbosten Elternteil ausgeschimpft, weil es Märchen erzählt. Mark Twain packt die Yankee-Wahrheit über den Hof König Arthurs in eine erfundene Geschichte;

Charles Manson wird vom Gericht verurteilt, weil man für erfundene Geschichten hält, was er erzählt. Auch der Witz schwankt zwischen den Polen Lüge und prägnanteste Wahrheit hin und her. Witze fangen zwar als interessante und ansprechende, ja aufregende Lügen an, wechseln dann aber gewöhnlich die Fronten und schlagen mit treffsicheren Wahrheiten schmerzhaft zu. Selbst der heilige Augustinus, der nicht gerade als Frohnatur bekannt ist, hegte im Hinblick auf den Witz gemischte Gefühle. Einerseits faszinierte ihn der Erzählstil des Genres, andererseits störte ihn seine Anrüchigkeit: »Witze sollte man durchaus nicht für Lügengeschichten erachten, sintemalen sie im Tonfall und der ganzen Stimmung des Witzemachers ein unmittelbar einleuchtendes Anzeichen dafür an sich tragen, daß dieser es nicht auf Täuschung angelegt hat, wenn auch das, was er sagt, nicht wahr sein mag. [...] Ein Mensch sollte nicht für einen Lügner gelten, solange er nicht lügt.«[13] Augustinus hat hier nicht die aggressive, boshafte Variante des Witzes im Auge, über die Freud eine so brillante Analyse vorgelegt hat. Für den Kirchenvater ist das Witzeerzählen noch immer sehr stark dem von wohlwollender Absicht getragenen Geschichtenerzählen verhaftet. Das lateinische Wort *gesta*, mit dem Augustinus' Zeit Taten und Großtaten und, verallgemeinernd, Geschichte bezeichnete, wird später im Neuenglischen zu *jest*, »lustige Geschichte, Scherzwort, witziger Einfall« u. ä. Agieren, Erzählen und Witzereißen entspringen in etymologischer Sicht ein und derselben Wurzel.

Der Autor, der ein Erzählwerk schreibt, webt kunstvoll einen schönen Lügenteppich – eine metaphorische Wirklichkeit –, um zu erreichen, daß seine Geschichte ernst genommen wird. Er läßt sich Kniffe einfallen, um dem Publikum seine Geschichte »unterzujubeln«, versucht die Leser mit Spiegelfechtereien so weit zu bringen, daß sie seine Erfindungen für bare Münze nehmen. Wenn er damit Erfolg haben will, muß er Meisterstücke in der Kunst der »sinnvollen Ungereimtheit« vollbringen, indem er sein eigenes Erzählen ernst nimmt und gleichzeitig seinen Spaß daran hat, seinen Lesern einen Streich zu spielen. In Anbetracht des Umstands, daß sowohl der Schriftsteller als auch der Witzereißer Freude am Spiel haben muß, erscheint es nur logisch, daß Thot, der Gott der Schreibkunst in der antiken Welt, auch der Erfinder des Spiels ist (derjenige, der das Spiel ins Spiel bringt).

Der Zusammenhang zwischen Erzählkunst und Witzereißen, wie er der Antike geläufig war, prägte noch im England des achten und neunten Jahrhunderts die Perspektive, aus der man das Geschichtenerzählen betrachtete. So zum Beispiel übersetzte König Alfred der Große (849–899), der Pionier des angelsächsischen Prosaschrifttums, mit ein und demselben westsächsischen Wort, nämlich *racu*, sowohl das lateinische *commoedia* wie, an anderer Stelle, *historia*. Wer in einem westsächsischen Wörterbuch unter *racu* nachschlägt, findet dort sowohl »Gelächter« wie »Erzählung« als Bedeutung angegeben. Die Angelsachsen nannten ihre Dichter »Gelächterschmiede« und *minstrels* (fahrende Sänger), *mimi* und *scurrae*, am häufigsten jedoch gedachten sie ihrer als der Leute, die das Lachen brachten: *gleemen* (Spielleute; eigentlich: Lach-Leute).

Im England, Frankreich und Deutschland des Mittelalters bildete sich eine blühende Kultur des Spaßmachens und Erzählens heraus – und natürlich auch eine Lachkultur (um es mit einem Ausdruck des russischen Theoretikers Michail Bachtin zu sagen) –, die getragen wurde von einem gewaltigen Aufgebot von fahrenden Spielleuten, Gauklern, Geschichtenerzählern und Akrobaten. In der Welt des Mittelalters kannte man diese Gestalten unter vielen Namen (was zeigt, daß man zu damaliger Zeit Sinn und Wertschätzung für feine und feinste Abstufungen der Komik besaß): *mimi, scurrae, scenici*, Goliarden, *poetae, parasites, tragoedi, com-*

moiedi, comici, joculatores, jocistae, corauli, cantatores, histriones, cytharistae, thymalici.[14]

Im dreizehnten Jahrhundert ist dann für all diese verschiedenen Schaustellertypen – Nachfahren der altgriechischen Schauspielertruppen (*mimoi*, »Mimen«) – die französische Bezeichnung *jongleurs* in Gebrauch, die sich in spezieller Bedeutung auch im Deutschen bis heute erhalten hat; sie geht zurück auf die lateinische Wurzel *iocus*, »Scherz, Spaß, Spiel« u.ä. (vgl. das englische *joke*, »Witz«). Von Ort zu Ort vazierend überzogen diese fahrenden Sänger, Mimen und Akrobaten das Land mit einem Netz des Lachens. Bei einem Geschichtsschreiber des vierzehnten Jahrhunderts heißt England *terra ridentum*, »vom Lachen besessenes Land«.[15]

Chorherren- und Mönchsregeln, Konzilsbeschlüssen, Synodalstatuten und Kapitularien (den Königsgesetzen der Merowinger und Karolinger) können wir entnehmen, daß Angehörigen des geistlichen Standes die Gesellschaft von *joculatores* untersagt war. Insbesondere die Kapitularien sprechen deutlich aus, daß die von diesen Leuten verbreiteten *gestae* (Geschichten) wenig mehr als kaum verhüllte *jocistae* (Witze) seien. Viele davon wurden überdies unter dem von Cicero stammenden Namen *facetiae* (»Fazetien«) geführt – als lustig pointierte, nicht selten erotisch getönte Anekdoten und Kurzerzählungen voll Spott und Ironie. Dem modernen Witz ähneln sie in der Thematik, aber noch nicht in der Form.

Vor dem Hintergrund der spielfreudigen Natur der Sprache erscheint der Witz als die natürlichste Ausdrucksform des Schriftstellers. Der Witz macht aus der Sprache eine wirksame Vergeltungswaffe. Um jenen Fazetien den Schliff zu verleihen, der aus ihnen den modernen Witz in seiner spezifischen Form entbindet, wird es zu gegebener Zeit der bildnerischen Kräfte der Literalität bedürfen – der Lese- und Schreibkenntnis sowie, das Wichtigste von allem, des Schriftstellers. Doch zuvor werden die Fazetien jahrhundertelang in der oralen Dimension kolportiert und tradiert, werden im gesprochenen Wort lebendig und wendig erhalten. Und damit sind wir bei dem anstößigen Teil der Geschichte, der selten zur Sprache gebracht wird. Die Scherzrede würzte nicht jedermanns Rede: Ihre Heimstatt war überwiegend die Sprache des weiblichen Bevölkerungsteils. Die Einsicht in diesen Sachverhalt entreißt einen der wichtigsten Aspekte der Geschichte der Literalität der Verborgenheit, in der er sich üblicherweise befindet – die Tatsache nämlich, daß es die Frauen waren, die den spielfreudigen, scherzhaften Geist der Sprache lebendig erhielten. Dieses ausgefallene Detail wird in der Geschichtsschreibung der Literalität in aller Regel übersehen.

Ich wende mich dieser Etappe in der Geschichte der Sprache deshalb zu, weil sie einen entscheidenden Wendepunkt darstellt. D. W. Winnicott, ein überragender Vertreter der Kinderpsychologie, hat uns belehrt, daß es auf der Welt immer wieder Kriege geben wird, solange Männer nicht in der Lage sind, ihre Konflikte mit der eigenen Mutter zu lösen. Mit Blick auf die Literalität läßt sich das Problem folgendermaßen formulieren: Ohne stabile Verbindung zu einer Mutter kann vielleicht niemand einen spielerischen, und das heißt zugleich: einen vollständig in das eigene Fleisch und Blut übergegangenen Sinn für das Lesen und Schreiben entwickeln.

Den ersten Vorgeschmack auf das Spiel mit der Sprache erhält der Säugling durch seine Mutter. Die Mutter ist für ihn überhaupt der erste menschliche Kontakt. Und sie verbringt auch in den ersten Jahren seines Lebens im allgemeinen mehr Zeit bei und mit dem Kleinen als der Vater. Die wichtige Konsequenz daraus ist so evident, daß man sie kaum noch erwähnen muß: Ohne Mutter um sich herum bleibt dem Kleinkind die volle Erfahrung der Oralität vorenthalten, so daß es später in die Welt der Literalität mit einem Handikap eintritt. Heutigentags werden die Kinder vor den Fernsehapparat geknallt, und der Mutter-Kind-Kontakt – wie übrigens auch der Vater-Kind-Kontakt – nimmt immer mehr ab. Viele Kinder wachsen mit einer alleinerziehenden Mutter auf, die arbeiten gehen muß, um sich und ihre Familie ernähren zu können. Keine Frage, Frauen, auch Frauen mit Kindern, sollten in der Arbeitswelt volle Gleichberechtigung genießen, wenn es denn ihr persönlicher Wunsch und Wille ist, eine Berufstätigkeit außer Haus auszuüben. Aber die Abwesenheit der Mutter von zu Hause, insbesondere die mehr oder weniger unfreiwillige, durch die ökonomische Lage erzwungene Abwesenheit, hinterläßt in der Erziehung des Kindes eine Lücke. Immer mehr Kleinkinder verbringen den Tag im Kindergarten, in der Vorschule oder in der Kindertagesstätte (»Kita«). Lehrerinnen und Betreuerinnen, seien sie auch noch so gut ausgebildet und noch so hingebungsvoll bei der Sache, können schlechterdings nicht denselben verspielten Kontakt zum Kind herstellen wie dessen Mutter. In unseren pädagogischen Institutionen sollte man sich endlich über die Spielfähigkeit und Spielfreude weckende erzieherische Rolle der Mutter klarwerden und ihr mit einem veränderten pädagogischen Konzept Rechnung tragen.

Aber das derzeit in unseren Schulen praktizierte pädagogische Konzept eskamotiert ganz bewußt die mütterliche Rolle. Diese Verfahrensweise hat historische Wurzeln, und wo diese liegen, ist deutlich zu sehen. Mehr als tausend Jahre lang, vom sechsten bis ins siebzehnte Jahrhundert, wurden das männliche und das weibliche Geschlecht jedes für sich in sehr unterschiedlicher Weise in die Literalität eingewiesen. In England und Westeuropa erhielt der männliche Teil des Adels seine Erziehung in der Lateinschule, wo er von Klerikern im Gelehrtenlatein, einem steifen und trockenen sprachlichen Kunstprodukt, unterrichtet wurde. Angehörigen des weiblichen Geschlechts blieb dieser institutionalisierte Bildungsweg versperrt. Sie erhielten ihre Bildung über die Volkssprache, mit Reden und Gestikulieren, im Kontakt und in der Unterhaltung mit anderen. Der gebildete Mann war mit ganz anderem, von jeglicher Alltagserfahrung weit entferntem Wissensstoff berieselt worden.[16]

Außerhalb der Schule sprach kein Mensch jemals auch nur ein einziges Wort Gelehrtenlatein. Man hörte es nicht an den Straßenecken, nicht auf den Marktplätzen, nicht in den Wohnstuben; es fand nicht Eingang in die »Babysprache« der Mütter, die Sprache der Liebe. Derlei Schauplätze und Gesprächssituationen waren die Domäne ausschließlich des bodenständigen Idioms: der »Muttersprache«[17]. Gelehrtenlatein war in Schulen und Akademien zu hören, freilich nur in Sätzen, die nach allen Regeln schulmäßiger Rhetorik gebosselt waren. Auf der Universität prägte sich die gebildete Männerwelt die Vorschriften für den grammatisch und stilistisch korrekten Gebrauch des Lateins ins Gedächtnis. Man erlernte es durch rhetorische Übungen und praktizierte es als Amtssprache und Medium öffentlicher Rede. Die Verwaltung, die Gerichte und die Kirche faßten Dokumente, die amtliche Geltung haben sollten, in lateinischer Sprache ab.

In gewissem Sinn behandelten jene frühen Bildungseinrichtungen jeden jungen Mann als eine Art Kaspar Hauser. Die Universität nahm von der Muttersprache keine Notiz, sondern setzte an ihre Stelle den intensiven Unterricht in einer Sprache, von der den jungen Leuten in ihrem ganzen Leben noch nie etwas zu Ohren oder vor die Augen gekommen war. Das war ernsthafte, pedantisch an strengen Maßstäben von Genauigkeit und Richtigkeit ausgerichtete Arbeit.

Spielen galt als ausgesprochen nichtige, unnütze Beschäftigung, allenfalls in der weiblichen Sprachdomäne, aber auch nirgends sonst am Platz. Die heutigen Schulen lehren Lesen und Schreiben auf eine Weise, die dem Pädagogikmodell des Mittelalters nahekommt, nämlich im Rahmen eines

Unterrichtssystems, das fast ausschließlich auf Angehörige einer Eliteschicht zugeschnitten ist und überdies auf Spiel, Spaß und Sport jedweder Art keinerlei Wert legt. Schulen wollen partout in jedem Kind einen Kaspar Hauser sehen. Wenn die Kinder ohne Muttersprache zur Schule kommen – und welchem Geschlecht der Ausdruck »Muttersprache« Reverenz erweist, hat seinen Sinn –, dann müssen die LehrerInnen ihnen zu einer verhelfen. Das derzeitige strenge männliche Modell von Pädagogik muß überwunden werden, wenn der Lese- und Schreibunterricht je neue Kräfte gewinnen soll.

Das Gelehrtenlatein hat – nicht anders als sein Pendant in der Gegenwart, die korrekte Hochsprache, anders gesagt: die Schriftsprache nach gängigen Schulbuchregeln – durchaus seine Vorzüge, allerdings kärgliche.[18] Sorgt die Schrift im allgemeinen für mehr Objektivität, indem sie Distanz zwischen den Wissenden und das Gewußte legt, schafft das Gelehrtenlatein, Walter Ong zufolge, eine noch größere Objektivität, »indem es Wissen und Erkennen in einem von den emotionalen Höhen und Tiefen der Muttersprache abgetrennten Raum ansiedelt; damit reduziert es die störenden Einflüsse von seiten der Lebenswelt und ermöglicht die hochgradig abstrakte Welt sowohl der mittelalterlichen Scholastik als auch der auf die scholastische Erfahrung folgenden mathematisch inspirierten Naturwissenschaft der Neuzeit. Es scheint, daß ohne das Gelehrtenlatein die moderne Naturwissenschaft viel schwieriger in Gang gekommen wäre – wenn sie denn überhaupt in Gang gekommen wäre.«[19] In diesem halkyonischen Klima wurde das Gelehrtenlatein zum Rezeptakulum unbefleckter Empfängnis einer aufs subtilste differenzierten und gegliederten Welt der Erkenntnis. Aber dafür entfernte es sich weit von dem Treiben der Alltagswelt mit ihrem kunterbunten Gewimmel und Gedränge und Geschiebe der Emotionen.

In dieser vornehmen, makellosen Sprache sich schriftlich auszudrücken, war nur wenigen Frauen gegeben, und die lebten hinter Klostermauern. Die überwältigende Mehrheit der weiblichen Bevölkerung dagegen war im Alltag vom Gewoge der Volkssprache umbrandet, lebte ihr Leben vor einer bunten Klangkulisse aus Babysprache und durcheinandergehenden Unterhaltungen. Häufiger als Männer standen die Frauen beim hartnäckigen Feilschen auf dem heimischen Marktplatz ihren Mann. Weibliches Dasein war geprägt von der Spontaneität mündlicher Rede, deren Sätze von der Syntax der »angelernten Muttersprache« – des Gelehrtenlateins – unberührt geblieben waren und daher nicht im selben Maß rigiden Baugesetzen gehorchten. Das bedeutet, daß die Frauen sich mehr Sinn für Rhythmus, Takt und Metrum bewahrten und mit den Schüben und Sprüngen, den Brüchen und unlogischen Seiten der Rede auf freundschaftlicherem Fuße standen. Ebenso bewahrten sie sich ein engeres Verhältnis zur Plastizität der Sprache, denn in der Sphäre der Oralität existieren keine Regeln für Zeichensetzung, Orthographie und korrekten Ausdruck. Was aber noch wichtiger ist: Diese ganze sprachliche Flexibilität muß den Frauen auch eine generell flexiblere Einstellung zur Welt gegeben haben, dank der sie sich mehr Offenheit für Spaß und Spiel, mehr Sinn für Wandlungsmöglichkeiten, ein höheres Maß an Anpassungsfähigkeit bewahrten als die Männer, die in ihren Lateinschulen zu einer rigoros formalisierten Redekunst abgerichtet wurden.

Ausgeschlossen vom Erwerb schulmäßiger Redekünste, vom Zugang zur Schrift und von allen sozialen, ökonomischen und religiösen Machtpositionen, fanden die Frauen im persönlichen, privaten Gespräch unter Frauen zu ihrer eigenen Stimme. Und verständlicherweise schwang in dieser Stimme zuweilen Zorn auf die Besitzer der Macht, die Männer, mit. In geschlossenen geselligen Zirkeln von Frauen liefen boshaft-spöttische Histörchen von Mund zu

Mund. Manche dieser Geschichten gaben wahrheitsgetreu tatsächliche Begebenheiten wieder, andere waren ausgeschmückt, aufgebauscht oder schierer blauer Dunst. Doch auf alle Fälle handelte das Gros von Männern. Kein Wunder, daß man dann im Spätmittelalter die weibliche Rede auf seiten der Männer für gefährlich genug hielt, um sie als müßiges Geschwätz abqualifizieren zu wollen. Man diffamierte sie als banal und nichtig, indem man sie zum Klatsch abwertete. Mag sein, daß die Etikettierung als Klatschtanten die Frauen veranlaßte, ihre Stimme zu senken, zu völligem Verstummen bringen konnte sie sie jedoch nicht.

In der bisher einzigen selbständigen Buchpublikation zum Thema Klatsch bemüht sich Patricia Meyer Spacks, ihrem Untersuchungsgegenstand seinen wahren historischen Stellenwert als sowohl vergnügliches wie politisch wirksames Tun zurückzugeben: »Von außen betrachtet, [...] nimmt sich der Klatsch häufig bedrohlich aus. Er schnüffelt Geheimnisse aus, spielt anderen Menschen übel mit, bringt die schäbigsten Seiten der Menschennatur zum Vorschein. Für die Beteiligten sieht die Sache anders aus. Der üblichen sozialen Hemmungen los und ledig, ohne irgendwelche materiellen Interessen, nach etablierten Regeln verfahrend und engen Gruppenzusammenhalt schaffend, betreiben Menschen, die sich Klatschgeschichten erzählen, ein Spiel, mit dem, wie es bei allen fesselnden Spielen der Fall ist, Triebregungen ausgelebt und Bedürfnisse befriedigt werden.«[20] So interessant sich diese Überlegung auch anhören mag, sie geht dennoch am Kern der Sache vorbei. Nicht anders als der größte Teil der Männerwelt bescheinigt auch Spacks dem Klatsch, daß er hinterhältig, boshaft und für andere schädlich sein könne. Sie weigert sich, ihn als politische Reaktion zu begreifen, als einen spielerischen, aber wirksamen Akt des politischen Widerstands gegen die deutlich artikulierte Stimme der Macht: die Männer.

Aus dieser verengten Sicht heraus geißeln dann Kritiker

»Klatschbasen«, weil sie sich nicht »zum offenen Kampf stellen wie ein Mann«.[21] Aber wie sollten sie? Um gegen Männer unter für beide Parteien gleichen Bedingungen zum Wortgefecht antreten zu können, müßten Frauen über die gleichen Waffen der schulmäßigen Redekunst gebieten wie jene. Sie haben sich jedoch statt dessen in jenem heimlichen Zeitvertreib genannt Klatsch mit seinen pointierten Histörchen voller Witz und Biß eine eigene Domäne geschaffen, in der sie die alleinige Diskursmacht ausüben. Anthropologen, die das Phänomen des Klatschs in kulturvergleichender Perspektive untersuchten – wie beispielsweise Roger Abrahams dies getan hat –, entdeckten signifikante Analogien zwischen dem Klatsch und den aggressiven Witzen der einzelnen Kulturen. Selbst in Kulturen, die sich in sonstiger Hinsicht stark unterscheiden, ist der Klatsch stets eine auf einen Kreis von Eingeweihten beschränkte intimere, persönlichere Form des Witzeerzählens. In einem Essay mit dem Titel *Das Lachen der Medusa* hat die französische Schriftstellerin und Feministin Hélène Cixous Abrahams' Befunde ungewollt bestätigt. Von fern, so Cixous, wirken in ein heimlich-vertrautes Gespräch vertiefte Frauen wie heitere, scherzende Wesen. Wer ihnen jedoch zu nahe kommt, findet sich unter Umständen von dem giftigen Stich einer stachelbewehrten Zunge getroffen.[22]

Dieser geschlechtsspezifische Unterschied im Witzeerzählen hat sogar in der Sprache selbst seinen Niederschlag gefunden. Die englischen Wörter *grammar*, »Grammatik« und *glamour*, »bezaubernde Schönheit« gehen auf eine gemeinsame Wurzel mit der Bedeutung »Zauberei, schwarze Kunst« zurück. Die Grammatik wirkt einen Zauber, indem sie korrekt gebaute Sätze entwirft. Der *glamour* wirkt einen Zauber, indem er kecke Blicke wirft. Jene ist ein Phänomen der Literalität, dieser ein Phänomen der Oralität; jene gilt als profund, dieser als provokant. Jene ist völlig unanstößig und wird sogar gefördert als ein Zeichen von Intelligenz;

dieser wird nur gefördert, wenn er jemandem in den Kram paßt, und auch dann gilt er lediglich als Ersatz – und obendrein schlechter Ersatz – für Intelligenz.[23] Hélène Cixous hat die beiden Wörter vereinigt in ihrer Medusa, die einen Blick aussendet, der »Komm her!« sagt, und ihm auf der Stelle eine »Wag' es ja nicht!«-Abfuhr folgen läßt. Und als ob das noch nicht genug wäre, fügt die Medusa dem Schaden noch den Spott hinzu, indem sie die ganze Sache mit einem Lachen wegwischt.

Bis zum Ende des sechzehnten Jahrhunderts vom Besuch der Lateinschule ausgeschlossen, erfreuten sich Frauen in ihren eigenen vier Wänden einer wenig beachteten hausgemachten Form von Sprachunterricht. Das Gebrabbel von Säuglingen gewährt wie das Murmeln und Plappern der Mnemosyne, der Mutter der Musen, eine subtile Unterweisung in den großen Freuden des sozialen Kontakts, dem Genuß des Miteinander-Sprechens. Der Säugling fungiert als die Muse der Mutter. Ein Kind aufzuziehen ist niemals eine einseitige Angelegenheit – ist es heute nicht, und war es im Mittelalter nicht –, denn der Säugling bringt mit seinen begrenzten, aber äußerst raffinierten Mitteln den Eltern bei, was Aufwachsen heißt. Mittels Geschrei und Lächeln modelt er sich das elterliche Verhalten so zurecht, daß es seinem Nahrungs- und Bequemlichkeitsbedürfnis entspricht. Die Psychologin Harriet Rheingold malt diese reziproke Beziehung in den kräftigsten Farben: »In diese Elternverhalten genannte spezielle Facette der Sozialisation – die verantwortungsbewußte Sorge für den Säugling – werden die Eltern von dem Säugling selbst eingewiesen. Um das ganz deutlich zu machen: Ich behaupte, daß der Säugling den Eltern beibringt, was er von ihnen an Fürsorge benötigt. Er bringt sie dazu, sich in die Rolle seiner Pfleger und Ernährer zu begeben. [...] Aus Männern und Frauen macht er Väter und Mütter.«[24] Der Säugling veranlaßt seine Eltern, sich auf seinen Wachstumsprozeß zu konzentrieren, vor allem jedoch nimmt er *den* Elternteil in die Schule, den sein Wohlergehen am nächsten angeht: die Mutter. Und das tut er bereits in sehr frühem Alter – mit drei oder vier Monaten – vermittels seiner eigenen, absonderlichen Art, sich mitzuteilen.

Säuglingsgebrabbel, dieses von ungewohnten Lauten tönende winzige Bewußtseinsrinnsal, fließt dahin, ohne auch nur ein einziges identifizierbares Wort mit sich zu führen. Und trotzdem transportiert es immer Bedeutung: in der Intonation, im Rhythmus, in der Lautfolge; man ist mit einer primitiven Grammatik konfrontiert, die selbst Noam Chomsky ein Lächeln abnötigen dürfte. Jede Mutter versteht diese Privatsprache und weiß, wenn sie das Gurgeln und Glucksen und Kieksen ihres Babys hört, auf Anhieb, was das Kleine braucht. Sie kann Fragen von Feststellungen, Bedürfnisse von Wünschen unterscheiden und ihrerseits mit genau dem richtigen Satz – und der situationsgerechten pflegerischen Aktion – antworten. Diese Sprache ist das gerade Gegenteil des Gelehrtenlateins: Sie wird niemals aufgeschrieben, besitzt keine formelle Grammatik und keine Orthographieregeln, könnte niemals den Genauigkeitsanspruch der schulmäßigen Rhetorik erfüllen. Sie wird nirgendwo gelehrt; man erlernt sie ohne Unterricht. Sogar in der Sphäre der Oralität wirkt das Kleinkindergebrabbel mit seiner Schnellvergänglichkeit eigenartig; es währt nur zwei, drei Jahre, dann wandelt und verfestigt es sich zu etwas Gesprächsähnlichem. Hier hat man *small talk* im Urstadium und in der Urform vor sich: In diesem arglosen Geplapper wird die Verständigung über gefühlstiefste Dinge und Fragen von lebensentscheidender Bedeutung abgewickelt.

Der Säugling »informiert« die Mutter, indem er ihr »sagt«, was er möchte; dabei hält er die Mutter mit seinem Sprech- und Atemrhythmus und mit locker und regellos strukturierten, von Kieksern und Lachern belebten Lautgebilden auf seiner Wellenlänge. Anders gesagt: Das Baby hält die Mutter »in Fluß«, es lehrt sie, »sich der Strömung anzupassen«. Die Mutter muß flexibel bleiben und immer bereit sein zu spontanem Reagieren, bereit, alles mögliche auszuprobieren, damit das Kleine sich wohl fühlt, und solange es noch keine »festen Zeiten« hat, jeden Moment bereit, ihm die Brust zu geben – der Königsweg zum Wohlbehagen. In einem tieferen Sinn des Wortes – der zugleich der wahrste ist und dessen Wahrheit niemand besser versteht als die Mutter – ist die Mutter-Kind-Beziehung eine »Kinderei«. Indem sie sich auf einen Rollentausch einläßt, kann die Mutter sich selbst wieder als Kind fühlen – im Medium des Spiels. Und wenn sie ihr Kleines verstehen will, muß die Mutter sich mit ihrem ganzen Sein in diese Welt hineinbegeben.

Die Ideenverbindung zwischen Mütterlichkeit und Im-Fluß-Sein liefert den inneren Zusammenhalt der biblischen Geschichte von der Geburt und Aussetzung des Moses. Moses' Halbschwester Mirjam flicht ein Binsenkörbchen, in das sie den Bruder legt, um alsdann den Korb mitsamt dem Kleinen auf dem Wasser des Nils auszusetzen. Lassen wir uns von dem Romancier Anthony Burgess über die möglichen Umstände von Moses' Flußfahrt belehren:

> Während sie die kostbare Fracht zum Ufer hinuntertrug, sang sie vielleicht das erste Wiegenlied. Dabei durfte der spätere Retter seines Volkes keinesfalls schreien. Er hätte sonst die Aufmerksamkeit der ägyptischen Häscher auf sich gelenkt, die den Befehl hatten, alle männlichen israelitischen Kinder zu töten. Wir zweifeln nicht, daß schon in diesem Lied der Buchstabe *L* vorkam, ein flüssiger Konsonant, den man auch eine Liquida nennt. Er ist der wohltuendste und beruhigendste Laut im ganzen Alphabet. Kein Wiegenlied kommt ohne ihn aus. Mirjam, die jungfräuliche und spätere Prophetin, ist die erste der Großen Mütter.[25]

Interessanterweise verharrt Mirjam im späteren Leben in der Welt der Oralität; nach dem Zug der Kinder Israel durch das Rote Meer und dem Untergang der Truppen Pharaos stimmt sie tanzend und die Pauke schlagend einen Triumphgesang an.[26] Moses' Weg hingegen führt eindeutig in das Reich der Schrift, wo er auf steinernen Tafeln die Zehn Gebote fixiert.

Die Geschichte des Spaßens, Erzählens und Lachens gelangte im ausgehenden vierzehnten Jahrhundert auf einen Höhepunkt in dem erzählerischen Genius des Geoffrey Chaucer, der die mündlich überlieferten witzigen Geschichten in Schriftform brachte und ihnen so ihre endgültige Textgestalt gab. Chaucer, der erste *homme de lettres* englischer Zunge, zeichnet sich unter anderem dadurch aus, daß er als erster das Wort »Autor« in weltlichem Sinn gebrauchte und es in dieser Bedeutung auf sich selbst anwandte.[27] Eine interessante Gestalt ist er eben darum, weil er in seiner Person den Abstand zwischen den zwei Welten der Oralität und der Literalität auf so elegante und intelligente Weise überbrückt. Wie die eine in die andere übergeht, darüber hat er uns eine Menge zu erzählen.

Ich bin geneigt, Chaucer die *Mutter* der englischen Literatur zu nennen, denn er ist auch unser erster herrlich unernster Schriftsteller. Mit Wortspielen, komischen Tönen und geistreichen Reimen führt er in die Literatur eine mütterliche Warmherzigkeit ein, und er scheint zu wissen, daß der Wagemut und die Kühnheit, die man zum Geschichtenerzählen braucht, von den Frauen stammen. Er präsentiert uns sowohl soignierte Erzählerinnen wie die Frau aus Bath (in der *Geschichte der Frau aus Bath*) als auch eulenspiegelhafte Possenreißerinnen wie Alison (in der *Geschichte des Müllers*). Zudem geht seine Liebe zur Sprache so weit, daß er seinem aristokratischen Sprachmilieu den Rücken kehrt und auf die Ebene der Volkssprache hinuntersteigt, um seinen Geschichten ihren Gefühlsschwung zu geben. Dreißig Leute begeben sich auf die Pilgerfahrt nach Canterbury, aber Chaucer nimmt keinen einzigen Adeligen in seine Reisegesellschaft auf. Er weiß, daß ihre regelgebundene Sprache ihnen nicht erlaubt, interessante Geschichten zu erzählen. Ihr Fehlen in der Pilgerrunde ist eine vielsagende Geschichte für sich.

Da der Begriff der Volkssprache, der Mundart des Volkes, in meinen Überlegungen eine zentrale Rolle spielt, ist es angebracht, eine Definition davon zu geben. In Anlehnung an Ivan Illich werde ich für die Volkssprache den Ausdruck »vernakuläre Sprache«, kurz »Vernakulärsprache« oder, noch kürzer, »das Vernakulär« gebrauchen.[28]

> Das Wort *vernakulär* hat eine indogermanische Wurzel, die »Verwurzelung« und »Wohnsitz« bedeutet. Das lateinische Wort *vernaculus* bezeichnet alles, was im Haus geboren, im Haus gesponnen, im Haus herangezogen, im Haus gemacht war – im Gegensatz zu dem, was man durch formellen Tausch erlangte. Das Kind der eigenen Sklavin, der von der eigenen Stute geborene Esel waren vernakuläre Lebewesen, wie auch die Sachgüter, die im eigenen Garten oder vom eigenen Gesinde erzeugt wurden.[29]

Vernakulär war auch die eigene Meinung und, wichtiger noch, der Witz, den man machte. Witzereißen war nur in der Vernakulärsprache möglich.

Es war der römische Schriftsteller und Polyhistor Marcus Terentius Varro (116–27 v.Chr.), der das Bedeutungsfeld von *vernaculus* auf den Bereich der Sprache verengte.

> Für ihn besteht die *vernakuläre Sprache* aus Wörtern und Strukturen, die auf dem »eigenen Mist« des Sprechers gewachsen sind, im Gegensatz zu dem, was woanders gewachsen ist und dann übertragen wurde. Er unterscheidet *verba vernacula* und *verba peregrina*. Und da Varros Autorität allgemein anerkannt war, blieb seine Definition haften. Er war der Bibliothekar Caesars und Augustus' und zugleich der erste Römer, der eine gründliche und kritische Untersuchung der lateinischen Sprache anstellte. Seine *De Lingua Latina* war jahrhundertelang eine grundlegende Quelle. […] In die englische Sprache ist das Wort *vernakulär* eingegangen in dem einen Sinn, auf den Varro seine Bedeutung eingeengt hatte.[30]

Ein Beispiel wird uns helfen, den Unterschied zwischen den diversen Sprachwelten zu verdeutlichen. Betrachten wir zu diesem Zweck das englische Verb *to suck*. Im Gassenjargon, dem »Slang«, kennzeichnet es etwas als »gräßlich«, »grauenhaft«, »absolut inakzeptabel«; es entspricht etwa der Qualifikation »ätzend« im deutschen Jugendjargon – der Satz *I hate that movie; it sucks!* lautet in deutscher Übersetzung: »Der Film gefällt mir überhaupt nicht, der ist ja ätzend!« In der Vernakulärsprache hat *to suck* die Bedeutung »etwas einsaugen oder schlürfen (zum Beispiel Luft oder eine Flüssigkeit)«. In der »unterrichteten« oder »angelernten« Sprache deckt die Bedeutungsextension von *to suck* nur einen Ausschnitt des an sich schon engen Gegenstandsbereichs der physikalischen Gesetze des Hochvakuums und Teilvakuums.

Vernakulärsprachen sind nicht etwa lediglich unterentwickelte Formen offizieller Verkehrssprachen wie Gelehrtenlatein, *Received Standard English* oder Hochdeutsch. Formell unterrichtete Verkehrssprachen erlegen der Daseinsform des einzelnen ein kolonisatorisches Joch auf, indem sie die Kontrolle über seine Weltwahrnehmung an sich reißen. Demgegenüber repräsentiert die Vernakulärsprache die von allen Mitgliedern geteilte Macht und Autorität einer Gemeinschaft. Ivan Illich meint:

> Eine von rationaler Unterweisung frei gebliebene Sprache ist ein ganz anderes soziales Phänomen als eine Sprache, die zweckgerichtet gelehrt wird. Wo unbelehrte Sprache dazu dient, die Dinge einer gemeinsamen Welt zu bezeichnen, wird die Welt gemeistert. Durch die gelieferte Sprache wird die vom Lieferanten bestimmte Wirklichkeit beschildert: Das Sprechen stellt nun nicht mehr den Sprechenden in den Mittelpunkt seiner eigenen Welt, sondern macht ihn zum Sprachgefangenen. Unter anderem zeigt dieser Unterschied sich im Gefühl der Sprachbeherrschung selber – in der Aneignung der Sprache.[31]

Das Vernakulär entwickelt sich tief im Inneren eines Menschen während seiner Kindheit, und in ihm artikuliert er die Wünsche und Träume seines Unbewußten, wie er das in einer angelernten Sprache niemals könnte. Die vernakuläre Sprache ist durchdrungen und daher geprägt von den individuellen Rhythmen des persönlichen Innenlebens. In zwanglosen Unterhaltungen geht sie innerhalb einer Gemeinschaft von Mund zu Mund. Als Sprecher eines vernakulären Idioms kann ich mir meinen Redestil im direkten Gespräch von Angesicht zu Angesicht nach Belieben zurechtschneidern. Im Fall der formell gelehrten Sprache dagegen hat eine außenstehende Instanz Korrektheitsnormen festgesetzt, so daß ich in ihr nicht meinen eigenen Stil entwickeln kann, sondern so sprechen muß, wie andere es sich ausgedacht haben. Ich spreche nach Regeln, nicht nach Rhythmen; ich gebe Korrektheit von mir, nicht Bewußtheit. Eine formell gelehrte und angelernte Sprache kann deklamiert, rezitiert, aufgesagt, aber nicht in des Wortes wahrem Sinn *gesprochen* werden. Es dürfte schwerfallen, in einer angelernten Sprache »aus der Haut zu fahren«, da ihrem Gebrauch stets so etwas wie ein Skript zugrunde liegt, das den Sprecher an Vorgaben bindet. Was immer sonst eine formell unterrichtete und erlernte Sprache zu leisten vermag, eines kann sie auf jeden Fall nicht, nämlich Menschen im Gespräch verbinden, und infolgedessen kann sie auch nicht den für das Zustandekommen von Gemeinschaft benötigten zwischenmenschlichen Zusammenhalt stiften.

Als Benutzer von *Standard English* sehe ich mich unausgesetzt auf die Probe gestellt: Erfülle ich die vorgegebenen Normen? Verstoße ich auch nicht gegen die Regeln? Weiß ich überhaupt, wovon ich rede? Meine Intelligenz wird an meiner Fähigkeit gemessen, Grammatik- und Syntaxregeln einzuhalten. Im Vergleich zum *Standard English* nehmen sich *Black English* (das Englisch der schwarzen Bevölkerung) und *Chicano English* (das Englisch der mexikanischen Einwanderer) wie *Dumb English*[32] aus, und gleichermaßen stumm und dumm erscheinen die Sprecher. Nicht anders als das Gelehrtenlatein verlagert das *Received Stan-*

dard English das Bedeutungsschwergewicht vom Inhalt weg auf die Form. *Wie* eine Argumentation sich anhört oder sich im Druck liest, hat Vorrang vor allem, *was* der Sprecher oder Schreiber zu sagen haben könnte.[33]

Komische Geschichten lassen sich am besten in vernakulärer Sprache erzählen. (Der Slang wird erst in relativ junger Vergangenheit – im späten achtzehnten Jahrhundert – als eine Kategorie für sich aus dem Vernakulär ausgegrenzt.) Chaucer hat begriffen, was die Vernakulärsprache zu leisten vermag. Da er bei den ersten Experimenten mit der Erzähltechnik – der älteste Beleg für das Wort *fiction* im *Oxford English Dictionary* stammt aus dem Jahr 1398 – in führender Rolle mit dabei ist, weiß er, wie ausgelassen der Witz im Vernakulär tanzt und tollt. Es ist nur eines von seinen bemerkenswerten Bravourstücken, daß er als erster die Fazetie zum modernen Witz umgestaltete: zum Witz nicht der Art, von der Augustinus spricht – einem harmlosen Überdehnen der Wahrheit –, sondern zum aggressiv feindseligen Witz, der mit seiner Pointe einen Rivalen des Erzählers niederstrecken will.

Chaucers Scharfsinn erkannte, daß man die Handgreiflichkeit des Schabernacks in die Sprachlichkeit einer gelungenen Pointe transponieren konnte. An eine Fazetie angehängt, machte die Pointe den Zuhörer zur Zielscheibe des Spotts, zum Watschenmann, der jetzt freilich nicht mehr physische Schläge abbekam, sondern statt dessen die – emotionale und psychische – Pein zu schmecken bekam, die ein geglücktes Sprachbild oder Witzwort verursachen konnte. In der *Geschichte des Müllers* hatte Chaucer den Schleier des Geheimnisses über dem Abgrund der Zeit gelüftet und die Menschen des vierzehnten Jahrhunderts, die sein Publikum waren, einen Blick in die Zukunft der Literalität tun lassen: Darin ist der böse Streich domestiziert. Wenngleich der Müller eine Geschichte erzählt, die sich um mehrere üble Streiche dreht – eine vorgetäuschte Sintflut, einen fehlplazierten Kuß, einen um so besser plazierten Furz, einen versengten Hintern –, ist seine Erzählung im ganzen ein kolossaler zotiger Witz, der auf eine andere Figur im Personal der *Canterbury Tales*, den Verwalter (einen Zimmermann), zielt.

Aggressiv spöttische Witze erhielten im alten Rom das Attribut *aculeatus*, was allgemein »stachlig, beißend«, spezieller »mit einer Pfeilspitze versehen« heißt. Die Redensart von der »*Zielscheibe* des Spotts« spricht in diesem Zusammenhang für sich selbst. Die beiden Schlüsselwörter Pfeil und Zielscheibe verweisen auf einen entscheidenden Sachverhalt: Die Pointe des Witzes – auch Pointe, ein Lehnwort aus dem Französischen, bedeutet ja ursprünglich »Spitze« – kann nur dann ins Schwarze treffen, wenn das Opfer sich als plastisch ausgeformte Gestalt präsentiert, so daß seine Verletzlichkeit für den Beobachter, Zuhörer oder Leser, geradezu körperlich nachempfindbar ist. Der Müller muß den Verwalter gut genug kennen, um, wie es in einer englischen Redensart heißt, »zu wissen, wo er wohnt«. Ein Witz verpufft wirkungslos, wenn seine Zielscheibe nicht eine Persönlichkeit voller Bewußtseinshelle und Gefühl ist. Schwachköpfe, Trottel – *stupidi*, wie das Mittelalter sie nennt – gehen an der Pointe vorbei. Oder die Pointe geht an ihnen vorbei – fliegt über sie hinweg, ohne sie auch nur zu streifen. Hier lernen wir eine neue überraschende Spätzündung der Sprache kennen: Indem er den Schabernack aus der praktischen Sphäre in die Schriftlichkeit transponierte, stellte Chaucer sich selbst unter den Zwang, ein seriöser Schriftsteller zu werden, will sagen, in der Charakterzeichnung die herkömmlichen flachen Stereotypen aufzugeben und durch pralle, vollblütige Figuren zu ersetzen. In jener Frühphase der literarischen Erzählkunst gewinnen die Figuren der Geschichten Leben, Wärme und Farbe, damit sie desto besser von anderen Figuren mit aggressiv feindseligen Witzen zu Boden geschickt werden können. Die Paradoxie erfaßt in durchgreifender Weise auch den Status des Erzählers. Späße, Witze schreibend, erklomm Chaucer eine neue Ebene der Seriosität. Sein Geschäft zwang ihn, um es in der Terminologie des Mittelalters auszudrücken, ein »Autor« zu werden.

Betrachten wir die Handlung der *Geschichte des Müllers* zunächst in skizzenhaftem Überblick, so erkennen wir, wie stark die gut aufgebaute traditionelle Erzählung, wie wir sie heute kennen, formal den frühen Witzen Chaucers – jenem schon erwähnten Ineinanderfließen der zwei Ströme Erzählen und Possenreißen – verpflichtet ist. Das Geschehen kommt schnell in Gang. Der Müller kündigt eine Geschichte an, die von einem betrogenen Ehemann handelt. Er hat dies kaum ausgesprochen, da protestiert auch schon sein Antagonist unter den Pilgern, der Verwalter: Erzähl' lieber etwas weniger Anstößiges und Erbaulicheres! Mit seinem heftigen Widerspruch gibt sich der Verwalter natürlich ungewollt selbst als Hahnrei zu erkennen.

Witzeerzähler beginnen stets mit der Frage: »Kennen Sie den?« Ein Witz braucht, um zu »zünden«, eben einfach das Überraschungsmoment. Der Verwalter kennt den nicht, der ihm da angekündigt wird, und will ihn auch gar nicht kennenlernen, aber er weiß, was auf ihn zukommt, und das ist sein Problem: Er kann den ungehobelten Müller nicht dazu bringen, von seinem Vorhaben abzugehen.

Chaucer bringt den Antagonismus zwischen den beiden Männern schon in ihrem Erscheinungsbild zur Anschauung. Der Müller wird als ein Mann wie ein Kleiderschrank vorgestellt, der im Vergleich zu dem spindeldürren, spinnebeinigen Verwalter ein Mehrfaches an Körpergewicht mit auf die Waage bringt. Wo er hinhaut, wächst kein Gras mehr. Die Konfrontation zwischen Müller und Verwalter wiederholt sich heute in bekannten komödiantischen Dikker-Mann-dünner-Mann-Paarungen, im Film zum Beispiel mit Laurel und Hardy, Pat und Patachon oder Abbott und

Costello; im *Comic strip* in den in den USA äußerst populären Figuren Mutt and Jeff; in der »hohen« Literatur in Clov und Hamm, den Protagonisten von Samuel Becketts Bühnenstück *Endspiel*. Der Hagere erfüllt dabei eine Funktion, mit der er sich sozusagen als die verschriftete Variante des in der Oralität beheimateten Tricksters oder »Torfkopfs« ausweist. Aber er übt sein subversives Geschäft nicht mittels Übertreibung und Parodie aus, sondern indem er so tut, als bekäme er nicht mit, was vorgeht. Der Hagere bringt, um es in volkstümlicher Sprache zu sagen, den Dikken auf Null, indem er lange den Dummen spielt, aber zuletzt seinen Gegenspieler als Narren bloßstellt.

Wenn der Müller zu erzählen anhebt, ist von vornherein klar, daß er jemandem heimleuchten will und daß der Verwalter dabei wird Haare lassen müssen. Der Müller geht schnurstracks auf sein Ziel los: John, ein reicher alter Gimpel, der, wie der Zufall so spielt, Zimmermann von Beruf ist wie der Verwalter, nimmt Alison, ein blutjunges hübsches Mädchen zur Frau, die er dann aus Angst, sie könnte ihm Hörner aufsetzen, zu Hause eingeschlossen hält wie eine Gefangene. Aber John ist nicht nur eifersüchtig, sondern auch geldgierig. Weil ihn die Nebeneinnahme reizt, hat er eine Dachstube in seinem Haus – die *Geschichte des Müllers* spielt in der Universitätsstadt Oxford – an einen Studenten vermietet, einen schmucken jungen Burschen namens Nikolas.

Die jungen Leute finden natürlich schnell zueinander und schmieden ein Komplott, wie sie Alisons wachsamen alten Eheherrn für die Dauer eines Schäferstündchens, verbracht »mit Schäkereien und mit Spaß«, wie Chaucer es ausdrückt, aus dem Weg schaffen können. Alison heckt einen Plan aus, den Nikolas in die Tat umsetzt. In einer kleinen Geschichte innerhalb der Geschichte warnt der Student, der als Astrologe auch schon mal einen Blick in die Zukunft tun kann, den im Kopf nicht übermäßig hellen

Zimmermann vor einer nahe bevorstehenden neuen Sintflut, im Vergleich zu der die biblische Vorläuferin nur ein kleines Sommergewitter gewesen sei. Damit John, Alison und er selbst, Nikolas, dem Tod im nassen Element entgehen könnten, müsse der Zimmermann schleunigst drei hölzerne Mulden zimmern und sie unterm Dach seines Hauses aufhängen, wo das Wasser nicht hinkäme; darin würden die drei Hausbewohner sich für die Dauer der Flut in Sicherheit bringen – aber damit die Rettungsaktion vollständig gelinge, so habe er, Nikolas, es in den Sternen gelesen, müsse jeder der drei während der ganzen Zeit still für sich in seiner Mulde verharren und dürfe auf gar keinen Fall mit einem von den anderen sprechen oder sonstwie Verbindung aufnehmen. John tut, wie ihm geraten, und sobald der leichtgläubige alte Trottel in seine vom Dachbalken herabhängende Mulde gekrochen ist und sich darin zusammengerollt hat, schlüpfen Alison und Nikolas aus ihren eigenen Mulden heraus und schleichen sich ins Erdgeschoß, zum Ehebett, um dort in »Lustbarkeit und Jubel« den Rest der Nacht zu verbringen. Die Geschichte ist in ein prekäres Gleichgewicht gekommen.

Doch nicht für lange. Kaum haben die beiden Liebesleute es sich im Bett bequem gemacht, da stört Chaucer ihr Vergnügen, indem er eine neue Komplikation ins Spiel bringt: Er fügt dem bisherigen Geschehen einen weiteren Strang hinzu, der später dazu dienen wird, die Handlung zum Knoten zu schürzen; das Beziehungsdreieck erweitert er zum Viereck. Der Küster Absalon hat schon lange ein Auge auf Alison geworfen und stellt sich jetzt in echter Minnesängermanier vor dem Schlafzimmerfenster seiner Angebeteten ein, um ihr ein Ständchen zu bringen in der Hoffnung, sie werde es ihm zumindest mit einem Kuß vergelten. Nachdem er etliche Minuten seine Stimmbänder und die mitgebrachte Zither strapaziert hat, rückt Absalon mit der Bitte um einen Kuß heraus. Nach einigem Sträuben willigt

Alison ein, aber inzwischen hat sie am Possenspielen so viel Geschmack gefunden, daß sie schon den nächsten Schabernack ausgeheckt hat. Spitz' die Lippen und mach' schnell, girrt sie dem verliebten Täuberich kokett zu und streckt in der stockfinsteren Nacht den nackten Hintern zum Fenster hinaus. Und der ahnungslose Küster küßt sie *con gusto* auf die Kehrseite – »mit rechtem Wohlgeschmack«, wie es bei Chaucer heißt – und animiert damit Alison nicht nur zu einem der klangvollsten jambischen Pentameter, sondern auch zum ersten Lachen, das die englische Literatur verzeichnet: »Sie lacht': ›Hi hi‹, und warf das Fenster zu.«[34]

Wie Geschichtenerzählen zur Konkurrenz anstachelt, so zieht ein böser Streich prompt die Steigerung nach sich: So viel hat uns Alisons Beispiel bis jetzt schon gelehrt. Die Frage: »Läßt sich das noch überbieten?« ist unausgesprochen in jedem Witz und jeder Geschichte mitenthalten. Doch Alison sollte sich in acht nehmen, denn die Steigerung entfaltet manchmal einen Bumerangeffekt. Als Absalon kapiert, wie ihm mitgespielt wurde, beschließt er, sich zu revanchieren. Und das bedeutet im Kategoriensystem des Tricksters, daß er den Einsatz erhöhen muß. Er kehrt zu Alisons Schlafzimmerfenster zurück und bittet erneut um einen Kuß, ebenso köstlich, wie der vorige war – und Alison willigt abermals ein. Nikolas meint, bei dieser Gelegenheit müsse nun aber auch *er* seinen gerechten Anteil an der Schadenfreude abbekommen, drum sei es nicht mehr als recht, daß dieser vertrottelte Küster jetzt *seinen* Hintern küsse.

> Und rasch hat er das Fenster aufgemacht,
> Das Hinterteil herausgesteckt ganz sacht,
> Den ganzen Steiß mitsamt dem Schinkenbein.

Weil die Nacht stockfinster ist, muß der rachgierige Sakristan sich allerdings erst der Zielrichtung versichern.

Der Küster sprach: »Mein süßes Vögelein,
Ich weiß nicht, wo du bist – sprich doch, mein Kind!«

Damit bringt der nächtliche Besucher ein Reimwort ins Spiel, dessen Reiz Chaucer einfach nicht widerstehen kann:

Und Nikolas ließ einen starken Wind …

Der trifft allerdings den Absalon nicht unvorbereitet. Kalten Blutes zieht er dem Studenten einen Hieb mit einem glühendheißen Sensenblatt, das er sich kurz zuvor direkt von der Esse eines nahebei arbeitenden Schmieds besorgt hat, über den nackten Hintern.

Der Furz, den Nikolas gelassen hat, war keiner von der gewöhnlichen Sorte. O nein, erklärt Chaucer:

Der hat gleich einem Donnerkeil gekracht
Und Absalon beinahe blind gemacht.

Das Donnerkrachen schallt durch die Nacht. Jetzt fehlt nur noch eine einzige Ingredienz, damit die Geschichte komplett ist: der Regen. Nikolas ist ungewollt zum Wettermacher geworden. Halb wahnsinnig vor Schmerzen, fährt er mit den Händen an seinen angeschmorten Hintern und läßt ein Klagegeheul los:

Helft! Wasser! Wasser! Helft, bei Gott im Himmel!

Mehr braucht es nicht, um droben unterm Dach den Zimmermann in seiner Mulde aus dem Schlaf zu schrecken. In seiner Benommenheit denkt er, daß in diesem Augenblick die prophezeite Sintflut eingetroffen ist, und kappt, wie Nikolas ihm geraten hat, das Seil, mit dem sein hölzerner Trog am Dachstuhl befestigt ist. Und: »Plumps! ging's hinab«, wie es bei Chaucer heißt – mitsamt dem Proviant, den er in seine selbstgezimmerte kleine Arche mitgenommen hat, fällt John die Treppe hinunter bis vor die Haustürschwelle, wo er mit einem gebrochenen Arm liegenbleibt. Der gewaltige Lärm lockt die Nachbarn aus ihren Häusern, und auch

Nikolas und Alison kommen vor die Haustür gestürzt. Auf dem Niveau der Straße hat zum Schluß der Geschichte der Handlungsgang alle drei Protagonisten auf gleicher Höhe vereint.

Nachdem der Müller seine Geschichte beendet hat, wollen die Pilger sich schier ausschütten vor Lachen – mit Ausnahme des Verwalters, der den Erzähler beschimpft und verflucht. Er ist entrüstet, ergrimmt und, was noch schlimmer ist, gedemütigt. Dank der Indiskretion des Müllers kennen jetzt dreißig Pilger die schmachvolle Wahrheit über ihn, und das in schönster Anschaulichkeit, mit allen peinlichen Einzelheiten. Indem der Müller Heimlichkeiten aus dem Leben des Verwalters ausplauderte, hat er die Grenzen der ästhetischen Fiktion überschritten und gegen die Spielregeln des Geschichtenerzählens verstoßen. Er hat den Verwalter in eine der gefürchtetsten Ecken des sozialen Raums gedrängt, indem er ihn zur Zielscheibe witzigen Spotts machte.

Am Ende wirft Chaucer *alle* Figuren aus dem so sorgfältig konstruierten Häuschen seiner Erzählung hinaus, und sie landen auf der Straße. Bei genauerem Hinsehen scheint es, als habe er der *Geschichte des Müllers* bewußt einen architektonischen Bauplan zugrunde gelegt. Am Anfang trennt der gesamte Innenraum des Hauses die Figuren, Nikolas in seinem Dachstübchen von dem Zimmermannsehepaar im Erdgeschoß. Wenn der Handlungsbogen ansteigt, begeben sich die drei Protagonisten zusammen auf die höchste Ebene des Hauses unterm Dach hinauf. (Orales und literarisches Erzählen wie die Baukunst haben es auf je eigene Weise mit *Innenraum* zu tun.) Sobald der Handlungsbogen sich zu senken beginnt, machen sich auch die Figuren an den Abstieg: Alison und Nikolas schleichen sich vom Dachboden ins Erdgeschoß hinunter, in das Schlafzimmer, auf den Schauplatz der Erbsünde. Am kritischen Punkt der Handlung stellt sich die Pointe in Gestalt eines einzigen

Wortes ein – »Wasser« –, das in bewährter erzähltechnischer Manier eine Doppelfunktion erfüllt. Zum einen zieht es den Knoten fester an, der die Haupthandlung und die Nebenhandlung, das Hausinnere und das Draußen, das literarische Erzählen und den handfesten Schabernack miteinander verknüpft. Zum anderen zertrennt der letzte Akt der Geschichte – das *dénouement*, die »Auflösung des Knotens«, wie es im Französischen heißt – die Erzählstränge, die die einzelnen Elemente der Geschichte zusammenhalten, und diese Zertrennung besorgt der aus dem Tiefschlaf erst halb zu sich gekommene Zimmermann/Verwalter mit eigener Hand.

»Muttersprache« – was für ein harmloses, unverdächtiges Wort, könnte man meinen. Das *Oxford English Dictionary* gibt für *mother tongue* die Definition: *one's native language*, wörtlich: »die Sprache, in die man hineingeboren wurde«, und zitiert als ersten schriftlichen Beleg für die Verwendung des Ausdrucks im Englischen einen Satz aus dem Jahr 1380: »Im Gegensatz zu Prälaten sollen weltliche Herren das göttliche Gesetz in ihrer Muttersprache lehren und predigen.« Urheber des Zitats ist der englische Reformator John Wyclife. Seiner Meinung nach müssen die Pfarrkinder das Evangelium nicht in Latein, sondern in englischer Sprache zu hören bekommen, um seine Botschaft verstehen und beherzigen zu können.[35]

Der Ausdruck Wort Muttersprache meint nicht nur Sprachliches, sondern auch Vorsprachliches, und bei genauerer Betrachtung stellt sich heraus, daß es durchaus nicht so harmlos ist, wie es auf den ersten Blick erscheint. Die Geschichte der Idee der Muttersprache umschließt die Themen, von denen ich hier gesprochen habe, deshalb möchte ich sie im folgenden zumindest in groben Zügen nachzeichnen, beginnend mit der Muttersprache, wie wir sie aus Urzeiten und dem Mythos kennen. Hochinteressantes Material aus beiden Bereichen entdecken wir in Frankreich.

Ein unmanierliches Kind nennen die Franzosen *un ours mal léché*, einen »ungeleckten Bären«. Die aparte Redewendung vergleicht das ungebärdige Kind mit einem Bärenjungen, das von seiner Mutter nach der Geburt nicht richtig geleckt wurde. In alten Zeiten glaubte man, daß Bären als amorphe Klumpen zur Welt kämen und von der Mutter gewissermaßen »in Form« geleckt werden müßten. Tatsache ist, daß die Bärin, wie uns die moderne Biologie belehrt, den Bauch des Neugeborenen lecken muß, damit in dessen Verdauungstrakt und Ureter die Peristaltik in Gang kommt. Anderenfalls geht das Junge ein. Ein Kind, das sich fortwährend schlecht benimmt, benötigt also nach Auffassung der Franzosen als Ersatz für das versäumte Gelecktwerden eine »Abreibung«, damit es in die gewünschte Form kommt. Die kann mit dem Rohrstock, aber auch mit Worten erfolgen: Jemanden kräftig auszuschelten ist für den Engländer so viel, wie ihm ein *tongue-lashing* – eine »Abreibung mit der Zunge« – zu verpassen. (Man denke auch daran, daß *lingua*, das lateinische Wort für Zunge, die Nebenbedeutung »kleiner Lederriemen« hat.)

Bärenmütter zeigen uns ein symbolisches Bild von der starken sprachlich vermittelten Beziehung der menschlichen Mutter zu ihrem Säugling. Ihre nichtverbalen Botschaften tragen ebenso wie ihre Stilltätigkeit dazu bei, dem Kleinen Form und Gestalt zu geben. Der Unterschied zwischen Brust- und Flaschennahrung kann uns als Analogie dienen, um uns den Unterschied zwischen vernakulärer Sprache und unterrichteter Sprache verstehen zu lassen. Im Mittelalter gaben adelige Mütter ihre Neugeborenen in aller Regel zum Stillen in die Hände von Ammen, eine Praxis, die vielleicht sogar ein noch treffenderes Sinnbild für den Abstand zwischen vernakulärer und unterrichteter Sprache darstellt. In beiden Fällen erhält der Säugling Nahrung, aber mit der Nahrungsaufnahme sind jeweils radikal verschiedene Erfahrungen verbunden.

Wenn wir über die nährende, milchspendende Mutter sprechen, sprechen wir über die eigentliche Grundlage für des Kindes Eintritt in Wachstum, Bildung, Atem, Sprache, Rhythmus und emotionale Entwicklung – sprechen wir über das Verbindungsglied zwischen dem Säugling und dem Menschen, der schließlich einmal sein wird. Wer diese zweite Nabelschnur kontrolliert und gestaltet, dem fällt eine gewaltige Macht über den Sozialkörper zu. In klarer Erkenntnis dieses Sachverhalts verwandelte die frühmittelalterliche Kirche die mütterliche Fürsorge – die Einheit Brust/Sprache – in eine Ware, verpackte das Konzept neu und lieferte es unter der Markenbezeichnung *alma mater* (nährende Mutter) an ihre Pfarrkinder aus. Die mittelalterliche Kirche als *Mater Ecclesia* wies der vernakulären Sprache einen amtlichen, instrumentellen Wert zu und machte sie demgemäß zu einer amtlichen Angelegenheit, die der Überwachung durch die Verwaltungsbürokratie bedurfte. Die moderne Einstellung zum Lese- und Schreibunterricht sollte diesem mittelalterlichen Erbe verhaftet bleiben.

Wie das? Sozialkritiker wie Ivan Illich und Michel Foucault haben uns darüber belehrt, daß wir Menschen der Moderne Grundbedürfnisse verspüren, die mehr auf Waren als auf vernakuläre Werte ausgerichtet sind.[36] Besonders Illich hat aufgezeigt, wie technische Neuerungen umgehend so in Dienst genommen werden, daß sie nicht die vernakuläre Kompetenz verbessern, sondern die Warenproduktion steigern. Die Sprache ist zur Ware geworden, die mit anderen Waren auf gleicher Stufe steht. Einerlei, wie lebendig und farbenfroh und voller Musik die Sprache eines jungen Menschen heute ist, einerlei, wie anschaulich und plastisch er sich in seiner Mundart auszudrücken vermag, die Schulen sind dazu da, die Vernakulärsprache durch eine »Hochsprache« (*Standard English*, Hochdeutsch oder was auch immer) zu ersetzen. Und die Hochsprachen sind leicht als solche zu erkennen, weil sie starren Grammatikregeln gehorchen und versteinerte Satzbaupläne einhalten. In Grund- und Hauptschulen wird diese Art Sprachbeherrschung in Wort und Schrift als unerläßliche Voraussetzung jeglichen sozialen und wirtschaftlichen Aufstiegs gelehrt – als etwas, das man unbedingt braucht, um dieses Formular ausfüllen und jenen Vertrag abschließen zu können. Doch um welche Interessen es dabei wirklich geht, bleibt im dunkeln. Ivan Illich hat Licht in diese Frage gebracht:

> Seit Karl Marx sind wir es gewohnt, von der Entfremdung des Arbeiters vom Produkt seiner Arbeit in der Klassengesellschaft zu sprechen. Jetzt müssen wir die Entfremdung des Menschen von seiner Bildung erkennen, wenn diese zum Produkt eines Dienstleistungsberufs und er zum Konsumenten wird. [...] Je mehr Bildung der einzelne konsumiert, desto mehr »Wissensvorrat« erwirbt er sich und desto höher steigt er in der Hierarchie der Wissenskapitalisten. Die Bildung legt damit für die Gesellschaft eine neue Klassenstruktur fest, innerhalb deren die Großkonsumenten von Wissen – diejenigen, die sich größere Mengen von Wissensvorrat zugelegt haben – einen höheren Wert für die Gesellschaft beanspruchen dürfen. Im Portefeuille der Gesellschaft an menschlichem Kapital stellen sie die goldumrandeten Effekten dar, und ihnen ist der Zugang zu den effizienteren oder knapperen Produktionsmitteln vorbehalten.[37]

Anders gesagt: Ein Mensch verspürt ein Bedürfnis und fühlt sich auf der Stelle abhängig – ohnmächtig. Jeder Akt des Konsums schmälert die Chancen einer auf menschlicher Nähe basierenden Gemeinschaft. Mit Hilfe der Reklameindustrie haben die Konsumgüterkonzerne alle *Wünsche* der Menschen, wie etwa den nach vernakulärer Kompetenz, in tiefsitzende *Bedürfnisse* wie zum Beispiel das nach Lese- und Schreibkenntnis verwandelt. Um ihr Ziel zu erreichen, mußten die Konzerne einen Bereich des Seelenlebens exstirpieren, den man als den der elementaren oder vernakulären Empfindungen bezeichnen könnte. Die Menschen wünschen sich Beförderungsmittel, die sie mit einem Minimum von Unbequemlichkeit von hier nach dort bringen, aber man pflanzt ihnen das Bedürfnis nach dem schnellsten, schicksten Auto ein. Die Menschen verspüren den Wunsch nach Wohlbefinden, aber man hat ihnen beigebracht, nicht auf die Stimme ihres eigenen Körpers zu hören und die Verantwortung für ihre Ernährung und für körperliche Fitneß nicht zu ihrer eigenen Sache zu machen. Sie sind der Überzeugung, um in den Zustand sogenannter Gesundheit – den der Ärztestand für sie definiert – zu kommen, sei es nötig, daß sie einem sogenannten Gesundheitssystem beitreten. Die Menschen haben den Wunsch nach Erholung, Regeneration ihrer Kräfte und geistiger Anregung. Das Fernsehen, die Filmindustrie und die Verlagsbranche haben ihnen das Bedürfnis nach Unterhaltung injiziert. Die Menschen suchen die Befriedigung ihrer Wünsche in Ladengeschäften und bei professionellen Ratgebern.[38]

Selbstbewußtheit und Selbstvertrauen bleiben als Werte auf der Strecke. Nicht länger halten Freunde und geliebte Menschen die Schlüssel zu Wissen und Weisheit in Händen. Nur Profis besitzen jetzt noch solche Autorität. Und so fühlen die Menschen sich isoliert, frustriert und – was das zerstörerischste von allem ist – dumm. Dieser radikale Wechsel von Wünschen zu Bedürfnissen, den das Abendland erlebte, läßt sich bereits lange vor Beginn des industriellen Zeitalters, nämlich in der Regierungszeit Karls des Großen (768–814), ausmachen.[39] Zu den Folgen dieses Wechsels zählt auch die bereits erwähnte Vorstellung von der *alma mater*, der nährenden, wohltätigen Mutter –, die sich in der »unterrichteten Muttersprache« niederschlug.

Dank den Bemühungen des Mönchs und Theologen Alkuin, des Abts von St. Martin zu Tours, Leiter der Hofschule Karls des Großen und dessen Berater, wurden aus den Priestern Pastoren (Seelenhirten). Die Priester waren ursprünglich Männer mit der Befugnis zu predigen – *praedicare*, »(etwas) öffentlich bekannt zu machen« – und diverse Kirchenämter zu verwalten. Doch vom achten Jahrhundert an verlegten sie sich mehr und mehr darauf, die persönlichen spirituellen Bedürfnisse ihrer Pfarrkinder für diese zu definieren, und taten bald auch den nächsten »väterlichen« Schritt, indem sie die Sorge für diese persönlichen spirituellen Bedürfnisse in ihre, der Kirchendiener, administrative Verantwortung übertrugen. Lewis Mumford notierte vor vielen Jahren, dieser Wechsel zur pastoralen Fürsorge markiere den Beginn eines neuen Wohlfahrtszeitalters. In Mumfords Sicht erweist sich der pastorale Kleriker der karolingischen Renaissance als der Vorläufer des Sozialarbeiters und anderer Profis auf dem Sektor der institutionalisierten Dienstleistungen. Mumford legt seinen Lesern den folgenden Vergleich nahe: Ein Bedürftiger in den USA kann keine Sozialhilfe erhalten, wenn er sich nicht in die Hände eines professionellen Betreuers begibt; ein Mensch des Mittelalters konnte nicht zum Heil gelangen, ohne die persönlichen Dienstleistungen der klerikalen Profis in Anspruch zu nehmen.[40]

Mit derselben väterlichen Haltung begegnete die Kirche auch der Sprache. Der Ausdruck »Muttersprache« kam erst im elften Jahrhundert auf. Bis zu diesem Zeitpunkt wurde die Sprache der Laien *lingua vulgaris*, »Vulgär-« oder »Volkssprache« genannt. Aber ganz plötzlich wurde in den Predigten einiger Mönche aus Gorz, einer Abtei bei Verdun, das Vernakulär in die hocherhabene Region allumfassender Mütterlichkeit hinaufkatapultiert, wo bereits die Jungfrau Maria und die Mutter Kirche thronten; damit, so die Mönche, solle die Vernakulärsprache gegen Verunglimpfung und Herabwürdigung in Schutz genommen werden.[41] Die Sprache erhielt durch die Eingliederung in diese neue Nachbarschaft offenbar eine besondere Weihe. Die Idee der *materna qualitas*, der Eigenschaft der Mütterlichkeit, hatte sich in der klerikalen Sphäre im Bild der »heiligen Mutter Kirche« ausgeprägt, die zu den Gläubigen durch Vermittlung des Klerus dieselbe elementare Fürsorglichkeitsbeziehung unterhält wie eine Mutter zu ihren Kindern.

Als *lingua materna* ins Lateinische übersetzt, verbreitete sich der Terminus »Muttersprache« in ganz Europa und wurde im vierzehnten und fünfzehnten Jahrhundert auf verschiedene Formen des Vernakulärs angewandt. Nachdem die Kirche eine Kategorie geschaffen hatte, unter der die Rede des Volkes zu rubrizieren war, konnte sie diese so definieren, daß vermittels einer entscheidenden, atemberaubenden Volte der Unterricht in der Muttersprache in die Zuständigkeit von Männern überging. Die Oralität, einst eine weibliche Domäne, wanderte nun in den Kompetenzbereich von Männern hinüber, die sie in einer »gereinigten«, einem Regelwerk gehorchenden Form unterrichteten. Formeller Unterricht war nach amtlichen Kriterien schon immer eine männliche Domäne. Jetzt wurden sämtliche Aspekte der Literalität, die orale, vernakuläre Dimension mit eingeschlossen, männlicher Verwaltung und Obhut unterstellt. Was immer an Fetzen von Vernakulär noch den Frauen überlassen blieb, wurde geringschätzig als »Klatsch« abgetan.[42]

Der entscheidende Schritt zur Umwandlung der »Muttersprache« in ein präzise kontrollierbares Artefakt findet im Spanien des fünfzehnten Jahrhunderts statt. Im Jahr 1492 richtet Don Elio Antonio de Nebrija an Königin Isabella eine Petition, die in so bewegenden Worten abgefaßt ist, daß die spanische Krone sich überreden läßt, die Schirmherrschaft über sein Vorhaben zu übernehmen, die erste gedruckte Grammatik einer europäischen Sprache zu veröffentlichen. Als Nebrijas *Gramática Castellana* im Druck erschien, widmete der Verfasser sie Königin Isabella der Katholischen. Das Buch stellte die Adressatin der Widmung vor Rätsel. Eine Grammatik war ohne Zweifel ein Hilfsmittel für den Unterricht, aber wie um Himmels willen sollte man die Vernakulärsprache unterrichten? Und warum?

Nebrija macht sich an eine Antwort. Wir haben, schreibt

er seiner Königin, unsere Soldaten außer Landes geschickt, nach fernen Orten wie Aragon, Navarra und selbst Italien, damit sie dort unsere Herrschaft sichern. Die kastilische Sprache ist mit ihnen gezogen. Aber unsere Leute sprechen vielerlei Mundarten. An die Stelle einer Vernakulärsprache in ununterbrochener Entwicklung möchte Nebrija eine zeitlose Sprache setzen:

> Ich habe daher beschlossen, daß es meine dringlichste Aufgabe sei, die kastilische Sprache in ein Artefakt zu verwandeln, auf daß alles, was in Zukunft in dieser Sprache geschrieben werden wird, einen einheitlichen Tenor zeigt. [...] Ich bemühe mich vor allem, diese unsere kastilische Sprache in eine Kunst, ein Regelwerk, zu verwandeln, so daß alles, was jetzt und von jetztan in ihr geschrieben wird, einen einheitlichen Wert habe, und sich erstrecken kann über die Zeiten, die kommen werden. Wir sehen, daß eben dies mit dem Griechischen und Lateinischen gemacht worden ist: weil beide Sprachen Regeln unterworfen wurden, haben sie die Jahrhunderte überdauert. Wenn mit unserer Sprache nicht das gleiche getan wird, wie mit jenen, dann werden Eure Chronisten und Geschichtsschreiber vergeblich geschrieben haben, das Gedächtnis Eurer großen Taten vergeblich der Unsterblichkeit anempfohlen haben. Denn wenn wir versuchen, Vergängliches und Seltenes in der kastilischen Sprache aufzuschreiben, dann kann dies nur etwas für wenige Jahre sein. So wird es nötig, sich zwischen zwei Möglichkeiten zu entscheiden: entweder geht das Eingedenken Eurer Ruhmestaten mit der Sprache unter, oder es muß durch fremde Nationen pilgern, weil es kein eigenes Haus hat, in dem es Bleibe fände.[43]

Nebrija behauptet hier einen Sachverhalt von enormer Tragweite. Wirkliche Herrschaft, so erklärt er, wird nicht durch Truppenkontingente begründet, sondern nur wenn es der Krone gelingt, die Überfülle der Mundarten zu einer einzigen, allgemeingültigen unterrichteten Muttersprache zu verfestigen – zu etwas von ebenso verläßlicher Unveränderlichkeit wie ein Kunstgebilde, ein Artefakt. Dafür ist es jetzt an der Zeit, beschwört der Gelehrte die Königin, denn wenn Columbus von seiner Entdeckungsreise zurückkehrt,

> wird Eure Hoheit ihr Joch Barbarenvölkern auferlegt haben, Nationen, die in fremden Zungen sprechen, und durch diesen Sieg wird für diese die Notwendigkeit der Gesetzgebung entstehen, Gesetze und eine Sprache, die der Sieger dem Unterworfenen schuldet. Diese könnten sie dann mittels meiner Grammatik lernen [...] und nicht nur unsere Glaubensfeinde, sondern auch die Leute von Biskaya, Navarra, Frankreich und Italien.[44]

Nebrija machte die Muttersprache zu etwas Formelhaftem, zu einer Ware, deren Rezeptur und Herstellung von staatlichen Institutionen geregelt und kontrolliert und deren Gebrauch von Experten verordnet werden konnte.

Wer heute von der *alma mater* spricht, meint damit eine Universität oder andere Hochschule. Die früheren Etappen in der Bedeutungsgeschichte des Ausdrucks sind fast ganz vergessen. Und wie steht es heute mit den Kindern? Sie kommen praktisch schon abhängig von der Unterweisung durch Experten und Spezialisten außerhalb der Familie zur Welt – und ihre Abhängigkeit von der Schule ist eine schlechthin totale.

Doch Kinder und Jugendliche zeigen sich ausdauernd und kämpferisch, wenn es darum geht, das Vernakulär mit allen erforderlichen Mitteln am Leben zu erhalten. Trotz der gewaltigen Menge von Schriftsprache, die junge Menschen bis zum Eintritt in die Adoleszenzphase zu hören und zu sehen bekommen, bleibt ihr Verlangen nach einem lebendigen Vernakulär ungebrochen und äußert sich in einem unersättlichen Hunger auf Sprachspielereien aller Art. Besonders gern hören und machen kleine Kinder Kalauer (»Paronomasien«, von griechisch *paronomasia*), sei's auf der Grundlage von Homonymie,[45] sei's auf der Grundlage von Polysemie[46]. Kalauer sind die Chamäleons der Sprache, mehrdeutige Ausdrücke, die im einen Moment in dieser, im nächsten in jener Bedeutungsfarbe aufleuchten.[47]

Die Sprachwissenschaftlerin Delia Chiaro glaubt in allen

Formen des kalauernden Wortspiels eine »der Sprache selbst wesenseigene Doppelzüngigkeit« ausmachen zu können.[48] Ich für meinen Teil ziehe es vor, in dieser »Doppelzüngigkeit« den der Sprache wesenseigenen Witz zu erkennen. Die Menschen mühen sich um ein Verständnis ihrer Erfahrungen und nehmen zu diesem Zweck ein Sprache genanntes System zu Hilfe, das nur die Rolle eines Erfahrungsersatzes zu spielen vermag und daher immer eine ein bißchen enttäuschende Kopie der Wirklichkeit liefert. Aber wenn die Sprache auch ein unpräzises Instrument ist, so ist sie doch das einzige, das uns dazu verhilft, die Alltagserfahrung zu verstehen. Die Sprache faßt die Erfahrung und schafft es doch gleichzeitig nicht, sie ganz zu halten. Die Sprache treibt ihre Schelmereien und ihren Schabernack: Scheinbar gibt sie unsere Sinneserfahrungen wieder, ohne sie zu filtern oder zu entstellen – aber gleichzeitig verrät sie in jenen Kalauer genannten überraschenden Volten ihr wahres Wesen.

Sprachliche Taschenspielerei – jetzt ist es da, jetzt ist es weg, jetzt wieder da – ist in den Augen von Klein- und selbst von Kleinstkindern kennzeichnend für die Realität. Die Mutterbrust kommt und entzieht sich und kommt wieder. Die Eltern gehen weg und kommen wieder. Die ganze Welt kommt dem Kind abhanden, sobald es einschläft, und kehrt bei seinem Erwachen wieder an ihren alten Platz zurück. Damit mag es zu tun haben, daß noch das kleinste Kind vor Vergnügen kräht, wenn man Guck-guck mit ihm spielt. In diesem auf dem ganzen Erdball verbreiteten Spiel ist das Wesen der kindlichen Welt eingefangen. Das Guckguck-Spiel läßt sich auch als rudimentäres mimisches Modell des Schemas deuten, nach dem der Kalauer funktioniert: Erst sieht das Baby die eine Bedeutung – die physische Gegenwart – und nur Sekunden darauf eine zweite Bedeutung – Verschwinden und Abwesenheit.[49]

Das Guck-guck-Spiel als Wirklichkeitsmodell bahnt sich seinen Weg bis in die Ursprünge der Literatur. In Persien, der Wiege der Literalität, fangen alle Märchen, ob aus alter oder neuer Zeit, mit der bereits erwähnten Eingangsformel *Yeki bud, yeki nabud* an: »Einst *war* und war *nicht* ... Es *hat sich* zugetragen und *nicht* zugetragen ...« Das Märchen spielt ein Versteckspiel mit der Wirklichkeit. Die Formel kündigt an: Was du gleich hören wirst, ist ein dramatisierter Kalauer. Das englische *Once upon a time*, das deutsche »Es war einmal« übersetzen dieses persische Bild von Schwellenpräsenz in das englische beziehungsweise deutsche Traumzeitäquivalent. Jedes Märchen ist ein Traum – ein Aufleuchten und Erlöschen von Bedeutung, eine Zaubergeschichte, die mit dem Kind Guck-guck spielt.[50]

Das Lesen ist ein Spiel nach den gleichen Regeln. Wenn Horaz über die Schrift sagt: *Litera scripta manet* (»Das Geschriebene hat Bestand«), dann liegt in dem Verb *manet* ein Wortspiel mit *manes*, das die »Manen« bezeichnet, die Schatten der Verstorbenen. Das Geschriebene ruht inaktiv, als Verstorbenes, auf der Buchseite und gewinnt Leben erst vor dem Blick des Lesers, genauer gesagt, *durch* den Blick des Lesers. Das Lesen wird zu einem Guck-guck-Spiel, bei dem Szenen und Figuren zu packendem Leben erwachen, um im nächsten Moment wieder zu ersterben, wenn der lesende Blick weitergleitet oder der Leser das Buch zuklappt.

Zu einem solchermaßen spielerischen Tun, dem Lesen – wie übrigens auch dem Schreiben –, gehört eine spielerische Form von menschlichem Miteinander und Interessenausgleich. Kleinkinder erhalten beim Gestilltwerden schon früh einen »Geschmack« davon, und sie spielen es im Kinderzimmer beim Guck-guck-Spiel durch. Sie bekommen es in Form von Märchen zu hören. Und dann, das ist das Verblüffendste, spielen sie das Spiel zu ihrem großen Entzücken mit sich selbst, wenn sie lesen lernen.

Viertes Kapitel

Vernakulärsprache und unterrichtete Muttersprache sind wie zwei Extreme im Spektrum der Umgangssprache. Sprache wäre gänzlich inhuman, wenn sie ausschließlich unterrichtet würde. Das ist es, was Humboldt meinte, wenn er sagte, daß wahre Sprache nur gefördert, nie aber gelehrt werden könne wie Mathematik. Sprache ist viel mehr als Kommunikation, und nur Maschinen können ohne Bezug auf vernakuläre Wurzeln kommunizieren. Deren Geschnatter aber blockiert heute in New York drei Viertel der Leitungen, die konzessioniert wurden, um ein ungehindertes Gespräch zwischen Menschen zu ermöglichen. In manchen Staaten ist heute das Abendgespräch zu niedrigen Tarifen unmöglich geworden, weil die Leitungen durch Datenaustausch, der zu noch viel niedrigeren Tarifen ermöglicht wird, blockiert sind. Dies ist eine klare Perversion eines Rechtsprivilegs, die aus politischer Überheblichkeit und der Abwertung der vernakulären Bereiche zu Waren zweiter Klasse resultiert. Aber noch beunruhigender und deprimierender als dieser Mißbrauch eines Forums freier Rede durch die Roboter ist die Häufigkeit roboterartiger Standardphrasen, die die restlichen Leitungen verstopfen, auf denen die Menschen angeblich miteinander »sprechen«. Ein wachsender Prozentsatz solcher Rede ist nach Stil und Inhalt bloßes Formelwerk. Auf diese Weise rückt die Umgangssprache auf dem Sprachspektrum unaufhaltsam vom Vernakulär zur kapital-intensiven »Kommunikation« hinüber, als wäre sie nichts anderes als die menschliche Spielart des zwischen Bienen, Walen und Computern stattfindenden Austauschs,

Gewiß, manche vernakulären Elemente oder Aspekte überleben immer – aber das trifft sogar für die meisten Computerprogramme zu. Ich behaupte nicht, daß die Vernakulärsprache stirbt; nur daß sie verdorrt. Die amerikanische, französische oder deutsche Umgangssprache sind inzwischen Mischformen, bestehend aus zwei Arten von Sprache: aus dem warenähnlichen, unterrichteten Uniquack und einer hinkenden, rauhen, abgehackten Vernakulärsprache, die ums Überleben kämpft.
Ivan Illich, Die warenhafte Muttersprache.
In: I. I., *Vom Recht auf Gemeinheit.*

Ich beziehe hier einen Standpunkt, der zu jedem anderen Zeitpunkt der Geschichte unvorstellbar gewesen wäre. Der »Mensch«, ein seit einigen Jahrtausenden, zumindest seit der Einführung des Alphabets, ziemlich stabiles Wesen, ist dabei, sich vor unseren Augen in Nichts aufzulösen. Wir befinden uns nicht etwa in einem Krimi um einen mysteriösen Mordfall mit unauffindbarer Leiche. Vielmehr zwingen uns die Umstände eine Änderung unseres Menschenbilds auf, erzwingen die Änderung unseres Bilds von dem Wesen, das jahrhundertelang in Gesellschaft und durch Gesellschaft geschaffen wurde, und der Grund dafür ist, daß die technischen Neuerungen jetzt einen radikal veränderten Persönlichkeitstyp ins Leben rufen. Illichs Wort von der Degradierung der Sprache zur Kommunikation sollte man als Warnung lesen. Es führt uns auf die Schattenseite von Nadine Gordimers Lobpreis der Sprache, den ich eingangs dieses Buches zitierte. Mag sein, daß wir die Existenz dieses neuen Geschöpfs, dieses technologischen Golems, nicht wahrhaben wollen, aber die Indizien sprechen inzwischen eine unmißverständliche Sprache.

Nun liegt die Frage nahe: Wenn dem so ist, wieso haben wir dann keinen öffentlichen Aufschrei gehört, wieso haben wir keine Titelblätter gesehen, von denen Balkenüberschriften uns die Wahrheit entgegenschrien? Nach meinem Dafürhalten hat sich unser Begriff von dem, was das Wesen des Menschen ausmacht, neuerdings so rapide und radikal gewandelt, daß die meisten dessen noch gar nicht richtig innewerden konnten. Die erste Reaktion war das Leugnen des Vorgangs: eine Abwehrreaktion.

Wenn ich vom Verschwinden des Menschen spreche, so ist das keine phantasievolle Redefigur und keine Metapher. Ich denke dabei an das folgende: Der typisch europäisch-abendländische Bewußtseinsraum, seit annähernd zweitausend Jahren durch das Alphabet gestaltet, weicht heute einem neuen Wahrnehmungsraum, dessen gestaltendes Prinzip der Computer ist. Anders ausgedrückt: Eine Leitmetapher, der Text in Alphabetschrift, ist frontal mit einer anderen, dem Computerbildschirm, zusammengeprallt. Die beiden Metaphern können schlechterdings nicht ein und denselben Raum besetzt halten. Ich möchte die Verluste bilanzieren, die dieser Frontalzusammenstoß bisher gefordert hat.

Ich habe dargelegt, daß persönliche Schuld, das Gewissen und das Selbst nur unter den Bedingungen der Schriftkultur möglich sind. Das menschliche Verhalten nimmt ein ganz anderes Aussehen an, sobald Menschen sich nicht mehr durch die Metapher des Texts in festem Grund verankert fühlen. Es könnte sein, daß wir alle Augenzeugen dieser Verhaltensänderung sind; es könnte sein, daß wir uns alle in einem Wahrheit gewordenen Science-fiction-Alptraum von unvorstellbar gigantischen Dimensionen befinden. Den wahrheitsgetreuesten Vorschein des Ziels, auf das unsere Gesellschaft zusteuert, findet man in der Generation jener Jugendbanden, die hemmungs- und gewissenlos vergewaltigen, foltern und morden, weil sie einfach nicht anders können. Wir müssen uns an den Gedanken einer Nation gewöhnen, die von minderjährigen Soziopathen bevölkert ist.

Verlustmeldungen, die die Auswirkungen des Analphabetismus dokumentieren, bringen die Zeitungen alle Tage, aber der Zusammenhang wird nicht wahrgenommen, weil in den Meldungen kaum je expressis verbis von »Analphabetismus« die Rede ist. In einer für dieses Artikelgenre typischen Story berichtete die *New York Times* über die Vergewaltigung und Ermordung zweier junger Mädchen durch sechs Jungen in Houston, Texas. Die vierzehn und sechzehn Jahre alten Mädchen waren im Stadtgebiet White Oak Bayou auf dem Nachhauseweg durch Zufall auf den Schauplatz eines Banden-Initiationsrituals geraten. Die vierzehn- bis achtzehnjährigen Jungen fallen unter die Kategorie der in diesem Buch thematisierten Post-Analphabeten. Noch mehr als über die brutalen Morde waren die Einwohner von Houston entsetzt über die Reaktionen der jugendlichen Täter:

> [...] das Fehlen jeglicher schlüssigen Erklärung für die Mordtat und der augenscheinlich totale Mangel an Reue auf seiten der Verdächtigen. Der – zum Teil auf den Aussagen der Tatverdächtigen beruhende – Polizeibericht schildert eine in schier unfaßbarer Unbekümmertheit begangene Gewalttat.[1]

Am Tag vor der Mordtat hatte ein lokaler Fernsehsender einen Beitrag über Jugendbanden ausgestrahlt; darin war zufällig auch einer der später unter Tatverdacht Verhafteten zu sehen gewesen. Er hatte mit einer Dose Bier in die Kamera geprostet und in – im Rückblick makabrer – Großsprecherei getönt: »Ein Menschenleben bedeutet nichts.«

Nirgendwo war in dem Zeitungsbericht ausdrücklich von Analphabetismus die Rede; erwähnt wurde lediglich, daß mehrere der Jugendlichen aus zerrütteten Familien stammten und einander im Erziehungsheim kennengelernt hatten. Allein die näheren Umstände der Mordtat dokumentierten ohne Zweifel die Problematik des neuen Analphabetismus. Man muß nur den Zusammenhang herstellen, muß die ganze Geschichte erzählen. Irgend jemand – außer diesem einzelnen Reporter – muß erkennen, daß diese neue Jugend eine neue Kategorie von Menschentum repräsentiert. Die Fakten, die das belegen, sind sämtlich vorhanden.

Justiz, Strafvollzug, Besserungsanstalten und Erziehungsheime stehen diesem Wandel machtlos gegenüber. Es ist von äußerst geringem Belang, wie viele Städte mit verstärktem Polizeieinsatz auf den Straßen und vermehrten Festnahmen reagieren. Berichte über Festnahmen flößen dem Bürger vielleicht die beruhigende Gewißheit ein: »Immerhin geschieht etwas«, doch mit verbesserten Statistiken ist dem Problem nicht beizukommen. Das Problem wird weiter wachsen und so lange an keine natürliche Grenze seines Wachstums stoßen, wie Politiker und Schulräte die Ansicht vertreten, daß die letzte und tiefste Ursache des Analphabetismus im Bildungssystem zu suchen sei. Diese Denkweise war vielleicht vor einigen Jahrzehnten richtig. In den fünfziger Jahren zeigten die US-Bürger spontane Betroffenheit angesichts überfüllter Klassenzimmer, mit öden Pflichten überlasteter Lehrer und schlecht ausgerüsteter Labors. Aber nachdem die technologische Revolution erst einmal in volle Fahrt gekommen war – und hiermit meine ich Film, Fernsehen und Videospiele ebenso wie den PC –, kam es zu einer radikalen Koordinatenverschiebung. Die Problemlage änderte sich. Gegen das Analphabetimusproblem ist mit Initiativen für die Verbesserung von Lehrplänen und selbst mit Initiativen für die Entmachtung der Schulverwaltungen nichts auszurichten. Die Einführung eines neuen Unterrichtssystems würde das Problem überhaupt nicht tangieren.

Die von Ivan Illich vor zweieinhalb Jahrzehnten geforderte »Entschulung der Gesellschaft« hat inzwischen stattgefunden, allerdings nicht so, wie er es sich vorgestellt hatte.[2] Illich hatte darauf gehofft, daß Kinder nicht mehr in der Überzeugung aufwachsen würden, alles, was sie im späteren Leben an Wissen und Können brauchten, müsse in der Schule gelernt werden. Insbesondere bestimmte Fertigkeiten würden Illich zufolge besser im Rahmen einer Lehrlingsausbildung erworben. Er hatte gehofft, die Jugendlichen würden sich Dinge wie Selbstvertrauen und das Gefühl ihrer Stärke, die ihnen die Schule genommen hatte, zurückerobern. Das ist nicht geschehen. Zwar haben sie der Schule den Rücken gekehrt, aber sie haben den Bruch nicht aus eigenem freien Entschluß vollzogen. Der Computer hat sich eingemischt und die Entscheidung für sie getroffen. Die Welt der Schule wirkt langweilig im Vergleich mit den Bilderwelten des Kinos, des Fernsehens und der Videospiele. Mit Drogen zu dealen wirft mehr Geld ab, als bei McDonald's zu jobben. Das ist nicht Entschulung, sondern Ent-Bildung. Der Analphabetismus sitzt als eiterndes Geschwür tief im Inneren heutiger Jugendlicher. Das Problem muß ganz am Anfang ihrer Erziehung, in ihrem Zuhause, unmittelbar nach der Geburt, aufgesucht und bekämpft werden. Analphabetismus ist kein Individual-, sondern ein Gruppenproblem: Es betrifft gleichermaßen das Kleinkind wie die Eltern.

Nichts ist einfacher, als die Schulen verantwortlich zu machen und lautstark über das Versagen der Lehrer zu jammern, das an allem schuld sei. Dann können Schulräte Gehaltserhöhungen und eine intensivere Ausbildung für die Lehrer verlangen, und die Schulen können bei den Trägern Geldzuwendungen für die Durchführung der neuesten Strategien für den Leseunterricht lockermachen. Die Schüler können zu guten Leistungen abgerichtet werden wie Zirkusrobben. Mit den richtigen Übungen werden die Lehrer künftig einen wesentlich verbesserten Notendurchschnitt im Fach Lesen vorweisen können. Die Lehrer können »Prüfungswissen« und »Testleistung« vermitteln, wie sie das nennen. Aber egal, mit welcher Erfolgsbilanz diese Maßnahmen zu Buche schlagen, zuletzt wird jeder Politiker und jeder Schulrat, dem daran liegt, sein ernsthaftes Engagement zu beweisen, auf technische Hilfsmittel zurückgreifen, um den »Niedergang des Bildungssystems« aufzuhalten.

Technische Hilfsmittel sind etwas Solides, ohne Flausen und Kinkerlitzchen; technische Hilfsmittel rücken jedem Problem mit der enormen Autorität und Seriosität wissenschaftlicher Erkenntnisse zu Leibe. Leider geht in diesem Fall die Lösung am Kern der Sache vorbei. Den Analphabetismus behandelt sie als isoliertes Problem, das auf das Klassenzimmer eingegrenzt ist und in die Verantwortung der Lehrer fällt. Den Schülern unterstellt sie Faulheit und Motivationsschwäche. Praktisch alle Schulen verfahren nach demselben Rezept: Man setze die Schüler vor den Bildschirm eines Computers, in dem irgendeines der diversen verfügbaren Programme für den Lese- und Schreibunterricht – ein sogenanntes interaktives multimediales Lernprogramm – läuft. Um ein Beispiel zu nennen: Die Werbung für die Lern-Software *Voyager Expanded Book*, den letzten Schrei auf dem Gebiet des »digitalen Buchs«, verheißt eine »Revolution des Lesenlernens«. Der Firma Voyager und anderen Herstellern von Lernprogrammen zufolge verhilft die maßgeschneiderte Einzelinstruktion, bei der die einzelnen Schüler ohne Beisein eines Lehrers vor dem Bildschirm sitzen und direkt mit dem Computer kommunizieren, schneller und wirkungsvoller zu Lese- und Schreibkenntnis als die traditionelle Schulstunde mit dem vor der Klasse dozierenden, Fragen stellenden und Fragen beantwortenden Lehrer.

Aber die Zuhilfenahme von mehr Computerleistung wird das Problem nur verschärfen: Indem man die Schüler an den Bildschirm fesselt, und zumal wenn dies zu dem Zweck geschieht, ihren Sinn für die Leistungsfähigkeit und das spielerische Potential der Sprache zu wecken, zerstört man ihre Anlagen für das Lesen und Schreiben, indem man sie des verinnerlichten Texts als psychosozialen Bezugsrahmens beraubt. Im Ergebnis bringt der Computer sie dem Analphabetismus immer näher. Er zerrüttet das Verhältnis zu den Mitmenschen und verstärkt den Effekt der zerrütteten Familienverhältnisse, die zu Hause erlebt werden. Der Gesellschaftsvertrag wurde nicht an einem Textverarbeitungscomputer verfaßt. Er läßt sich auch nicht an einem Textverarbeitungscomputer wieder herstellen.

Würden in Wörterbüchern die einschneidenden Formen sozialen Wandels registriert, wäre in der Ausgabe des *Webster* von 1996 oder 1997 unter dem Stichwort »Mensch« vielleicht eine Definition wie die folgende zu lesen:

> Hominide der Gattung *Homo sapiens* und zugleich dessen einzige Spezies; mit Merkfähigkeit begabt, aber ohne Gedächtnis; besitzt Reaktionsfähigkeit, jedoch nicht die Fähigkeit zur komplexen Beantwortung von Reizen; in seinem Verhalten scheinen Schuldbewußtsein, Schamgefühl, Peinlichkeitsempfinden und eine Kontrollinstanz wie das Gewissen keine Rolle zu spielen. Die jungen Individuen rotten sich zu Rudeln oder Banden zusammen; Hauptantrieb ihres Handelns scheint eine urtümliche Rachgier zu sein. In verblüffend hohen Quoten bringen sie sich gegenseitig um.

Menschen, die schwere Verhaltensanomalien an den Tag legen, sind für uns Verbrecher oder Irre, die wir der Justiz überantworten oder in die Obhut sozialpsychiatrischer Institutionen geben. Der Gesetzgeber verwendet in diesem Zusammenhang Kategorien wie »Wiederholungstäter« oder »Gewohnheitsverbrecher«, geht jedoch nichtsdestoweniger von der Besserungsfähigkeit und Resozialisierbarkeit der Betreffenden aus. Die Psychiater schreiben nur eine verschwindend kleine Anzahl ihrer Patienten – nur Soziopathen und massiv Schizophrene – als hoffnungslose Fälle ab. Aber selbst dieser winzige Bruchteil der Bevölkerung – die Rückfälligen und Psychopathen – setzt sich in den Augen der meisten Menschen immer noch aus Menschen zusammen. Eben deshalb halten etliche US-Bundesstaaten an der Todesstrafe fest: Man hofft, daß selbst der hartgesottenste Kriminelle dem Tod mit einer gewissen Furcht, mit Gram, Reue und Zerknirschung ins Gesicht sieht. Außer in ganz seltenen Fällen sehen wir keinen Anlaß, unsere grundlegende Definition der Menschennatur zu ändern.

Die Grundkategorien »Mensch«, »Menschsein«, »Menschennatur« hatten während der längsten Zeit der abendländischen Geschichte einen unveränderlichen, in sich stimmigen Inhalt. Wir verlassen uns auf die universelle Gültigkeit dieser Definition, setzen sie in allem, was wir tun, stillschweigend voraus – ob wir uns verlieben oder Gesetze erlassen oder andere erziehen. Erst vor kurzem haben Menschen überhaupt damit begonnen, die Tyrannei einer so stabilen Gegebenheit wie des Geschlechterunterschieds zu brechen, indem sie die Biologie zugunsten von Abgrenzungen zwischen »männlich« und »weiblich« überschreiten, die mehr im Einklang mit sozialen Fakten stehen. Aus diesem Grund geben Kultur- und Sozialhistoriker dem Terminus »Genus« den Vorzug vor »Geschlecht«. Indes, die herkömmlichen Denkweisen haben ein so zähes Leben, daß sogar ein lexikographisches Wunderwerk wie das *Oxford English Dictionary* (OED) keine Definition für »human being« (Mensch) enthält. Unter dem Stichwort »human« (menschlich) findet sich eine kursorische, anspruchslose Begriffsbestimmung, die in der schlichten Abgrenzung der Menschheit von Gott besteht. Vielleicht waren die Herausgeber des OED der Meinung, daß der Mensch einzigartigerweise jenseits jeder Definierbarkeit stehe. Es kommt jedoch entscheidend darauf an zu begreifen, daß die Elemente des Begriffs der Menschlichkeit aus der und durch die Schriftkultur, aus einer kunterbunten Textmasse konstruiert werden. Der springende Punkt meiner Überlegungen ist, daß wir derzeit eine soziale Katastrophe miterleben: die in den tiefsten Schichten des Bewußtseins stattfindende Auflösung jenes Menschenwesens, das mit dem Instrumentarium des Alphabets konstruiert worden ist und das wir in solchem Maß für eine Selbstverständlichkeit gehalten haben, daß wir seiner Natur unkundig sind und seine Definition nicht kennen.

Man bekämpft diese unheilvolle Entwicklung nicht, sondern verstärkt sie, wenn man jungen Menschen das Lesen und Schreiben beibringt, die auf diese Erfahrung nicht vorbereitet sind. Man steigert die Dynamik dieser unheilvollen Entwicklung, wenn man die Computertechnologie als Hilfsmittel zur Einführung junger Menschen in die Schriftkultur einsetzt. Analphabetismus ist der gefährliche Fallout, der bei der Kungelei zwischen Pädagogik und Technik entsteht. Wenn ein Lehrer in der Grundschule ein Kind auffordert, vor einem Computer Platz zu nehmen, sanktioniert er damit für das Kind die Autorität einer ganzen Schar von Bild- beziehungsweise Projektionsschirmen: Fernsehschirm, Kinoleinwand, Videospiel-Display. Ohne es zu ahnen, verdrahtet dieser Lehrer das Kind fest mit der Welt der elektronischen Medien.

Die Kungelei zwischen Pädagogik und Technik resultiert in einem Paradox, dessen Auswirkungen den Bau der Gesellschaft zu zersprengen drohen. Die Schriftkultur wird durch die modernen Erziehungsmethoden ebenso zermürbt wie durch die modernen Kommunikationsmethoden. Was diese paradoxe Situation an Destruktionskraft in sich birgt, müssen wir ausloten, indem wir ein achtsames Auge auf die Folgen jeglicher Form von elektronischer Kommunikation haben. Insbesondere müssen wir uns einen analytischen Begriff von dem derzeitigen pädagogischen technischen Hilfsmittel Nummer eins für pädagogische Zwecke, dem elektronischen Textverarbeitungssystem, verschaffen. Wie alle Werkzeuge besitzt auch der Computer die Kraft, die individuelle Wahrnehmung so zurechtzubiegen, daß sie sich seiner Arbeitsweise anpaßt. Alle Werkzeuge, die Uhr nicht minder als das Buch, wirken als Metaphern, die das Seelenleben prägen. Jahrtausendelang war der innere Antrieb von Kultur das Alphabet. Derzeit wird es als solcher von seinem Platz verdrängt.

Wir sehen uns einem historischen Wandel von ebensolcher Sprengkraft gegenüber, wie sie der Wechsel von der Oralität zur Literalität – von der mündlichen zur schriftlichen Kultur – im Mittelalter barg. Durch Jahrhunderte der Alphabetschriftkultur hindurch verinnerlichten Menschen das Textmodell und übertrugen es auf ihre eigene Lebensgeschichte. Heute ist der Computer dabei, diesen verinnerlichten Text auszulöschen und das Modell des Bildschirms an seine Stelle zu setzen. Die Umstellung hat die psychische Umwelt hervorgebracht, in der die gefühllosen, teilnahmslosen Jugendlichen gedeihen, für die das Menschenleben zur Billigware geworden ist.

Mit einem Vergleich aus dem Bereich der Medizin könnte man über den pervertierten Zustand des heutigen Erziehungswesens sagen, daß hier Ärzte ihren Patienten Gift verabreichen. Lehrer versuchen mit Hilfe von Computern und Textverarbeitungsprogrammen ihre Schüler aus den Klauen des Analphabetismus zu retten. Aber ihre Patienten werden dabei immer kränker. Fast siebzig Millionen Amerikaner sind nicht in der Lage, die aufgedruckte Warnung auf dem Etikett einer Arzneiflasche zu entziffern oder durch einen Zeitungsartikel hindurchzufinden. Die Mehrheit davon sind nicht Schwarze oder Mexikaner oder Zugewanderte: Es sind im Lande geborene Weiße. In der Schule werden Kinder zwar in immer früherem Alter im Lesen unterrichtet, aber spätestens in der vierten Klasse beginnen die Leistungen auf diesem Gebiet bei den meisten nachzulassen. Der Notendurchschnitt bei Lesetests ist im Lauf des vergangenen Jahrzehnts von Jahr zu Jahr gesunken. Über 15 Prozent der High-School-Absolventen in Großstädten bringen es im Lesen nicht über Sechstkläßlerniveau hinaus. In puncto Alphabetisierungsgrad der Bevölkerung rangieren die USA unter den 158 UNO-Mitgliedstaaten lediglich an 59. Stelle.[3] Die zweithäufigste Todesursache bei den Halbwüchsigen dieses Landes ist Mord: Schon Kinder schießen sich gegenseitig nieder. (Todesursache Nummer eins ist der Straßenverkehr.) Im Sommer 1993 gab die Harvard School of Public Health eine Umfrage unter rund 2500 Schülern in Auftrag; das Spektrum der Befragten reichte von Sechstkläßlern bis zu High-School-Absolventen kurz vorm Abschluß. Jeder Zehnte gab an, schon einmal angeschossen worden zu sein oder auf jemanden geschossen zu haben. 15 Prozent bekannten, im Jahr 1992 beim Schulbesuch eine Waffe mit sich geführt zu haben. 35 Prozent meinten, sie würden nicht alt werden: Sie rechneten damit, eher früher als später erschossen zu werden. 40 Prozent sagten aus, daß sie täglich das Gefühl hätten, durch Feuerwaffen bedroht zu sein. 60 Prozent gaben an, wenn sie wollten, könnten sie sich jederzeit eine Handfeuerwaffe beschaffen; einige brüsteten sich, sie würden dazu nicht länger als eine halbe Stunde brauchen. Niemand weiß, wie viele Jugendliche heute von irgendeiner harten Droge abhängig sind. Die Einkaufszeile, nicht die Schule ist heute Hauptschauplatz der Einweisung Jugendlicher ins Erwachsenendasein.[4]

Allen derartigen Statistiken zum Trotz geht das hektische Bemühen, jedes Kind an einen IBM- beziehungsweise »IBM-kompatiblen« oder einen Apple-Computer anzukoppeln, ungebremst weiter. Die Schulkommissionen versuchen für ihren Bezirk so viele staatliche Fördermittel für Hardware-Ausrüstung wie nur möglich loszueisen. Täten sie es nicht, würden sie sich in den Augen der Öffentlichkeit dem Verdacht der Pflichtvergessenheit aussetzen. Der Bezirk liefe Gefahr, den Eindruck der Rückständigkeit zu erwecken. Eine Art Schwindelgefühl hat eingesetzt, ein euphorischer

Taumel: der Computer wird schon alles richten. Im Überschwang der Begeisterung verwechseln die Lehrer technologische Innovation mit Fortschritt und Erfolg. Werfen wir einen Blick auf die Schule der Zukunft, genauer: der allernächsten Zukunft, und noch genauer: des Jahres 2000, wie sie uns in einem Buch mit dem Titel *Educational Renaissance* (Die Renaissance des Erziehungswesens) vorgestellt wird. Darin schreibt der ehemalige kalifornische Schulinspektor Bill Honig, lange Zeit einer der progressivsten Pädagogen des Landes:

> In naher Zukunft werden die amerikanischen Schulen sich dramatisch verändert haben und ebenso unser Verhältnis zu ihnen. Äußerlich werden sie größtenteils noch dieselben Bauten aus Backsteinen und Glasziegeln sein – buchstäblich dieselben, da die Hälfte schon beinahe fünfundsiebzig Jahre alt ist. Aber im Innern wird der Wandel mit Händen zu greifen sein: Die Klassenzimmer werden angefüllt sein mit Personalcomputern und anderem High-Tech-Lerngerät. Die Unterrichtsmethoden werden sich im Sinne unseres wachsenden Verständnisse des Lernprozesses gewandelt haben.[5]

Das Problem des zunehmenden Analphabetismus glauben die Verfasser des Buches mit Draufsatteln lösen zu können: »Ein direkt ins Haus geliefertes landesweites Alphabetisierungsprogramm auf der Grundlage von CAI [*computer-assisted instruction*, ›rechnergestütztes Lernen‹] könnte unter Umständen beachtliche Durchbrüche bei diesem gewaltigen Problem erzielen.« Ein anderes Buch gleichen Tenors aus jüngerer Zeit trägt den Titel *Smart Schools, Smart Kids* (Schlaue Schulen, schlaue Kinder), zu dem der Autor sich von dem Ausdruck *smart machines* (schlaue Maschinen) hat inspirieren lassen, einer saloppen Bezeichnung für »lernfähige« Computer, das heißt Rechner, die so programmiert sind, daß sie aufgrund neuen Inputs den Datenverarbeitungsmodus selbsttätig ändern können. Wenn wir dem Autor glauben dürfen, muß der Computer jetzt in den Klassenzimmern pädagogisches Hilfsmittel Nummer eins werden, sollen die amerikanischen Schulen jemals hoffen können, »schlaue Bürger« zu produzieren.[6]

Mir geht es hier um fundamentalere Dinge als eine Jugendgeneration, der das Geschick für den Umgang mit Buchstaben abhanden kommt. Darauf brauchen wir keine Zeit und Aufmerksamkeit zu verwenden. Entweder lesen die Leute, oder sie lesen nicht. Pädagogen und Politiker haben schon genügend Argumente für das Buch zusammengetragen. Lesen und Schreiben kann man jemandem auf vielerlei Art und Weise in ziemlich kurzer Zeit beibringen. Im Zentrum meines Interesses steht das, was am Herzen der Schriftkultur frißt wie Blakes »unsichtbarer Wurm, der nächtens fliegt«. Ausgerechnet im Namen des Ziels, das Problem dingfest zu machen, sind wohlmeinende Pädagogen wie Cetron und Gayle selbst zu einem Teil des Problems geworden. Im Namen des Fortschritts haben sie jungen Leuten mit ihrem Draufsatteln auf die pädagogische Computerseligkeit Extradosen der falschen Medizin eingeflößt.

Was not tut, ist eine radikale Neubestimmung von Literalität, die der Tatsache Rechnung trägt, daß die Oralität bei der Ausformung der Literalität eine grundlegende Rolle spielt. Was not tut, ist eine radikale Neubestimmung der Konsequenzen, die es für eine Gesellschaft hat, wenn sie einerseits den Anschein einer integralen Schriftkultur wahrt, andererseits jedoch das Buch aus der Rolle der Leitmetapher hinausdrängt. Wir müssen begreifen, was geschieht, wenn der Computer die Funktion der Hauptmetapher zur Veranschaulichung des Selbst übernimmt und in dieser Eigenschaft an die Stelle des Buches tritt. Ich kann die Wichtigkeit dieses innersubjektiven Raums, in dem das Selbst residiert, nicht darlegen, ohne vor Augen zu führen, wie derlei Innerlichkeit aus der Literalität geboren wurde. Zu diesem Zweck muß ich auf die ins Mittelalter datierende Wandlung des Manuskripts – Schriftzeilen auf Pergament –

zum Text eingehen, denn er ist es, den die Leser sich einverleiben und der dadurch zum »Ingestum« (um es in der Terminologie der Mediziner zu sagen) – zur verinnerlichten *Gestik* – wird.

Man stelle sich zwei Gemälde vor, die beide ein und dasselbe Sujet abbilden: einmal in aperspektivischer und einmal in zentralperspektivischer Darstellung, und ermesse im Geist den Unterschied zwischen den zwei Bildern. Die Ablösung des Manuskripts durch den Text stellt einen Wechsel von solchen Ausmaßen in der volumetrischen Dimension dar, daß sie mit unwiderstehlicher Gewalt in jedem »Alphabetisierten« – des Lesens und Schreibens Kundigen – das Aufbrechen des inneren Raums erzwingt. Ein jeder »rundet sich« gewissermaßen, geht aus der Zweidimensionalität zum Dasein in voller Räumlichkeit über. Dabei macht es nicht viel aus, wenn der einzelne gar nicht lesen kann. Denn des Lesens und Schreibens Kundige wie Unkundige verinnerlichen gleichermaßen den Text und schreiben einer wie der andere auf ihm die Darstellung ihres Lebens nieder. Hier ist der Ort, wo Geschehnisse zur Erinnerung verfestigt werden, Taten und Missetaten dem Gericht eines Doppelgestirns verinnerlichter Regulatoren namens Gewissen und Schuldbewußtsein unterworfen werden. Verfasser dieses Texts ist das Selbst. Und mit diesem Selbst stehen des Lesens und Schreibens kundige – »alphabetisierte« – Menschen in fortwährendem stummen Zwiegespräch.

Bis ins ausgehende siebte Jahrhundert war stummes Lesen ein Ding der Unmöglichkeit. Jede schriftliche Aufzeichnung – sei's auf Wachstafeln, Papyrus oder Pergament – war eine ununterbrochene Buchstabenkette. Die einzige Möglichkeit, dem Schriftbild Sinn abzugewinnen – das heißt, die kontinuierliche Lautfolge in Wörter zu zerlegen –, bestand darin, die einzelnen Zeilen langsam laut zu sprechen und darauf zu hoffen, daß man dabei die Lautfolge in identifizierbare Einheiten, Wörter, aufspalten würde. Wörter sind schließlich nichts anderes als abgegrenzte Lautfolgen. Zur Niederschrift bestimmte Sätze wurden dem Schreiber in einem klassischen Rhythmus, dem sogenannten *cursus*, diktiert. Derselbe Rhythmus verlieh später der Schreibkunst mit der *Kursiv-* oder *Kurrent*schrift Eleganz und Tempo.[7]

Mit der Einführung von Wortbegrenzungszeichen – in Form von leerem Raum zwischen den einzelnen Wörtern – wurde die Herstellung von Handschriften erleichtert. Nach wie vor diktierten Mönche den Schreibern; aber nachdem die Wörter jetzt durch Zwischenräume getrennt waren, konnten die Schreiber weitere Abschriften stumm und nach dem Schriftbild anfertigen. Des Lesens nicht mächtige Schreiber waren die besseren Kopisten, weil bei ihnen der Sinn des Geschriebenen nicht der manuellen Akribie in die Quere kam. Ein heutiger Leser kann sich keine Vorstellung von der Bedeutung dieses Wandels machen. Wie eine große Straße, die sich durch die Landschaft zieht, hier die Grenze zwischen zwei Kreisen und dort zwischen zwei anderen markiert und so das Land in Verwaltungseinheiten zerschneidet, so arbeitete sich der leere Raum durch die Buchstabenkette und zerlegte sie in Einheiten von identifizierbaren Wörtern.

Was für eine Art Raum sind diese Leerstellen? Zweifellos kein toter Raum – nichtig und nichtsbedeutend –, sondern aktiver Zwischenraum, der Wörter sichtbar, Gedanken verstehbar macht. Nur indem sich solche Leerstellen auf der Seite auftun, wird Lesen als individualisierte rhythmische Aktivität möglich. Wortabstände müssen als eine unentbehrliche dynamische Leere verstanden werden. Im Gegensatz zu Sprechen und Zuhören können Lesen und Schreiben für den Ausübenden zu Erlebnissen werden, die ihn in hochgradige Vereinzelung führen. Was sie zu Faszinosa macht, ist nicht zuletzt der leere Raum, der sich in jedem Menschen in so dynamischer Weise verlebendigt und in dem das Bewußtsein des Lesers, sein Selbst, ins Dasein tritt. Zwischen Leser und Text besteht ein kompliziertes Verhältnis wechselseitiger Durchdringung: Während der Leser, indem er sich die geschilderte Welt vorstellt, in den Text eindringt, durchdringt seinerseits der Text – das Wort *und* die Leere – das Innerste des Lesers.

Im zwölften Jahrhundert kommen in der Handschriftengestaltung etliche Dutzend Neuerungen auf, welche die Sichtbarkeit des Texts erhöhen, indem sie ihm neue Dimensionen hinzufügen, und die so im selben Sinn wie die vorausgegangene Schaffung der Wörter wirken. Als Wegweisung für das Lesen schalten die Mönche Kapitelüberschriften und in die Kapitel dann noch Zwischenüberschriften ein. Kapitel- und Verszählung soll das Auffinden einzelner Stellen erleichtern. Zitate werden andersfarbig unterstrichen, damit sie sich vom übrigen Text abheben. Unter den Anfang einer Zeile, in der ein Sinnwechsel auftritt, wird jetzt ein horizontaler Federstrich gesetzt – der Anfang der Absatzgliederung (Absatz, ursprünglich spätlateinisch *paragraphus*, von griechisch *pará-graphos*, »das Danebengeschriebene« = die danebengeschriebene oder beigeschriebene Linie).

Ein solchermaßen gegliedertes Buch konnten die Mönche nun auch mit einem Eingangstor zu der »Materie«[8] des Werks versehen: Ein Inhaltsverzeichnis mit Seitenzahlen bildet nun gleichsam den Vordereingang. Interessanter ist die Entstehungsgeschichte des Hintereingangs. Stieß ein Mönch in einer Handschrift auf eine wichtige Stelle, pflegte er in der Regel eine Hand an den Rand zu zeichnen, die mit ausgestrecktem Zeigefinger auf die bewußte Stelle deutete, damit nachfolgende Leser nichts Wichtiges übersähen. (Diese Praxis lenkte zugleich eine aufs Geratewohl vorgehende Leseweise in systematischere Bahnen.) Im zwölften Jahrhundert trugen Mönche diese Verweise auf Schlüsselstellen zusammen und plazierten sie in alphabetischer Reihenfolge an den Schluß des Buches – als eine Sammlung von Zeigefingern oder, anders gesagt, als »Index« (zu deutsch: Register; *index* = lateinisch für »Zeigefinger«). Damit hatte das Buch ein Vorn und ein Hinten und war dazwischen aufgelichtet. Ein Leser mußte es nicht mehr ganz durchlesen, um herauszufinden, was es enthielt, sondern konnte es nach Gutdünken und Bequemlichkeit nutzen. Die neugeschaffene Textform wurde zu einem nützlichen Werkzeug, zu etwas, in das die Leser sich hineinbegeben und in dem sie sich umtun konnten wie in einem Sakralbau, das Innere auf Wandel-, Um- und Durchgängen durchstreifend, die durch spezifische Formen von Leerraum geschaffen worden waren – durch Raum zwischen den Kapiteln, den Absätzen und schließlich auch den Wörtern. Bis zum siebzehnten Jahrhundert dann hatten Bücher, nachdem sie zuvor in gewaltigem – »voluminösem« – Strom aus der Druckerpresse zu fließen begonnen hatten, sich zu solch erkennbar architektonischer Form entwickelt, daß man das Wort *volumen* nicht nur für Bücher, sondern auch für architektonische Innenräume gebrauchte.

In der spätromanischen Baukunst hat sogar schon der Teufel angefangen, aus der neugeschaffenen Textform Profit zu ziehen. Standbilder zeigen ihn beim Protokollieren von Taten, Worten und Gedanken der Menschen. Er schlägt Kapital aus einer der wichtigsten Empfindungen, die die neugeschaffene Innerlichkeit bevölkern, dem Schuldgefühl. Vielleicht kann er dem einen und anderen für etwas Erleichterung die Seele abkaufen. Auf jeden Fall ist er zu einem Sündenregister führenden Schreiber geworden. Und auch die Kirche begann jetzt, wie gezeigt, mit einer genaueren Buchführung. Lesen-und-schreiben-Können erschafft im Menschen einen neuen Erinnerungssinn, der gleich einem Buch nach Belieben zu Rate gezogen und im Rahmen der Beichte nacherzählt werden kann. Man kann ihn »Selbst« nennen, diesen unsichtbaren Sprecher, der jedem die eigene Lebensgeschichte vorsagt wie ein Diktierender. Man kann sie »Gewissen« nennen, diese Registratur, in der die Protokolle unserer bösen Taten, Worte und Gedanken abgelegt sind. Einerlei, wie er genannt wird: es ist derselbe Text, den Freud als Hilfsmittel ausschlachtete, wenn er die Lebensgeschichte seiner Patienten ans Licht zog. Es ist derselbe Text, den wir Zeitgenossen der Gegenwart zuweilen in ganz unvorhergesehener Weise zum Einsatz bringen. Denken wir beispielsweise an das Phänomen der Wortassoziation, bei der eine Vorstellung uns plötzlich an eine andere, ähnliche denken läßt, als ob wir quasi in einem inneren Register nachgeschlagen hätten.

Ich wiederhole: Was mich besorgt macht, ist nicht einfach, daß der Computer – das Textverarbeitungsprogramm – die volle Ausbildung von Lese- und Schreibkenntnissen behindert. Die Degradierung der Sprache zur »Kommunikation« mitsamt den dazugehörigen Neusprech-Phrasen wie der von der »Schnittstelle«, die man zu einem anderen Menschen habe, oder der vom »Zugang« zu einer Idee stellt lediglich den am stärksten konventionalisierten Aspekt eines ernsteren Problems dar. Meine Sorge gilt nicht dem, was das Computer-Textverarbeitungsprogramm noch alles an Nivellierung im schriftlichen Ausdrucksstil unserer Jugend bewirken oder welchen gewohnheitsmäßigen sprachlichen Faulheiten und Bequemlichkeiten er Vorschub leisten könnte. Ich warne vor etwas in einer sehr viel tieferen Dimension Angesiedeltem – vor dem Kollaps der Innerlichkeit, des in der Alphabetisierung gründenden Seelenraums. Auf der Schwelle zu diesem Ereignis stelle ich die Frage: Was geschieht, wenn der alte Raum, dessen Architektur und Logik und Normen durch verschriftete Sprachlaute erzeugt sind, verdrängt wird durch einen elektronisch erzeugten Raum, dessen Ordnung zentriert ist um die Fähigkeit, digitalisierte, in »Bytes« umgewandelte Information zu speichern und zu manipulieren – und zwar unter anderem auch Bytes von Sprachlauten?

Manche Jugendliche sind übel dran. Über die Schule verbittert, brechen sie bereits in der fünften oder sechsten Klasse ab, mit Schreibkenntnissen, die gerade für ein paar einfache Sätze ausreichen. In Ermangelung des kritisch-reflektierenden Denkens, wie es auf dem Humus der Literalität gedeiht, sind sie nicht in der Lage, ihre Wahrnehmungen zu gewichten, und gehen als prädestinierte Opfer durch das Leben, den vom Fernsehschirm oder von der Kinoleinwand herabflutenden Bildern wehrlos ausgeliefert – Bildern, deren Inhalt großenteils Gewalt und Sadismus sind. Für dieses neue analphabetische Bewußtsein hätten die im Lesen und Schreiben versierten Leser meines Buches erst noch ein geeignetes Vokabular zu entwickeln. Wichtig ist, sich daran zù erinnern, daß die Zeitgenossen, die in gedruckten Worten die Energien und Traditionsbrüche der postmodernen Elektronikkultur feiern, ihr Schreibhandwerk auf dem Niveau einer hochentwickelten Literalität betreiben. Daß sie dank ihrer Lese- und Schreibkenntnisse die freie und souveräne Entscheidungsgewalt über den Inhalt ihres Vorstellungsrepertoirs besitzen. Ewig fremd bleibt eine solche Entscheidungsgewalt oder Entscheidungsfreiheit den analphabetischen Jugendlichen, die sich einer endlosen Flut elektronischer Bilder ausgesetzt sehen.

Für Kinder, die Machtgefühl in sich spüren und genausoviel Macht wie die Erwachsenen um sie herum haben wollen, nehmen diese Bilder den Rang kultureller Ikonen an. Schließlich kommen Dirty Harry und der Terminator ungeschoren davon, wenn sie morden. Gedankenlos und kaltschnäuzig besorgen viele Jugendliche sich Waffen, werfen die momentan schicke Droge ein und lungern in Einkaufszentren oder Spielhallen herum. Sie sind nur auf eines aus, und das ist Nervenkitzel. Sie fühlen sich rauschhaft aufgepulvert, wenn sie diese Bilder entfesseln, die in ihrem Kopf flimmern.

Von Büchern halten diese Kinder nichts. Lese- und

Schreibkenntnisse sind für sie etwas Feindliches, ein Kontrollinstrument in den Händen derer, die Macht über sie ausüben. In der Vergangenheit waren sich Analphabeten bewußt, daß es ein höheres Befähigungsniveau als das ihre gab, und fühlten sich durch ihr Unvermögen, dieses zu erreichen, stigmatisiert. Aber heute hat eine große Zahl junger Leute es ganz aufgegeben, sich mit dem Buchstabenwesen herumzuschlagen oder sich durch die Feinheiten eines Satzes oder eines Abschnittes in einem Buch durcharbeiten zu wollen, von einer verwickelten Argumentation ganz zu schweigen. Diese jungen Leute haben dem Buch den Rücken gekehrt. Sie glauben längst nicht mehr an die Macht und die Kraft – oder überhaupt an irgendeine Wirksamkeit – des Lesen-und-schreiben-Könnens. Die Hoffnungslosesten unter ihnen verhalten sich wie junge Soziopathen und begehen ohne Gewissensbisse oder Schuldgefühle antisoziale Verbrechen übelster Sorte. Sie werden für Jugendbanden »gekeilt«, rauchen mit ihren Kumpeln Crack, »knallen« aus dem fahrenden Auto heraus Unbekannte »ab«, unternehmen Raubüberfälle auf Ladengeschäfte oder Autofahrer, liefern sich Schlägereien und Schießereien und beenden diese »Karriere« zum größten Teil geistesgestört oder tot.

Diese Kinder sollten für uns Anlaß zum Erschrecken sein. Doch andere Opfer – diejenigen, die ihre Wunden verbergen – sollten uns ebensosehr beunruhigen. Wir sollten nicht minder erschrecken über Kinder, die Tag für Tag starr vor Langeweile vor dem Lehrer und Abend für Abend starr wie ein Brett vor dem Fernsehapparat sitzen (so daß die abendliche Unterhaltung zur raffinierten Vorbereitung auf den Arbeitsalltag in der Schule gerät). Solche Kinder treiben sich zwar nicht auf der Straße herum, sie haben jedoch lediglich eine akzeptablere, unauffälligere Form der vorzeitigen Beendigung ihrer Schulausbildung ausbaldowert. Diese Kinder wären gern überall, nur nicht da, wo sie gerade sind. Furcht oder Gewohnheit oder ihre Willenskraft bewirkt, daß sie bei der Stange bleiben und weitermachen. Per saldo ist diese stumme, schwelende Unzufriedenheit jedoch genauso destruktiv wie der Eintritt in eine Bande. Der Analphabetismus übt sein Zerstörungswerk auf jeder gesellschaftlichen Ebene.[9]

Mit Westeuropas Eintritt in die Literalität im zwölften Jahrhundert wurde jedermann in diesem Teil des Kontinents – wer lesen und schreiben konnte, und wer es nicht konnte – »alphabetisiert«. Sätze, die auf dem Boden literarischer Bildung erwachsen waren, Urkunden, Beglaubigungen, Akten, Verträge in Schriftform – das alles prägte im Hochmittelalter die Wahrnehmungsweise auch von Analphabeten. Das Alphabet brachte dramatische Änderungen sozialer Schemata hervor. Treue-, Macht- und Besitzverhältnisse gerieten jetzt in funktionale Abhängigkeit vom Alphabet. In oralen Kulturen war der Eid ein Sonderfall des Ehrenworts: »Ich gebe mein Wort darauf.« Ein Mann legte die Hand auf seinen Bart oder seine Hoden, eine Frau umschloß ihre Zöpfe mit der Hand, und die dabei gesprochene Formel band den ganzen Stamm, die ganze Gruppe in die Haftung ein: »Der Blitz möge meine Sippe treffen, mögen Pest und Hungersnot sie ausrotten, wenn ich mein Wort breche.« Derlei Eide wurden nun durch Dokumente von unerschütterlicher Rechtsverbindlichkeit ersetzt. Das Dokument verwickelte nicht die gesamte Gruppe in die jeweilige Angelegenheit, sondern erlangte seine bindende Kraft schon und nur durch die Unterschrift eines einzelnen, der mit seinem eigenhändigen Namenszug einzig als Individuum Verantwortlichkeit für alles in dem Dokument Niedergelegte beanspruchte.

Auch die Kategorie des Eigentums wandelte sich. In einer oralen Kultur gibt es de facto keine Eigentümer. Vielmehr be-sitzen die Menschen dies und das – ein Stück

Land, ihr Hab und Gut –, insofern sie es (teils sogar im buchstäblichen Sinn: mit dem eigenen Hintern) be-setzt halten. Für das Vorrecht, etwas von Wert – beispielsweise ein Stück Land – in Besitz zu nehmen, pflegte man im Regelfall etwas von Wert abzugeben oder etwas zu tun (einen *Akt* zu vollbringen). In der auf Literalität gegründeten Kultur kann man einen Besitz*anspruch* haben, weil man einen Besitz*titel* hat: ein Stück Papier (eine *Akte*), in dem das Stück Land verkörpert ist.

Analphabeten wurden in das neue Schema einbezogen, weil die Literalität alles überspülte wie ein mächtiger Strom und fortan den Ton angab. Das Grundgestein der Oralität ist noch an seinem Platz, aber die Literalität schafft sich mit Gewalt neue und breitere Kanäle. So zum Beispiel mußten Analphabeten lernen, als eigenhändige »Signatur« irgendein charakteristisches Zeichen auf ein Papier, eine Urkunde zu setzen. Sie bekamen Verfügungen und Erlasse auf dem Wege »schriftlich mitgeteilt«, daß sie ihnen von einem berufsmäßigen Vorleser – zuweilen in der Volkssprache – in kleinen Gruppen vorgelesen wurden. Mit einem Wort, auch Analphabeten wurden alphabetisiert. Die Literalität führte das Regiment über ihr Alltagsleben.

Genauso sieht sich heute jeder Mann, jede Frau, jedes Kind in unserem Land, ob Computerbenutzer oder nicht, mit der Aussicht konfrontiert, rapide »computerisiert« zu werden. Will sagen: Menschliches Verhalten übernimmt die »Sprache« des Computers, es tendiert dazu, sich dessen »Programmierstil« anzugleichen – Erfahrung mutiert zu Entweder/oder-, Ja/nein-Entscheidungen. Der Slogan »Sag einfach nur nein zu Drogen« kommt direkt aus diesem computerisierten Bewußtseinsraum – als ob das alles wäre, was nötig ist, um Suchtverhalten abzuwehren: *einfach nur* »Sag einfach nein!« zu sagen. Simplifizierende Reaktionen aller Art – die pauschale Bejahung des Golfkriegs, die Ausgrenzung von Aids-Kranken – scheinen auf gespenstische und beunruhigende Weise das binäre Grundprinzip von Computerprogrammen nachzubilden: die Reduktion komplexer Probleme auf einfache Alternativen.

Auf die Begegnung mit dem Computer sind die meisten jungen Leute heute von klein auf vorbereitet, und zwar besser als auf das Lesen und Schreiben. In den USA ist ein Ausbildungssystem für den Umgang mit Elektronikgerät entstanden, das so gründlich funktioniert, als ob in jedem Haushalt rund um die Uhr ein Lehrmeister für das Fach »Elektronikkonsum« Dienst täte.

Nachdem sie diese informelle Schulung erfolgreich absolviert haben, sind die jungen Leute reif für den Computer mit Textverarbeitung. Der oder die durchschnittliche Achtzehnjährige von heute hat seit seinem/ihrem sechsten Lebensjahr rund 16000 Stunden vor dem Fernsehapparat, weitere 4000 Stunden mit dem Anhören von Radioprogrammen und CDs und dazu noch etliche tausend Stunden im Kino verbracht. Diese Jugendlichen haben in die Beschäftigung mit Medien irgendwelcher Art mehr Zeit investiert als in den Schulbesuch oder das Zusammensein mit ihren Eltern. Innerhalb von nicht einmal zwei Jahrzehnten hat der Fernsehkonsum der Sechs- bis Achtzehnjährigen um mehr als 70 Prozent zugenommen: er stieg von täglich 2,8 Stunden im Jahr 1967 auf täglich 4,7 Stunden im Jahr 1983.[10] Ein Kind, das eben sieben geworden ist und seit einem oder zwei Jahren die Schule besucht, fühlt sich im Klassenzimmer noch ein wenig fremd. Dagegen hat dasselbe Kind bereits eine tiefe Verehrung für den Fernsehbildschirm entwickelt. Es ist nicht nur zu einem erfahrenen Zuschauer, sondern auch zu einem behaglich seine Rolle genießenden Spanner geworden, der aus sicherer Entfernung beobachtet, wie geisterhafte Gestalten erscheinen, interagieren und wieder verschwinden.

Information erreicht die Jugendlichen von der Mattscheibe herunter in Form von »Sitcoms«, Features, Dokumentarsendungen, kurzum, in Form von Unterhaltung. Noch die ernstesten Inhalte werden, wie Neil Postman in seinem Buch *Wir amüsieren uns zu Tode* gezeigt hat, im Fernsehen als Unterhaltung präsentiert.[11] Zwangsläufig. Das Fernsehen ist Bilderwelt und Spektakel. Es muß zu vielen großen Tieren der Industrie, zu vielen Werbekunden und Sponsoren in der Welt des Big Business gefallen. Auch das Wesen des Mediums selbst bremst wirksam die Entfaltung von Ernsthaftigkeit. Durchschnittlich alle 3,5 Sekunden blitzt auf der Mattscheibe ein neues Bild auf. Ein derartiges Tempo – das ihnen von den Handlungsabläufen in Comics her bekannt ist – erzeugt in Kindern ein rauschhaftes Unterhaltensein, bei dem der Inhalt der jeweils laufenden Sendung gar nicht ins Gewicht fällt. Das Fernsehen läßt dem Zuschauer nicht ausreichend Zeit, die Information, die sich vor seinen Augen entrollt und an sein Ohr schlägt, angemessen zu verarbeiten: 3,5 Sekunden, das ist ein bißchen zuwenig, als daß der Verstand hier eine Chance hätte, mit seinem Instrumentarium und seinen Maßstäben zum Zuge zu kommen. Argumentation wird durch Gewitzel, Analyse durch sture Behauptung ersetzt.

Neil Postman meint dazu: »Mir geht es [...] nicht darum, daß das Fernsehen unterhaltsam ist, sondern darum, daß es die Unterhaltung zum natürlichen Rahmen jeglicher Darstellung von Erfahrung gemacht hat.« Gleichgültig, was gezeigt wird, heißt es bei Postman weiter – Situationskomödien, Nachrichten, Dokumentarsendungen, ein Staatsbegräbnis oder auch ein Krieg –, »die Grundannahme ist stets, daß es zu unserer Unterhaltung und unserem Vergnügen gezeigt wird«.[12] Auf den Inhalt kommt es dabei nicht groß an. Nehmen wir das Wort »Programm« in seiner Bedeutung »Ablaufplan«, dann ist das Fernsehprogramm ein Ablaufplan, bei dem es mehr auf den Ablauf als solchen ankommt als auf die Frage, was denn da abläuft.

Sobald das Kind in die – niemandem in seiner Umgebung und ihm selbst zuallerletzt bewußte – informelle Früherziehung zum Elektronikkonsumenten eintritt, die mit dem ersten Fernsehkonsum beginnt, sind die Weichen für die Entwicklung seiner kognitiven Orientierung gestellt: Die Fahrt führt von jetzt an in Richtung einer ganz bestimmten Psychostruktur, zu der auch ein in sich geschlossener Komplex von Werten, Zielsetzungen und Grundüberzeugungen gehört. Das Kind wird auf ein Realitätskonzept verpflichtet, das sich aus den Simulationen auf einer flimmernden Mattscheibe speist. In dieser Realität sind die Subjekte von Emotionen nicht lebende Menschen, Menschen aus Fleisch und Blut, sondern die *Abbilder* lebender Menschen – verkleinert, leuchtend, aber gleichwohl als *simulacra* von wirklichen Menschen identifizierbar.

Das Fernsehen bildet eine virtuelle Realität. Von jenem folgenschweren Augenblick an, da es zum erstenmal mit ihr in Berührung kommt, hat das Kind Mühe, den Weg in die Welt der Bücher zu finden. Das Fernsehen richtet zum Stillsitzen und Zuschauen, zum Mundhalten und Zuhören ab und zur passiven Hinnahme des Gesehenen wie des – von der elektronisch erzeugten Simulation menschlicher Stimmen übermittelten – Gehörten. Der Zuschauer hat nicht die Möglichkeit zu antworten. Er übt die Kontrolle aus, indem er die Knöpfe einer »Fernbedienung« drückt, die griffig in seiner Hand liegt. Darin liegt eine gewisse Macht – und zugleich ein Vorgeschmack der Macht, die von einem anderen, sich ebenfalls griffig in die Hand schmiegenden Instrument ausgeht.

Das Erlebnis der Fernwirkung eigenen Tuns vergißt sich nicht so leicht, denn über kleinste Hand- und Fingerbewegungen wird heutzutage Entscheidungsmacht realisiert – mittels TV-Fernbedienung, PC-Tastatur, Joystick. Wenn es nach der Kabelfernsehgesellschaft Discovery Communications geht, werden die Zuschauer bald die Wahl unter knapp fünfhundert Kanälen haben. Doch selbst fünfhundert Kanäle stellen keine echte Wahlmöglichkeit dar, denn wie Postman und andere Kritiker einwenden, werden alle Programme nach dem gleichen Rezept zubereitet. Vor dem Fernsehapparat kommen Kinder zu der Überzeugung, daß jemanden abzuservieren genauso einfach ist und genausowenig zu bedeuten hat, wie wenn man auf der Mattscheibe jemanden abschaltet, indem man den Kanal wechselt.

Das Wesen des kindlichen Spiels hat in den vergangenen zwanzig Jahren eine tiefgreifende Veränderung erfahren. Die Kinder, die sich einem Videospiel zuwenden, sind nicht mehr von derselben Art wie die Kinder, die früher in irgendeinem Hinterhof oder Sandkasten spielten. Auf einem unbebauten Grundstück hatte ein Junge vielleicht einen spontanen Einfall für ein Spiel, den er seinen Kameraden vorlegte, oder man schuf die Regeln für ein Spiel bei zunächst ungeregeltem gemeinsamen Spielen nach der Versuch-und-Irrtum-Methode, oder jemand schlug ein Spiel vor, dessen Regeln er anderswo kennengelernt hatte. In solchen Spielen entfaltete sich meist eine demokratische, egalitäre Geisteshaltung. Beim phantasiegeleiteten Kinderspiel bleibt ja nichts starr und fixiert. Die Kinder bilden Parteien, wobei sie sich große Mühe geben, nach Fairneßregeln zu verfahren und durch gerechten Ausgleich Chancengleichheit zu schaffen – zwei Große gegen drei Kleinere, zwei gute Läufer gegen vier weniger gute usw.

Spätestens wenn ein Kind den Schalter betätigt, der ein Videospiel wie Pac-Man, Robotron, Bad Dudes, Space Invaders oder Super Mario Brothers 2 in Gang setzt, beginnt es die Rolle, die ihm in all den vielen vor dem Bildschirm verbrachten Stunden eingetrichtert wurde, praktisch auszuüben. Für ein solches Kind geht die Sehnsucht, in eigener Person in die elektronische Welt *einzutreten*, in Erfüllung. Jetzt scheint es aktiv, ja sogar »interaktiv« am Geschehen in dieser Wunderwelt teilnehmen zu können. Aber das ist nicht der Fall. Vielmehr hat es sich einem zehntausend Kilometer weit weg jenseits des Ozeans ansässigen Unternehmen gegenüber stillschweigend bereit erklärt, sich den in das Spiel einprogrammierten Regeln zu unterwerfen. (In diesem Zusammenhang ist interessant, daß Fernsehsendungen [im Englischen] als »Programme« bezeichnet werden, so als ob man sich beim Fernsehen im klaren darüber wäre, daß in jedem Augenblick jedes Sendetags die Spielregeln das eigentliche Thema sind. So gesehen unterscheiden sich eine Fernsehsendung und ein Videospiel nur geringfügig.) Einem Kind mag es Spaß machen, sich mit seinem Nintendo Game Boy die Zeit zu vertreiben, aber dieses Kind *spielt* nicht, das ist ganz sicher. Hier fehlt ein ganz entscheidendes Moment, nämlich die Möglichkeit für das Kind, Bedingungen und Regeln des Spiels selbst zu bestimmen. Ein Spiel wird zum Spaß, wo die Regeln zuvor zwischen den spielenden Parteien einvernehmlich ausgehandelt wurden, oder wo sie ein bißchen gelockert werden oder ganz entfallen können. Die Nintendo-Spielregeln üben ihre Herrschaft so unumschränkt und verbissen wie ein totalitäres Regime aus.

Die Einsichten von Roger Caillois und Johan Huizinga, zwei Autoren, die ausführlich über die sozialen Mechanismen des Spiels geschrieben haben, lassen keinen Zweifel daran, daß der Computer das diametrale Gegenteil des Spiels verkörpert.[13] Im Anschluß an Platon siedeln Caillois und Huizinga das Spiel auf den höchsten Ebenen der menschlichen Geistesentfaltung an, auf gleicher Höhe mit dem religiösen Ritual. Insbesondere Huizinga ließ es sich angelegen sein, zu zeigen, daß Kinder ihre Spiele auf geweihtem Raum situieren, so daß kein Unterschied besteht zwischen dem »Abstecken [eines Raums] zu geweihtem Zweck oder zu reinem Spiel«:

> Unter den formalen Kennzeichen des Spiels war die räumliche Heraushebung der Handlung aus dem gewöhnlichen Leben das wichtigste. Ein geschlossener Raum wird materiell oder ideell abgeson-

dert, von der täglichen Umgebung abgesteckt. Dort drinnen vollzieht sich das Spiel, dort gelten seine Regeln. Absteckung eines geweihten Flecks ist auch das allererste Kennzeichen einer jeden geweihten Handlung. Diese Forderung der Absonderung ist im Kult, einschließlich der Magie und des Rechtslebens, von weit mehr als nur räumlicher und zeitlicher Art. Beinahe alle Gebräuche von Weihung und Einweihung bringen für die Ausführenden und die Einzuweihenden künstliche Ab- und Aussonderungssituationen mit sich. Überall, wo von Gelübde, von Aufnahme in einen Orden oder eine Bruderschaft, von Eid und von Geheimverband die Rede ist, ist jederzeit auf die eine oder die andere Weise eine solche Abgrenzung im Spiel, in der all dies gilt. Der Zauberer, der Wahrsager, der Opfernde beginnt damit, daß er seinen geweihten Raum umschreibt. Sakrament und Mysterium setzen einen geweihten Platz voraus.[14]

Huizingas Bemerkungen unterstreichen die Bedeutung des verinnerlichten Raums und stehen im Einklang mit meiner Argumentation, daß dieser Raum der Schmelztiegel ist, in dem die Literalität sich formiert und entwickelt. Videospiele erschaffen einen illusionären eigenen Raum, doch beim Videospiel verlagert sich das durch das Kinderspiel erzeugte Geheimnis vom Kind auf die Maschine. Wie ein elektronisches Schwarzes Loch saugt das Videospiel alles Licht, alles Geheimnis, allen Raum in sich ein.

Um wirklich in die Videowelt eintreten zu können, muß der Jugendliche sich von Neuerungsfreude und Phantasie verabschieden. Exzellente visuomotorische Koordination, Flinkheit, die Fähigkeit, sich nicht ablenken zu lassen von explosiven Geräusch- und Lichteffekten – das alles kann beim Zusammenraffen von Gewinnpunkten vorteilhaft zu Buche schlagen. Aber Phantasie und Neuerungsfreude machen, anders als sie es vielleicht bei anderen Kinderspielen täten, in der Nintendo-Welt keine Gewinner. Auf Gewinner dieser Art kommt es hier nicht an. Der Junge oder das Mädchen an dem Gerät – und Videospiele sind im großen und ganzen die Domäne von Jungen – kommt gar nicht dazu, sich seine eigenen Phantasiebilder zu schaffen. Diese

Spiele finden außerhalb des Bezirks der Einbildungskraft statt. Der Apparat, der alle Bilder liefert, indem er in endloser Wiederholung immer neue Wellen von ihnen aus sich entbindet, reißt die Regie über das Geschehen an sich und zersprengt die Intimität der kindlichen Phantasie.

Wir sollten auch nicht die hinterhältige sexistische Botschaft übersehen, die videospielende Jungen aus diesen Spielen aufschnappen. Bei der Analyse einer Stichprobe von hundert Videospielen aus dem Angebot öffentlicher Spielhallen stellte die Soziologin Terri Toles fest, daß bei 92 Prozent das Szenario überhaupt keine weibliche Rolle enthielt und daß bei sechs von den übrigen acht Spielen die weiblichen Rollen alle das Schema »bedrängte Jungfrau« variierten. Nur zwei der hundert Spiele wiesen in ihrem Szenario weiblichen Wesen eine aktive Rolle zu. Aber auch hier hat die Sache einen Pferdefuß: keine der beiden aktiven weiblichen Figuren ist ein Mensch – im einen Fall handelt es sich um eine Känguruhmutter, die ihr Junges retten will, im anderen um einen vermenschlichten Farbklecks namens Mrs. Pac-Man.[15]

Kinder und Jugendliche lassen sich von Videospielen erregen. Und das in solchem Maß, daß bei einer 1984 durchgeführten Erhebung 244 Befragte im Alter von zehn bis vierzehn Jahren angaben, die Figuren in Videospielen seien für sie aufregender und lustiger als Erwachsene, auf jeden Fall aufregender und lustiger als ihre Eltern.[16] Videofiguren lassen sich manipulieren, und sie widersprechen nicht. In der altehrwürdigen *nature-nurture*-Debatte – der wissenschaftlichen Kontroverse um die Frage, ob die Erbausstattung *(nature)* oder die Erziehung *(nurture)* die vorrangige Rolle bei der Persönlichkeitsbildung spielt – müssen die Begriffsinhalte aktualisiert werden: Einen Großteil der Erziehung erledigen heutzutage die elektronischen Medien. Bei der Einweisung der Kinder in die sozialen, moralischen und emotionalen Feinheiten und Schattierungen der Welt konkurriert das Fernsehen mit den Eltern. Diese Akzentverlagerung vom Menschen auf die Technik sollte jedermann in Alarmzustand versetzen. Wollen wir die Kontrolle über das moralische, soziale und geistige Wachstum unserer Kinder wirklich einer elektronischen Kiste anvertrauen, die Bilder der Gewalt kultiviert und Familien mit Vorliebe bei dümmlichen Gesprächen zeigt?

Stellen wir uns nun den Jugendlichen und die Jugendliche von heute im Alter von sechzehn, beim Eintritt in das College, vor (*falls* sie es überhaupt geschafft haben, die High-School bis zum erfolgreichen Abschluß zu besuchen – die Chancen dafür stehen ja schlecht, wie wir gesehen haben). Wir haben da einen jungen Menschen, den sein Weg schon ziemlich weit weggeführt hat von Büchern und allem, was mit Lesen und Schreiben zu tun hat. Gleichzeitig ist dieser junge Mensch schon gewohnt, den Fernsehapparat als Quelle von Information und Machtgefühl in Anspruch zu nehmen und ihn wohl auch als Wissensspeicher zu betrachten. Er oder sie wendet sich gewohnheitsmäßig dem Fernsehbildschirm zu, wenn er/sie unterhalten sein will. Das Fernsehen hat einem beigebracht, was man zu kaufen hat und wie die Leute auszusehen haben, in deren Gesellschaft man sich wohl fühlt; es hat einem beigebracht, zu konsumieren, ohne nachzudenken, aber mit um so größerem Eifer. Woher soll dieser junge Mensch die Motivation beziehen, hinter dem Stoffvorhang, der auf der Lebensbühne die Spätadoleszenz vom Erwachsenendasein abteilt, herauszutreten in die weite, üppige Landschaft ausgereifter Literalität?

Wenn er seinen PC anknipst, betritt der junge Mensch wiederum eine elektronische Welt, eine Welt, in der alles nach festgelegten, unabänderlichen Regeln abläuft. Wohl wahr: Das Revidieren und Redigieren von Texten wird durch den PC in der Tat erleichtert – aber was der Schüler mit Hilfe von Hardware und Software vollbringt, kann man nicht als »schreiben« im ureigentlichen Wortsinn, nicht als einen Vollzug von Literalität, von Schriftkultur bezeichnen. Ob mit oder ohne Funktionen wie »Rechtschreibprüfung« und »Grammatikprüfung« – es wäre unmöglich, ein Buch wie *Huckleberry Finns Abenteuer* mit Computer und Textverarbeitungssoftware zu schreiben.

Doch selbst wenn man es könnte, würde das meine Argumentation nicht berühren, denn es geht mir hier, wie schon gesagt, um heimtückischere Probleme als die habituelle »Faulheit«, zu der der PC den Benutzer verführt. Ich möchte dem Leser zu Bewußtsein bringen, daß und wie der Rechner seinem Benutzer tief unter die Haut geht. Ein junger Mensch *ahnt* nicht nur, sondern *begreift* über kurz oder lang, daß die Autorität und das wahre Wissen und Können *in* der Maschine stecken, ihr eingeflößt *von* einem anonymen körperlosen Programmierer. Die Regeln sind unumstößlich festgelegt von diesem namenlosen Experten, den der Schüler niemals kennengelernt hat, der irgendwo in jenem mythischen Land mit Namen Silicon Valley zu Hause ist, dem Märchenland des großen Geldes und der großen Träume. Das Computerprogramm formt die Wirklichkeit wie die unsichtbare Hand Gottes.

Auch dem Buch wohnt Autorität inne. Aber die ist – eben Autorität, nicht technologische Despotie. Beim Lesen eines Buches können wir uns den Autor vorstellen: ein menschliches Wesen aus Fleisch und Blut, mit einem Gesicht und einer Geschichte. Wir können uns Fotografien dieses Menschen ansehen und seine Biographie lesen. Auf jeder Buchseite erleben wir das Denken des Autors in Aktion, mit Spurts und Atempausen, Abschweifungen und vorläufigen Schlußfolgerungen. Der Leser taucht ein in einen mäandernden lebendigen Gedankenfluß und nicht in das Kaltwasserbad einer Sammlung von Regeln. Beim Text ist der Leser am Schluß die letztinstanzliche Autorität.

Beim PC herrscht der anonyme Programmierer in unumschränkter Machtvollkommenheit.

Im Inneren unserer neuen IBMs und Apples ist eine geheimnisvolle Faszination zu Hause, eine Kraft, die vor der elektronischen Revolution von den Dingen der realen Welt ausging. Heutzutage glaubt man echte Lebendigkeit als Wirkungsprinzip in der Maschine zu finden. Die PCs sprühen nur so von Intelligenz, ihre Leistungsfähigkeit reicht ins Phänomenale – wenn man der Herstellerwerbung glauben will. Die meisten Geräte unseres elektronischen Maschinenparks geben, selbst wenn sie abgeschaltet sind, ein kaum hörbares Summen von sich, das von dem im sogenannten Stand-by-Betrieb in Minimalstärke den Schaltkreis durchfließenden elektrischen Strom herrührt. Es ist ein Vibrieren im tiefsten Inneren der Maschinen, das mit vorgetäuschtem Leben lockt und fasziniert. Ist dieses Phänomen in gewisser Beziehung vielleicht auch Sinnbild oder sogar Präfiguration der andauernd vor Erwartung vibrierenden Videospiel-Kids, die immer »unter Spannung« zu stehen scheinen? Die Welt echter Faszinationen ist in raschem Dahinschwinden begriffen. Sie zurückbringen heißt zum Buch zurückkehren.

Die Elektronikindustrie pumpt Millionensummen in die Marktforschung und in Verkaufsstrategien. Derart geballter Finanzkraft haben Bücher nichts entgegenzusetzen. Selbst in den Unterstufen-Schulen mit ihren radikal modernen Unterrichtsmethoden für Lesen und Schreiben verblaßt die Lese- und Schreibkenntnis neben dem Fernsehbildschirm, der Filmleinwand, dem Videobildschirm. In manchen Schulen beginnt der Tag damit, daß Schüler und Lehrer sich gemeinsam auf Channel One die Nachrichten samt Werbung anschauen. Der Schultag fängt mit einem elektronischen Festgelage an.

Lese- und Schreibkenntnis ist nicht mit dem Computer zu vermitteln – nicht mit der Maschine, die die Schüler ihrer Fähigkeit beraubt, sich einen Begriff von Sprache zu bilden. Der PC ist keine hintergrundbeleuchtete Druckseite. Er ist ein Instrument radikal anderer Art als das Buch: Er gibt der Wahrnehmung eine andere Prägung, und das Ergebnis ist eine Generation von Ghostwritern beiderlei Geschlechts, das Wort »Ghostwriter« hier in buchstäblicher Bedeutung verstanden: Geisterschreiber – Phantomwesen, die nicht mehr Substantialität und Wesenhaftigkeit ausstrahlen als die fahl leuchtenden Buchstaben auf ihren PC-Monitoren.

Kennzeichnend für die Kultur der Gegenwart sind rapide Wandlungsprozesse, und die Folgen des Wandels zeigen sich in vielen Fällen zuerst in der Massenkultur: in der Mode, der Unterhaltungsmusik oder dem Film. Und heutzutage kommen selbst Bücher äußerlich und innerlich wie Massenunterhaltungsartikel daher. Es dauert eine Weile, bis die Gesellschaftstheoretiker oder die Kulturtheoretiker einen bedeutsamen Wandel registrieren und in Wissenschaftsjournalen oder Buchveröffentlichungen Stellungnahmen dazu abgeben. Zum Beispiel ließ uns der Philosoph William Gass bis zum Jahr 1991 auf das so witzige wie frostige Bonmot warten: »Unsere bisherige Definition des Menschlichen – daß wir schlußfolgerndes Denken gebrauchen, daß wir über uns selbst reflektieren, daß wir Werkzeuge herstellen, daß wir sprechen – befindet sich zur Zeit in der Reparaturwerkstatt für Mikrochips.«[17] Gass pflegt einen bewußt elliptischen Stil, der sich querstellt zu jedweder Form von »computerisierter« Mentalität. Auch er weist mahnend auf das Verschwinden des Menschen hin und zeigt mit dem Finger auf die Schuldigen: den Computer, das Textverarbeitungsprogramm.

Der PC ist Mitglied einer Familie von bildschirmzentrierten Massenunterhaltungsartikeln, die mit dem Fernsehapparat beginnt und über das Videospiel und das komplette

Spielzentrum im eigenen Heim bis zum Videorecorder reicht. Tatsächlich hat sich bei einschlägigen Untersuchungen herausgestellt, daß die Mehrzahl der PC-Besitzer den Rechner weniger zur Abfassung von Texten als zum Spielen benutzt. Wie spiegelt sich diese Entwicklung in der Massenkultur?

Die Massenkultur reflektiert den Zeitgeist direkt und unmittelbar. Sie liefert keine Theorien über ihn. Aus ihrem Blickwinkel sind die Leiber tatsächlich in rapidem Verschwinden begriffen. In der Welt der Popkultur stellt sich die Lage heute etwa so dar: Eine Tür zum »Drüben« hat sich sperrangelweit aufgetan, und Scharen von unsichtbaren Phantomwesen – von Gespenstern und Engeln – kommen in unsere Welt gestürzt, um Besitz zu ergreifen von der populärmythenschaffenden Phantasie. Man braucht nur den nächstbesten Kultfilm zu sehen, den nächstbesten Kultroman zu lesen, einen Blick in das nächstbeste Szenemagazin zu werfen, um festzustellen, daß unsere Welt offenbar ein Tummelplatz von Geistern und Gespenstern ist.

Wir können Hollywood die Schuld geben, wenn wir wollen, denn dort kam man irgendwann zu Beginn der achtziger Jahre dahinter, daß die Zauberkraft der Filmbranche in jenem einen technischen Kunstgriff gründet, den das Publikum offenbar am meisten liebt beziehungsweise bei dem es sich am wohlsten zu fühlen scheint: in der Verwandlung von handgreiflicher Körperlichkeit in Licht. Hollywood unterzog sich einer Selbstanalyse und fand heraus, was die Filmindustrie wirklich treibt – daß ihr Geschäft darin besteht, Geister und Gespenster zu produzieren. Steven Spielberg übernahm 1982 die Vorreiterrolle mit dem tricktechnischen Wunderwerk und Kassenfüller *Poltergeist*. Zwei Jahre später zog das Produktionsteam von *Saturday Night Live* die neue Geisterseherei mit dem Ulk *Ghostbusters* durch den Kakao, einem Streifen, der sagen zu wollen schien, daß man die Invasion der Spukgestalten nicht so schnell würde *ad acta* legen können. Die ersten Szenen des Films, und darin verrät sich ein gewisser prophetischer Weitblick, spielen in der New Yorker Stadtbücherei.

Nachdem 1988 die Filme *Poltergeist II* und *Hollywood Ghost Stories* angelaufen waren, hatten die Verleihe über ein Dutzend Gespensterfilme im Angebot, von jugendfreien Streifen wie *Beetlejuice*, *The Invisible Kid* und *Poltergeist III* bis zu Produktionen wie *Death Spa* und *Ghost Town*, die von der Filmbewertungsstelle mit striktem Jugendverbot belegt worden waren.

Im darauffolgenden Jahr 1989 setzte ein Wandel ein. *Ghostbusters II* wirkte saft- und kraftlos und veraltet, wie ein unzeitgemäßes Überbleibsel unserer nervösen Reaktion auf die Fremdartigkeit und Unvertrautheit des Phänomens der Geistererscheinungen. Spielberg unternahm einen ernsthafteren Vorstoß in die andere Welt, ging jedoch mit Vorsicht zu Werk: Er produzierte eine Neufassung von *A Guy Named Joe*, einem Kinoerfolg der vierziger Jahre mit Spencer Tracy in der Hauptrolle. In Spielbergs Remake mit dem subtil ironischen Titel *Always* spielt Richard Dreyfuss den tollkühnen Kampfflieger, der bei einem Absturz ums Leben kommt und von einem Engel (gespielt von Audrey Hepburn) auf die Erde zurückgeschickt wird, wo er in die romantische Rolle des Hüters und Geleiters seiner einstmaligen Freundin schlüpft.

Der absolute Renner unter den Filmen war in jenem Jahr *Field of Dreams*. Der Streifen schlug Kapital aus unserem Nationalsport, Baseball, unserer nationalen Obsession, der Ruhmsucht, und unserer nationalen Angst, der Angst vor dem Tod, indem er alle drei Faktoren in einem Motiv vereinigte: einer aus lauter Gespenstern bestehenden Star-Mannschaft. Einem Film, der wie dieser die Volksseele in ihrem innersten Kern anrührte, war der Erfolg sicher. Die

Academy of Motion Picture Arts and Sciences zögerte denn auch nicht, *Field of Dreams* auf die Oscar-Auswahlliste für das Prädikat »Bester Film« zu setzen.

Da auf einmal roch man in Hollywood Geld. 1990 wurden Gespenster zum großen Geschäft. Und warum sollte man nicht auch gleich den Ethno-Dreh mit verbraten? *Ghost Dad* bot Gespenstergrusel als Familienprogramm, *Heart Condition* zeigte, wie die Rassenintegration in der Geisterwelt funktioniert. Der größte Überraschungserfolg in jenem Jahr war sogar für die Produzenten des Streifens das romantische Märchen *Ghost* mit Patrick Swayze in der Hauptrolle.

Die Buchbranche schwenkte auf den Kurs der Vergnügungsindustrie ein. In *Mickelsson's Ghosts* (1983), seinem letzten Roman, braute John Gardner einen Krimi um ein Spukhaus zusammen, dessen Bewohner sich selbst als Spukgestalten entpuppen. Kurz vor seinem Tod schrieb der Anthropologe Gregory Bateson unter dem Arbeitstitel *Angel's Fear* (1989) seine Autobiographie. Von Anfang bis Ende des Buches bringt der Tod sich mit solcher Macht zur Geltung, daß der Verfasser für das Thema Gespenster ein ganzes Kapitel reservierte, das letzte, das dann Batesons Tochter Mary Catherine als Ghostwriterin, »Gespensterschreiberin«, aus den Notizen ihres Vaters rekonstruierte. In einem Reisebuch mit dem Titel *Caesar's Vast Ghost* (1990), das er kurz vor seinem Tod schrieb, gräbt Lawrence Durrell die gespenstische Vergangenheit der Provence von heute aus. Aber nicht nur Schriftsteller an der Neige ihres Lebens, sondern auch andere sahen Gespenster: 1990 veröffentlichte Jerry Bosochio einen Roman mit dem Titel *Ghost*, dem Laurence Thornton eine *Ghost Woman* hinterherschickte.

Unter den preisgekrönten Essays des Jahres 1990 trug einer den Titel *The Vicksburg Ghost* (Verfasserin: Sue Hubbell, Erstveröffentlichung in *The New Yorker*). Norman Mailer, der Inbegriff des amerikanischen Romanciers, bedachte uns

1991 mit *Harlot's Ghost*, und der afrikanische Romancier G. F. Michelsen legte 1992 *To Sleep with Ghosts* vor. Der Verlag Random House brachte 1991 den Band *A Collection of Contemporary Gothic Fiction*, eine Anthologie zeitgenössischer Schauergeschichten, heraus. Im Verlag Atlantic Monthly Press erschien im selben Jahr *The Literary Ghost*, eine Anthologie zeitgenössischer Gespenstergeschichten, deren Inhaltsverzeichnis eine Parade berühmter Namen darstellt, von Donald Barthelme über Joyce Carol Oates und Anne Sexton bis zu M. F. K. Fisher. Dem allen fügte der Verlag John F. Blair & Co. noch die Anthologie *Mountain Ghost Stories* hinzu.

Die Liste der Gespenster und gespenstischen Erscheinungen, die sich heute in der Popkultur drängeln, ließe sich beliebig verlängern. Es ist zwar durchaus richtig, daß bei vielen Völkern Gespenster sich häufig beim Herannahen einer Jahrhundertwende in aufdringlicher Weise auf der kulturellen Szene hervortun, doch die nahe Jahrhundertwende allein ist keine ausreichende Erklärung, warum sie sich gegenwärtig so zahlreich und ubiquitär bei uns herumtreiben. Heute denken sie nicht daran, sich wieder zurückzuziehen. Heute kommt mehr auf uns zu als nur eine Jahrhundertwende. Gott ist tot. Der Autor hat das Zeitliche gesegnet. Die geschriebene Seite wird dekonstruiert. Textverarbeitungssysteme machen jedermann zu einem Ghostwriter, einem »Geisterschreiber«, und damit hat die Technik wie ein Vampir aus Verdrahtung und Schaltelementen dem Leben das innerste Wesen ausgesaugt. Sehen Sie sich um. Junge Leute streifen durch die Straßen wie in Trauer. Sie sind ganz in Schwarz gekleidet, als rechneten sie damit, jeden Augenblick zu einem Begräbnis gerufen zu werden.

Das Ganze hat auch eine Sonnenseite, die zur Hoffnung berechtigt. Sie hat mit einem Merksatz zu tun, auf den sich Jonathan Swift besann, der Zeitgenosse der Epoche, die die

»Politische Arithmetik« (so hieß die Bevölkerungstheorie in ihren Anfängen) erfand, eine Rechenkunst, die aus Landesbevölkerungen anonyme Massen und aus den Individuen Zahlen und statistische Größen machte. Auf seine Weise hat auch das achtzehnte Jahrhundert ein Verschwinden des Menschen erlebt. Damals schrieb Swift: »Die Einbildungskraft ist das Vermögen, das Unsichtbare zu sehen.« Wir haben all diese schwankenden, luftigen Gestalten, diese Gespenster und Engel, aus der lebendigen, beständigen Welt der Steine, Bäume, Tiere und Menschen hervorgezaubert. Dem Mittelalter galten diese Unsichtbaren als Beweis dafür, daß die Welt von wimmelndem Leben erfüllt und jeder Quadratmeter bewohnt ist. Ihre Existenz war für jedermann eine Selbstverständlichkeit – sie bildeten nur eine der zahllosen Realitätsebenen, nur eines der zahllosen Glieder in der »Großen Kette des Seins«. In unserer Zeit, in der so gut wie alles seiner unsichtbaren Seinsdimension verlustig gegangen ist, spricht sich in den Gespenstern und Engeln, die die Massenkultur bevölkern, die Sehnsucht nach höchster Intensität des Lebens, nach einem »inspirierten« Dasein aus. Jedes unsichtbare Wesen nimmt den Charakter eines »Heiligen Geistes« an. Mit jeder technischen Neuerung, die ein Stück Kernland unserer Kultur besetzt und uns wieder ein Stück von unserem Eigenwesen raubt, erleiden wir einen neuen Verlust, und das Ausmaß unserer Verluste ist bereits gewaltig. Wir fühlen eine große Leere. Irgendwo *muß* es doch Leben geben – Leben einer reinen Form, in der es niemals geschwächt oder aufgezehrt werden kann. Nur indem wir die flüchtigsten, unbeständigsten Wesen heraufbeschwören, können wir uns die Welt als etwas durch und durch Lebendiges und sinnlich Erfahrbares vorstellen. Oder wie der Lyriker Seamus Heany in einem Gedicht mit dem hintersinnigen Titel *Gespenster sehen* schreibt: Selbst »im Stein regt sich Leben von Unsichtbarem«. Verzweifelt, wie wir sind, benehmen wir uns wieder wie kleine Kinder, die an einem kalten Morgen in Entzücken darüber geraten, daß sie ihren Atem als weiße Fahne vor dem Mund wahrnehmen können. Gespenster und Engel gewähren uns den direkten Einblick in unser eigentliches Wesen. Der Mensch ist »nur Hauch und Schatten, nichts weiter«, heißt es bei Sophokles.

Daran müssen wir immer wieder von neuem erinnert werden. Was nicht auf Magnetband aufgezeichnet, gemessen und dokumentiert werden kann – was sich dagegen sperrt, mit den Mitteln der Technik manipuliert zu werden –, eben das macht eigentlich das Leben aus. Eben das Unsichtbare – George Steiner nennt es »reale Gegenwart« – ist auch das Unzerstörbare. Sich klarzumachen, daß das eigene Wesen nur Schatten, bloßer Atemhauch ist, mag für uns eine bestürzende Erkenntnis sein, aber wir wissen, daß es die Wahrheit ist. Der immateriellste, flüchtigste Stoff, die Atemluft, hält uns am Leben und ist uns Anstoß und Ansporn zur Lebendigkeit. Das sollte uns Anstoß und Ansporn zu radikaler Umkehr zurück zur Oralität sein.

Findet die Rückkehr zur Oralität nicht statt, werden wir bald in einem Schauerroman leben. Binnen allerkürzester Zeit werden die Gespenster gegenüber den Lebenden in der Überzahl sein. Und Geisterbanner (»Ghostbusters«) zu Hilfe zu rufen, wird nichts nützen. Welch sonderbarer Sachverhalt, daß in einer von fortgeschrittenster Technik beherrschten Welt das Warnsignal, das zur Rettung der Menschheit mahnt, ausgerechnet von einer so irrationalen, so unsichtbaren, so mysteriösen Sache wie dem Okkulten ausgeht. Denkt man jedoch einen Augenblick länger darüber nach, scheint es gar nicht mehr so sonderbar. Vielleicht haben Filmemacher und Schriftsteller und Musiker etwas auszudrücken vermocht, dem bisher nur wenige Sozialwissenschaftler ins Auge zu sehen wagten: die Auswirkungen der Technik auf das Wesen des Menschen.

Ich habe die Behauptung aufgestellt und mit Argumenten

begründet, daß der Mensch, wie man ihn bisher kannte – der Mensch als eine Schichtung von Texten –, in rapidem Verschwinden begriffen ist. Aber Unterhaltungsschriftsteller und Filmemacher haben uns faktisch die Möglichkeit verschafft, unsere Lage mit Augen zu sehen – vermittels des *Okkulten*, das schon in seinem Namen seine Beziehung zum »Sehen« zu erkennen gibt (man denke an das »Okular«). Auch der englische und der französische *Ausdruck spectre*, »Gespenst«, hängt etymologisch mit dem Verbum für »sehen« zusammen, Verwandtschaft besteht zu *spectacle*, das in beiden Sprachen »Schauspiel« bedeutet und im Englischen obendrein die »Brille«, durch die man das Schauspiel betrachtet.

Wie Bilder auf einem Monitor ermöglichen die Geistererscheinungen in der neueren Massenkultur den Menschen, ihre eigene Lage genauer ins Auge zu fassen und sie zu reflektieren. Der Bildschirm kann als Spiegel fungieren. Darin liegt der wahre Sinn des Vis-à-vis: daß wir *Auge* in *Auge* unserem visuellen Echo gegenübertreten. Wie ein Echo wirft unser Sein Sinn zurück, der unsere Fleisch-und-Blut-Existenz, ja sogar das Leben übersteigt – jeder Mensch ein Heiliger Geist. Dieses geisterhafte Bild ist unzerstörbar. Dieses ANDERE zu Gesicht bekommen heißt über sich selbst zu »reflektieren«. In einer Welt, die dem Visuellen – Fernsehen, Video und Film – so eminentes Gewicht einräumt, ist ein Überlebensmechanismus in Gang gekommen. Wir müssen vis-à-vis von Gespenstern und Engeln unser Sehvermögen wiedergewinnen. Wir hungern nach echter Einsicht.

Aber ebenso wie Gespenster und Engel als Warnung wirken, erfüllen sie auch die Funktion, Menschen aus der vom logischen Denken beherrschten Welt der Literalität in die Welt der Oralität zu locken, wo alles – auch die »unbelebten« Dinge – von Leben durchdrungen ist. Für Menschen, die in der oralen Welt leben, sind Gespenster und Engel genauso real wie lebende Menschen. Der durch Lesen und Schreiben geprägte Geist – der wissenschaftliche Geist – wertet sie üblicherweise zu bloßen optischen Täuschungen, zu Halluzinationen irgendwelcher Art ab. In gewissem Sinn kann man also sagen, daß es nicht die Welt der Engel und Gespenster ist, die sich uns da aufgetan hat, sondern eine Welt, in der solche Erscheinungen unbegrenzte Möglichkeiten signalisieren, eine Welt, in der nichts unsichtbar bleibt. Dies ist die Welt der Oralität. Nur durch erneutes Eintauchen in sie können die Menschen schließlich die Stabilität erreichen, die durch Literalität und einzig durch Literalität hervorgebracht wird.

Die Gesellschaft richtet uns dazu ab, Hilfe von außen zu erwarten: uns an die Technik oder die »Profis« – die Spezialisten und Experten – zu halten, uns wundersame Lösungen von »anderen«, seien es Menschen oder Dinge, zu versprechen. Wir gewöhnen uns daran, auf der Tastatur unserer Computer herumzuhacken, ohne den geringsten Schimmer zu haben, was im Inneren dieser komplizierten Maschinen vor sich geht. Für die meisten von uns könnten sie genausogut etwas Übermenschliches und Übernatürliches sein, gewissermaßen ein Deus *in* machina. Es interessiert uns nicht, wie der PC funktioniert. Wir wissen nur eines: Wenn wir ein Problem haben, wollen wir eine Lösung dafür, und das schnell. Der Computer ist sowohl Gespenst – insofern er die Stelle von Pergament und Federkiel, Papier und Bleistift besetzt hat – als auch Engel – insofern er uns Mühe und Frustration erspart. Der »Mac« und der »IBM« sind immer dienstbereit. Benutzerfreundlichkeit lautet die Devise. Doch diesmal lassen sie uns im Stich. Sie haben nicht das richtige Programm.

Wir haben also – Symptom einer Krankheit im Sozialkörper – eine Invasion von Gespenstern und Engeln auf dem Hals. Gespenster und Engel: ein regelrechtes System von Geistererscheinungen. In mancher Hinsicht stehen sie einander als polare Gegensätze gegenüber: Tod gegen Hoffnung, das Irdische gegen das Himmlische, das Erschreckende gegen das Tröstliche. Gespenster erscheinen, um zu spuken, Engel, um zu helfen; Gespenster erscheinen, um zu quälen, Engel, um zu erretten. Gespenster lieben finstere alte Gebäude mit knarrenden Fußböden als Aufenthaltsort, Engel zeigen sich in dramatischer Pose im Licht von Verkündigungsszenen oder bei der Geburt Christi. Der eine Typ Geistererscheinung ist weltlicher, der andere religiöser Art. Gespenster beginnen ihr Leben in der diesseitigen Welt und verlieren beim Überqueren der Grenze zum Jenseits den größten Teil ihrer persönlichen Besonderheiten. Engel, von Anfang an im Jenseits zu Hause, bilden eine heilige Individualität aus. Indes, in unseren schizophrenen modernen Zeiten arbeiten beide sehr gut zusammen. Mit Sinn und Bedeutung im Schlepptau kommen sie jeder aus seiner eigenen Welt hier an.

Fünftes Kapitel

Allein schon, daß ein Halbwüchsiger in einer Gang ist, bedeutet, daß es an irgendwas fehlt. Viele sind funktionale Analphabeten. Viele kommen aus einem hochgradig verwahrlosten Milieu. Die schwersten Fälle sind wahrscheinlich sexuell mißbraucht oder regelmäßig geschlagen worden – oder beides. Das hängt davon ab, wie der väterliche Einfluß daheim ausgesehen hat. Falls ein Vater da war. Wenn Ihnen mal einer aus einer Gang begegnet, der aus einer kompletten Kernfamilie stammt und in seinem Leben nicht ein einziges Mal mißhandelt oder mißbraucht worden ist, dann sagen Sie mir Bescheid – den würde ich gerne kennenlernen. Ich meine keinen Möchtegern, der bei *Crip* oder *Blood* ist, weil das in den Neunzigern gerade »in« ist – nein, ich möchte mal einen *echten* »Gangbanger«, einen »Bandenkrieger«, sehen, der aus einer heilen Familie kommt und ein gesundes Selbstwertgefühl hat. Ich glaube nicht, daß es den gibt.
A. C. Jones, Mitarbeiter der Erziehungsanstalt Camp Kilpatrick Probation Facility, zitiert nach: Léon Bing, *Do or Die*

Man braucht nur eine der neuen Tötungsmaschinen – eine AK-47 oder eine Colt Python oder eine Smith & Wesson Modell 29 oder das Lieblingsspielzeug der Jugendgangs in den achtziger Jahren, die Cobray M11/9 – in die Hand zu nehmen, um Spitzentechnologie vom Feinsten zwischen den Fingern zu haben. Aus den Materialien des neuen Raumfahrtzeitalters hergestellt, verwenden viele dieser Superwaffen Lasertechnik zur Zielsuche, und die Cobray arbeitet genauso rasend schnell wie der höchstgezüchtete Computerchip: Sie feuert zweiunddreißig Neun-Millimeter-Geschosse in der Zeit eines Wimpernschlags – gerade mal eineinhalb Sekunden braucht man, um mit ihr ein Blutbad anzurichten. Das sind umgerechnet mehr als tausend Schuß pro Minute bei Dauerfeuer, und da die Umrüstung auf Automatikbetrieb für die Straßengangs mühelos und billig zu bewerkstelligen ist, wäre die Cobray eigentlich als regelrechte Maschinenpistole einzustufen.[1] Aber von dieser Schußwaffe noch als »Maschine« zu sprechen, ist ebenso lachhaft, wie einen textverarbeitenden Computer als fortschrittliche Schreibmaschine oder eine Boeing 727 als fortschrittliche Flugmaschine zu apostrophieren. High-Tech hat alles Menschenwerkzeug transformiert, Schußwaffen eingeschlossen.

Diese aufgepeppten Ballermänner sind nicht zum Jagen und noch nicht einmal für die Selbstverteidigung gemacht, sondern einzig dazu da, daß Verbrecher, Drogendealer und Bandenkrieger *(gang-bangers)* mit maximalem Effekt – vor allen Dingen auch maximalem Show-Effekt – blutigen Feuerzauber entfesseln können. Bezeichnenderweise heißen bei den Beamten des Bureau of Alcohol, Tobacco and Firearms viele dieser halbautomatischen Waffen »häßliche Schießeisen«: Wer eine brutal aussehende Knarre trägt, verschafft sich damit selber ein brutales Aussehen. Die Waffenfabrikanten wissen das und halten sich bei der Modellgestaltung an die Bedürfnisse ihrer Kunden.

Wie ihre elektronischen Vettern, die PCs, können diese Super-High-Tech-Waffen sich der Eigenschaft der Benutzerfreundlichkeit rühmen, wenn auch in einer eigenen, perversen Variante. Für eine Aufgabe, die nach Präzision verlangt, wie etwa das Scheibenschießen, ist die Cobray untauglich: Die in beiden Händen gehaltene Waffe ist zu schwer und im Anschlag zu unruhig; die Mündung zuckt beim Feuern auf und ab, mit entsprechendem Streueffekt. Mit dem Zwei-

Zoll-Lauf ist keine Zielgenauigkeit zu erreichen. Das Schießen mit der Cobray erfordert eine Spezialtechnik, die eine Art Rasensprengen mit tödlichem Sprühzeug ist. Man hält bei Dauerfeuereinstellung einfach den Abzug gedrückt, richtet den Lauf auf irgendein Objekt im Schußfeld und schwenkt ihn hin und her. Es ist eine ziemlich unsaubere Art, das Mordgeschäft zu besorgen, aber es erlaubt auch, einen publicityträchtigen großen Auftritt im klassischen Gangsterstil zu inszenieren. Ein Colonel der Landespolizei Maryland beurteilt die Cobray im halbautomatischen Betrieb, der die werksseitige Standardeinstellung ist, wie folgt: »Man hält sie vor sich hin, betätigt den Abzug, so schnell man kann, gibt so viele Schüsse ab, wie man kann, und hofft, daß man irgendwas trifft. Na ja, das ist vielleicht ganz schön auf irgendeinem Kriegsschauplatz. Aber weniger schön ist es in der Stadt, wo die Kugel vielleicht durch dein Schlafzimmer ins Kinderschlafzimmer fliegt, oder sie fliegt zu deinem Wohnungsnachbar ins Schlafzimmer, oder sie fliegt nach draußen auf die Straße und tötet einen Passanten.«[2] Die *New York Times* berichtete vor nicht allzu langer Zeit über einen sogenannten *drive-by*, einen Feuerüberfall aus dem fahrenden Auto, bei dem die Cobray als Tatwaffe benutzt wurde: »Eine schwüle Augustnacht [1992] brachte einen der schwersten Feuerüberfälle auf offener Straße, die New York City in jüngster Zeit erlebt hat. Ein Auto fuhr vor dem Apartments-Haus 871 Lingwood Avenue in Hunts Point vor und sprühte einen Kugelhagel über die ganze Sraße, der zwölf Menschen verwundete.« In nicht mehr Zeit, als nötig war, um vor dem Haus zu stoppen und wieder anzufahren, wurden laut Polizeibericht sechzig Kugeln in eine grüppchenweise auf dem Gehsteig flanierende und in Gespräche vertiefte Menschenmenge gejagt. Der grausige Anblick, der sich den eintreffenden Polizeibeamten bot, veranlaßte einen von ihnen zu der erstaunten Frage: »Ist etwa die Armee hier gewesen?« Der Artikelschreiber der *New York Times* hatte, um die lässige, aber letale Haltung zu vermitteln, die Schußwaffen wie die Cobray erzeugen, kein passenderes Verb gefunden als »sprühte«, was eine gärtnerische Tätigkeit bezeichnet.

Solche Waffen schaffen jedes Vorausdenken und Überlegen ab – übrigens auch jegliche Planung und Übung. Sogar sorgfältiges Anlegen und Zielen erübrigt sich. Bei Zwischenfällen wie dem in Hunts Point und überhaupt bei jedem *drive-by* bestimmt das Auto das Ablauftempo. Absurd wäre es, im Zusammenhang mit solchen Waffen noch von so etwas wie der Treffsicherheit des Schützen reden zu wollen. Durchaus keine Absurdität ist es jedoch, wenn man sagt, daß der *gang-banger* sich mit einer solchen Waffe als Schütze wirkungsvoll in Szene setzt. Selbst Kinder können sie bedienen (wie es auch die Leute von IBM und Apple über ihre Produkte sagen). Und sie tun es auch.

Mit einer Cobray M11/9 hält ein junger *gang-banger* nackte, brutale Gewalt in den Händen, ein Instrument, das es ihm ermöglicht, andere in den Tod zu schicken, ohne in Körperkontakt mit ihnen zu geraten oder auch nur so nahe an sie herangehen zu müssen, daß es zu einem Blickkontakt kommt. Die Cobray sorgt für Anonymität. Sie ist eines der schreckenerregendsten Fernbedienungsgeräte, die man sich überhaupt vorstellen kann. Wie die Fernbedienung, mit der man den Kanal wechselt oder ein unwillkommenes Bild ganz abschaltet, kann sie einen Menschen sofort und aus beachtlicher Entfernung einfach »ausknipsen«. Diese tödlichen Spielzeuge eröffnen den Zugang zu extremen Formen von *actio in remoto*. Vernichtung per Fingerdruck kann man heute in vielerlei Form durchspielen: mit der TV-Fernbedienung, beim Videospiel, mit einer Schußwaffe. Aber nur die Schußwaffe, schwärmt ein *aficionado*, »macht die Vernichtung aus der Distanz regelrecht zu einer Heroinspritze«.[3]

Eine AK-47 oder eine Cobray M11/9 zu umklammern, ist

so, als hätte man die Eingeweide eines Computers in den Händen. Alle Unklarheiten verschwinden in dem Augenblick, in dem man den Lauf der Waffe auf eine Menschengruppe richtet und auf den Abzug drückt. Eben sind diese Menschen noch existent, und im nächsten Moment sind sie schon weg. Das ist das Binärsystem mit Feuerstoß. An der Wirkung gibt es keinen Zweifel: Der Schuß löst sich mit einem ohrenbetäubenden Knall und blendendem Mündungsfeuer. Taucht ein Problem in Gestalt eines anderen Menschen auf, eines Gegners oder eines Trupps von Gegnern, liefert die Cobray die genau zu unserer computerisierten Kultur passende Lösung: alle einfach »wegputzen«. Jeder Jugendliche, der für die *Crips* »gekeilt« wird, legt einen Treueschwur ab, in dessen rigorosem Entweder-Oder – *»Do or die!«* [Greif an oder stirb] – sich der »Das-ist-kein-Schnickschnack«-Feuerstoß spiegelt, der aus dem Lauf jeder dieser Waffen kommt. In die Realitäten der Straße übersetzt, hat *Do or die!* nur einen Sinn: »Töte, oder du wirst getötet!« Im Bezirk Los Angeles haben schätzungsweise 100000 Jugendliche, manche von ihnen nicht älter als acht, neun Jahre[4], diesen oder ähnliche Schwüre abgelegt, die zwar grauenhafte Verzerrungen der Formeln darstellen, welche einstmals orale Kulturen zusammenhielten, aber das Schicksal dessen, der den Schwur tat, in nicht minder endgültiger Form besiegelten als der Eid, den ein Bauer des achten oder neunten Jahrhunderts schwor. Freilich, die soziale Logik, die der Eidleistung zugrunde liegt, ist eine radikal andere.

Schußwaffen eröffnen einen Zugang zur Bandenmentalität. Sie sind das augenfällige Verbindungsstück zwischen der nächtlichen Welt heimlicher Bandenumtriebe und dem Geschehen in der Tageswelt. In den Gangs ist die Schußwaffe die stabilste Brücke zwischen Innenleben und Außenwelt, ein Kommunikationskanal, in dem Verständnis hin und her fließen kann. Die Schußwaffe ist im Bandenleben *de facto* ein Gegenstand der Hoffnung – eines der wenigen Zeichen von Hoffnung in diesem Milieu.

Wie die Wesensbestimmung des Menschen einen Wandel erfahren hat, so auch die Wesensbestimmung der Schußwaffe. Wenn der pistolenbewaffnete Bandenkrieger bei seinem Tun und Treiben nicht mehr vom Bewußtsein eines Selbst gelenkt wird, wenn die Begriffe des Mordes, des Gewissens, der Reue für ihn keine Geltung mehr haben, dann unterliegt auch das, was er in den Händen hält, die Schnellfeuerpistole, einer anderen sozialen Konstruktion. Für Jugendliche, die sich die Devise »Ein Menschenleben bedeutet nichts« zu eigen gemacht haben und auch noch stolz darauf sind, hat die tödliche Waffe ihren Zauber und ihr Geheimnis verloren. Ihrer Aura als exotischer Tabugegenstand aus der Welt der Gangster und Verbrecher alten Stils entkleidet, tritt die Cobray im heimischen Viertel nur noch in der Rolle des nützlichen Utensils auf – als ein technisch höher entwickeltes Utensil als andere zwar, aber letzten Endes doch nur ein Spezialwerkzeug, das zufällig dem Auslöschen von Menschenleben dient. Die Pistole ist zwar noch immer ein todbringendes Instrument, aber sie genießt nicht länger mystische Verehrung als ein Ding, das eine Welt für sich verkörpert. Hochachtung zollen die Bandenkrieger der Cobray nicht, weil sie eine Schußwaffe, sondern weil sie so ungeheuer schnell ist. Ihrem Besitzer wiederum schlägt spontane Hochachtung entgegen, weil es ihm gelungen ist, sich sich eine solche Pretiose zu beschaffen.

Schußwaffen erfüllen für die *gang-bangers* noch eine andere, häufig übersehene Funktion. Sie verleihen dem Augenblick Realität. Auf einen Menschen zu schießen, verschweißt den jugendlichen Bandenkrieger mit dem Hier und Jetzt, wie nichts anderes dies jemals könnte. *Rock* (kristallines Kokain) und Heroin katapultieren ihn ganz aus der Zeitdimension hinaus, doch ein Feuerstoß aus der Automatikpistole sprengt den gegenwärtigen Augenblick weit auf und entbindet einen Adrenalinstoß von Krach und Licht und äußerstem, letztem, höchstem Vollbringen. Töten erweckt die Welt für ein paar orgiastische Sekunden zu ekstatischem Leben. Aber ebenso schnell, wie es kommt, verliert sich das Gefühl auch wieder, weil die Tat nicht in Schuld- und Reuegefühle eingebettet ist, die das Gewissen des Jugendlichen aktivieren und ihm das Getane ins Gedächtnis zurückrufen könnten. Viele jugendliche Mörder geben an, sich an die grausigen Einzelheiten ihrer Tat nicht erinnern zu können. Bandenmitglieder brauchen einander als Zeugen zur Bekräftigung von Tötungsakten, um sich am Leben zu fühlen. Das Geschehen wird als kollektive Erinnerung kolportiert, dabei ins Mythische überhöht und bildet so den Sozialkitt des Lebens auf der Straße.[5]

Schußwaffen leisten noch etwas sehr viel Wichtigeres. Schußwaffen sagen anderen Menschen, Menschen außerhalb der Gruppe, auf unmißverständliche Weise: »Bleib mir vom Hals!« Eine Pistole ist der Elektrozaun, der Minengürtel zwischen der Domäne der Gang und dem Rest der Welt, dem Rest der Menschheit. In ein waffenstarrendes Heerlager einzudringen ist schwer, wenn nicht überhaupt unmöglich. Ein Bandenmitglied möchte für sich bleiben, abgeschirmt sein, unangreifbar sein, aber gleichzeitig braucht es die lärmende, grelle Selbstinszenierung. Es muß gesehen und gehört werden, um ernst genommen zu werden. Aber krachende Schüsse und Mündungsfeuer, das ist alles nur Oberfläche: Die Pistole hat keine Verbindung zu einem Innenleben. In gewissem Sinn schießt jede Pistole automatisch.

Jugendbandenmitglieder können es sich nicht erlauben, sich auf das Lesen und Schreiben einzulassen, denn das würde sie in jedem Sinn des Wortes »entwaffnen«. Lesen und Schreiben würde jenen Raum, den sie mit so viel Eifer hüten, ins Nichts sprengen und sie zwingen, in einen neuen, metaphorischen Raum einzutreten, wo sie mit dem eigenen Selbst konfrontiert würden und über ihr Tun nachdenken müßten. Die Pistole macht sie zum Herrn der Lage, indem sie den anderen auf Distanz hält – oder ihn ganz auslöscht. Aber selbst die Pistole größten Kalibers kann nichts ausrichten gegen den mächtigsten Gegner, der allenthalben seine Bastionen errichtet hat – die Literalität. Wer eine Pistole zieht, sagt damit: »Laß mich in Ruhe, und stell' mir keine Fragen! Ich will in meiner Einsamkeit nicht gestört werden.« Kinder brauchen Einsamkeit, in der sie ihren wahren Wünschen begegnen können. Auch Jugendliche im Übergang zum Erwachsensein brauchen Einsamkeit, damit sie ernsthafte Entscheidungen treffen können – über berufliche Interessen, Beziehungen, Sexualität und andere Fragen, vor die das Erwachsenenleben sie stellt. Aber die Einsamkeit in der Gang ist faktisch soziale Isolation, die Absonderung von der Gemeinschaft der Lesenden und Schreibenden. Eine mit Waffengewalt durchgesetzte Einsamkeit ist eine verstümmelte, entstellte Form der Einsamkeit. Die Möglichkeit eines lustvollen Abenteuers der Selbstentdeckung schließt sie von vornherein aus. Die Einsamkeit der Literalität bringt ein Risiko mit sich, das ein Analphabet nicht eingehen kann: das Risiko der Begegnung mit einem verinnerlichten Selbst.

Wer sich dem vorderen Ende des Pistolenlaufs gegenübersieht – die Menschen außerhalb des Kreises der Bandenmitlieder –, nimmt die Schußwaffe heutzutage als ein Utensil wahr, das zunehmend Angst und Schrecken verbreitet. In der Tatsache, daß Schußwaffenbesitz zur Banalität geworden ist, kündigt sich der Kollaps der Gesellschaftsordnung an. Für die Bandenkrieger ist die Pistole nichts weiter als ein Stück persönliche Habe wie das Springmesser oder die Scheckkarte, Dinge, die man bei Bedarf zückt und benutzt. Drohungen auszusprechen gehört der Vergangenheit an. Heute verleihen Jugendliche ihren Worten mit Taten Nachdruck. Und in einer durch Gewalt und Drogen in Schieflage geratenen Welt fallen Taten oft tödlich aus.

Im Bandenleben ist »Image« alles. Pistolen leisten der Illusion des Machtbesitzes Vorschub. Ein Artikelschreiber bemerkte in der *New York Times*, daß man die sogenannten häßlichen Schießeisen »nicht diskret im Hosenbund oder in einem Schulterholster verstauen kann. Aber sie verleihen ihren Trägern – gewöhnlich sind es Drogendealer – die Aura eines ›großen Fischs‹ in der Verbrecherwelt und evozieren Bilder von Terroristen oder kolumbianischen Kokainkartellen.«[6] Diese knappe Beschreibung spricht eine fundamentale Wahrheit über den Pistolenbesitz aus. Ein *gang-banger* stellt seine Waffe mit voller Absicht offen und unverhohlen zur Schau, wenn er sie benutzt. Und das muß er auch, denn im Kategoriensystem der Gangs heißt gesehen werden auch schon gehört werden. Der Abzug ist immer kurz vor dem Gedrücktwerden. Image und Aktion verschwimmen ineinander. Mit seiner »Wumme« in der Hand droht der *gang-banger* ständig zu explodieren. Der entrechtete Analphabet bedient sich seines eigenen Instrumentariums zum Sprechen, so wie ich mich hier des meinen bediene.

Der Anblick einer dieser Waffen jagt Schrecken ein. Ein bißchen behäbig wirkt dagegen, wer eines von den mickrigen Billigprodukten in der Hand hält, die den Waffenmarkt überschwemmen – eine kleinkalibrige Raven MP-24 (Kaliber .22 oder .25) zum Beispiel. Diese »Schrottknarren«, wie sie genannt werden, deren Herstellungspreis bei zwanzig Dollar liegt, landen in den Händen von Oberschülern oder kleinen Dealern. Kein *gang-banger*, der etwas auf sich hält, würde sich mit einem von diesen Dingern erwischen lassen. Sie sehen nicht häßlich oder böse genug aus. Selbst ein Sturmgewehr wie die Uzi-MP hat einen Drahtbügel, der so nach hinten gekippt werden kann, daß die Waffe »häßlich« wird.

Bandenkrieger umranken ihre tödlichen Unternehmungen mit bramarbasierendem Gerede, das aus der emotionalen Spannung des Augenblicks geboren wird. In ihrem *Do or Die* betitelten Buch über Jugendbanden hat Léon Bing den folgenden Wortwechsel zwischen zwei vierzehnjährigen *gang-bangers* namens Sidewinder und Bopete protokolliert. Bopete beginnt:

> »Bei uns im Viertel, im ›Dschungel‹, da isses nicht so wie in 'ner Gang, wir sin' da mehr wie 'n eigenes Volk, wir sin' uns alle total einig. Andere Kids, da hab ich keine Probleme, solang die nicht meine Feinde sind, lassen die mich kalt.« Bopete verstummt. »Aber ich sag dir – wenn ich keinen ärgsten Feind zum Bekämpfen hätt, würd ich mir wahrscheinlich einen suchen gehn.«
> »OK, paß mal auf, ich bin so groß« – Sidewinder hebt die Hand, um seine Körpergröße im Stehen zu markieren –, »und wenn du einen umlegst, bist du hinterher noch 'n Stück größer. Weil wenn du den Mumm hast, daß du einen umlegst, dann hast du den Mumm, alles hinzumachen. Das hebt die Statur.«[7]

Pistolen machen einen ohrenbetäubenden Krach, sie explodieren, sie sprechen eine buchstäblich knallharte Sprache, die Sprache der Macht.

Die Pistole ist in amerikanischen Großstädten inzwischen ein schon beinah ebenso allgegenwärtiges Utensil wie der Fotoapparat geworden. Der Gebrauch von Handfeuerwaffen ist in allerjüngster Vergangenheit innerhalb von nur fünf Jahren auf erstaunliches Niveau geklettert. Von 1990 bis Mitte 1994 sind in diesem Land 60000 Menschen durch Handfeuerwaffen zu Tode gekommen, das sind mehr Amerikaner, als in Vietnam ihr Leben ließen. Allein der Bezirk Los Angeles, wo jeden Tag im Durchschnitt zwei Jugendliche bei durch Bandenrivalitäten bedingten Schießereien zu Tode kommen, schlägt in dieser Statistik mit 8000 Todesopfern zu Buche. Jedes Jahr sterben im Bezirk Los Angeles über 2200 Menschen vor der Mündung eines »häßlichen Schießeisens«. Im Jahr 1989 waren in den USA 66,7 Millionen Handfeuerwaffen in Umlauf; die Gesamtzahl von

Schußwaffen aller Größen, Formen und Kategorien betrug *über 200 Millionen!* Bei der letzten Volkszählung wurde die Bevölkerung des Landes – Männer, Frauen *und* ein erklecklicher Anteil von Kindern – auf annähernd 250 Millionen beziffert, was bedeutet, daß es eine Menge Leute gibt, die mehr als ein oder zwei Schußwaffen besitzen. Manche besitzen ein ganzes Arsenal. Dank der Zahl von annähernd 250000 lizenzierten Waffenverkaufsläden in diesem Land – ein Laden für je 1000 Einwohner – braucht in den USA niemand, der eine Waffe kaufen möchte, Schlange zu stehen. Zum Vergleich: Im ganzen Land gibt es nur 22000 von der öffentlichen Hand getragene High-Schools.[8]

Wie sollten die USA unter diesen Umständen *nicht* unter allen Ländern der Welt das mit Abstand führende in der Mordstatistik sein? Und wie *nicht* eines, das in puncto Alphabetisierungsgrad der Bevölkerung hinter vielen anderen zurücksteht? Zwischen Mord und Analphabetismus gibt es Zusammenhänge. Indem er die Voraussetzungen für Gewissensbisse und Schuldgefühle unterbindet, erleichtert es der Analphabetismus, auf den Abzug zu drücken. Die Pistole ist das Schreibgerät des Analphabeten.

Nicht nur die nackte Zahl der Tötungsdelikte wirkt alarmierend, sondern auch der Trend, der sich hier abzeichnet. Im Jahr 1960 waren bei 19 Prozent aller in New York City begangenen Verbrechen Handfeuerwaffen im Spiel; bis zum Jahr 1988 schnellte diese Quote auf 69 Prozent hoch. Jeder fünfte Schüler einer High-School hat heute beim Schulbesuch eine Waffe bei sich, und in vielen Fällen ist dies eine Hochleistungspistole. In mehreren High-Schools in Philadelphia, New York und Washington, D. C., sind stationäre Metalldetektoren der Art in Betrieb, wie sie auf Flughäfen installiert sind. In über fünfzig High-Schools der Unter- und Oberstufe im Bezirk Los Angeles werden die Schüler täglich einer Sicherheitsüberprüfung mit tragbaren Metalldetektoren unterzogen.

Warum hat in diesem Land der unbegrenzten Möglichkeiten und der Freiheit ein Schüler oder eine Schülerin das Bedürfnis, sich zum Selbstschutz eine Waffe anzuschaffen? Wer ist der Feind? Mit Sicherheit nicht irgendein Mitschüler und mit Sicherheit auch nicht irgendein Außenstehender, ja nicht einmal ein anderes Bandenmitglied – wenngleich Bandenmitglieder wie Bopete und Sidewinder einander als geschworene Feinde betrachten und hassen.[9]

Der wirkliche Feind ist unsichtbar und zu mächtig, als daß man ihn mit einer Schnellfeuerwaffe beseitigen könnte. Er besteht aus allem, was aus diesen Jugendlichen Tag für Tag Substanz und Realität heraussaugt. Dieser Feind hat sich eine so undeutliche, verschwommene Form zugelegt, daß man genausogut auf alles losballern kann, was in den Blick kommt. Irgendwas wird man schon treffen, und das genügt. Wenn du in deinem Leben nichts richtig hinkriegst, wenn du alles in den Sand setzt, dann ist es schon mal gut, wenn du irgendwas, irgendwen anbuffst. Wenn du dir wie eine Null, wie ein Nichts vorkommst, dann verschafft dir die Kugelspritze das Gefühl der Macht. Wenn dir praktisch alles um dich herum Furcht einjagt, dann kannst du mit deinem Schießeisen die Welt in Schach halten. Wenn du dich wie ein Gespenst, ja geradezu wie der Fliegende Holländer persönlich fühlst, dann kann dir die Schußwaffe Substanz verleihen. Das Gegenteil eines Gespensts und sogar eines Engels ist etwas, das Masse und Härte besitzt – wie Eisen. Und »Eisen tragen« sagt man denn auch im Gang-Jargon für das Mitführen einer Pistole. Mit einem Uzi-Sturmgewehr oder einer AK-47 kann der Durchschnittsteenager sein persönliches Kaliber leicht bis zur Klotzigkeit steigern. Mit einem Schießeisen können Jugendliche viel mehr Eindruck schinden als mit einem Feuerstuhl.

Gang-Mitglieder sind nicht die einzigen, die das Bedürfnis nach Klotzigkeit haben. Alle Welt will sich zu größerer Statur aufblähen. Die Gang-Kids sind lediglich diejenigen, die ein tödliches Rezept gefunden haben, wie man das im Handumdrehen schafft. In diesem Land ist ein epidemischer Fitneßwahn ausgebrochen, der den Befallenen vorgaukelt, es könne nichts Schöneres geben, als seinen Körper in ein feistes, wohlgemästetes Kraftpaket zu verwandeln. Sylvester Stallone, Arnold Schwarzenegger und Jean-Claude Van Damme verkörpern in ihren Filmen das neue Ideal des aufgeblähten Tatmenschen in seiner Interpretation durch die Popkultur, indem sie ganz unverhohlen als reine Tötungsmaschinen agieren. Was sie darstellen, sind sozial akzeptable überlebensgroße *gang-bangers*.

In den Wohnenklaven der Reichen wie Beverly Hills geht es heutzutage auf Schießplätzen hoch her, und es sind nicht etwa trainierende Polizeischüler, die sich hier drängeln, sondern Vertreter und Vertreterinnen der lokalen Schickeria. So wie sie früher Nobelrestaurants und exklusive Clubs frequentierten, verbringen gutverdienende Freiberufler jetzt ihr Abende mit dem größten Vergnügen auf dem Schießplatz. Die neue, verbesserte Variante der Schießanlage verwöhnt den Besucher mit erlesenen Speisen und Getränken. Man trifft sich mit Freunden im Waffenladen, einem Ort, der einem in jedem dieser gut bewachten Freizeitpaläste als erstes ins Auge fällt. Schauspieler und Agenten, Rechtsanwälte und Geschäftsführer haben alle ihre 357 Magnum oder Sphinx AT-2000 oder SIG-Sauer P-226 für das Abendtraining dabei. Einem 1993 in der *New York Times* veröffentlichten Artikel zufolge bekennen die neuen Schießsportenthusiasten unumwunden, daß es für sie ein rauschhafter Genuß ist, à la *Starsky und Hutch* und *L. A. Law* nach hochschnellenden Pappkameraden zu ballern, ein Genuß, der alles übertrifft, was sie an künstlich erzeugten *highs* bisher ausprobiert haben, sogar den Drogenrausch. »Jeder in L. A. hat eine Wumme«, meint ein Sportschütze, Mediziner von Beruf, der, wie die Artikelschreiberin notiert, »ein rohseidenes Hemd unter dem Gaultier-Jackett trägt und eine

Sphinx AT-2000 Halbautomatikpistole in den Händen hält, die er so zärtlich streichelt, als wäre sie die springende Wildkatze auf der Kühlerhaube eines neuen Jaguar.« Dieser neue Schußwaffenkult, so heißt es in dem Artikel weiter, ist »das schmutzige kleine Geheimnis im liberalen Keller«.[10]

Der Mann in dem teuren Jackett hat viele Genossen. In dem zitierten Artikel der *New York Times* ist das disharmonische Bild eines jungen Mannes festgehalten, der im Armani-Anzug aus einer 357 Magnum feuert. Neben ihm visiert eine junge Frau in Goldlaméhosen über den Lauf einer LadySmith, eines kleinkalibrigen (.38) Smith & Wesson Revolvers, und eine zweite elegant gekleidete Frau hält eine Smith & Wesson von nur wenig größerem Kaliber (Model 49), an deren Hahn das Spannstück amputiert worden ist, damit es sich nicht im Inhalt ihrer winzigen Handtasche verheddern kann. Die beliebtesten heißen Eisen auf dem Schießplatz sind die »Neuner«: Revolver und halbautomatische Pistolen vom Kaliber neun Millimeter. Auch *gang-bangers* bevorzugen dieses Kaliber, das Kaliber der Cobray.[11] Seit 1987 hat sich die Zahl der bei Delikten aller Art eingesetzten Neun-Millimeter-Schußwaffen verdoppelt. Den Spitzenrang in der Neun-Millimeter-Klasse hält sowohl auf der Straße wie auf den Snobiety-Schießplätzen die SIG-Sauer, deren Neupreis nahe bei eintausend Dollar liegt. Wie ein Mercedes, ein BMW oder ein Jaguar bringt die »SIG« ihrem Besitzer sofortigen massiven Prestigegewinn.

In Hollywood, wo in Märchenparks und auf der Leinwand Phantasien sich in Wirklichkeit verwandeln, fungiert die Schießanlage als Filmkulisse für die Frustrierten. Auf bewegliche Pappkameraden kann die Phantasie die Bilder von Bossen, Vermietern und Konkurrenten projizieren. Die Schießanlage bedeutet einen kühnen Schritt über die vergleichsweise zahme Simulation des Videospiels hinaus in Richtung Wildnis. Der Schießstand ist erfüllt von realem

Lärm und realen Gerüchen. Die Atmosphäre knistert vor Erregung. Der Euphemismus, den die Anhänger des Schußwaffenkults für das Abfeuern eines Maschinengewehrs im Vollautomatikbetrieb gebrauchen, lautet: *Rock and roll*.[12]

Nach herkömmlicher Auffassung haben die jungen Leute vom Schießplatz es geschafft. Sie haben sich's gerichtet. Aber ist dem wirklich so? Hier spielen tiefere, subtilere Dinge mit hinein. Aus nicht unmittelbar einsichtigen Gründen fühlen sich diese gutbetuchten Schickimickis vom Image des Bandenmitglieds angesprochen. All ihren finanziellen und sozialen Sicherheiten zum Trotz empfinden diese Yuppies in ihrem Inneren Leere, Unerfülltheit – nicht unbedingt auf demselben Niveau wie die Jugendlichen auf den Straßen der Innenstadt, aber trotzdem Leere.

Jeder, der eine Schußwaffe in die Hand nimmt, macht damit seine Hand so tödlich wie die eines Superhelden. In einer Schießanlage riecht es förmlich nach Gefahr. Was hindert einen Jungmanager daran, seine sorgfältig geölte, blitzblank gewienerte SIG-Sauer auf andere Gäste des Etablissements zu richten? Noch hat das niemand getan – noch nicht: Aber eines Tages könnte jemand auf den Einfall kommen und ihn auch ausführen. Vielleicht trägt das zu dem Nervenkitzel mit bei, den die Besucher hier verspüren – Nervenkitzel, von dem sie annehmen, daß er draußen auf den Straßen ständig vorhanden ist. Im Namen von Sicherheit und Selbstschutz bewaffnen sie sich und bereiten sich darauf vor, just die Menschen umzubringen, die sie äußerlich nachahmen, ja denen sie sich in Kleidung, Schmuck und Haltung sogar anzugleichen suchen.

Wenn wir also über die Straßenkinder von heute sprechen, die plötzlich Mitglieder einer Gang sind, ohne daß sie genau sagen könnten, wie das eigentlich gekommen ist, sollten wir uns vor vorschnellen Schuldurteilen und entsetzter Abwehr hüten. Die Wahrheit ist, daß viele von uns eine abgeschwächte Variante des Bandenmitglieds sind, ohne es zu wissen – insofern wir willig unser tägliches Soll an konformistischem Verhalten erfüllen, uns machtlos und erdrückt fühlen, uns fürchten, unsere vertraute Umgebung zu verlassen, und willens sind, unser Heim mit dem Schnellfeuergewehr zu verteidigen.

Sosehr sie sich sonst in ihrer Sehweise auch unterscheiden, in einem sind sich Soziologen und Vertreter der Exekutivgewalt in bezug auf die Mitglieder von Jugendbanden einig: Sie können nicht lesen und nicht schreiben. A. C. Jones, der mit diesen Jugendlichen auf vertrautem Fuße umgeht, konstatiert in dürren Worten: »Viele sind funktionale Analphabeten.« Wir haben uns an diesen Ausdruck schon so gewöhnt, daß wir gar nicht bemerken, daß er dem Los dieser Halbwüchsigen nicht mehr voll gerecht wir. Er bezieht sich auf eine andere Zeit und ganz andere Umstände. Des Erlebnisses nicht nur der Literalität, sondern auch der Oralität beraubt, haben diese Jugendlichen heute den Analphabetismus im herkömmlichen Sinn weit hinter sich gelassen. Sie sind auf ganz neue, freilich durchaus berechenbare Verhaltensmuster eingespielt. Wenn wir die Hoffnung auf eine weniger durch Gewalt geprägte Gesellschaft nicht aufgeben wollen, müssen die Mitglieder der gesetzgebenden Organe, die Lehrer und die Eltern diese Jugend auf neue Weise verstehen lernen. Den jungen Menschen kann nicht bei all ihrem Tun, ob Schußwaffengebrauch oder Drogenkonsum, »Wissen und Wollen« unterstellt und daher die moralische Verantwortung dafür aufgebürdet werden. Die Wahrheit ist, daß sie keine Alternative haben. Tatsache ist, daß sie »Wissen und Wollen« aufbieten müßten, um dem Wahnsinn des Lebens auf der Straße zu entkommen. Doch sie sind gefesselt durch den Mangel an jeglicher Lese- und Schreibkenntnis. Sie sind gefesselt durch die zerrütteten Familienverhältnisse, in denen sie leben.

Sie leben in einer Welt, in der jedermann sich hervortun und es zu etwas bringen will – im Englischen heißt das:

everyone wants to make his or her own mark (eigentlich: »jeder möchte sein Zeichen setzen«). Der englische Ausdruck ist eine Metapher, die sich in ihrer eigentlichen Bedeutung auf den tiefen Eindruck bezieht, den eine Tat hinterlassen kann. Letztlich hat diese Metapher ihren Ursprung im Bildbereich der Schreibkunst, nämlich in der Vorstellung von dem Ein-druck, den der Schreibgriffel auf der Ton- beziehungsweise der Wachstafel hinterläßt. Aber das ist längst vergessen. Einen bleibenden Eindruck hinterläßt man heute mit dem Einsatz von Gewalt. Schreiben tut es nicht mehr. Womit zu tun haben mag, daß Chicano-Gangs die Tätigkeit der Sprayer, die öffentliche Wandflächen mit Graffiti und Bildern bedecken, als »Schreiben« bezeichnen. Als Zeitvertreib ist das »Schreiben« auf Wänden gerade noch akzeptabel, aber als *echte* Bandenaktivität betrachtet man es nicht. Fürs Echte braucht der *gang-banger* eine Pistole in der Hand.

Daß sie in einer Gang sind, ist nicht die dramatischste Seite am Leben dieser unterprivilegierten Jugendlichen. Die Bandenmitgliedschaft ist lediglich das augenfälligste Symptom – eigentlich die Lösung – eines tiefer sitzenden Problems. Es ist ein Problem, das für den Leser dieses Buches fast unmöglich zu verstehen ist. Doch wir müssen es in unserer Vorstellung rekonstruieren, bevor immer mehr junge Leute in den Innenstädten wie in den Vororten die Erlösung von ihrer Verzweiflung in Gewalttätigkeit und Drogen suchen. In ihrem Inneren – da, wo andere ohne langes Suchen auf ihr Gewissen und auf Schuldgefühle stoßen – finden diese Vierzehn- oder Siebzehn-, Achtzehnjährigen nichts vor. Das gesamte System der inneren Regulierung des Sozialverhaltens ist bei ihnen ausgelöscht. Vom Gesellschaftsvertrag hat sich nichts, kein einziger Satz, dem geschichtlich gewordenen verinnerlichten Text eingeschrieben, der das Selbst konstituiert. Da ist kein verhaltenssteuerndes Gewissen mehr. Von einigen wenigen Ausnahmen abgesehen, können *gang-bangers* ohne eine Spur von Reue oder Gewissensbissen mit allen grausigen Einzelheiten schildern, wie sie Gegner oder auch völlig Fremde und selbst nichtsahnende Passanten über den Haufen schießen. Bopete, der *Crip*, den wir bereits gehört haben, antwortet auf Fragen in einer Form, die den Verhaltensstandard von Bandenmitgliedern exemplifiziert:

»Na ja, in dem Moment, wo du das machst … da ist das …« Er kichert und zuckt die Achseln. »Das ist null Problemo … Das kratzt dich nicht, und wenn das ein Kid ist, wo nicht älter is als wie du selber. In dem Moment, wo du einen abknallst, kratzt dich das überhaupt nicht.«

Ein Mitglied einer Jugendgang in Pasadena, die sich *Vipers* nennt, berichtet in denkbar sachlichem Ton darüber, wie er einmal einen Rivalen auf gegnerischem Territorium ausgesetzt hat: »Die wer'n ihn wahrscheinlich alle gemacht ha'm, denk ich jetzt mal. Genau weiß ich das nicht.« Die Interviewerin berichtet, daß der Junge diese Gleichgültigkeit während des gesamten Interviews beibehielt, einerlei, worüber gesprochen wurde. Bopetes Spezi Sidewinder äußert sich zu den Themen Bandenkrieg und Töten nicht viel anders:

»*Ich* würd' schon jemand finden. Wenn nämlich keiner da ist, mit dem du kämpfst, dann ist das auch keine richtige Gang. Das ist überhaupt kein Leben. Also das … das …«
»Das macht keinen Spaß.« [Bopete]
»Genau! Das macht keinen Spaß, wenn du bloß rumsitzt. Rumsitzen und sich abfüllen und Thai rauchen, das kann jeder. Aber das macht keinen Spaß, jedenfalls nicht so viel wie Schießen und Messerstechen. *Das* macht Spaß. Wenn du, na … eben Leute alle machst …«[13]

Daß der jugendliche *gang-banger* ohne Gewissensbisse mordet, bedeutet ohne Frage, daß er kein Empfinden für sein Tun hat. Aber gleichzeitig deutet sich darin noch etwas anderes an. Es läßt vermuten, daß Bandenmitglieder das, was sie tun, nicht als Morden verstehen, zumindest nicht in dem Sinn, der sowohl das moralische Empfinden der meisten Menschen als auch in den meisten Gemeinwesen den Geist des Gesellschaftsvertrags bestimmt. Einen anderen in dem klaren Wissen, was man tut, zu töten, heißt, daß man ihn als ein Selbst wahrnimmt und in seiner Eigenschaft als Persönlichkeit, deren Leben sich durch ein einzigartiges *eigenes* Gewebe des Fühlens und Reagierens auszeichnet. Es unterstellt, daß es in diesem anderen zutiefst Interessantes zu entdecken gibt, und das wiederum unterstellt, daß es Mittel und Wege gibt, dem anderen »näherzukommen«, und daß in diesem Näherkommen ein ethischer Wert liegt. *Drive-bys* dagegen – das wahllose Abknallen von Menschen aus dem fahrenden Auto heraus – setzen die tiefstinnere Überzeugung von Bandenkriegern in Anschaulichkeit und Wirklichkeit um: die Überzeugung, daß eigentlich alle anonym sind.

In einem der vorangegangenen Kapitel habe ich geschildert, wie der Computer der Kultur unter die Haut geht und den Text aus seiner psychosozialen Funktion verdrängt, die darin besteht, den inneren Zusammenhalt des Selbst zu stiften. Von allen amerikanischen Jugendlichen sind die Mitglieder von Straßengangs am stärksten »computerisiert«. Obwohl sie selbst keine PC-Besitzer sind, haben sie eine Verehrung für den Bildschirm entwickelt, die erschreckendes Ausmaß, ja nachgerade fundamentalistischen Charakter annimmt. Nicht nur haben sie in puncto medialen Technikkonsums die normale Entwicklung von Fernsehen und CDs zu Videospielen und Kinofilmen durchlaufen, sondern sie leben die Bildeindrücke aus den elektronischen Medien auf der Straße aus. Sie verschmelzen mit ihnen. Wie ein Filmkritiker aus einer Alptraumwelt läßt sich ein *Crip* namens Racketeer vernehmen: »Wir gucken uns Filme an, wo's Tote drin gibt. So Filme mit Gangs drin. Wie die heißen, weiß ich nicht, aber so Filme, wo's Tote drin gibt, die finden wir Spitze –

wenn da Leute die Rübe abgesenst kriegen und so. Da kriegst du ja mal mit, was du so alles machen kannst mit den Leuten. Daß du dich vielleicht an einen heimlich ranschleichst, verstehste?«[14] Der Handlungszusammenhang ist nicht sonderlich wichtig; einzig die Bilder zählen. Was auf der Leinwand flimmert, ist überwältigende Wirklichkeit, als sei es ein Schulungsfilm für militärische Sonderkommandos.

Für die meisten Jugendlichen haben Bildschirm und Leinwand den Text so gründlich ins Abseits gedrängt, daß ihre Welt praktisch zu einer virtuellen Realität geworden ist. *Wie* virtuell die virtuelle Realität werden kann, läßt sich aus der Geschichte eines jungen Mannes ersehen, der seine Freizeit zum größten Teil in jenem unter Computerfreaks »Cyberspace« geheißenen Nimmer-Nimmer-Land der weltweiten »Konnektivität« verbrachte, wo Computerterminals über das internationale Telefonnetz Daten miteinander tauschen. Der Journalist Philip Elmer-Dewitt berichtet:

> Erschüttert war man vor zweieinhalb Jahren bei WELL, einer der groovigsten virtuellen Gemeinden im Internet, als einer der aktivsten Teilnehmer ein Computerprogramm laufen ließ, das alle Nachrichten löschte, die er jemals in den Verteiler gegeben hatte – Tausende von manchmal seitenlangen Emails. Das Ganze lief auf einen virtuellen Selbstmord hinaus. Nur wenige Wochen später beging der Betreffende realen Selbstmord.[15]

Als ob sie Mitglieder einer Kommandotruppe im Cyberspace wären, haben *gang-bangers* nicht mehr das Gefühl, reale Menschen umzubringen. So weit ist der Wandel der kognitiven Realität bereits fortgeschritten. *Gang-banger*-Opfer sind lediglich die im Straßenmilieu beheimatete Varietät der Leichen, die die Bandenkrieger zuvor in Hunderten von brutalen Fernsehserienfolgen und Hunderten von noch brutaleren Kinofilmen haben umkippen sehen. Film- und Fernsehleichen bleiben Todesopfer in einer gigantischen Light-Show, die im Kopf abrollt. Eric Larson geht mit den Medien hart ins Gericht:

Amerikas Unterhaltungsmedien liefern die letzte Zutat zu der üblen Giftsoße, die dafür sorgt, daß die Zahl der Menschen, die eines gewaltsamen Todes sterben, noch zu einer Zeit ansteigt, wo die Waffenfabrikation im Lande zurückgeht. Wie *McQ* als verkaufsfördernde Reklame für die Ingram [ein Hochleistungs-Schnellfeuergewehr] gewirkt hat, so hat *Dirty Harry* den Verkauf der Smith & Wesson Modell 29 und *Miami Vice* den Verkauf von Sturmwaffen wie der Uzi, der Bren 10 und den Mitgliedern der Ingram-Familie angekurbelt. Der kalifornische Gerichtspsychiater Pearl Dietz hat die Auswirkung von *Miami Vice* auf Preise und Nachfrage im Waffenhandel untersucht und dabei festgestellt, daß die Bren 10, die in den ersten Folgen der Serie in den Händen von Sony Crockett (Don Johnson) zu sehen war, auf der Stelle die Käufernachfrage nach der Waffe anheizte. Laut Dietz war *Miami Vice* »hauptverantwortlich für die modische Popularität von Sturmwaffen in den achtziger Jahren«.[16]

In einem Augenblick der Gedächtnishelle liefert Sidewinder eine Bestätigung dieses Befunds:

»Ey Mann, kannste dich noch an den Film erinnern, den wir mal im Fernsehen gesehen ha'm? Den, wo der Löli in Laternenmast geballert hat, und das hat 'n Mordsloch gegeben? Ich sag dir, so eine kauf ich mir.«
»Weiß gar nicht mehr, was das für Patronen waren. Die langen, nä?«
»Exakt. Lang und dick.«
Bopete schnickt mit den Fingern, und ein hartes Grinsen überzieht sein Gesicht. »Moment, Mann! Ich hab's – dreißig-dreißig! *Wumm!* hat die gemacht. O Mann, so 'ne Wumme, und du bist glücklich. *Wumm! Wumm!*«[17]

Selbst das Areal, das Bandenmitglieder als Aktionsraum beanspruchen, von dem sie immer wieder reden und dem ihre Liebe gehört, die *neighborhood* (»Nachbarschaft« im Sinn von »der eigene Wohnbezirk«, »das eigene Viertel«, »die eigene Gegend«), ähnelt, mit ihren Augen gesehen, mehr einem Gebiet in *Cybertown* als dem einer traditionellen Form menschlicher Gemeinschaft. Die Gangs haben die *'hood* (wie das Wort *neighborhood* in ihrem Sprachgebrauch liebevoll abgekürzt wird) mit Bedeutungsgehalten befrachtet, die alles weit übersteigen, was man an Hoffnungen und Erwartungen mit einer *neighborhood* im traditionellen Sinn des Wortes verbinden kann. Natürlich kennen auch Bandenmitglieder eine Bedeutung von *neighborhood*, in der diese aus soundsovielen abzählbaren Straßenzügen besteht, aber die haben sie durch träumerisches Ausspinnen und Romantisieren verwischt und aufgeschwemmt. So haben sie sich in der Vorstellung eine Ersatzheimat geschaffen, wo »die eigenen Leute« leben, eine Phantasieprojektion, die den *einzigen* Raum darstellt, in dem sie sich sicher fühlen. Für die meisten von uns bestand die *neighborhood* in der Kindheit – so wir denn in diesem Lebensalter eine *neighborhood* hatten – in Plätzen, wo wir spielten und uns mit unseren in der Nähe wohnenden Freunden trafen. Aber dieses Gebiet hatte keine feste Grenze, so daß wir nur sehr schwer hätten sagen können, wo genau das eigene Viertel endete und das benachbarte begann. Und niemals sind wir auf den Einfall gekommen, die Unverletzlichkeit der Grenze unserer *neighborhood* unter Einsatz unseres Lebens verteidigen zu müssen. Heutzutage hat die *neighborhood* eine ganz andere Funktion, die sich so darstellt, als ob Kinder und Jugendliche glaubten, ihr eigenes Sein, ihre Identität, könne sich ausdehnen bis zur Größe des Areals, das sie sich als ihren Aktionsraum vorzustellen beziehungsweise mit ihren Schußwaffen zu verteidigen in der Lage sind.

Der Name *Eight-Tray Gangster Crips* bezieht sich auf exakt die Art von riesigem, willkürlich abgegrenztem Areal, die ich meine. Das »Herrschaftsgebiet« der *Eight-Tray* in Los Angeles erstreckt sich von der Sechsundsiebzigsten Straße bis zum Century Boulevard in Nord-Süd-Richtung, von der Vermont Street in Ost-West-Richtung zur Western Street und in Richtung Van Ness Boulevard über die Achtzehnte zur Dreiundachtzigsten Straße (»Eight-Tray«). Dieses Areal ist so riesig, daß man es jedenfalls *sensu stricto* nicht mehr als *neighborhood* bezeichnen kann. Eher schon gleicht es einer domanialen Liegenschaft oder einem Lehnsbesitztum. Was noch wichtiger ist: Es bezeichnet eine psychologisch und emotional besetzte Landschaft, durch die Leute der *Eight-Tray* streifen und patrouillieren, um jeden unerwünschten Eindringling aus anderen *'hoods* aufzuspüren.

Die Mitglieder von Jugendgangs haben die Großstadtlandschaft für sich neu erfunden, indem sie sie mit einem neuen Mythos umgaben, ihr neue Kräfte und Potenzen andichteten. Ihre Geschichten fangen auf der Straße an und enden auf der Straße. So auch ihr Leben. Genau hier, auf dem Beton und dem Asphalt dieser Straßenecke, kannst du das Leben in seiner ganzen Rauschhaftigkeit und erregenden Ausstrahlung hören und sehen und spüren als ein einziges unmittelbares stimulierendes Dir-nahe-Sein. In diesem neuen mythologischen Raum brodelt das Leben: Zu hören ist es im Gang-Slang, in der Rapmusik, in dem lauten Hallo, mit dem man sich hier begrüßt. Zu sehen ist es in der eigentümlichen Gehweise, in der man sich hier fortbewegt, in der speziellen Gestik, die man hier an den Tag legt. Obgleich Gewalt und Verzweiflung ihr Leben beherrschen, sind *Crips* und *Bloods* dem Leben auf vernakulärem Niveau sehr nahe: Sie verlegen ihr Leben auf die Straße, wo sie sich selbst ihre Grenzen setzen, sich selbst ihre Freunde suchen, nach eigenen Regeln leben – und sich ihre eigene Sprache erfinden.[18] Sie überleben, indem sie ihr Leben selbst in die Hand nehmen und nach eigenem Gutdünken formen, obschon diese Lösungen in der überwiegenden Zahl der Fälle in eine Katastrophe führen.

Mit »vernakulären Lösungen« will ich sagen, daß inmitten des hoffnungslosen Chaos innerstädtischen Lebens die Gang für viele die einzige sinnvolle Form sozialen Miteinanders darstellt. Die Gang-Kids passen in keine Standardkategorie: Sie sind von allen traditionellen Formen der sozialen Gruppenbildung so weit entfernt, daß sie in der Lage sind, neue Formen zu kreieren. Die Medien nennen sie »Gangs«. Und »Gangster« nennen sich die Halbwüchsigen selbst. Aber diese Bezeichnung gibt ihren tatsächlichen sozialen Organisationsstand nicht wieder. Diese Jugendlichen bilden überraschend neue, dem Historiker freilich vertraute Gruppierungen. Ihre Vergesellschaftungsform ist die des Stammes.

Nach den Gründen dieser speziellen Form der Sozialorganisation braucht man nicht lange zu suchen; sie beruht auf derselben Logik wie die Stammesorganisation auf der Stufe der Prä- und Nichtliteralität. Für die meisten dieser Jugendlichen spielt die Familie nicht mehr die Rolle der sozialen Primärgruppe. Die Ersatzfamilie wird auf der Straße gebildet, die hauptsächlich von Jungen aus der *'hood* bevölkert ist. Die virtuelle *neighborhood* verwandelt sich in ein reales, präzise lokalisierbares Revier, begrenzt von bestimmten Straßen und Boulevards, mit vereinzelten auffälligen Bauwerken als Landmarken und einem Flächenmuster von bevorzugten Aufenthaltsorten, die man hier hat. Einzelne eignen sich jeweils ein noch kleineres Stück Revier an und erklären es zu ihrer Domäne – eine aus schriftlosen Zeiten stammende Form des Grundeigentums. Aber das ist auch alles, was sie besitzen. Und sie verteidigen es unter Einsatz ihres Lebens. Denn es *ist* ihr Leben. Diese Reviere sind ihre *neighborhoods*.

Wenn Gang-Mitglieder daheim die Wohnung verlassen, lassen sie ihre alte Identität zurück. Über eine auf der Kulturstufe der Präliteralität, der Stufe der Stammeskultur, gebräuchliche Form der Namengebung eröffnet die Gang Zugang zu einer neuen Identität. Ein Spitzname betont eine spezielle Eigenschaft und verpflichtet damit seinen Träger auf ein mehr oder weniger differenziertes Verhaltensprogramm. Der eine bekommt seines irren Benehmens wegen in der Gang den Spitznamen »Loco« (spanisch *loco* = verrückt), dem anderen bringen seine aufgeworfenen Lippen den Spitznamen »Duck« (Ente) ein. Wie Stammesmitglieder ihren Kriegernamen bekommen Gang-Mitglieder ihren Spitznamen von den anderen zugeteilt: Man wählt sich seinen Namen nicht selbst. Spitznamen zeigen an, wie das Verhalten des einzelnen von der Gruppe als ganzer erlebt *und* gutgeheißen wird. Ein Gang-Name ist Solidarisierung und Ermutigung. Alles in allem existiert kein großer Unterschied zwischen der Form von Personencharakteristik, die ein Name wie Loco, und derjenigen, die der Kriegername in einer traditionellen Stammesgemeinschaft, etwa der Name Sitting Bull, gibt.

Manchem mag es scheinen, als sei diese Parallele zwischen den alten und den neuen Stammesgemeinschaften an den Haaren herbeigezogen, doch die Ähnlichkeiten sind zahlreich und unübersehbar. Wie die traditionellen Stämme ihr Gebiet verteidigen, so die Gangs ihr Revier. Wie jene die Stammestracht tragen, so diese ihre Farben. Jene verständigen sich mit Gesten, diese mit Handzeichen. Was bei jenen die Stammesabzeichen, sind bei diesen Tätowierung und Durchbohrung. Die Stammeskunst wiederholt sich in den Graffiti. Die Aufnahmeprozedur der Gang steht dem Initiationsritual der Stammesgemeinschaft nahe. Auf fast schon unheimliche Weise ähneln die Klänge von Rap-Improvisationen der formelhaften Kompositionsweise, der man in der Musik oraler Kulturen begegnet. Und schließlich teilen beide Gruppierungen das Verlangen nach dem durch Rauschdrogen – wenn auch zu sehr unterschiedlichen Zwecken – erzeugten veränderten Bewußtseinszustand.

Verhaltensweisen, die sowohl bei den alten wie den neuen Stammesgemeinschaften allgemein ins Auge fallen, sind Rache und Vergeltung, zwei Formen des Umgangs mit der Erfahrung, die entschlossenes Handeln und wenig Nachdenken erfordern. Am leichtesten sind sie zu bewerkstelligen, wenn keinerlei Gefühl mit im Spiel ist. Auf natürliche Weise entstehen sie in Kriegergesellschaften auf der Kulturstufe der Präliteralität, in denen Gruppen von Männern neue Namen annehmen, die gewöhnlich irgendein allgemeines Charakteristikum (in gewissem Sinn eine grobe Vorform dessen, was die Neuzeit »Persönlichkeit« nennt) umreißen. Im England des frühen Mittelalters gab es eine traditionelle Form von Großsprecherei, in der Krieger ihren Mut und ihr Können in die Welt trompeteten. Auch Gang-Mitglieder verpfänden mit dem Treueid auf das Prinzip *Do or die* ihr Leben dafür, daß sie sich niemals vor einem Kampf drücken und niemals, vor allem nicht gegenüber einem Mitglied einer rivalisierenden Gang, ihre Bandenzugehörigkeit verheimlichen werden. Wer nicht Farbe bekennt oder kneift, gilt als Versager, und das kann ihn das Leben kosten oder, schlimmer noch, seinen Ausschluß aus der Gang zur Folge haben, wobei das »Ausstoßungsritual« gewöhnlich mit einschließt, daß er halbtot geprügelt wird.

Die Gang-Kultur hat nicht viel an Literatur hervorgebracht.[19] Einschlägiges wird gewöhnlich einem Journalisten zur Niederschrift diktiert. Nachrichten werden in der Gang-Kultur zumeist von Mund zu Mund weitergegeben. In ihrer neuen Stammeskultur haben die Gangster das Geschichtenerzählen neu belebt. In einem kürzlich erschienenen Buch über eine *Crip*-Gruppe in San Diego kommt der Verfasser/Protokollant immer wieder auf eine Gepflogenheit zu sprechen, die Zusammenhalt zwischen den Gang-Mitgliedern stiftet:

> *Crips* erzählen sich Geschichten. Auf diesem Weg geben sie ihr Wissen und Können weiter und bestätigen ihrem Leben seinen Wert. In manchen dieser Geschichten wird lediglich aktueller Klatsch kolportiert. Andere werden wieder und wieder erzählt und beim Erzählen gefeilt und geschliffen, bis sie die Form von Mythen und Legenden haben. Die Mythen und Legenden prägen allmählich den Charakter der Gang, und die Gang wiederum prägt den Charakter der Gemeinschaft.[20]

Das hört sich fast so an, als sei von den Erzählstunden in oralen Kulturen die Rede, bei denen allen Stammesmitgliedern die für das Überleben der Dorfgemeinschaft unentbehrlichen Informationen eingeschärft werden. Sowohl in Stammeskulturen wie bei den Straßengangs steigen Geschichten zum Rang von Mythen auf und bilden als solche Kette und Einschlag des sozialen Gewebes.

Mitglieder von Jugendbanden haben Verhaltensmuster entwickelt, die ihnen das Überleben auf elementarstem Niveau gestatten. Die meisten dieser Jugendlichen – einerlei ob Schwarze, Chicanos oder Asiaten – fühlen sich in allerfundamentalster Beziehung als Außenseiter, weil sie nicht lesen und schreiben können. Ihre Aussichten auf einen Arbeitsplatz sind düster, und allenfalls auf dem untersten Entlohnungsniveau tut sich einmal eine Verdienstmöglichkeit für sie auf. Eine ganze Anzahl von Großstadtjugendlichen findet Arbeit nur in Filialen von Fastfood-Restaurantketten wie McDonald's und Jack-in-the-Box. Solche Jobs demoralisieren die Jugendlichen noch mehr, indem sie ihnen die Überzeugung suggerieren, daß es zu mehr bei ihnen eben nicht reicht. Üblicherweise wird für diese Arbeiten nicht mehr Lese- und Schreibkenntnis verlangt, als man braucht, um das Bewerbungsformular auszufüllen. Faktisch leisten sie dem Analphabetismus Vorschub. Die Registrierkassen, die in diesen Restaurants in Gebrauch sind, hindern den Benutzer am abstrakten Denken. Auf den Tasten, die er drückt, sieht er nicht die in Zahlen ausgedrückten Preise der Speisen, die er über die Theke schiebt, sondern Piktogramme dieser Speisen. Er drückt auf die Taste mit dem braunen Becher für einen Schokoladenshake und auf die mit dem roten Becher für einen Erdbeershake. In Anbetracht solch mörderischer Arbeitsbedingungen ist es nicht zu verwundern, wenn die Jugendlichen sich auf das Drogendealen verlegen, einen Job, der auf jeden Fall mehr Geld einbringt und den zusätzlichen Reiz besitzt, aufregend und prestigeträchtig zu sein.

Und dann ist da noch der Reiz des Tötens. Wird ein *gangbanger* inhaftiert, stürzen sich Scharen von Presse- und Fernsehjournalisten auf ihn wie die Geier, um das neueste Interview oder eine Exklusiv-Story zu ergattern. Ist ein Bandenmitglied erst einmal zum »Medienstar« avanciert, beginnt es sofort seelenruhig über die Zahl der Gegner und Rivalen zu reden, die es im Kampf Mann gegen Mann oder bei *drive-bys* zu Krüppeln gemacht oder umgebracht hat. Manche Gruppen befinden sich im Dauerkrieg mit anderen, so daß bestimmte *neighborhoods* sich im Spiegel der Medien wie Kriegsgebiet oder belagertes Territorium ausnehmen. Anhand solcher Berichte bildet die Allgemeinheit sich ein pauschales Urteil über Gang-Mitglieder und ihre *neighborhoods*. Die Amerikaner reagieren zu Recht schokkiert auf all die Schießereien und Morde, die sie in den Spätnachrichten und der Morgenzeitung serviert bekommen. Sie vergittern ihre Fenster und sichern ihre Türen mit Zweitschlössern, oder sie übersiedeln in eingefriedete, gut bewachte Wohnanlagen.

Die Statistik trägt nicht dazu bei, das Bild, das die Öffentlichkeit sich von den Gangs macht, zu korrigieren. Wie in jedem der vorausgegangenen fünf Jahre erreichte die Zahl der mit dem Jugendbandenwesen in Zusammenhang stehenden Tötungsdelikte auch 1992 eine neue Rekordhöhe. Betrachtet man die Zahlen und Daten jedoch näher, erscheinen diese Delikte in einem ganz anderen Licht. Im Jahr 1992 kamen im Bezirk Los Angeles bei von Gangs veranstalteten Schießereien 800 Menschen ums Leben. Die für das Jugendbandenwesen zuständige Abteilung der Polizeiverwaltung Los Angeles schätzt die Zahl der in Gangs organisierten Jugendlichen im gesamten Bezirk auf etwa 100000. 800 Todesopfer sind zwar eine erschreckend hohe Zahl, aber längst nicht so viel, wie wir aufgrund unserer Bewußtseinskonditionierung angesichts von 100000 Bandenmitgliedern eigentlich erwartet hätten. Nur ein kleiner

Bruchteil der Gangster drückt auf den Abzug. Die übrigen begnügen sich mit Prahlen und Großtun und dem in Stammeskulturen als Gesellschaftsspiel gepflegten Bramarbasieren.

In der Erklärung für diese Diskrepanz zwischen den tatsächlichen Zahlen und dem Bild der Gangs im Bewußtsein der Öffentlichkeit liegt eigentlich ein Quentchen von erfreulicher Nachricht. Inhaftiert werden im großen und ganzen Jugendliche, die Verbrechen – Einbruchdiebstahl, Vergewaltigung, Mord – auf dem Gewissen haben. Ihnen gilt die Aufmerksamkeit der Medien. Sie lassen sich gut verkaufen. Die anderen *gang-bangers* partizipieren am Nimbus der meistbeachteten Gang-Mitglieder, indem sie sich so geben und so reden wie diese. Entweder sie besitzen eine Pistole, drücken aber nie auf den Abzug, oder sie kosten das Image des Mannes mit dem »häßlichen Schießeisen« voll aus, ohne überhaupt eine Schußwaffe zu besitzen. Schußwaffenbesitzer sind sie in ihrer Phantasie, und schießen tun sie mit dem Mund. Die Idee der Macht hat von ihrer Phantasie Besitz ergriffen. Sie bringen es nicht fertig, die Pistole abzudrücken, obschon sie ein schreckliches Bedürfnis verspüren, ihrer zerstörerischen Macht Ausdruck zu geben.

Diejenigen, die wirklich töten, erleben das Töten nicht als Menschen mit einem aus der Literalität geborenen Selbst, sondern so, wie es einst die Mitglieder von Stammesgemeinschaften erlebten. Den Gedanken, ein fremdes Leben auszulöschen, auch nur zu erwägen, heißt bereits, Schicht um Schicht soziale Zwänge abzubauen, die in der heutigen Gesellschaft solche Selbstverständlichkeit besitzen, daß sie kaum je hinterfragt werden. Wenn diese sozialen Zwänge heute in einem so großen Bevölkerungssegment außer Kraft gesetzt sind, dann hat dies jeden von uns zu interessieren. Daß sie die Verbindung zwischen Mensch und Mensch, zwischen dem Leben des einen und dem Leben des anderen Menschen stiftet, ist die größte Leistung der

Literalität. Daß sie diese Verbindung in einen anonymen Todesgürtel verwandelt haben, macht die eigentliche Bedeutung der Straßengangs aus. Hat man einer ausreichenden Zahl von Gang-Mitgliedern zugehört, kann man sich des Eindrucks nicht mehr erwehren, daß ihr eigenes Leben lediglich in der projektiven Verlängerung von Gang-Aktivitäten besteht. Ein *Crip* verhält sich als *Crip*, ein *Blood* als *Blood*. Um in der »Außenwelt« Leben in individueller, personalisierter Form wahrnehmen zu können, müßte ein Gang-Mitglied es in dieser Form zuerst in sich selbst wahrgenommen haben. Orale Kulturen haben nicht den gleichen Begriff von »Mord« wie schriftbesitzende Kulturen. Unter den Bedingungen der Oralität kann man einem anderen nicht das Leben »nehmen«, denn ein abgegrenztes, vollständig durchgebildetes, verinnerlichtes Leben gibt es nur in der Welt der Literalität. Nur unter den Bedingungen der Literalität beziehungsweise der Alphabetisierung hat das Menschenleben ein vollständig individualisiertes, autonomes Selbst zum Führer und Wegweiser. Und hier sind Gangs und Stammesgemeinschaften einander am nächsten. Hier bemerken wir den breitesten Riß im sozialen Gewebe. Von einem Menschen, dem die verläßliche, stabilisierende Instanz des Selbst fehlt, kann man kein anderes als abnormales Verhalten erwarten.

Gang-bangers fällt das Töten deshalb so leicht, weil ihnen der Begriff des Mordes in seiner genuinen Bedeutung fremd ist. Sie nehmen vor der Mündung ihrer Waffe kein fremdes Leben wahr. In der Tat verwenden sie kaum je den Ausdruck »ermorden«, sondern sprechen statt dessen von »alle machen«, »umnieten« oder »wegpusten«. Sie können töten, ohne etwas dabei zu empfinden, weil sie ein Leben leben, das nicht mehr von Schuldgefühl und Gewissen beseelt ist. Dies ist der erschreckende Aspekt der Mühelosigkeit, mit der sie sich in eine Stammesorganisation hineinfinden. Nicht nur sind sie des Gewissens beraubt und bar jeglichen Schuldgefühls, sondern sie entraten auch jenes entscheidend wichtigen Konstrukts, das die Seele des Gewissens ist – des Selbst. Das bedeutet, daß großstädtische Gangster dort, wo andere Kraft und Stärke schöpfen, im eigenen Innern, nur Leere vorfinden. Wie stopft man dieses Loch? Wie kommt man – und sei's auch nur für Augenblicke – zu dem Gefühl der Kraft und Stärke? Man tut sich mit anderen Jugendlichen zusammen, die sich in der gleichen desperaten, desolaten Verfassung befinden. Und daraufhin kann die Gruppe – die Gang – sich mit Schußwaffen und Drogen und Geschichten anheizen zur Fabrikation eines »kollektiven Selbst«, das seinen Ausdruck nicht im Gedankenwälzen, sondern in Verbrechen sucht. Gewalttätigkeit und Drogensucht sind das Nebenprodukt dieser Art analphabetischer Gesellschaft. Nach hinreichend langer Zeit werden sich schließlich alle wie Gangster aufführen. Der neue Mensch wird dominieren. Bandentypisches Verhalten wird für immer größere Teile der Gesellschaft charakteristisch werden. Die Literalität schafft eine Gemeinschaft von Subjekten, deren jedes ein individuelles Selbst besitzt, von einem Gewissen geleitet und von Zwecken angetrieben wird. Lesen und Schreiben zwingt die Menschen, sich das Leben anderer Menschen vorzustellen. Lesen und Schreiben erfordert Reflexion. Menschen, die lesen und schreiben können, fragen nach und fragen noch einmal nach. Sie reflektieren in kritischer Einstellung. Jugendliche *gangbangers* handeln – unreflektiert.

Die meisten Analphabeten wissen, daß eine Ebene komplexerer Fähigkeiten oberhalb der ihren existiert, und sie fühlen sich stigmatisiert durch ihr Unvermögen, dort hinaufzugelangen. Doch viele Jugendliche von heute haben es aufgegeben, sich mit Buchstaben herumzuschlagen. Sie haben dem Buch den Rücken gekehrt, freilich ohne dafür die Vorteile der Präliteralität einzutauschen. Sie gewinnen keine innere Kraft aus der Oralität. Ein Phänomen wie dieses hat es in der gesamten bisherigen Geschichte noch nicht gegeben: eine ganze Generation, die aus der Sprache, der gesprochenen wie der geschriebenen, vertrieben ist.

Dieser seltsame Rückfall auf die Stufe der Stammeskultur läßt sich jedoch paradoxerweise genau wie die Pistole auch als ein verheißungsvolles Zeichen interpretieren. *Gang-bangers* folgen in ihren Reaktionen ihrem Instinkt. Sie haben keine Bücher über Stammesgemeinschaften und orale Kulturen gelesen. Trotzdem wissen sie, daß sie das, was sie brauchen, nur auf der vernakulären Ebene finden können. Aller Unwahrscheinlichkeit zum Trotz haben sie zu ihrer eigenen unverwechselbaren Stimme gefunden – die sich von der unterrichteten Muttersprache dramatisch unterscheidet – und haben ihr Verhalten auf die Straßen geschrieben. Sie haben noch einmal ganz von vorn angefangen, weil sie ohne Lese- und Schreibkenntnis keinen Weg finden, auf dem sie vorankommen könnten.

Selbst Haftstrafen oder die Einweisung in eine Erziehungsanstalt verschaffen den jugendlichen *gang-bangers*, was sie brauchen. Strafverfolgung macht ihr Leben realer. Denn nur Menschen aus Fleisch und Blut, nicht Gespenster können verurteilt und in eine Gefängniszelle gesperrt werden. Zumindest von der Polizei und den Gerichten werden sie ernst genommen. Sie begreifen schnell: Sie werden lebendig, wenn sie zum Ärgernis und zur Gefahr werden. Der Urteilsspruch, der sie verdonnert, kommt aus dem Mund eines Richters und erfordert für seine Vorbereitung und seine Ausführung das Aktivwerden jeweils eines ganzen Behördenapparats – Justiz und Vollzug – mit umfangreichem Personal vom Pflichtverteidiger bis zum Bewährungshelfer. Die Routinen der Strafverfolgung sind für den *gang-banger* ein Lebenselixier. Selbst das Durchsuchtwerden bekräftigt und steigert seine Wirklichkeit: Das »Abklopfen« nach Waffen oder Drogen hat etwas bizarr Intimes.

Hinzu kommt, daß *gang-bangers*, die ins Gefängnis wandern, für ihre Genossen draußen in den Rang von Heroen aufsteigen. Während ihrer Abwesenheit ranken sich Mythen und Legenden um ihr Erinnerungsbild. Man schlägt sich für ihren guten Ruf. Kehren zur Bewährung Entlassene ins Viertel zurück, bringen sie Geschichten aus dem exotischen Milieu der Gefängnisse mit, die die Phantasie der ganzen Gang anheizen. Bezeichnenderweise steigert sich nach der Rückkehr von Haftentlassenen gewöhnlich der Zulauf neuer Mitglieder zur Gang.[21]

Obgleich Politiker und Behörden in verschärfter Strafverfolgung die wichtigste Remedur zu erblicken scheinen, ist damit weder die Gewalttätigkeit noch die Drogensucht einzudämmen. Im Zeitraum 1984–1987 wurden im Staat Kalifornien 83 Vorlagen für Gesetze zur Unterdrückung von Jugendbandenaktivitäten durch die Gesetzgebungsmaschinerie gepeitscht.[22] Sehr zur Überraschung der Parlamentarier nahm in dem besagten Zeitraum die Zahl der von Gangs verübten Gewalttaten von Jahr zu Jahr zu. 1989 verabschiedete der kalifornische Senat ein Gesetz, das die Polizei ermächtigte, nach Gutdünken Autos anzuhalten und nach Waffen zu durchsuchen. Ebenfalls überzeugt von der Notwendigkeit verschärfter Gesetzgebung und Strafverfolgung, gab der Bezirksstaatsanwalt von Los Angeles im selben Jahr bekannt, daß er ab sofort in allen Fällen von Gang-Kriminalität den zwischen Staatsanwaltschaft und Verteidigung gebräuchlichen Handel »Strafmilderung gegen Schuldgeständnis« nicht mehr tolerieren werde. Seine Begründung: Je mehr Bandenmitglieder hinter Gittern, desto sicherer die Straßen. Präsident Clinton denkt offenbar genauso: In seiner ersten Rede vor dem Kongreß forderte er zur Bekämpfung der Gewalttätigkeit den Einsatz von einhunderttausend zusätzlichen Polizeibeamten auf den Straßen.

Wenn wir jedoch den Zusammenhang zwischen Analphabetismus und der gegenwärtigen Epidemie jugendlicher Gewalttätigkeit wirklich auf seiner elementarsten Ebene dingfest machen wollen, ist es jetzt an der Zeit, die Dinge in eine weiträumige historische Perspektive zu stellen. Erinnern wir uns, daß straffer Schreibunterricht über einen ausgedehnten Zeitraum hinweg – vom siebten bis ins siebzehnte Jahrhundert – hauptsächlich auf der Universität erfolgte, wo er ausschließlich Vertreter des männlichen Geschlechts erfaßte. Tatsächlich gab es Universitäten, über deren Toren die Inschrift prangte: »Frauen nicht willkommen.« Tausend Jahre lang waren die Maßstäbe der sprachlichen Korrektheit – die ganze Welt der Rhetorik: Grammatik, Syntax, Sprachgebrauch, Stilistik und anderes mehr – reine Männersache und wurden von Männern an Männer weitergegeben. Dagegen war die vernakuläre Rede mit ihrer absoluten Gleichgültigkeit gegenüber Regeln und Korrektheit und ihrem Leben in Rhythmus, Tempo, Spannung und Gefühl – die Welt des Erzählens – die Domäne der Frauen und wurde vor allem im Rahmen der mit Körperkontakt verbundenen innigen Beziehung der Mutter zu ihrem Kind weitergegeben, in der ihr von beiden Seiten Nahrung zugeführt wurde.

Die Literalität, geboren aus einer engen Wechselbeziehung zwischen Reden und Schreiben, schließt diese traditionell unterschiedlich geschlechtsgebundenen zwei Domänen zu einer integralen Einheit zusammen. Als Folge der geschichtlichen Entwicklung sind Autorität und das Festsetzen von Normen sowie die Entfaltung von Durchsetzungswillen und -kraft in politischen Ämtern und wirtschaftlichen Unternehmungen der männlichen Geschlechterrolle als Elemente zugewachsen. Als Folge der geschichtlichen Entwicklung wurde die weibliche Geschlechterrolle mit der emotionalen Lebenswelt assoziiert, deren sprachliches Medium eine urwüchsige Form zwangloser, ungenierter Rede ist. Ich bin mir bewußt, daß ich hier mit auf die Spitze getriebenen Verallgemeinerungen ein bis zur Karikatur vereinfachtes Bild zeichne. Aber in allgemeinster Form ausgedrückt, verhält es sich so, daß jene zwei gegenläufigen Teile des Sozialisierungsprogramms – Schreiben und Reden – sich in der Literalität zu etwas vereinigen, das man als sprachliche Androgynie bezeichnen könnte. Sich in die Literalität einüben heißt die Spannung zwischen der Spielregel und dem Spiel erkennen und anerkennen lernen. Mehr noch: Es heißt ihre fundamentale Wechselbeziehung verinnerlichen. Es prägt unter Umständen das Leben eines Menschen, wie kein anderes Paradigma dies jemals könnte, denn die Spannung zwischen Regelgebundenheit und Freiheit ist ja kennzeichnend für einen großen Teil des sozial integrierten Erwachsenenlebens. Eltern lehren ihr Kind, seinem ausgelassenen, übermütigen Temperament die Zügel gerade so weit schießen zu lassen, daß es sich noch bequem innerhalb der Grenzen ziviler Gesittung bewegen kann. Die Literalität übernimmt diese elterliche Doppelrolle zur Fortsetzung auf Dauer.

Zum Teil besteht der Reifungsprozeß des Kindes darin, eine sozial akzeptable Instrumentierung der Spannung zwischen den Polen Spiel und Autorität zu finden. Einerlei, welches Thema auf dem Programm steht, der *élan vital* steckt immer im Spiel und kommt aus dem Spiel. Ein lesendes und/oder schreibendes Kind ist immer in die profundeste, ernsthafteste Form von Spiel vertieft. Ein jugendlicher Dropout kehrt nicht nur der Schule den Rücken, sondern verzichtet auch auf die unmittelbarste Form von Meisterschaft, die die Literalität zu bieten hat. Was dem Gang-Mitglied durch seinen Verzicht auf die Literalität entgeht – das Vergnügen, sich mit Erfahrungen aueinanderzusetzen –, versucht es auf der Straße zurückzugewinnen. Und dort, auf der Straße, entwickeln viele Gang-Mitglieder auch ihr Verhältnis zur Autorität. Die Straße teilt die härtesten Knüffe aus und vergibt die unbarmherzigsten Zensuren.

Auf abstrakte, »informative« Weise wirkt die Literalität »zivilisierend« – macht sie aus Individuen, die partikularen

Interessen verpflichtet sind, willige Glieder des Staatskörpers. Die grammatischen Regeln halten Sätze in derselben Weise zusammen, wie die Gesetze der Physik die stoffliche Welt und Verfassungsartikel eine Gesellschaft zusammenhalten. Ein angehender Schriftsteller lernt den Regeln der Grammatik mit demselben Respekt zu begegnen, den ein Naturwissenschaftler den Gesetzen der Schwerkraft entgegenbringt. Ein Schriftsteller kann Abwechslung und Vielfalt – anders gesagt: Interessantheit – nur innerhalb der Grenzen erreichen, die ihm die Grammatik setzt. Ein guter Schriftsteller erprobt ständig neue Ausdrucksmöglichkeiten an den Grenzen des von den Regeln Erlaubten. Hat er Erfolg, sind die Früchte seines Bemühens Sätze, die sich durch Innovation und Erfindungsgeist auszeichnen. Eine Haltung, wie der Schriftsteller sie praktiziert – das Erkunden des Spektrums neuer Möglichkeiten innerhalb vorgegebener Grenzen –, formt mit der Zeit die Weltsicht ihres Trägers. Lesen und schreiben lernen vermittelt nicht nur eine kognitive Praxis, sondern auch eine Haltung, die der junge Mensch verinnerlicht und die dann sein Verhalten prägt.

Zustimmung und Auflehnung – anders gesagt: der fein ausbalancierte Tanz der politischen und sozialen Verantwortung – nehmen ihren Anfang in der Literalität. Was im Inneren von Sätzen stattfindet, findet Ausdruck in den Konturen der realen Welt. Die Anordnung der Wörter in der Verfassung der Vereinigten Staaten ist nicht nur da, um die Verfassung des Landes wiederzugeben, sondern auch um ihr Existenz zu verleihen. Die Literalität verstehen heißt über die Buchstaben hinausgehen. Lesen und schreiben lernen ist ein metaphorisches Tun: Ein Mensch *verleibt* sich die Form der Literalität *ein* und wird daraufhin von ihr geformt. Buchstaben führen der Seele die nahrhafteste Speise zu.

Sätze zu schreiben hat einen vorteilhaften Nebeneffekt: Die Kinder beiderlei Geschlechts gelangen dabei zur – unbewußten – Aufgeschlossenheit für die »flüssige« Natur des weiblichen Prinzips, lernen jedoch gleichzeitig auch, die vom männlichen Prinzip gesetzten Grenzen zu respektieren. Sätze zu bilden verlangt nach der Hochzeit von Stoff und Form: von Lauten einerseits, Grammatik und Syntax andererseits. Alles in der Welt schließt diese zwei Momente ein: Stoff (oder Materie) und Form (oder Struktur). Im Englischen lauten die entsprechenden Ausdrücke *matter* und *pattern*, und unschwer erkennt man in ihnen die lateinischen Wurzeln *mater*, »Mutter«, und *pater*, »Vater«. Die Mutter fördert, wie wir in Kapitel 3 gesehen haben, mit Babysprache und Spiel den »Flüssigzustand«, will sagen: Flexibilität und Ungebundenheit. Der Vater bringt aus der außerfamiliären Welt Autorität und bindende Regeln ins Heim der Familie mit zurück. Wie Leben auf der biologischen Ebene aus dem Geschlechtsverkehr hervorgeht, so auf der staatsbürgerlichen Ebene aus dem sozialen Verkehr. Ein Satz wird von Wörtern gezeugt wie ein Kind von seinen Eltern. Beide, der Satz wie das Kind, verkörpern, sobald sie da sind, eine neue, eigene Existenz.

Der Einfluß der Eltern fließt in die Sätze des Kindes ein, als ob das Kind ein Verbindungskanal wäre, der ungehinderten Durchlauf gewährt. Verliert ein Kind einen seiner elterlichen Leitsterne – sei es, weil der Vater sich plötzlich aus dem Staub macht, sei es, weil die Mutter drogenabhängig wird –, beeinträchtigt diese Unvollständigkeit der Familienkonstellation seine Aufgeschlossenheit für die Literalität. Eine unvermeidliche Konsequenz. Die wenigsten Gang-Mitglieder stammen aus einer intakten Kernfamilie. Statt auf dem Papier mittels Sätzen spielerische Beziehungen zur Autorität zu entwickeln, die durch die Anwesenheit der Eltern ausgestaltet und bekräftigt werden, verlegen viele Jugendliche ihre einschlägigen Experimente auf die Straße – wo um viel höhere Einsätze gespielt wird. Auf der Straße verabsolutieren sich Spiel und Autorität zu polaren Gegensätzen von tödlicher Brisanz, die ineinanderfallen. Töten *ist* ein Vergnügen – zwei vollkommen identische Dinge –, und das Gesetz brechen *ist* ein aufregendes Abenteuer. Auf der Straße bedeutet Beseitigtwerden den Tod: Man wird einfach »ausradiert«. Das Leben auf der Straße läßt keine Zeit für Korrekturen.

Was sich da auf der Straße Ausdruck verschafft, ist eine verdrehte und verzerrte Variante des elementaren Drangs zur Literalität. Jugendliche versuchen, ihr neues Leben in ihre *'hood* hineinzuschreiben. Ihre *Schreibweise* ist denkbar unkonventionell und ungezügelt, weil sie dem Bestreben entspringt, sich für ein mörderisches Manko im täglichen Leben, die Unvertrautheit mit der in die Sprache eingesenkten Dialektik von Spiel und Regel, schadlos zu halten. Auf der Straße hat eine Pistole ihren guten Sinn, sorgt für ehrfurchtgebietenden Zeitvertreib und wird zum Spielzeug, das einem den Kick absoluter Autorität verschafft.

Selbst wenn diese Jugendlichen unter noch so abnormen Bedingungen aufgewachsen sind, lassen sie nicht davon ab, Ersatzformen für ihr zerrüttetes Leben zu suchen. Sie haben einen Modus nicht nur des physischen, sondern auch des emotionalen Überlebens entwickelt, indem sie ihre eigene Art von Familie schufen, mit allem, was an elementarsten Loyalitätsbeziehungen und Treueverhältnissen und Bindungen dazugehört. Selbst diese Jugendlichen ohne Gewissen und Schuldgefühl, die lediglich das allerkleinste Rudiment von einem Selbst besitzen – selbst diese Außenseiter sprechen noch von etwas, das sie Liebe nennen: ein Zeugnis für die Widerstandskraft des menschlichen Geistes. In einem vor nicht allzu langer Zeit in der *New York Times* veröffentlichten Artikel über Jugendgangs stellte der Verfasser erfreut fest: »Junge Burschen, die ohne Gewissensbisse töten, gebrauchen das Wort Liebe, um auszudrücken, was sie an ihre Freunde auf der Straße bindet.«[23] Manche dieser »jungen Burschen« haben bei der handgreiflichen Verteidigung eines Freundes das eigene Leben eingesetzt und verloren. Wenngleich diese Straßen-»Familien« nur aus Männern bestehen, stellen sie doch ein strukturiertes und organisiertes soziales Milieu bereit, in dem junge *gang-bangers* gewissermaßen im zweiten Anlauf so etwas wie eine Sozialisierung erfahren können, wenn auch mit zerstörerischem Ergebnis für Außenstehende. Gangs sind im Leben unserer Innenstädte vielleicht insofern eines der wenigen Elemente, die sich positiv interpretieren lassen, als sie immerhin eine Minimalform primären sozialen Zusammenhalts darstellen und als solche die verzweifelte Bekundung eines verzweifelten Bedürfnisses nach stabilen und engen persönlichen Beziehungen.

Ich hoffe, daß ich nach allem Vorangegangenen den Leser mit der folgenden Behauptung zu überzeugen vermag: Die Tatsache, daß *gang-bangers* keine besonders gute Lese- und Schreibkenntnis besitzen, besagt nicht viel, solange wir nicht bereit sind einzusehen – und auch nach dieser Einsicht zu handeln –, daß das Bandenleben selbst eine Konstruktion darstellt, die einer Auseinandersetzung mit der Literalität, so wie ich den Begriff hier verwende, entspringt. In einer durch Literalität bestimmten Gesellschaft Analphabet zu sein, bedeutet, sich aus dem System ausgeschlossen und zugleich von ihm verfolgt zu fühlen. Bei der Art, wie in den Schulen heute Lesen und Schreiben unterrichtet wird, empfinden die Jugendlichen die Literalität gleichzeitig als Belanglosigkeit und als unüberwindliches Hindernis. Es fällt ihnen schwer, Lesen und Schreiben als ein spielerisches Tun zu sehen, denn den meisten wurde in der Kindheit das volle Erleben der Oralität vorenthalten, bei dem sich das Verlangen nach spielerischem Sprachverhalten herauszubilden beginnt. Ohne diese Erfahrung der Freude und des Entzückens an der Sprache stellt sich das Schreibenlernen als ein Auswendiglernen von Regeln dar, und das Lesen reduziert sich auf das Knacken eines unglaublich komplizierten Codes. Die Folge davon: Junge Leute fühlen sich ausgegrenzt aus einem Sozialsystem, das sich in ihren Augen als autoritär und unfair darstellt.

Ein Teil dieser Außenseiter schließt sich in dem Bedürfnis nach Identität und Selbstschutz zu einer entschieden auf ihr Außenseitertum pochenden Gruppe zusammen, deren Mitglieder zumindest in diesem Sozialverband das vermißte Gefühl von Zugehörigkeit und Zusammengehörigkeit erleben können. Mit charakteristischen Formen von Oralität und Literalität ahmen sie das gesellschaftliche Umfeld nach. Rap-Musik, ursprünglich bei den Schwarzen in den Innenstädten der Metropolen zu Hause, erweckt den Eindruck eines ungezwungenen Improvisierens von Wortspielen und witzigen Reimen auf einem Klangteppich von peinlich genau festgelegten Rhythmen. Rap-Musik klingt stark nach einer Abwandlung der *dozens*, an den Straßenecken in schwarzen Vierteln ausgetragener Wettkämpfe, bei denen die Teilnehmer in improvisierten Schimpftiraden ihre Geistesgegenwart unter Beweis stellen. *In praxi* werden jedoch die meisten Rap-Songs vorab unter Zuhilfenahme des Reimlexikons und des Synonymenwörterbuchs am Schreibtisch ausgearbeitet und haben mit oraler Komposition wenig zu tun.

Wenn man Lesen als »Codeknacken« bezeichnen kann, dann kann man von den Graffiti, den mit der Spraydose auf öffentliche Wände gesprühten Inschriften, sagen, daß sie die Idee des Codeknackens gleich in die Form der Schrift selbst integriert haben. Zum Entziffern der »Schnörkel« bedarf es einer Literalität besonderer Art. Die Graffiti privilegieren somit die kleine Gruppe derer, die sie lesen können, in derselben Weise, wie die konventionelle Schrift Menschen mit Lese- und Schreibkenntnis zu einer Elite macht. Die Graffiti schlagen den Alphabetisierten genauso entschieden die Tür vor der Nase zu, wie die Kultur der Literalität die meisten Großstadtjugendlichen ins soziale Abseits verweist.

Einen jungen Menschen auf den Weg zur Literalität zurückzubringen – was zugegebenermaßen ein harter Brocken ist –, heißt, ihn in eine soziale Matrix zurückzuversetzen, die in der Vergangenheit an ihm versagt hat. Es heißt, diesen Jugendlichen in ein Zuhause zurückzubringen. Wenn der oder die Betreffende aus einer geschiedenen Ehe kommt – was bei den meisten der Fall ist –, dann wird die unterrichtete Muttersprache ihm beziehungsweise ihr besonders fremd sein. Nur die Vernakulärsprache der Gang gibt das Gefühl von Behaglichkeit und Sicherheit.

Für Jugendliche jedoch, die noch nicht offiziell in eine Gang aufgenommen wurden und nicht definitiv von der Schule abgegangen sind, besteht noch Hoffnung. Damit diese Hoffnung in Erfüllung gehen kann, werden Volksschulen und höhere Schulen gebraucht, in die die Erkenntnis eingedrungen ist, daß sie in Zukunft eine völlig neue Rolle auszufüllen haben werden, in der sie für die Bereitstellung der sozialen Matrix von Liebe und fürsorglicher Erziehung sorgen, die eine Grundkomponente der Oralität ist. Die Grundschulen müssen in ihren Lehrplänen für das Lesen und Schreiben die beiden Pole Verspieltheit und Autorität bieten. Zumal bei der zunehmenden Zahl der Mütter, die eine Erwerbstätigkeit aufnehmen oder in die Asozialiät abgleiten oder für den Lebensunterhalt ihrer Familie auf die Sozialhilfe angewiesen sind, müssen die Schulen in den entscheidenden, persönlichkeitsprägenden Entwicklungsjahren des Kindes mehr auf diese mütterliche Beziehung zu dem Kind achten.[24] Wenn Kinder sich *la vida loca* (dem Gang-Leben) zuwenden, muß die Schule sich um so entschiedener *in loco parentium* (an Eltern Statt) setzen. Die soziale Matrix, von der ich hier spreche, ist für Verwaltungsbürokaten und Haushaltsplaner Anathema. Sie verlangt einen radikalen Wechsel der Perspektive und der Einstellung. Ich plädiere für eine Umkehr, die uns den ganzen weiten Weg bis zur Oralität als der Alma mater der Literalität zurückführt.

Sechstes Kapitel

Der Verfall der Souveränität über die Sprache und ihre vernakulären Bereiche zeigt sich deutlich in der Art, wie die Menschen über das Unterrichten sprechen. Hielte ich eine Vorlesung, würde ich *zu* Ihnen sprechen, und wären wir unter uns, würde ich, wo möglich, *mit* Ihnen sprechen. Doch weder unter den genannten Umständen noch jetzt käme es mir in den Sinn, Ihnen Unterricht erteilen zu wollen. [...] Noch viel weniger erziehe ich Sie. Ich möchte nicht das geringste zu tun haben mit einer Aufgabe, für die mir die Natur nicht die geeigneten Organe mitgegeben hat. *Educatio prolis* ist ein Ausdruck, der in der lateinischen Grammatik einen weiblichen Aktanten verlangt. Er bezeichnet die Ernährung und Aufzucht, die das Geschäft von Müttern – gleichgültig ob Hundemutter, Muttersau oder menschlicher Mutter – ist. Beim Menschen erzieht nur die Frau. Und sie erzieht nur kleine Kinder, lateinisch *infantes*: der Rede noch nicht Mächtige. Erziehen hat etymologisch nichts mit »herausziehen« zu tun, wie die pädagogische Folklore uns weismachen will. Pestalozzi hätte Cicero beherzigen sollen: *educit obstetrix, educat nutrix*, »die Hebamme zieht heraus, die Amme zieht auf«. Männer tun im Lateinischen keines von beidem. Ihr Geschäft ist die *docentia* (das Lehren) und die *instructio* (das Unterrichten). Die ersten Männer, die eine erzieherische Funktion für sich reklamierten, waren frühmittelalterliche Bischöfe, die ihre Schäfchen an die *alma ubera*, die »milchstrotzenden Brüste«, der Mutter Kirche heranführten, deren sie nie mehr entwöhnt werden sollten. Ebendarum nennen sie (wie es dann

auch ihre weltlichen Nachfolger mit ihren Schützlingen tun werden) die Gläubigen *alumni* – was nichts anderes als Saugende oder Säuglinge bedeutet.
Ivan Illich, »Vernacular Values and Education«. In: Bruce Bain (Hg.), *The Sociogenesis of Language in Human Conduct.*

Heutzutage wird jede Menge Unterricht zu allen erdenklichen Themen erteilt – vom Gedächtnistraining für den gestreßten Manager bis zum Bauchtanzlehrgang für die gestreßte Hausfrau –, aber Erziehung findet im Leben junger Leute nur verschwindend wenig statt. In jeder Buchhandlung findet man sogar ein umfangreiches Angebot von Ratgebern zu einer seltsamen Aktivität mit dem schönen neudeutschen Namen »Parenting«, was, wenn ich richtig verstanden habe, Kindererziehen in dem Sinne ist, in dem Illich das Wort gebraucht – die Brutpflege im heimischen Nest, sozusagen. In einem mexikanischen Bauerndorf erzählte ich einmal einer alten Frau davon, daß derlei Bücher in den USA überall erhältlich und in der Tat auch recht populär sind. Sie zeigte sich entsetzt über den Mangel an Können und gesundem Menschenverstand, den erwachsene Menschen im Nachbarland bewiesen. Wozu brauchte irgend jemand, gar eine Mutter, ein Handbuch der Kinderpflege – eine Bedienungsanleitung für die Natur der Menschennatur selbst? Sie hatte schon davon gehört, daß man beim Kauf einer neuen Landmaschine oder eines neuen Autos ein technisches Handbuch oder eine Bedienungsanleitung dazubekam, aber daß so etwas auch für neugeborene Kinder existierte, war ihr neu und unbegreiflich. Sie mußte lachen über die Absurdität des Ganzen, über die Verrücktheit, daß jemand Nachhilfeunterricht nötig hatte, um sein Kind aufziehen zu können.

Mit der Erziehung ihrer eigenen Sprößlinge hatte die alte Mexikanerin auf die einzig mögliche und denkbare Art und

Weise begonnen, nämlich indem sie die Kleinen an die Brust legte. Während des Stillens hielt sie den Säugling eng an sich gedrückt und sprach auf ihn ein oder sang ihm etwas vor. Alle fünf Sinne des neuen Erdenbürgers erwachten gleichzeitig zum Leben, während er so im Körperkontakt mit der *alma mater* stand und dabei Milch in sich aufnahm und mit der Milch zugleich auch deren metamorphe Ausweitungen: Wendigkeit und Schmiegsamkeit des Flüssigen, Rhythmus und Sprache. Indem er es sich in seiner Rolle als *alumnus* gemütlich machte, kam der Säugling nach und nach zu seiner Stimme.

Jene Mexikanerin kannte eine fundamentale Wahrheit, nämlich daß die Literalität an der Mutterbrust beginnt – nicht nur in der Befähigung des Kindes zum Sprechen, sondern auch in seinem Hang, auf rhythmische Klangphänomene zu lauschen, der aus dem Eindruck geboren ist, den die Herztöne und Atemgeräusche der Mutter im Bewußtsein des Kindes hinterlassen.[1] Ein viel zu wenig beachtetes Kuriosum der Kindheitsentwicklung ist der Umstand, daß im Familienkreis niemand einen Säugling im Sprechen unterrichtet. Er lernt, indem er hört, wie in seiner Umgebung Laute artikuliert werden. In engem Kontakt mit dem Herz der Mutter hört der Säugling bei der Artikulation der Laute zu, die für ihn die wesentlichsten sind. Die Worte und Sätze der Mutter gehen ihm unter die Haut. Wenn die Mutter spricht, spiegeln sich ihre Laute jedesmal in minimalen Gesichtsmuskelbewegungen des Säuglings – ein primitives Zucken, das das Kleine zu guter Letzt befähigen wird, seine eigenen Laute zu bilden.[2]

Jeder spezifische Laut – jedes Phonem, wie die Sprachwissenschaftler das nennen – löst eine spezifische Reaktion aus, die anscheinend in ihrer Beschaffenheit und dem Ort ihres Auftretens von Säugling zu Säugling variiert. »Das Neugeborene einer taubstummen Mutter«, liest man bei einem Kenner der Materie, »besitzt kein Repertoire von

Sprachlaute beantwortenden Muskelbewegungen und führt solche Bewegungen erst nach längerem engen Kontakt mit einer sprechenden Person oder sprechenden Personen aus.«[3]

Das Stillen liefert also viel mehr als nur den allerersten Posten auf dem nach und nach umfangreicher werdenden Speisezettel des Kindes. Muttermilch ähnelt vielmehr jenem sagenhaften Lebenselixier, von dem das frühe Mittelalter glaubte, daß es die gesamte animalische Natur, tierische wie menschliche, befeure. Gewiß, Muttermilch setzt das Wachstum des Kindes in Gang, doch nicht weniger wichtig ist, daß sie seine Emotionalität und Vitalität erweckt. An der Mutterbrust saugt der kleine Mensch einen winzigen Bewußtseinsstrom in sich ein. Das meinten die mittelalterlichen Kleriker und Mönche, wenn sie von der *educatio prolis* (*educatio* = Aufzucht, *proles* = Nachkomme, Nachkommenschaft) sprachen, ein Ausdruck, von dem die romanischen Sprachen und das Englische ihr Wort für Erziehung haben (*éducation*, *education* usw.). Im Englischen wird das Wort *education* erstmals im frühen siebzehnten Jahrhundert gebraucht, und zwar für das Aufziehen von Kindern in Sorge um ihre leiblichen Bedürfnisse – und in den ersten Lebensjahren bedeutete dies, ihnen die Brust zu geben. Bis zur Jahrhundertmitte, dem Höhepunkt der Wissenschaftlichen Revolution, hatte sich die Bedeutung des Wortes dann so erweitert, daß auch Verhaltensgewohnheiten, Manieren und geistige Interessen zu den Gegenständen der Erziehung zählten. (In dieser Epoche scheint Erziehung eine Frage von gleicher Dringlichkeit gewesen zu sein, wie in den fünfziger Jahren unseres Jahrhunderts in den USA die naturwissenschaftlichen Fächer in den Lehrplänen der Grundschulen und höheren Schulen, die nach dem öffentlichen Aufschrei beim Start des *Sputnik* massiv aufgewertet wurden.) Aber auch nach dieser Modernisierung des Erziehungskonzepts war Erziehung noch immer Sache der Mutter und fand im Heim der Familie statt.

Erst Mitte des neunzehnten Jahrhunderts beginnt das Wort Erziehung eine Aktivität zu bezeichnen, die ohne direkten Kontakt mit der Mutter außerhalb des Hauses vor sich geht: den Schulunterricht. Während Mütter jetzt zunehmend Tätigkeiten außer Haus nachgehen, übernehmen nach und nach Institutionen ihre Rolle. So ist beispielsweise schon in der zweiten Hälfte des neunzehnten Jahrhunderts in den USA eine Kindergarten-Bewegung in vollem Gang. Zu einem neuerlichen Boom auf dem Vorschul-Sektor kommt es dann während des Zweiten Weltkriegs. In jener wie in dieser Epoche verlagerten Mütter ihr Aktionsfeld aus dem eigenen Heim an einen Arbeitsplatz außer Haus, eine Umorientierung mit katastrophalen Folgen für die Literalität. Mit dem Abschied der Mutter vom Haus vollzieht sich ein verhängnisvoller Bruch. Die entscheidend wichtige Verbindung zwischen dem Kind und seinem Entwicklungsziel in der Literalität zerreißt. Betrachtet man das zentrale Moment in der Entwicklung des Kindes, die Entwicklung des kindlichen Weltverhältnisses, in weiträumiger historischer Perspektive, zwingt sich einem förmlich die nüchterne Frage auf: Wie soll das eigentlich gehen, daß die Lehrerin und die Flasche die Mutter und die Brust ersetzen?

Die Medizin im Verein mit kommerziellen Interessen erleichterte den Frauen den Abschied vom häuslichen Leben, indem sie eine Änderung der Art und Weise inaugurierte, in der Mütter ihre Kinder ernähren.[4] Mitte des neunzehnten Jahrhunderts wurden die meisten Kleinkinder in den USA von ihren Müttern gestillt. Mitte des zwanzigsten Jahrhunderts wurden die meisten mit der Flasche ernährt. Der Wechsel liefert ein Indiz für einen tiefgreifenden Bruch, eine Kluft zwischen der Mutter und ihrem Kind. Diese Spaltung ist das Ergebnis der Kommerzialisierung sowohl von Mutter wie Kleinkind.

Noch Anfang des neunzehnten Jahrhunderts engagierten

Mütter, die ihr Kind nicht stillen wollten oder konnten, eine Amme oder wichen auf eine Ersatznahrung auf der Basis von Kuhmilch aus. In der zweiten Jahrhunderthälfte machten Ärzte in einer unverhältnismäßig hohen Zahl von Fällen Fehlernährung – sei's an der Mutterbrust, sei's durch Kuhmilchpräparate – für den Tod von Kleinkindern verantwortlich. Die Mediziner suggerierten den Frauen die Angstvorstellung, daß ihre Milch nicht mehr die richtigen Nährstoffe besitze. In ihrem Buch *The Politics of Breastfeeding* hat Gabrielle Palmer auf die zwischen der ärztlichen Zunft und der Milchindustrie bestehende Übereinstimmung in der ökonomischen Interessenlage hingewiesen:

> Es ist kein Zufall, daß es mit dem Stillen um so schneller bergab ging, je mehr die Geburt der Kinder und die Ernährung der Neugeborenen von dem überwiegend aus Männern zusammengesetzten Ärztestand in Regie genommen wurden. Und ebensowenig auf Zufall beruhte die Expansion der Babynahrungsindustrie im ausgehenden neunzehnten und beginnenden zwanzigsten Jahrhundert, nachdem die Mechanisierung der Molkereibetriebe zu einer beträchtlichen Überschußproduktion von Molke geführt hatte. Hat ein Hersteller ein Abfallprodukt, dann rät ihm sein Geschäftsinstinkt als erstes, sich nach Vermarktungsmöglichkeiten für dieses Produkt umzusehen, und die Entstehungsgeschichte der Babynahrung ist die Geschichte eines Marketing-Erfolgs, der nicht zuletzt auf der geschickten Ausschaltung des Konkurrenzprodukts Muttermilch beruht.[5]

Mit dem Segen von Forschungsmedizinern machten sich Geschäftsunternehmen an den Vertrieb von standardisierten und sterilisierten (in den ersten Werbeanzeigen ist von »Bestrahlung« die Rede) Kindernahrungspräparaten. Die Medizinhistorikerin Rima Apple faßt zusammen, wie sich der Stand der Säuglingsernährung zur damaligen Zeit darstellte:

> Ein Auffassungswandel bei den Müttern im Verein mit den Entwicklungen in der ärztlichen Praxis, dem Wachstum der Babynahrungsindustrie und den Verlautbarungen von seiten der wissenschaftlichen Forschung führte dazu, daß die amerikanischen Mütter

ihre Neugeborenen im Regelfall unter ärztlicher Kontrolle mit der Flasche fütterten.[6]

Zeitschriftenanzeigen, Informationsbroschüren und Zureden der Ärzte, das alles wirkte zusammen, um die Mütter zu der Überzeugung zu bringen, daß »die Ernährung des Kindes mit Fertignahrung unter ärztlicher Anleitung dem Stillen ebenbürtig, wo nicht gar überlegen sei«.[7]

Die ersten kommerziellen Babynahrungsprodukte kamen aus Deutschland, und zwar exakt zur gleichen Zeit, als deutsche Pädagogen Theorien der kindlichen Früherziehung zu entwickeln begannen. Diese zwei Faktoren – Früherziehung und der Gebrauch von Fertignahrung – verstärkten sich wechselseitig und stellten so etwas wie eine Verschwörung der Umstände dar, die schließlich mithalf, die Literalität zu unterhöhlen. Anfang der 1860er Jahre gab der deutsche Chemiker Baron Justus von Liebig bekannt, daß er das perfekte Fertignahrungsrezept für Kleinkinder entdeckt habe: Weizenmehl, etwas (pasteurisierte) Kuhmilch und Malzextrakt sowie eine Prise Kaliumbikarbonat zur Vorbeugung gegen die Übersäuerung des Magens. Schon 1869 konnten amerikanische Mütter Liebigs »Lösliche Kindernahrung« zum Preis von einem Dollar pro Glas im Drugstore an der Ecke kaufen.

Andere Firmen, darunter Nestlé, Mellin und Horlick, zogen mit ähnlichen Produkten nach. Im Lauf der folgenden Jahrzehnte nahm die Beliebtheit der Flaschenernährung immer mehr zu, zumal sie auch von immer mehr Ärzten befürwortet wurde. Rima Apple deutet an, daß ein radikaler Vorstellungswandel auf seiten der Frauen diesen die problemlose Abkehr von der Praxis des Stillens ermöglichte:

> In ihrem Wunsch, ihrem Kind die bestmögliche Fürsorge angedeihen zu lassen, suchten die amerikanischen Mütter zunehmend Hilfe bei Experten. Die Kombination von raffinierten Werbetechniken, der Aura wissenschaftsgestützter Mutterschaft und dem professionellen Besserwissertum der Ärzte – ein Zusammenwirken ideologi-

scher und sachlicher Faktoren – schuf ein Klima, das viele Frauen bewog, sich an kommerzielle Produkte und den Ratschlag des Arztes zu halten.[8]

In jener Epoche zunehmenden Vertrauens auf den wissenschaftlichen Sachverstand – nicht nur auf dem medizinischen, sondern auch auf dem pädagogischen Sektor – machten Geburtshelfer und Kinderärzte Säuglinge zu Studienobjekten und entließen sie dann als kleine Konsumenten in die Welt der Fabrikanten und Händler.

Seit es Fertignahrung gibt, kann eine Mutter zu Hause anwesend sein und sich dennoch ihre Autonomie bewahren: Sie braucht ihrem hungrigen Nachwuchs nicht mehr auf Abruf zur Verfügung zu stehen. Mehr noch: Die Flasche macht es ihr leichter, sich aus dem Haus zu entfernen. In beiden Fällen verändert die Flasche das Verhältnis des Kindes zu seiner Umwelt, denn sie kann die Brust nicht ersetzen. Ein Kind kann die Flasche überall in den Händen halten; dazu ist keine menschliche Nähe und nur wenig Beaufsichtigung vonnöten. Die Flasche riecht nach Gummi und nach Plastik, bleibt nur kurze Zeit warm und wird leer. Der Milchfluß der Brust versiegt zwar auch, aber wenn das eintritt, kann die Mutter das Kind an die andere Brust legen. Überfluß von rechts, Überfluß von links, im Zuge einer grandiosen Demonstration von Beidhändigkeit! Wie diese Erfahrung später beim Erwerb bestimmter Fertigkeiten, beispielsweise der Lese- und Schreibkenntnis, positiv zu Buche schlägt, können wir nur mutmaßen. Sie könnte freilich genau die Wendigkeit befördern, die man braucht, um eine Druckseite mit dem Blick abtasten oder eine verschachtelte Gedankenführung nachvollziehen zu können. Mit Sicherheit erweitert die Verlagerung von der einen an die andere Brust den Horizont des Säuglings, denn so bekommt er die Welt aus verschiedenen Blickwinkeln zu sehen.

Ein Säugling, der Fertignahrung aus einer Flasche saugt, genießt keine Erziehung mehr. Er wird bereits unterrichtet. Milch – das Engramm der Wendigkeit und Schmiegsamkeit transportierend – ist, herausgelöst aus der innigen Mutter-Kind-Symbiose, zur Ware geworden, die dem kleinen Konsumenten in sorgfältig abgemessenen Portionen von diesem Präparat und jenem Präparat zugeteilt wird. Die Anteile von Fett, Proteinen, Vitaminen und Mineralien in der Milch sind bei jeder Mutter anders. Ja, Geschmack und Zusammensetzung der Muttermilch schwanken sogar bei ein und derselben Person von einem Tag zum anderen, je nachdem, was sie ißt. Säuglinge, die mit, sagen wir, Nestlé-Babymilch ernährt werden, nehmen Tag für Tag ein Flüssigpräparat nach exakt gleichem Rezept zu sich. Nach einer gewissen Zeit ist der Säugling so weit, daß er mit dieser Konstanz fest rechnet – womit dem kleinen Wesen vielleicht der Keim einer Vorliebe für das Speisenangebot von Fast-Food-Ketten mit seiner Genormtheit und Austauschbarkeit, wenn nicht sogar für Genormtheit und Austauschbarkeit als solche eingepflanzt ist. Die Veränderungen in der Muttermilch quittiert der Säugling mit unterschiedlichen Lauten, die ihrerseits wieder die Mutter zu variierender Lautbildung anregen. So ergibt sich Tag für Tag eine komplexe orale Interaktion, ein differenzierter Code vor dem Hintergrund von Befriedigung, Lust *und* Veränderung.[9] Mit den Worten des Psychoanalytikers Stephen Mitchell gesagt: »Der Säugling ist so gut wie blind für seine Mutter als Person. Sie ›bringt die Welt‹ zu dem Säugling und ist die unsichtbare Sachwalterin seiner Bedürfnisse.«[10]

An der Flasche saugend, erhält das Baby seine erste Lektion im Umgang mit kostbarer Fracht. Eine Flasche läßt sich so weit in den Mund schieben, wie das mit der Brust niemals möglich ist. In manchen Fällen scheint die Flasche sogar förmlich mit dem Säugling verwachsen zu sein; er läßt sie kaum noch aus dem Mund. Die Mutter ist kein Gefäß, das Milch enthält; die Mutter ist Ernährerin. Ihre Brüste gehören ihr. Der Säugling muß angelegt und von der Brust genommen werden. Bei der Flaschenernährung ist es für ihn viel schwieriger, Pulsschlag und Herzrhythmus der Mutter zu verinnerlichen, ein Vorgang, der sein erster echter *Sprach*kontakt ist. Ein Säugling, der fern der Mutterbrust sich selbst überlassen seinen Hunger aus einer Flasche stillt, ja selbst ein Säugling, den die Mutter im Arm hält, während sie ihn mit der Flasche füttert, verfehlt die fundamentale kinästhetische Verbindung zur Literalität, weil er in einer ganz bestimmten physiologischen Beziehung aus seiner Verankerung in der Oralität herausgerissen worden ist.

Flaschenernährung schwächt die Atmung des Neugeborenen: Ein Säugling saugt an der Flasche nicht so kräftig wie an der Mutterbrust, mit der Folge, daß seine Atmung insgesamt schwächer ist, was wiederum später seine Leistungsfähigkeit im oralen Sprachbereich – Rhythmus und Struktur und Modulation seines Sprechens und Zuhörens – beeinträchtigt. Bei der vergleichenden Untersuchung der späteren Entwicklung von Flaschenkindern und Brustkindern kam man beispielsweise zu dem Ergebnis, daß erstere »viermal mehr an Infektionen der Atmungswege, [...] einundzwanzigmal mehr an Asthma und siebenundzwanzigmal mehr an Heuschnupfen leiden«.[11] Die Forscher sind sich einig darin, daß kräftiges Saugen an der Mutterbrust zumal in den ersten Lebenstagen tatsächlich die unerläßliche Vorbedingung für die Ausbildung der richtigen Atemgewohnheiten ist: »In den ersten Wochen nach der Geburt ist die Atmung des Säuglings im allgemeinen flach und instabil. Kräftiges Saugen an der Brust stimuliert die Atemfunktion.«[12]

Doch das Stillen trainiert nicht nur die Lungen, es bedeutet auch innigen Körperkontakt. Was passieren kann, wenn das Baby im buchstäblichen Wortsinn den Kontakt mit der Mutter verliert, zeigte sich in krasser Deutlichkeit im neunzehnten Jahrhundert. Während der Industriellen Revolution erreichte die Säuglingssterblichkeit erschreckende Höhen. Über die Hälfte aller Neugeborenen erlag einer mysteriösen Erkrankung mit dem nicht minder mysteriösen Namen »Marasmus«, über die die Ärzte nicht mehr zu sagen wußten, als daß es sich um einen »Auszehrungsprozeß« handle. In manchen Waisenhäusern starben nahezu hundert Prozent der Säuglinge. Dessenungeachtet gelang es den Medizinern nicht, eine spezifische Ursache des Leidens zu isolieren, und so kam es zu der vagen Benennung. Ganz zufällig kam schließlich dann doch eine ursächliche Erklärung zutage. Jeremy Rifkin hat die katastrophalen Folgen der Trennung des Säuglings von der Mutter untersucht und in diesem Zusammenhang jenes wichtige Stück Medizingeschichte resümiert:

> Das Geheimnis der verhängnisvollen Erkrankung wurde gelüftet, als der Bostoner Arzt Fritz Talbot kurz vor dem Ersten Weltkrieg das Düsseldorfer Kinderkrankenhaus besuchte. Dem Gast aus Amerika fiel eine stattliche Frau auf, die einen kranken Säugling in den Armen trug, und er erkundigte sich, was es mit ihrer Anwesenheit auf der Station für eine Bewandtnis habe. »Ach, das ist die alte Anna«, erwiderte sein Gastgeber. »Wenn wir unsere ganze ärztliche Kunst an einem Kind ausprobiert haben und es ihm trotzdem nicht besser geht, geben wir es der alten Anna, und die hat immer Erfolg.«
> Nicht zuletzt infolge dieser Zufallsbegegnung kam es in amerikanischen und europäischen Krankenhäusern zu einem Wandel in der Praxis der Kleinkinderbetreuung. In den zwanziger Jahren begannen Pädiater in den USA die systematische »Bemutterung« in das pflegerische Alltagsprogramm der Kinderkrankenhäuser und -stationen aufzunehmen. In manchen Krankenhäusern war es nun Vorschrift, daß jeder Säugling »mehrmals täglich aus dem Bett genommen, herumgetragen und bemuttert« wurde. Im Bellevue Hospital in New York ging die Säuglingssterblichkeit auf den Kinderstationen in den ersten Jahren nach Einführung des »Bemutterns« von 35 auf weniger als 10 Prozent zurück.[13]

Man kann nicht umhin, sich zu fragen, ob das technologische Management des Säuglingslebens nicht doch zu weit getrieben wurde, als die Ärzte vom Stillen an der Mutterbrust mit der Begründung abrieten, es sei eine viel zu lästige Angelegenheit. Den Namen Luther Emmett kennt heute keiner mehr. Aber im ausgehenden neunzehnten Jahrhundert erfreute sich dieser Arzt großer Popularität als Autor zahlreicher Ratgeber in Sachen Säuglingspflege. Sein Fall verdeutlicht, wie weit die Entschlossenheit der Mediziner ging, das Leben des Säuglings in ihre Regie zu nehmen. Im Namen der Freiheit propagierte Emmett die Emanzipation des Säuglings von der Mutter und der Mutterbrust. Zu diesem Behufe riet er, das kleine Geschöpf aus der Wiege – die es der Mutter erlaubte, während sie nähte, strickte, las oder eine sonstige Tätigkeit verrichtete, einen gewissen Kontakt zu ihrem Kind aufrechtzuerhalten – herauszunehmen und in einen Kerker zu stecken. Die Brusternährung schaffe eine unerwünschte Abhängigkeit des Kleinen von der Mutter, so Emmett, und das Wiegen zurre die Mutterbindung nur noch fester. Im Zuge seines Kreuzzugs für die Autonomie des Kleinkinds erfand Emmett das umgitterte Kinderbett, ein neuartiges Möbelstück für das Kinderzimmer, in dem die neugewonnene Unabhängigkeit greifbare Gestalt annahm. Doch Autonomie in dem modernen, kommerzorientierten Sinn, wie sie im Amerika des neunzehnten Jahrhunderts das Licht der Welt erblickte, bedeutete, daß irgendeine Institution – in diesem Fall die Medizinerzunft – ermächtigt und befugt war zu bestimmen, was man unter Autonomie zu verstehen hatte, und anschließend zu dekretieren, was zur Erfüllung der Bedürfnisse des »autonomen« Kindes erforderlich war. Um die Befriedigung dieser Bedürfnisse kümmerte sich dann die Geschäftswelt. Tatsächlich war jetzt überhaupt nur noch die Geschäftswelt in der Lage, für Bedürfnisbefriedigung zu sorgen.[14]

Wie konnte sich vom neunzehnten bis zum zwanzigsten Jahrhundert zwischen der traditionellen Weisheit einer mexikanischen Bäuerin und all den gedruckten Ratgebern in den Regalen unserer Buchhandlungen eine dermaßen breite und tiefe Kluft auftun? Hinter dem Wandel steckt keine Absicht, erst recht keine böse. Er fing damit an, daß nach einem Ausgleich für die von zu Hause abwesende Mutter gesucht wurde, die im Zuge der Industriellen Revolution ins Erwerbsleben eingegliedert wurde. Mit dem Abschied der Mutter von ihrer häuslichen Rolle wurde die Sorge für Wohlergehen und Behaglichkeit des kleinen Kindes, die bis dahin ihre Obliegenheit gewesen war, unter Berufung auf den Anspruch des Kindes auf Schutz vor Vernachlässigung in die Zuständigkeit von Institutionen und Dienstleistungsexperten übertragen.

Irgendwann im Lauf der Industriellen Revolution setzte in den USA ein rapider Wandel der allgemeinen Auffassung vom Wesen des Säuglings ein. Dieses winzige, von einem – um mit D. W. Winnicott zu sprechen – »Lebensfunken« beseelte Geschöpf »mit dem Drang zu Leben, Wachstum und Entwicklung«, diese winzige Intelligenz wurde von der Medizinerzunft zu einem winzigen Bündel von Bedürfnissen umstilisiert. Noch das allerneueste Neugeborene ist für Winnicott ein »gut funktionierendes Unternehmen«, will sagen, ein Wesen, das von allein funktioniert. Es ist freilich auch ein Wesen, das sich für alles und jeden interessiert – ein Bewußtsein, dessen Ziel es ist, den Lebenshorizont des Mit-Seins herzustellen.

Ich habe im ersten Kapitel davon gesprochen, daß Kinder in einer frühen, im Zeichen des mündlichen Sprachgebrauchs stehenden Lebensphase auf dem Weg über Spiele, Märchen und Lieder in jenen weiter werdenden Horizont der *con-scientia*, des Mit-(anderen zusammen-)Wissens, eintreten. Diese Erfahrung ist für das gelungene Eintreten in die Literalität im späteren Leben ganz wesentlich. Unter all den kuriosen Manövern, die sich die Geschichte jemals geleistet hat, ist eines der kuriosesten, daß ausgerechnet der

Berufsstand, der sich wie kein zweiter die Sorge für das Wohlergehen und Wohlbefinden der Menschen zur Aufgabe gemacht hat, der Ärztestand, jungen und jüngsten Menschen auf ihrem Weg in die Literalität Knüppel zwischen die Beine warf, indem er den Müttern die Gefahren ausmalte, in die sie ihre Kinder mit ihrer Milch brächten. So störten sie den Anschluß des Kleinkinds an die Literalität auf elementarster Ebene. Von da an fanden Mütter nichts mehr dabei, alles in Zweifel zu ziehen, was ihre natürlichen Instinkte, die Weisheit ihres Körpers, ihnen über die richtige und natürliche Art, ihre Kinder aufzuziehen, eingaben.

Mit ihrer pastoralen Besorgtheit hielten die Pädagogen dann die Ängste der Mütter weiter am Leben. Statt als »gut funktionierende Unternehmen« mit angeborenen spezifischen Talenten wurden Zwei- und Dreijährige von den berufsmäßigen Erziehern als unwissende, hilflose Dinger aufgefaßt, denen über eine längere Zeitspanne verteilt gewaltige Dosen von Unterricht würden verabreicht werden müssen, damit sie überhaupt eine Überlebenschance hatten. Der Unterricht würde täglich erfolgen müssen. Mit Vollendung des dritten, mitunter auch schon des zweiten Lebensjahrs wurden die Kinder von jenen berufsmäßigen Pädagogen, die voll guten Willens und allerbester Absichten waren, aus dem Zuhause (der Wiege) gerissen und in eine Unterrichtsanstalt (das umgitterte Bett) gesteckt. Nicht ohne Zutun der Ärzteschaft waren diese Zwei- und Dreijährigen in ein System geraten, das sie andauernd hungrig hielt und immer neuer Zufuhr dessen bedürftig, an was es ihnen nach dem Ratschluß der Lehrplangestalter mangelte. In der allgemeinen Euphorie der Industriellen Revolution hatten sich medizinische und pädagogische Experten in Müttern und Kleinkindern einen neuen Absatzmarkt für Waren und Dienstleistungen erschlossen.

So verschwanden die Kinder zwar nicht, wurden aber in die technologische Revolution des neunzehnten Jahrhunderts hineingezogen und erhielten die Rolle von kleinen Konsumenten – von Objekten professioneller und institutioneller Menschenführung – zudiktiert. Der Erziehung im alten, traditionellen Sinn wurden sie entzogen zugunsten der »Beschulung«, wie Ivan Illich sie so brillant beschrieben hat. Erziehung beruht auf dem Glauben an die angeborenen Fähigkeiten der Schüler und kennt deren Platz im geschichtlichen Kontinuum der menschlichen Entwicklung. Erziehung geht davon aus, daß selbst dem allerkleinsten Säugling ein naturgegebenes Wissen innewohnt. Die Schulung reißt das Kind aus der Geschichte heraus und behandelt es als ignorante *tabula rasa*, bedürftig der knappen und schwer zu erlangenden Ware Wissen. Die Schule bot von Anfang an das Lesen und Schreiben in derselben Weise dar, wie sie heute den Umgang mit dem Computer lehrt. Jeder muß einen Computer bedienen können, so wird argumentiert, weil das bald an jedem Arbeitsplatz gebraucht wird. Aber nur sehr wenige müssen programmieren können, und sicherlich sind es selbst im äußersten Fall nur sehr, sehr wenige, die verstehen müssen, wie die Maschine eigentlich funktioniert.

Genauso behandelt die Schule auch das Lesen und Schreiben, nämlich als ein Werkzeug, dessen Beherrschung man erlernt haben muß, um mit Aussicht auf Erfolg ins Berufsleben eintreten zu können, und das ebenso mechanisch gehandhabt werden kann wie ein PC. Man drückt auf einen Knopf mit der Aufschrift GRAMMATIK- UND RECHTSCHREIBREGELN, und schon kann man lesen und schreiben. Die Feinheiten der Programmierkunst stecken hermetisch abgeschottet im Inneren der Maschine, und die Geheimnisse der Sprache stecken hermetisch abgeschottet im Inneren der Sätze. In beiden Fällen braucht der Schüler einfach nur eine Sammlung von Verfahrensregeln auswendig zu lernen – der Rest geht ihn nichts an. Der Zusammenhang zwischen Literalität und der Welt der Oralität hat sich größtenteils verflüchtigt. Was Kinder ehemals als den ersten Vorgeschmack der Literalität erlebten – die intime taktile Mutter-Kind-Verbindung –, bleibt heute bereits den meisten unbekannt. Die Schule versteht die Literalität nicht als einen Prozeß – einen Prozeß, der an der Mutterbrust beginnt und den Menschen mitten hinein in die lebendigste Erfahrung stellt. Sie betrachtet sie vielmehr als ab- und eingrenzbaren Unterrichtsstoff, der mit hinreichend Fleiß und Konzentration auf die Einzelheiten ebensogut erlernbar ist wie andere Stoffe auch.

Dies führt uns zum entscheidend wichtigen Unterschied zwischen der Auffassung, Literalität sei ein unablösbares Moment der kognitiven Entwicklung des Selbst, und der Sicht, Literalität sei ein Repertoire von objektiv meßbaren Fertigkeiten – eine Ware, die von Experten quantifiziert, in handliche Portionen abgepackt und an Abnehmer geliefert werden kann. Lesen und Schreiben wird auf der Grundlage statistischer Messungen – wie hoch ist die Leseleistung, wie weit geht das Bedeutungsverständnis usw. – in Literalität verwandelt. Auf der Strecke bleiben Lesen und Schreiben als Tätigkeiten, die einen Menschen in seinem innersten Wesen verwandeln, indem sie ihn dazu befähigen, sich fortwährend neu zu entdecken. Auf der Strecke bleiben Lesen und Schreiben als Tätigkeiten, durch die man fortwährend überraschend Neues in – geschriebenen wie gesprochenen – Sätzen und im eigenen Selbst entdeckt.

Literalität als Ware kann man sich ohne Bezug auf Oralität aneignen. Echtes Lesen und Schreiben indessen hat tiefreichende tellurische Wurzeln, die sich ins Sprechen und Zuhören hinunter erstrecken. Lesen und Schreiben haben nie ein Ende. Die beiden Wörter – im Deutschen substantivierte Infinitive, im Englischen Gerundia *(reading, writing)* – bezeichnen eine Tätigkeit, die den Menschen fort und fort durchs Leben trägt, indem sie das Selbst befähigt, die Geschichten zu schaffen, die es im fortgesetzten stummen inneren Selbst-Gespräch erzählt. Lesen und Schreiben lädt die Sprache mit der Lebendigkeit auf, die erforderlich ist, sie wandelbar zu halten. Es sorgt dafür, daß der einzelne sich nicht in einer einzigen Geschichte verfängt und in ihr eingesperrt bleibt. Das Wort »Gerundium«, dessen Pluralform ich drei Sätze zuvor gebraucht habe, ist in dieser Hinsicht nicht uninteressant. Es ist vom lateinischen *gero*, »tragen«, abgeleitet, das die etymologische Wurzel einer Reihe von Wörtern ist, die mit textuellen Aktivitäten zu tun haben: Autor, Akteur, Geste, zu denen sich im Englischen noch *ingestion* und *story* gesellen. Schon vor über einem halben Jahrhundert bemerkte Walter Benjamin, welche Folgen es hat, Lesen und Schreiben als Vehikel der Verwandlung von Wissen in die Ware »Information« zu behandeln:

> Wenn die Kunst des Erzählens selten geworden ist, so hat die Verbreitung der Information einen entscheidenden Anteil an diesem Sachverhalt.
> Jeder Morgen unterrichtet uns über die Neuigkeiten des Erdkreises. Und doch sind wir an merkwürdigen Geschichten arm. Das kommt, weil uns keine Begebenheit mehr erreicht, die nicht mit Erklärungen schon durchsetzt wäre. Mit anderen Worten: beinah nichts mehr, was geschieht, kommt der Erzählung, beinah alles der Information zugute. Es ist nämlich schon die halbe Kunst des Erzählens, eine Geschichte, indem man sie wiedergibt, von Erklärungen freizuhalten.[15]

Die Kindheit erfuhr im neunzehnten Jahrhundert einen radikalen Wandel. Eine herausragende Rolle spielten bei diesem kulturellen Umschwung der deutsche Chemiker Justus von Liebig (1803–1873) und der deutsche Pädagoge Friedrich Fröbel (1782–1852). Fröbel, ein Schüler, zeitweilig auch Mitarbeiter des berühmten Schweizer Philanthropen und Pädagogen Johann Heinrich Pestalozzi (1746–1827), revolutionierte mit seinen Ansichten zur Pädagogik die frühkindliche Erziehung in den Vereinigten Staaten. Von rousseauschen Ideen, vor allem dem Gedanken der harmonischen Entfaltung der kindlichen Anlagen geleitet, kam Fröbel zu dem Schluß, daß viel zu viele Kinder, wenn sie die Adoleszenzphase erreichen, wenig oder gar keine mütterliche Fürsorge genossen haben. Viel zu viele, so Fröbel, verbrachten den ganzen Tag in Gesellschaft von Ammen oder Kindermädchen. Um hier Abhilfe zu schaffen, sprach er sich dafür aus, daß Kinder im Vorschulalter ganz aus dem Haus gegeben wurden. Das sei ja nun um so leichter möglich, als sein Landsmann von Liebig einen Weg gefunden habe, sie von der Brust unabhängig zu machen. Er plädierte dafür, sie in einem Vorschulmilieu zu erziehen, dem er mit Bedacht den Namen »Kindergarten« gab. Der Mensch und die Natur waren nach Fröbels Überzeugung letztlich gemeinsamen Ursprungs, daher galten für sie dieselben Wachstums- und Entwicklungsgesetze. Die Kinder mußten aus Beeten, wo sie nicht gediehen, entfernt und in die neuen Gärten verpflanzt werden, wo eine Tageseinteilung ihrer harrte, die naturwissenschaftlichen Grundsätzen verpflichtet war. Fröbels Bemühen zielte auf die Heilung einer »Krankheit«, die er in der Lebensform der Kinder erkannt hatte. In Wirklichkeit jedoch verstärkte er die Zerrüttung des natürlichen kindlichen Entwicklungsgangs.

Des weiteren plädierte Fröbel dafür, die Obhut über die Kindergartenkinder (deren Alter zwischen drei und sechs Jahren betrug) einer Frau – einer berufsmäßigen Erzieherin – zu übertragen. Fröbel war entschieden dagegen, die Kleinen gezielt in irgendwelchem speziellen Wissen oder Können zu unterrichten. Dem Kindergarten müsse es ausschließlich um die Hege und Pflege der Seele zu tun sein. Das bedeute, daß die Kinder sich in kleinen Gruppen ausschließlich mit gemeinsamem Spiel beschäftigen sollten. Die Verantwortung für den Garten müsse in den Händen der Gärtnerin liegen, die ihre Pflänzchen hegen und über ihre Entfaltung, die einem ihnen innewohnenden, niemals ganz zu ergründenden Plan folge, wachen werde. Grundsätzlich hatte die Lehrerin nur zu behüten und zu ermutigen, nötigenfalls auch zu kultivieren und anzuregen. Sie half und stützte, aber auf gar keinen Fall erteilte sie Weisungen oder Unterricht. Schließlich benötigte ja auch die Rose keinen Nachhilfeunterricht, um richtig zu blühen. Was konnte menschenfreundlicher, was traditionsgemäßer sein, als Erziehung mit solch sanfter Hege und Pflege zu identifizieren?

Kindergärten wurden in den USA just zu dem Zeitpunkt populär, als hier eine massive technologische Revolution einsetzte, die nicht nur die industrielle Produktionsweise nachhaltig veränderte, sondern auch die menschlichen Lebensverhältnisse umkrempelte. Für die Ausweitung der Fabrikproduktion waren Arbeitermassen erforderlich. In wachsender Ziel siedelten Landbewohner in großstädtische Ballungszentren wie Chicago, Saint Louis oder Detroit um. Traditionelle Familienstrukturen machten zunehmend kleineren Einheiten Platz, die gewachsenen Formen des Gemeinschaftslebens verloren größtenteils an Bedeutung oder gingen ganz unter. Erwerbstätige verbrachten den langen Arbeitstag getrennt – vielfach sogar in beträchtlicher Entfernung – von ihren Angehörigen und Freunden. Doch während die Revolution der Technik einerseits traditionelle Formen menschlicher Gemeinschaft zerstörte, brachte sie andererseits charakteristische neue Gruppenbildungen hervor. So hat beispielsweise der Historiker Ronald J. Zboray dargelegt, daß der technische Fortschritt unter anderem auch die Produktion billigerer Bücher, leistungsfähigerer Glühbirnen und verbesserter Brillenlinsen im Gefolge hatte und daß diese drei Faktoren zusammen wiederum die Entstehung einer neuen »Gemeinschaft« bedingten, der Gemeinde von über das ganze Land verteilten Lesern, die sich aus billigen Zeitungen und landesweit vertriebenen Zeitschriften über die Neuerscheinungen am Buchmarkt informieren konnten. In der Tat zeichnet eine statistische Analyse von 1884 ein interessantes Bild der Lesegewohnheiten der Zeit:

> Die amerikanischen Publikationsverzeichnisse weisen für den Zeitraum 1830–1842 insgesamt 1115 verschiedene Titel aus. Davon waren 623 Originalveröffentlichungen und 429 Nachdrucke ursprünglich im Ausland veröffentlichter Bücher. In einer kompletten Liste der Nachdrucke würde sich deren Zahl annähernd so hoch wie die der Originalveröffentlichungen, will sagen auf durchschnittlich 52 Titel pro Jahr belaufen. Im Jahr 1853 wurden in den Vereinigten Staaten 733 Titel publiziert; davon waren 278 Nachdrucke englischer Werke, 35 Übersetzungen aus anderen Sprachen und 420 (die bei weitem überwiegende Zahl) US-Originalveröffentlichungen – was einer Zunahme von rund 800 Prozent innerhalb von weniger als zwanzig Jahren entspricht. Bedenkt man, daß das Bevölkerungswachstum im selben Zeitraum bei aller Dynamik nur knapp 80 Prozent erreichte, ergibt sich der Eindruck, daß Literaturproduktion und Buchhandelsvolumen zehnmal so schnell wie die Bevölkerung wuchsen. Noch größer fällt die Wachstumsrate aus, wenn wir die Auflagenzahlen vergleichen: Wer hätte sich Auflagenhöhen von 100000, 75000, 30000 und selbst den heute üblichen 10000 Exemplaren vor 20 Jahren auch nur *vorzustellen* gewagt?[16]

Die Technisierung der Industrieproduktion stellte das Familienleben allgemein in einen neuen, radikal veränderten Rahmen. Darüber hinaus machten sich ihre Auswirkungen auch auf der Ebene der Einzelfamilie bemerkbar, und dies besonders in den urbanen Ballungsräumen. In beispielloser Zahl wurden in den USA von der Zeit unmittelbar vor Ausbruch des Bürgerkriegs an Frauen in das Erwerbsleben eingegliedert. Mit dem allmählichen Eskalieren des Technisierungstrends kam es im Zuge des damit verbundenen sozialen Wandels zu einem anhaltenden deutlichen Anstieg der Erwerbstätigenquote in der weiblichen Bevölkerung. Im Zeitraum 1880–1910 kletterten die Zuwachsraten des Arbeiteranteils an der Bevölkerung in seither nie wieder erreichte Höhen; allein der Anteil der erwerbstätigen Frauen an der weiblichen Bevölkerung stieg von 14,7 auf 24,8 Prozent.[17]

Im Gegenzug zur Zersprengung der Familie konnten erwerbstätige Mütter für die Dauer ihrer Abwesenheit aus der Wohnung ihre Kinder in eine sorgsam behütete Kinderrunde in der Nachbarschaft geben, den »Kindergarten«, der mit zunehmender Popularität seinerseits wieder Arbeitsplätze für Frauen bereitstellte. Populär waren die Kindergärten, weil sie einem akuten Bedürfnis abhalfen, aber auch weil sie etwas nachbildeten, was faktisch gerade vernichtet wurde, nämlich die Existenz der Großfamilie als Nährboden und Schule des menschlichen Miteinanders.

Wie Susan Sonntag in ihrem Essay *Über Fotografie* aufgezeigt hat, wandelte der Fotoapparat sich in jener Epoche von einem Werkzeug in der Hand des Künstlers rasch zum Massenspielzeug, weil er so effektvoll das Verschwinden der Großfamilie zu dokumentieren vermochte. Spätestens in den 1850er Jahren fingen Menschen, die keine Besitzer eines Fotostudios waren, damit an, einander mit dieser neuen Technik in neuer Weise abzulichten. Familienzweige, die sich längere Zeit nicht gesehen hatten, trafen sich an Ostern oder Weihnachten, und irgendwann im Lauf des Treffens drängelte sich alles zum Gruppenfoto vor der Kastenkamera, mit strahlendem Lächeln, als habe sich am Ideal der Großfamilie überhaupt nichts geändert, als halte die Schar der Familienmitglieder das ganze Jahr über engsten harmonischen Kontakt.

Größere Sozialverbände zerfielen in kleinere, Großfamilien in kleinere Einheiten: Die Atomisierung des amerikanischen Sozialsystems schritt allenthalben voran. Der Fotoapparat ermöglichte es den Leuten, auch dann noch am Ideal der Großfamilie festzuhalten, als es längst untergegangen war.

Das Verlangen nach den althergebrachten Daseinsformen führte den Kindergärten eine besondere Lebenskraft zu, weil jeder von ihnen Dutzende von Kindern in Kontakt zueinander brachte, als ob sie Geschwister wären. Das Vorbild lieferte die traditionelle Großfamilie, die Kinder verschiedener Familienzweige unter einem Dach vereinigte, wo Brüder und Schwestern, Cousins und Cousinen stundenlang ungestört miteinander spielen konnten. Unter Umständen beherbergte das Haus ein Dutzend Frauen oder mehr in seinen Räumen – Tanten, Nichten, etliche Mütter und eventuell eine Großmutter. Der Kindergarten mit seinen »hellen Zimmerchen« beutete genauso skrupellos wie der Fotoapparat das Verlangen nach der Großfamilie aus. Die Kinder, die hier zwar aus verschiedenen Familien, aber demselben Wohnviertel zusammenkamen, sammelten sich um eine *alma ubera* und bekamen das Gefühl vermittelt, daß sie zu einer einzigen großen Familie gehörten. Die Kindergärten brachten in der Kindergärtnerin sogar eine eigene Spielart der *mater familias* hervor. Doch die Kindergärtnerin konnte niemals ganz in derselben Weise Autorität ausüben wie eine Mutter. Eine Mutter besitzt die höchste Autorität über das Kind, die höchste Verantwortung für seine Überwachung und Leitung. Eine Kindergärtnerin mag sich noch so gut auf ihren Beruf verstehen, ihre Autorität reicht trotzdem nicht weiter als bis zur Eingangstür des Kindergartens und währt trotzdem nicht länger als bis zu dem Klingelzeichen am Ende des Kindergartentags.

Fröbels Ideen fanden bei Eltern großen Anklang. Das lag nicht zuletzt daran, daß er den Kindergarten weniger als eine Schule denn als eine Erweiterung von Heim und Familie verstanden wissen wollte. Die Kinder durften sicher sein, hier in eine ihrem Wohlergehen förderliche Umgebung zu kommen, in der sie eine Fülle von Dingen vorfanden, die zu phantasievollem Spiel anregten. Mit dem Entwurf eines solchen Mikrokosmos griff Fröbel das mittelalterliche Konzept des *educandus* wieder auf – das Konzept der nährenden Brust.

In den Vereinigten Staaten stand Fröbels Konzeption des Kindergartens in massivem Gegensatz zu einer anderen pädagogischen Bewegung, die hier etwa zwanzig Jahre früher aufgekommen war und die Früherziehung in sogenannten Kleinkinderschulen *(infant schools)* propagierte. *Infant schools* verfolgten den Zweck, den Kindern armer oder anderweitig sozial benachteiligter Eltern schon früh die Erfahrung der Schule zu vermitteln und mittels Charakterbildung und moralischer Erziehung die Kriminalität einzudämmen. Daneben hatten die Kleinkinderschulen die alltagspraktische Funktion von Bewahranstalten: Sie nahmen sozial schwachen Müttern tagsüber die Sorge für ihre Kinder ab, damit sie einer Erwerbstätigkeit nachgehen konnten. Die Kleinkinderschulen waren gewissermaßen das *Project Head Start*[18] des frühen neunzehnten Jahrhunderts. Maris A. Vinovskis, die als wissenschaftliche Beraterin des US-Erziehungsministeriums tätig ist und wahrscheinlich mehr Veröffentlichungen zum Thema Kleinkinderschulen vorgelegt hat als irgendwer sonst, umreißt die Gründe für die Einrichtung dieser Schulen wie folgt:

> Die meisten Befürworter betrachteten es als vordringliche Aufgabe, Kindern aus sozial schwachen Schichten eine Früherziehung zuteil werden zu lassen. Dabei dachten sie sowohl daran, sozial schwache Mütter von der Fürsorge für ihre Kinder zu entlasten, damit sie arbeiten gehen und so für ihren Lebensunterhalt sorgen konnten, als auch an die richtige Sozialisation der Kinder, die nach den Befürchtungen dieser mittelständischen Bildungsreformer ohne richtige moralische Orientierung aufwuchsen. Manche Reformer waren zudem überzeugt, daß Kleinkinderschulen den Kindern aus sozial benachteiligten Familien die Voraussetzungen dafür mitgeben würden, später in der regulären Schule besser abzuschneiden. Einige von ihnen – so zum Beispiel William Russell, der Herausgeber des einflußreichen pädagogischen Fachorgans *American Journal of Education* – sahen in den Kleinkinderschulen eine Chance, durch die Einführung von wirksameren Unterrichtsmethoden à la Pestalozzi in das amerikanische Bildungssystem die Früherziehung insgesamt zu reformieren.[19]

Die amerikanischen Bildungsreformer, so Vinovskis weiter, waren zwar nicht der Meinung, daß die Kriminalität in den

USA bereits das gleiche bedrohliche Ausmaß erreicht habe wie in Großbritannien, »befürchteten jedoch nichtsdestoweniger ein rasantes Absinken der Lebensqualität in den amerikanischen Großstädten für den Fall, daß nicht unverzüglich Verbesserungsmaßnahmen eingeleitet würden«.[20] Unter Verbesserungsmaßnahmen verstanden die Bildungsreformer Unterricht im Lesen und Schreiben. Wie es scheint, erwies sich der Lese- und Schreibunterricht in den meisten Kleinkinderschulen als das beste Babysitting-Programm, weil der Erwerb von Lese- und Schreibkenntnis die Kleinen zwang, Regeln und Autorität zu verinnerlichen – das heißt gewissermaßen sich selbst zu bespitzeln.

Die Kleinkinderschulen unterschieden sich allerdings in der Art ihres Unterrichts. Viele konzentrierten sich ganz auf die Vermittlung von Lese- und Schreibkenntnis. Die Bostoner Anstalten pflegten das mechanische Auswendiglernen und vergatterten ihre Schüler zur Einhaltung einer strikten Disziplin. Vinovskis stellt fest:

> In manchen Kleinkinderschulen stand das Spiel im Vordergrund und die Beschäftigung des Intellekts im Hintergrund, andere begannen sofort mit der Vermittlung des Alphabets und Leseunterricht. Nicht selten waren es die Eltern, die verlangten, daß ihre Kinder in der *infant school* strenger Disziplin unterworfen und im Lesen unterrichtet wurden.[21]

Fröbel schwebte natürlich eine ganz andere Art von Vorschulerfahrung vor, die er »Spielpflege« nannte und die dem, was das Mittelalter unter *nutritura* (Erziehung) verstand, sehr nahe kam. Und Fröbels Auftreten bewirkte einen entschiedenen Kurswechsel der Kleinkinderschulen. Sobald er der Öffentlichkeit sein Konzept des Kindergartens als »Pflege-, Spiel- und Beschäftigungsanstalt« vorgestellt hatte, begannen Eltern wie Erzieher am Sinn des Lese- und Schreibunterrichts für Dreijährige zu zweifeln. Fröbels – in dem Schlagwort »Lebenseinigung« zusammengefaßte – Philosophie der harmonischen Entfaltung der Anlagen des Kindes brachte die Eltern zu ernsthaftem Nachdenken über das empfindliche Gleichgewicht zwischen intellektuellem, körperlichem und emotionalem Wachstum. Die Überbetonung der kognitiven Entwicklung in der Kindheit führte unter Umständen beim Jugendlichen zu sozialer Unangepaßtheit. Bei Anbruch der Bürgerkriegszeit war das Konzept der *infant schools* in den USA bereits als zwar interessantes, aber gescheitertes Experiment *ad acta* gelegt.

Indes, der Wunsch, Kindern im Vorschulalter Lesen und Schreiben beizubringen, starb nie ganz aus. In regelmäßigen Abständen wurde die Idee mal in diesem, mal in jenem neuen Experiment erprobt. Mitte des zwanzigsten Jahrhunderts meldete sie sich in den USA mit größtem Nachdruck in das Bewußtsein der Öffentlichkeit zurück. Einhundert Jahre nachdem die letzte *infant school* im Lande ihre Pforten geschlossen hatte, stellte das *Office for Economic Opportunity* unter der Leitung von Sargent Shriver im Rahmen von Präsident Johnsons energischem »Krieg gegen die Armut« Ende 1964 das *Project Head Start* auf die Beine. *Head Start* umfaßt ein breites Leistungsangebot an kompensatorischer Erziehung, das von medizinischer und psychologischer Betreuung bis zu Sport und Schulunterricht reicht. Die Architekten des Programms nahmen zwar auch Lese- und Schreibunterricht in das Curriculum auf, um jedoch den falschen Eindruck eines übermäßig akademisch geprägten Hilfsprogramms zu vermeiden, hielten sie es für klüger, das Lesen und Schreiben nicht allzusehr in den Vordergrund zu rücken. Trotzdem ritten die Politiker in öffentlichen Verlautbarungen unausgesetzt auf dem Aspekt des intellektuellen Frühtrainings und den daraus resultierenden Vorteilen für die Entwicklung der kognitiven Fähigkeiten herum, und so kam es, daß das *Head-Start*-Programm wie seinerzeit die *infant schools* mit Lese- und Schreibunterricht gleichgesetzt wurde. In der Erwartung, auf diese Weise die

Verstandeskräfte ihrer Sprößlinge steigern zu können, hatten im neunzehnten Jahrhundert mittelständische Eltern nach speziell auf ihre Verhältnisse zugeschnittenen Kleinkinderschulen gerufen. In ähnlicher Weise reagierten Eltern aus dem bürgerlichen Mittelstand im zweiten Drittel des zwanzigsten Jahrhunderts auf das *Head-Start*-Programm. Eltern mit akademischem Hintergrund wurden von alptraumartigen Zukunftsvisionen heimgesucht, in denen sie ihre Kinder von einer neuen Bildungselite aus den schwarzen Gettos auf die unteren Ränge der Gelehrtenhierarchie verwiesen sahen. Wohlhabende Mütter und Väter hatten absolut nicht vor, sich dergestalt überrunden zu lassen, also schickten sie noch einmal das Fröbelsche Konzept ins Rennen – allerdings nicht ohne vorher noch draufgesattelt zu haben.

In den fünfziger und frühen sechziger Jahren dieses Jahrhunderts war das allgemeine Interesse an Vorschulerziehung ziemlich schwach. Doch als immer mehr Kinderpsychologen die Ansicht zu äußern begannen, daß Intelligenz durch Früherziehung gefördert werden könne, stiegen die Eltern auf den Gedanken ein.[22] In den achtziger Jahren war dann die von Elternseite vorgetragene Nachfrage nach Vorschulerziehung mächtig angeschwollen. Gleichzeitig waren noch mehr Mütter aus der Hausarbeit in die Erwerbstätigkeit übergewechselt und hatten damit ein übriges dazu beigetragen, die Nachfrage nach Kinderhorten anzuheizen. Eltern war es bares Geld wert, wenn ihre Kinder von der Straße und übermäßigem Fernsehkonsum ferngehalten wurden. Bei Sozialarbeitern und Pädagogen setzte sich langsam die Ansicht durch, daß *erstklassige* Tagesheime mit ihren Programmen älteren Kindern auf keinen Fall schaden und Kindern aus sozial schwachen Schichten eigentlich nur nutzen könnten.[23] Und hier zeigte sich nun ein sonderbares, paradoxes Phänomen: Je mehr pädagogische Sorge auf den Lese- und Schreibunterricht und den Unterricht im allgemeinen verwandt wird, desto tiefer rutscht die Durchschnittsleistung im Lesen in den Keller und desto mehr Jugendliche verlassen die Schule ohne Abschluß.

Runderneuert, frisch gekräftigt und vom Geist der *infant schools* wie auch des *Project Head Start* durchdrungen feierten die Kindergärten in den siebziger Jahren ihr Comeback. Das Spiel war in diesen neuen Vorschulen nur mehr von untergeordneter Bedeutung. Die Eltern wollten ihre Dreijährigen lesen und schreiben lernen sehen, denn der Lese- und Schreibkenntnis schien der aussichtsreichste Weg zum Erfolg zu entspringen. Dieses Kalkül eroberte die Köpfe im Handstreich. Im Jahre 1965 besuchten 59,5 Prozent aller Fünfjährigen einen Kindergarten. Bis 1990 kletterte die Zahl auf erstaunliche 79,5 Prozent. Wenn man berücksichtigt, daß manche Kinder zu Hause von Privatlehrern unterrichtet werden, kommt man um den Schluß nicht herum, daß sich in dieser Prozentzahl eine praktisch universelle Teilnahme an irgendeiner Form von Vorschulerziehung widerspiegelt.

Grundmaßstab des Lernerfolgs war in amerikanischen Schulen schon in der Kolonialzeit fast ausschließlich das Lesen und Schreiben. Elementar-, Mittel- und Kleinkinderschulen und erst jüngst wieder das *Project Head Start*, alle bekräftigten sie, wie wichtig es sei, kleinen Kindern Lesen und Schreiben beizubringen. Sobald die Leistung der Schüler durch diagnostische Tests meßbar geworden war, konnten die Probanden in unterschiedliche Kategorien eingeteilt werden. 1883, zwei Jahre vor dem Erscheinen von Mark Twains *Huckleberry Finns Abenteuer*, kreierte das *New England Journal of Education* mit der Wortneuprägung *literacy* (Lese- und Schreibkenntnis, Literalität) eine neue Kategorie von Staatsbürgern.[24] 1885 führte das *Journal* dann schon Erhebungen in Cambridge, Massachusetts, durch, um das lokale Niveau der Lese- und Schreibkenntnis zu bestimmen. Die Früherziehung hatte sich rasch über große Teile der Vereinigten Staaten verbreitet; 1840 gingen in bildungsbewußten Staaten wie Massachusetts ungefähr 40 Prozent aller Dreijährigen zur Schule. Im Jahr 1885 wollte dann das *New England Journal of Education* herauskriegen, wie es um das Leistungsniveau dieser Schüler bestellt war.

Erst hundert Jahre ist es her, daß das neuenglische Bildungssystem den komplizierten Zusammenhang zwischen angeborener Befähigung zum Sprechen und erlernter Fähigkeit zum Lesen und Schreiben in eine Kategorie namens Literalität umwandelte. Mit einemmal stand »Literalität« ganz oben auf der Liste, auf der die einzelnen Elemente des sogenannten Lehrstoffs verzeichnet waren, des Stoffs, der gelehrt und gelernt und zergliedert werden konnte. Fibeln und Lesebücher und Grammatikbücher erhoben allesamt die in einem sorgfältig ausgearbeiteten Regelsystem wurzelnde grammatikalische und syntaktische Korrektheit zur Vorschrift. Dieses Regelwerk verwandelte die nachlässige und spielerische mündliche Rede in akribisch korrekt geformte Sätze auf dem Papier. Pädagogen setzten nachlässiges Sprechen mit moralischer Laxheit und lockeren Sitten gleich, und umgekehrt spiegelten nach strengen Maßstäben der Korrektheit gebildete geschriebene Sätze in ihren Augen Rechtschaffenheit und Moralität wider. Die Unterschiede zwischen Analphabeten und des Lesens und Schreibens Kundigen ließen sich nicht nur auf der Skala der größeren oder geringeren Lese- und Schreibkenntnis, sondern auch auf der Skala der moralischen Laxheit oder Prinzipienstrenge dingfest machen.

Die Vorstellung des hohen moralischen Anspruchs ist tief in die Literalität eingesenkt. Lernt ein Schüler lesen und schreiben, werden jene Regeln der Korrektheit zu einem integralen Bestandteil einer neuen, durch Literalität geprägten Weltsicht. Ein des Lesens und Schreibens Kundiger kann gar nicht anders, als alle Erfahrung durch den Raster von

Richtig oder Falsch, Korrekt oder Inkorrekt zu »lesen«. Im Amerika des neunzehnten Jahrhunderts verstärkten Lese- und Schreibkenntnis und Analphabetismus die Unterschiede der Klassenzugehörigkeit und der Hautfarbe. In einer Welt, in der eine auf Schriftbesitz gegründete Kultur dominiert, sind farbige Analphabeten ständig in Gefahr, als moralisch debil ausgegrenzt zu werden.

Schriftsteller wie Henry Thoreau und Mark Twain, Herman Melville und Ralph Waldo Emerson erkannten in der Literalität die große Mauer, die im Amerika des neunzehnten Jahrhunderts die Klassen und die Hautfarben trennte. Ein hundertjähriger Zyklus war vollendet: Die Kindergärten hatten die Kinder auf Distanz zur Mutter gebracht und im selben Zug die Erziehung aus dem Familienheim ausgelagert. Innerhalb der Hundertjahresperiode von ca. 1760 bis ca. 1860 machte die Erziehung nach und nach der Beschulung Platz. Die Einsicht, daß die Literalität zu Hause, an der Mutterbrust, anfängt, war schon lange zuvor in Vergessenheit geraten. Statt dessen war Literalität zur Ware vom Fließband gemacht worden, funktional gestaltet für den mühelosen und systematischen Verbrauch. Die Pädagogen betonten wieder die – erstmals in den Tagen der Kleinkinderschulen gerühmte – Fähigkeit der Lese- und Schreibkenntnis, Jugendliche zu bessern und auf den Weg der Rechtschaffenheit und Moral zu führen.

Nirgends zeigt sich diese Entwicklungskurve eindrucksvoller als in *Huckleberry Finns Abenteuer*, dem Roman, von dem Hemingway erklärte, die gesamte moderne Literatur Amerikas gehe auf dieses Buch zurück. Die frühen 1880er Jahre kann man, was die Literalität angeht, als Wasserscheide ansehen; es ist kein Zufall, daß sie sowohl den Neologismus »Literalität« *(literacy)* als auch in der Figur des Huckleberry Finn die literarische Darstellung des halb innerhalb, halb außerhalb der Literalität stehenden Menschen hervorgebracht haben. In Huckleberry Finn dramatisierte Mark Twain die politischen Implikationen der Literalität, wobei er deren Beziehung sowohl zur Oralität als auch zu den sozialen und rassischen Ordnungskriterien der amerikanischen Demokratie aufdeckte.

Huckleberry Finn ist die nach meiner Kenntnis schärfste Anklage gegen die von einer Zentralgewalt von außen auferlegten schriftsprachlichen Korrektheitsnormen. Nicht nur zeigt der Roman das Panorama der unterschiedlichen Niveaus der Lese- und Schreibkenntnis im Amerika des neunzehnten Jahrhunderts – hier die Witwe Douglas, die sich bestens auf das Lesen und Schreiben versteht; da Huck, angesiedelt in einem Niemandsland zwischen Literalität und Analphabetismus; dort der komplette Analphabet Jim –, sondern er dekuvriert auch die politische Schieflage, die hinter diesen Niveauunterschieden steckt. Mark Twain erkundete hier in aller Offenheit einen Sachverhalt, von dem im *The New England Journal of Education* nur in ganz diskreter, abstrakt akademischer Form die Rede war: den Umstand, daß die Lese- und Schreibkenntnis eines Menschen mit seiner Hautfarbe korrelierte – Literalität mit der weißen, Analphabetismus mit der schwarzen.

Huck Finn ist ein Halbalphabetisierter, der komische Sachen sagt, die der Leser auf dem Papier als noch komischere Sätze wahrnimmt. Daß der Junge es schwer haben wird, zu voller Lese- und Schreibkenntnis zu kommen, verdeutlicht Mark Twain mit höchst aufschlußreichen Fingerzeigen betreffend seinen Familienhintergrund. Tatsächlich stammt Huck aus einer der zerrüttetsten Familien, die die amerikanische Literatur kennt. Eine Mutter scheint nicht da zu sein, und im übrigen wahrt der Roman zu diesem Thema ein auffälliges Schweigen. Der Vater, der einige Zeit, bevor die Romanhandlung einsetzt, auf mysteriöse Weise verschwunden ist, taucht irgendwann im Lauf der Handlung wieder auf, entpuppt sich dann allerdings als ein unverbesserlicher Säufer. Daß Huck Hege und Pflege erfahren, eine Erziehung erhalten hätte, erfährt der Leser aus seiner Geschichte nicht.

Trotzdem liegt ziemlich klar auf der Hand, daß Huckleberry Finn nicht mit Fertigmilch aus der Flasche aufgezogen wurde. Seine Sätze voller Wortspiele und kühner Konstruktionen verraten, daß er an der Mutterbrust gelegen hat. Irgend jemand – nach einleuchtendster Vermutung die Mutter – hat mit dem winzigen Huck gesprochen und ihn angelacht und ihm gewaltige Dosen vom Nonsens der Babysprache verabreicht und ihn auf diese Weise so tief in die Sprache eingetaucht, daß er jetzt darin schwelgt. Das wird ganz offenkundig in der Art, wie er genußvoll seine Geschichte erzählt, mit Abschweifungen und liebevoller Kleinmalerei, die keinen Fez und keine Kapriole ausläßt. Huck weiß, welchen Rhythmus spannungsreiches Erzählen haben muß, er macht aus der Schilderung eines Sonnenaufgangs am Mississippi ein dramatisches Kabinettstück. Er kann auf einen Schlag ein komplexes Arrangement von Gesichtsmuskeln bewegen.

Muttermilch, dieser winzige Bewußtseinsstrom, rinnt auf dem Grund der Sätze, die Kleinkinder bilden, wie der Mississippi auf dem Grund von Huckleberry Finns mäandrierender Erzählprosa fließt. Hucks Sätze strömen dahin wie der Mississippi. Unbekümmert um Grammatik und Rechtschreibung wandern sie von einer Vorstellung zur nächsten. Mark Twain braucht Hucks Mutter gar nicht ausdrücklich zu erwähnen, denn ihre Gegenwart ist nachhaltig spürbar in den spaßigen, ausgelassenen Sätzen ihres Sohnes, deren Lebendigkeit nicht im engen Korsett irgendwelcher Regeln und Normen erstickt wurde. Huck Finn ist die Verkörperung des vernakulären Sprechens.

Lange vor dem Zeitpunkt, an dem die Romanhandlung beginnt, hat Huck Finns Mutter ihren Sohn auf eine Flußfahrt mitgenommen, eine Reise auf einem metaphorischen

Wasserlauf, auf der Huck »fließend« sprechen lernt und überhaupt das »flüssige« Element in sich entbindet. Seit neuestem richtet die Psycholinguistik ihre Aufmerksamkeit auf die raffinierten sprachlichen und kulturellen Chiffren in den Sätzen, die zwischen Mutter und Kleinkind ausgetauscht werden.[25] Vielen Leuten erscheinen diese Sätze bar jeglichen Sinnes. In Wirklichkeit jedoch kann ein jäher Wechsel der Akzentlinien oder der Tonhöhenlinien Unterschiedlichstes signalisieren – von Hunger über Liebe bis zu Zorn. Fragen hören sich anders an als Feststellungen, Forderungen anders als Bitten und eine Beschwerde anders als eine Müdigkeitsbekundung. Nach Ansicht der Psycholinguistin Arlene Breyne Moskowitz sind die »Brabbellaute in wirrer Abfolge«, die der Säugling bildet, für den Spracherwerb absolut unerläßlich:

> In einem noch früheren Stadium, noch bevor das Kind überhaupt ein Wort geformt hat, vollbringt es schon ein gewaltiges Maß Sprachlernen, wobei es mit einer noch primitiveren Einheit der phonologischen Organisation arbeitet, als die Silbe es ist. Diese Einheit läßt sich in intonatorischen Kategorien definieren. Gegen Ende der Brabbelphase beherrschen Kinder bereits die Intonations- oder musikalische Akzentstruktur der Sprache, die sie lernen. In diesem Stadium hört ein Kind sich an, als spreche es ziemlich lange Sätze, und ein erwachsener Zuhörer hat dabei vielleicht den Eindruck, daß er die Worte lediglich akustisch nicht mitbekommt. Doch da sind keine Worte mitzubekommen, da sind lediglich Brabbellaute in wirrer Abfolge mit der erkennbaren, korrekt produzierten Intonationslinie einer Frage oder einer Feststellung. Die Laute können in manchen Fällen durch Zufall Lauten ähneln, die in der Sprache von Erwachsenen vorkommen [...] die Intonationslinien werden aus dem Brabbelstadium in die nachfolgende Phase übernommen.[26]

Wie ausgelassen und gewitzt und lebendig auch immer Hucks Sätze wirken mögen, der Leser erkennt trotzdem sofort, daß sie von einem Menschen stammen, der den Übertritt in die Literalität nicht vollzogen hat. Sie verstoßen gegen die Regeln der Rechtschreibung, der Grammatik und sogar der Syntax. Huck sagt viel zu oft *ain't*, macht viel zu oft Gebrauch von der Möglichkeit, die Präposition ans Ende der Fügung zu stellen, macht keinen Unterschied zwischen dem Adjektiv *good* und dem Adverb *well.* Die Literalität und ihre Regeln sind ihm schnuppe. Huck »bricht« die Regeln nicht – er kennt sie überhaupt nicht. Die Autoritätsperson in seinem Leben, sein Papa, hat ihn mit Pampe gefüttert. Und wenn es nach der Witwe Douglas geht, kommt für Huck bei jeder Lektion im Lesen und Schreiben nichts weiter heraus als eine Nachhilfestunde in Sittlichkeit und Moral. In Hucks Einstellung zur Sprache manifestiert sich eines der Themen des Romans: zur Hölle mit der Autorität.

Genau wie die Gang-Mitglieder heute ist Huck ein Überlebender. Er weiß, daß er auf elementarer Ebene ohne das Organ einer verinnerlichten Autorität funktioniert. Er ist ein Gesetzesverächter, gleichgültig gegenüber den feinen Unterschieden zwischen Gut und Böse. Das soziale Gewebe hüllt ihn nicht wärmend ein. Egal, was ist: Er möchte sich amüsieren; er lechzt danach, etwas zu erleben. Aber er weiß auch, daß sein Leben durch zerrüttete Verhältnisse geprägt ist, also gründet er seine eigene Familie: Er tritt in eine Gang ein. Die Gang wird von Hucks bestem Freund, Tom Sawyer, angeführt, und die Mitglieder geloben, einander bis in den Tod beizustehen. Sie tauschen Nachrichten in Geheimschrift aus. Sie begrüßen sich mit einem besonderen Händedruck. Sie besitzen ein Messer und eine Pistole und reichen beides bisweilen unter sich herum. Sie ziehen auf Abenteuer aus und geben sich ihre eigenen Gesetze und erfinden sich ihre eigenen Strafen. Meistens gehen sie abends gar nicht nach Hause, denn sie haben kein Zuhause mehr, wo sie hingehen könnten.

Doch von außen wirken Kräfte auf Huck ein, die ihn in die Gesellschaft zurückholen wollen, damit er dort etwas »aus sich macht«. Das kann er freilich nur mit Lese- und

Schreibkenntnis (wie Mark Twain mit gemischten Gefühlen sieht). Und so machen sich die Witwe Douglas und Tante Polly, ihre Schwester, daran, Huck beizubringen, wie man die Wörter richtig schreibt und wie man die Bibel mit Verstand liest. Außerdem erwarten sie von Huck, daß er »Sonntagskleider« trägt, damit er wie ein zivilisierter Junge aussieht. In der Welt der Literalität sind viele Dinge »lesbar«, sogar die Kleidung eines Menschen. Huck findet das alles unausstehlich: Lesen und Schreiben langweilt ihn. Biblische Geschichten sagen ihm nichts. Und wenn Huck Finn etwas unausstehlich findet, dann tut er das, was jeder jugendliche Gangster in so einem Fall tut: Er macht sich aus dem Staub.

Also brennt Huck durch und macht sich auf eine Floßfahrt den Mississippi hinunter, auf der er sich dann mit dem analphabetischen Außenseiter Jim, einem entlaufenen Negersklaven, zusammentut. Mit Jim tauscht er kompliziert konstruierte Geschichten aus, er lauscht gebannt, wenn Jim aus der Folklore und Mythologie des träge dahinziehenden Stroms erzählt, er lernt alles über Träume und wie man sie zu deuten hat, lernt sich Streiche ausdenken und »Notlügen« erfinden. Huck vertauscht die Welt der Orthographie mit einer Welt voll Zauber und Phantasie. Jim vermittelt Huck auch einen Sinn für Grenzen und Beschränkungen. Das tut er allerdings nicht, indem er ihm einen Katechismus von abstrakten Regeln und Geboten vorbetet – was nur in der Welt der Literalität möglich ist –, sondern indem er moralische Fragen anschneidet, die sich jeweils auf ein spezifisches Vorkommnis, auf bestimmte Umstände beziehen. Jim macht Moral zu etwas Konkretem.

In einer der Episoden des Lebens auf dem Fluß – sie findet sich im fünfzehnten Kapitel und ist vielleicht die moralisch aufgeladenste Episode des ganzen Romans – übernimmt Jim gegenüber Huck die Rolle eines besorgten Vaters. In einer nebligen Nacht werden Huck und Jim voneinander getrennt – Huck treibt in einem Kanu, Jim auf dem Floß in den Nebel davon. Die starke Strömung verschlägt den einen hierhin, den anderen dorthin, und beide verlieren die Orientierung. Als sich am Morgen der Nebel lichtet, bekommt Huck nach längerem Paddeln in der Ferne das Floß zu Gesicht, auf dem Jim, erschöpft vom Schrecken und der schlaflosen Nacht, eingeschlafen ist.

Huck paddelt vollends heran, kriecht auf das Floß, wo er sich neben Jim niederlegt und sich schlafend stellt. Jim wacht auf und ist außer sich vor Freude, seinen Kameraden wiederzusehen, von dem er schon geglaubt hatte, er sei in der Nacht irgendwo ertrunken. Und er beginnt sofort zu erzählen, wie er die ganze Nacht das Floß kreuz und quer gesteuert und nach Huck gerufen habe, bis er schließlich vor Erschöpfung eingeschlafen sei. Huck macht große Augen und gibt vor, sich an eine neblige Nacht überhaupt nicht erinnern zu können. Es gelingt ihm, Jim einzureden, daß er alles nur geträumt habe. Das sei aber ein kolossaler Traum gewesen, meint Jim, der habe bestimmt etwas zu bedeuten; und er fängt auch gleich an, die verschlüsselte Botschaft des vermeintlichen Traumgeschehens freizulegen. Für den Geist auf der schriftlosen, oralen Kulturstufe besitzen Dinge wie eine unruhige Nacht in unheimlicher Umgebung mythische Sinndimensionen. Huck empfindet plötzlich ein Gefühl geistiger Überlegenheit gegenüber dem naiven Analphabeten, die er, vom Teufel geritten, Jim jetzt fühlen läßt: Er deutet auf das abgebrochene zweite Ruder und auf Blätter, Zweige und Dreck, die sich auf dem Floß angesammelt haben, als es in der Nacht verschiedentlich an Flußinseln entlangschrammte: »Aber was bedeuten denn die Sachen hier?« Die Blätter und das übrige Zeug auf dem Floß und das zerbrochene Ruder sind real, nicht geträumt, und so begreift Jim, daß Huck ihn zuvor gefoppt hat. Er fühlt sich gedemütigt; Huck hat ihn unter Mißbrauch seiner Freundschaft dazu gebracht, sich zum Narren zu machen.

Jims Antwort verwandelt Hucks Worte in einen üblen Streich. Jim bringt Huck zu Bewußtsein, welche Macht er allein mit seiner Stimme auszuüben vermag:

»Was die bedeuten? Ich werd's dir sagen. Als ich von der Arbeit un' von dem dauernden Rufen nach dir ganz erschöpft war un' einschlief, da war mir fast das Herz gebrochen, weil du verloren warst, un' mir war's ganz egal, was aus mir un' dem Floß wurde. Un' als ich aufgewacht bin un' dich hier gefunden hab, heil un' ganz, da sind mir die Tränen gekommen, un' ich hätt auf die Knie niedergehen un' dir die Füße küssen mögen, so froh bin ich gewesen. Un' du hast an weiter nichts gedacht als bloß daran, wie du 'n alten Jim mit 'ner Lüge zum Narren halten kannst. Das Zeug da is' Plunder, un' Plunder sind Leute, die Dreck auf den Kopf von ihren Freunden streuen un' sie beschämen.[27]

Huck spürt, daß er nur durch Handeln die alte Freundschaft wiederherstellen kann, nur mit einer Tat kann er seine Worte wieder in den Bereich der Wahrhaftigkeit zurückbringen. Andernfalls kann in Zukunft praktisch alles, was er sagt, von Jim als Lüge aufgefaßt werden. Huck sieht sich mit der Aufgabe konfrontiert, seinen Worten wieder Glaubwürdigkeit zu verschaffen, Jim das Vertrauen in ihn zurückzugeben. Er ist im Kernbezirk der Oralität angekommen: »Ich kam mir so gemein vor, daß ich am liebsten *ihm* die Füße geküßt hätte, damit er's zurücknahm.« Es dauert einige Zeit, bis Huck sich dazu aufraffen kann,

mich vor einem Nigger demütigen zu gehen – aber ich hab's getan, und hinterher hat's mir auch nicht leid getan. Ich habe ihm keine gemeinen Streiche mehr gespielt, und den hier hätte ich ihm auch nicht gespielt, wenn ich gewußt hätte, daß er ihn sich so zu Herzen nimmt.[28]

Jim erteilt Huck eine eindringliche Lektion: Huck muß für alles, was er sagt, die Verantwortung übernehmen. Er muß sich jedes Wort ernsthaft überlegen. Wörter können Wunden schlagen, und ein Schabernack kann ins Auge gehen. Der Analphabet Jim vermittelt Huck eine Ahnung von der

Welt der Literalität, wo jeder Satz im Koordinatensystem von Richtig und Falsch, Gut und Böse steht. Keine Frage, Jim selbst kann nicht lesen noch schreiben. Er steht weit außerhalb der Welt der Literalität. Sein Verhalten richtet sich nicht nach Regeln und Vorschriften. Doch in seiner schwarzen oralen Welt lehren Mythen und Geschichten dieselbe Art Wahrheit: Man behandelt einen anderen nicht boshaft und gemein. Wer könnte das besser wissen als ein Sklave, der seines Rechts auf das eigene Selbst beraubt, dem seine Frau und seine Tochter genommen wurden?

Am Schluß des Romans weiß Huck, daß er eine Entscheidung treffen muß. Wenn er bei Tante Polly und der Witwe Douglas bleibt, wird er sich je länger, desto weniger auf seine Zunge verlassen können. Mit zunehmenden Jahren wird er nicht darum herumkommen, lesen und schreiben zu lernen. Das Erscheinen von *Huckleberry Finns Abenteuer* (1885) fiel in die Zeit schwungvollster Industrialisierung, und wer damals Erfolg – meßbar in Geld und sozialem Rang – haben wollte, mußte über Lese- und Schreibkenntnis verfügen. Die Geschäftswelt, will sagen: die Welt des weißen Managertums, kann nur des Lesens und Schreibens Kundige gebrauchen. Das *New England Journal of Education* sitzt Huck schon im Nacken. Bleibt er bei der Witwe Douglas, wird er die Autorität zum Handeln im eigenen Namen erwerben müssen, und damit wird eine der einschneidendsten Veränderungen in seinem jungen Leben einhergehen. Er wird sich volle Lese- und Schreibkenntnis aneignen müssen. Sie wird sein Entree in die weiße Welt sein. Aber Huck vermag darin nichts als eine Versklavung zu erkennen – die Versklavung in einer beengenden Bücher-und-Bibeln-, Schreibschulen-und-Sonntagsschulen-Welt. Huck liebt seine Freiheit, aber es ist eine juvenile Spielart von Freiheit, die sich als Freiheit von aller Regelgebundenheit begreift, nicht als die Freiheit, unter Deutungs- und Handlungsalternativen wählen oder komplexe Fragen begreifen zu können. Es ist eine Freiheit, die weites offenes Terrain mit Emanzipiertsein gleichsetzt und keinen Blick hat für die inneren Weiten, die endlosen Landschaften der Seele. Und so läßt Huck das alles links liegen und faßt den Entschluß, »ins Injanerterritorium ab[zu]rücken«[29].

Man braucht nur die Zeit zu ändern, Huck eine Waffe in die Hand zu drücken und ihm eine etwas gröbere Sprache in den Mund zu legen, und schon könnte er als Dropout vom Schlag eines Bopete oder Sidewinder durchgehen. Noch mehr spricht allerdings dafür, daß ihm bald nach seiner Ankunft im »Injanerterritorium« ein Licht aufgehen, er in die Schule zurückkehren, den Kampf um das Lesen und Schreiben aufnehmen und zu guter Letzt einen anständigen Job ergattern würde. Jim steht dieser oder ein ähnlicher Weg nicht offen, und die Generationen von Jims, die abgewrackt, ausgemustert in ununterbrochener Folge in die Großstadtgettos und -slums abdriften, stellen die Rekruten für immer neue, immer frustriertere, immer gewalttätigere Gangs. So gesehen, handelt der Roman von Jim, dessen Probleme eigentlich erst beginnen, als die Romanhandlung zu Ende ist und seine Besitzer ihn in die »Freiheit« entlassen haben. Aber was kann er mit seiner Freiheit anfangen? Wo wartet eine Arbeit auf ihn? Hucks Freiheit, sich davonzumachen, muß Jims Versklavung zum Dableiben gegenübergestellt werden. In dem, was Huck als Versklavung empfindet, kann Jim nur Freiheit erblicken: Huck genießt ganz selbstverständlich den Luxus, dableiben und seine Freiheit im Lesen und Schreiben finden zu können.

Doch Huck bringt seine Sätze nie über die Schwelle zur Literalität, denn er weigert sich, in ein Verhältnis zur Autorität zu treten. Mark Twain hat das praktisch unmöglich gemacht. Huck hat keine Mutter und einen Trunkenbold zum Vater; Jim hat Frau und Tochter verloren; Tante Polly ist eine alte Jungfer; Miss Douglas hat ihren Mann verloren; und Tom Sawyer ist in einem Waisenhaus aufgewachsen.

So kommt es, daß wir zwar einen großartigen Roman aus der Feder eines brillanten Schriftstellers lesen, daß aber Huck aus dem Ganzen nur als ein Zauberkünstler, nicht als ein Autor hervorgeht. Wenn er ein Autor hätte werden wollen, hätte er selbst einen Sinn für Autorität mitbringen müssen. Je weiter Huck auf der Erzählebene in den Hintergrund rückt, desto weiter tritt Mark Twain als der wahre Autor, das wahre Genie der Literalität in den Vordergrund. Die Gelegenheit, des Lesens und Schreibens wirklich mächtig zu werden, scheint für Huck verpaßt. Mark Twain bringt das indirekt zum Ausdruck, wenn er bei Huck das gesprochene Idiom mit der Schriftsprache verschmelzen läßt. Was wir auf den Seiten des Buches lesen, ist so etwas wie eine Transfiguration von Hucks Rede, bei der diese durch das Wunder des Buchdrucks zur Sichtbarkeit gebracht wird. Es ist, als sei Hucks Rede mit einer magischen Kamera fotografiert worden. (Mark Twain wurde 1835 geboren, im selben Jahr, in dem in Europa der erste Kindergarten eröffnet und die fotografische Kamera erfunden wurde.) Die Sprachwissenschaft weiß bekanntermaßen von zwei Sprachen: die eine ist die, die wir sprechen, die andere die orthographisch und grammatisch korrekte, die auf der Druckseite in Erscheinung tritt. Die beiden unterscheiden sich radikal in dem, was sie übermitteln.

Huck ist auf halbem Weg steckengeblieben. Er schafft den Übergang von der Oralität zu ernsthaftem Lesen und Schreiben nicht. So geheimnisvoll die Verbindung zwischen Oralität und Literalität auch sein mag, eines ist gewiß: Sie schließt die Fähigkeit zum strikten Einhalten eines Kanons von strengen grammatischen, syntaktischen und orthographischen Regeln mit ein. Regeln und Vorschriften sind die Brücke von der Oralität zur Literalität. Wer diese Brücke überqueren will, muß seinen Frieden mit der Autorität machen. Herkömmlicherweise wird dieser Friede im Leben eines Kindes durch Vermittlung des Vaters gestiftet.

Wie groß Hucks Bedürfnis nach einer Vaterbindung ist, führt Mark Twain uns in einer Episode des Romans vor Augen, die den Wendepunkt der Handlung bezeichet. Huck sieht sich vor die Entscheidung gestellt, Jim als entlaufenen Sklaven der für ihn zuständigen Autoritätsperson auszuliefern. Als er am Ende dann doch beschließt, Jim nicht an Miss Watson auszuliefern, betrifft diese Entscheidung seinen neugewonnenen Vater – einen ihm liebgewordenen Freund. Während des Nachgrübelns, das seinem endgültigen Entschluß vorausgeht, erinnert sich Huck an jenen entscheidenden moralischen Augenblick in seinem Leben und daran, »wie er [Jim] sich freute, als ich aus dem Nebel zurückkam«. Er kämpft mit dem Gedanken, Jim in die Sklaverei zurückzuschicken, und hat in diesem Zusammenhang schon eine Nachricht für Miss Watson niedergeschrieben:

> »Miss Watson Ihr weggelaufener Nigger Jim ist hier unten zwei Meile unterhalb von Pikesville und Mr. Phelps hat ihn und wird ihn gegen Belohnung abliefern wenn sie die schicken.
> Huck Finn«[30]

Eine eigenartige Nachricht. Sie setzt sich über die elementare Grammatikregel der Kongruenz hinweg – »zwei Meile« – und verzichtet auf jegliche Interpunktion mit Ausnahme des Schlußpunkts. Huck hat auf kleinstem Raum einen mäandrierenden Prosafluß geschaffen. Obzwar sie an eine Autoritätsperson gerichtet ist, findet sich in dieser Nachricht nicht der kleinste Reflex von Autorität. Huck starrt auf das Blatt Papier, dieses ihm unsympathische Ding, ringt um einen Entschluß und zerreißt es schließlich: Er hat sich dafür entschieden, die Autoritätspersonen in bezug auf Jim hinters Licht zu führen. Doch er zerreißt in diesem Augenblick nicht nur dieses einzelne Stück Papier, sondern auch – sie für alle Zeit abbrechend – seine Verbindung zu der

Schrift und zu den Buchstaben, zu der »anderen« Welt der Literalität und der in ihr angesiedelten Autorität. Huck kehrt in diesem Augenblick der zivilisierten Welt den Rükken und nimmt Kurs auf das »Injanerterritorium«.

Wie könnte Huck auch anders handeln? Sein eigener Vater hat ihn körperlich und auch mit Worten mißhandelt. Sein neugefundener Vater, Jim, ist versklavt und wird verkauft und gekauft wie ein Ding. Huck entrinnt der Tyrannei seines Vaters mit einem Trick, und mit einem Trick verhilft er Jim zur Freiheit. Gleich den jugendlichen Dropouts von heute verlegt Huck sich in schwierigen Situationen, da ihm jeglicher Sinn für Autorität abgeht, auf Tricks und krumme Touren.

Selbst ein Roman über ihn läßt sich nur mit Hilfe eines Tricks, eines Coups realisieren. Denn nichts anderes ist das Buch *Huckleberry Finns Abenteuer* letztendlich – ein Trick, eine Taschenspielervolte, ein Gauklerkunststück in Schriftform. Huck hat dem Papier seine Redeweise aufgedrückt und dort ein Muster ähnlich einem Lippenstiftfleck hinterlassen. Aber er hat keine Prosa geschrieben, die sich an die Regeln der Grammatik, Zeichensetzung und Orthographie hielte oder sich deren auch nur bewußt wäre.

Im neunzehnten Jahrhundert begann in den USA die Lese- und Schreibkenntnis sich als klassen- und rassenspezifisches Merkmal auszudifferenzieren, und zwar in so unübersehbarer Form, daß dann im Jahr 1883 ein eigener Name für sie fällig war: *literacy*, »Literalität«. Inmitten dieser Entwicklung präsentierte Mark Twain in seinem Huckleberry Finn das Musterbild eines oralen Menschen. Man kann sich schwerlich eine literarische Figur vorstellen, die eine interessantere Geschichte abwerfen würde. Aber Mark Twain zeigt uns auch, daß Hucks Erziehung zu kurz greift: Als Halbalphabetisierter landet er im sozialen Abseits. Er müßte seine Bildung vervollständigen, will er sich Hoffnung auf Erfolg und Fortkommen machen können und in die neue Kategorie der des Lesens und Schreibens kundigen Staatsbürger eingereiht werden. Anderenfalls kann er auf der sozialen Stufenleiter keine höhere Sprosse als die erreichen, auf der Jim steht. Dies ist die traurige Wahrheit damaliger Zeit, die weiße Eltern motivierte, ihre Kleinsten in den Kindergarten, und schwarze Eltern, ihre Jüngsten in die Kleinkinderschule zu schicken. Welch ein Schock für Mark Twains Leser, daß Huck sich gewissermaßen dafür entschied, ein Schwarzer zu sein.

Hucks Worte muß uns Mark Twain, der wahre Alphabetisierte, nahebringen. Da er selbst nur über minimale Lese- und Schreibkenntnis verfügt, benötigt Huck einen Sekretär. Doch das ist erst Teil eins von Mark Twains Schabernack. Als der Trickster, der er ist, spielt er uns, die Leser seines Romans, gegen Huck, den Sprecher der Geschichte, aus. Und dies ist das Terrain, auf dem Teil zwei von Mark Twains Trick uns kalt erwischt. Beim Lesen korrigieren wir automatisch Hucks Orthographiefehler und grammatikalische Schnitzer und betätigen uns so gleichzeitig als Leser und als Redakteure. Bei jedem einzelnen Satz, den wir lesen und korrigieren, genießen wir das Gefühl der eigenen Überlegenheit gegenüber dem halbalphabetisierten Huck. Auf gekonnte Weise verwandelt Mark Twain jeden von uns in eine Tante Polly oder Witwe Douglas. Wenn Huck sich in Richtung »Injanerterritorium« absetzt, setzt er sich im selben Zug auch von uns Lesern ab, die wir ihn in den knappsitzenden Anzug der Grammatik und Orthographie hineinzuzwängen versuchen. Das haut nicht hin: Huck ist nicht dadurch zum vollendet Lese- und Schreibkundigen zu machen, daß irgendwer alles, was er von sich gibt, beckmesserisch korrigiert. Indem wir diesem ungebildeten, kaum des Lesens und Schreibens mächtigen Jugendlichen heimleuchten, fühlen wir uns automatisch ihm überlegen. Aber indem wir seine Rede in Schriftprosa verwandeln, rauben wir ihm die Sprache, verstopfen wir ihm den Mund.

Im Grunde genommen verwandeln wir ihn in ein Wesen auf infantilster Stufe zurück (wir erinnern uns: lateinisch *infans* = »der Rede nicht mächtig«). Als Leser schwingen wir uns zu Eliten und Autoritäten auf. Oder sagen wir es, vielleicht etwas präziser, so: In unserer starken Bindung an die Literalität verrät sich unsere elitäre Denkart.

Mark Twain will uns den Mangel, den eine unvollständige Familie darstellt, begreiflich machen, indem er uns zwingt, die Familie *für* Huck zu vervollständigen. Diese Aufgabe hat die Witwe Douglas übernommen, aber nachdem Huck die Witwe abgelehnt hat, nötigt Mark Twain uns ihre Rolle auf. Er läßt uns Hucks Bewegungsfreiheit Grenzen setzen. Ob wir das für richtig halten oder nicht – er zwingt uns einfach dazu. Zuletzt würde Huck von »uns« genauso schnell »abrücken« müssen, wie er vor der Witwe Douglas und Tante Polly ausbüxen möchte – weil wir in der Rolle des Lesers Huck dieselbe Sorte von repressiver, präzeptoraler, autoritärer Literalität überstülpen. Wir als Leser kennen die Regeln, Huck nicht. Wir haben recht, Huck nicht. Aber Regeln werden es einfach nicht schaffen, Huck in die Literalität heimzuholen. Tatsächlich versperren die Regeln – die Autorität als solche – den Zugang zur Literalität. Genau hier liegt nämlich das Problem – Hucks Problem und das Problem der Gesellschaft heute: Wem der Weg zur Literalität durch zerrüttete Familienverhältnisse verbaut ist, dem stellen sich Regeln und Autorität als grimmige Widrigkeiten dar, als Feinde, die gemieden oder beseitigt werden müssen.

Huck müßte erst einmal seinen *eigenen* Roman lesen lernen und die Unterschiede zwischen dem, was er *sagt*, und den *geschriebenen Sätzen* erkennen. Ob es ihm behagt oder nicht, er muß begreifen, daß seine Sätze von Fehlern nur so wimmeln, sobald sie das Papier berührt haben. Soll er Dialekt sprechen, soviel er will (Mark Twain erklärt, in dem Roman werde eine ganze Reihe von Dialekten benutzt:

»der Negerdialekt von Missouri, die extremste Form des südwestlichen Hinterwäldlerdialekts, der gewöhnliche Pike-County-Dialekt und vier gemilderte Abarten des letzteren«[31]) – die Literalität hat *eine* und *nur eine* Norm der Schriftsprache. Was Huck noch bitterer ankommen dürfte: Er muß begreifen, daß seine Fehler in Verstößen gegen strenge Regeln bestehen. Und wenn er sich in die Literalität einfinden will, muß er diese Regeln akzeptieren – ohne Wenn und Aber. Sie werden ihm zuliebe nicht gelockert. Sie machen keine Kompromisse, kennen keine Kulanz. Die Schriftsprache arbeitet ja eben, weil sie ein Werkzeug der Uniformierung und Beherrschung ist, mit dermaßen strengen Regeln. Für Nebrija war dieser Zusammenhang die Argumentationsgrundlage seiner Petition an Königin Isabella, die Krone möge als eindrucksvollste Demonstration politischer Macht eine Grammatik des Kastilischen zum Druck befördern.

Die Druckerpresse, einer der ersten Vorboten der Industriellen Revolution, spuckt Wissen in gleichförmigen Stücken aus. Sie macht die Literalität in den USA des neunzehnten Jahrhunderts zum idealen Handlanger der Fließbandproduktion, und daher ist es verständlich, daß die Schriftsteller ihr zu jener Zeit viel Aufmerksamkeit zuwenden. Lese- und Schreibkenntnis würde aus Huck genauso, wie sie es mit jedermann sonst tut, ein Rädchen im »Getriebe« machen. Hucks Erlebnisse auf seiner Abenteuerreise mit Jim den Mississippi hinunter haben ihm die Augen geöffnet für die Art und Weise, wie die Literalität durch Pochen auf Einförmigkeit und Regelhaftigkeit ihre Herrschaft ausübt. Und so ist es nach wie vor: Jemand wie Monster Kody fühlt sich heute nicht weniger als Opfer der Literalität als seinerzeit Jim – oder Huck.

Indes, Mark Twain verkörpert die nicht weniger bedeutsame andere Seite der Literalität. Sie steigert das Potential eines Menschen, indem sie ihm ein Werkzeug kritischer

Analyse und Urteilsbildung an die Hand gibt. Mark Twain, nicht Huck Finn heißt der Verfasser eines der großartigsten epischen Werke der amerikanischen Literatur. Doch eben weil sie auf sich selbst reflektierende Individuen – eine mächtige Elite – schafft, kann diese Macht auch zur Unterdrückung von des Lesens und Schreibens nur mangelhaft oder überhaupt nicht kundigen Menschen gebraucht werden. Jims Sklavenstatus ist durch ein Stück Papier im Besitz von Miss Watson verbürgt, und durch ein anderes Stück Papier, nämlich Miss Watsons Testament, wurde er in die Freiheit entlassen.

Traurig und widerstrebend muß der Leser zuletzt Huck Finn »abrücken« lassen, denn nicht anders als die Witwe Douglas und ihre Schwester haben auch wir Leser ihn zu versklaven gesucht, indem wir ihn unter das Joch der Grammatik-, Syntax- und Rechtschreibungsregeln zwangen. Miss Watson ist Jims »Eigentümerin«, aber auch Huck gegenüber verhält sie sich besitzergreifend, wenn sie ihm mit der Fibel – also mit der Literalität – zu Leibe rückt. Huck »rückt ab« ins »Injanerterritorium«, so wie Jim auf dem Mississippi in Richtung Territorium flüchtet, um dort die Freiheit zu suchen.

Nach der Lektüre des Romans sollte jeder Leser den Drang in sich spüren, seine eigene Literalität einer kritischen Befragung zu unterziehen: Wie kam ich zu ihr? Woher habe ich diesen ausgeprägten Sinn für Autorität? Wie komme ich dazu, mir all diese Urteile über den Jungen zu bilden? Am Ende sollten wir vor unserem inneren Auge Huckleberry Finn nicht allein weglaufen sehen. Er repräsentiert Scharen von Jugendlichen, die gleich ihm die Literalität nicht als Steigerung ihres Potentials, sondern als Quelle von Angst und Bedrückung erleben. Hat ein Mensch die Literalität erst einmal als Feind identifiziert, ist es schwer, ihm ihre andere Seite nahezubringen, ihr Vermögen, sein Potential zu steigern.

Es dürfte überraschen, daß ein Roman, der so voller Abenteuer und Späße und Possen steckt wie *Huckleberry Finn*, um eine verwickelte moralische Frage kreist. Auf dem Höhepunkt der Handlung steht Huck an einem Scheideweg, und er kommt zu dem Schluß, daß er lieber im ewigen Feuer braten will, als Jim unter die Autorität seiner Eigentümerin zurückzugeben: »›Na schön, dann komm ich eben in die Hölle!‹«[32] Aber er leidet fürchterliche Qualen, bis er heraus hat, was richtig und was falsch ist. Seine Liebe zu Jim gibt schließlich den Ausschlag. Wie A. R. Lurijas analphabetische Bauern kann er keine prinzipielle Entscheidung treffen, sondern nur aus der konkreten Situation heraus entscheiden, mit der Folge, daß er in jeder neuen Situation neu entscheiden muß. Die Literalität löst den Menschen aus dieser Verhaftung an das Konkrete und setzt an deren Stelle ein kritisches Vermögen, ein Vermögen zu reflexivem Denken, das dazu befähigt, auf abstrakter, prinzipieller Ebene über Gut und Böse, Richtig und Falsch nachzudenken und zu befinden. Literalität schafft absolute Kategorien, unter anderem die Kategorien des moralisch Richtigen und moralisch Falschen.

Ein Mensch, der lesen und schreiben kann, tritt der Erfahrung mit der Idee der Korrektheit gegenüber. Eine zweite Sprache kann man durch Zuhören und Nachsprechen erlernen, und man kann zu Studienzwecken sogar eine Weile allein auf sich gestellt in dem fremden Land leben. Doch die zweite Sprache namens Schrift läßt sich nur unter der Voraussetzung erlernen, daß einem Korrektheitsregeln in Fleisch und Blut übergehen, und läßt sich nur in der Weise einüben, daß man Sätze niederschreibt, die von anderer Seite korrigiert werden.

Das hat zur Konsequenz, daß Menschen, die lesen und schreiben können, immerzu urteilen und analysieren. Menschen, die lesen und schreiben können, sind immer am Kritisieren und Korrigieren. Dazu gehört auch, daß Menschen mit vollendeter Beherrschung der Schriftsprache sich Dialekt sprechenden und schreibschwachen Mitmenschen überlegen fühlen – und zwar sowohl intellektuell als auch moralisch überlegen. Die Vorstellung von moralischer Überlegenheit – die Mark Twain aus jedem Leser seines *Huckleberry Finn* herauskitzelt – hat an den Lehrerbildungsanstalten der USA während des gesamten neunzehnten Jahrhunderts den Studienplan mitgestaltet.

Nach dem Vorbild Frankreichs, wo Lehrerseminare noch heute *école normale* heißen, firmierten die amerikanischen Lehrerbildungsanstalten seinerzeit als *normal schools.* »Normal« ist eine sonderbare Qualifikation, besonders in einem pädagogischen Zusammenhang. Kein Schüler wünscht sich eine normale Note – die durchschnittliche Drei. Kein Kind möchte einen normalen Verstand oder normale Ideen haben. Am Anfang seiner Bedeutungsgeschichte bezog sich das »Normale« keineswegs auf menschliches Verhalten: Das lateinische Wort *norma* bezeichnete das »Winkelmaß«, mit dem Zimmerleute rechte Winkel und gerade Linien absteckten. Erst sehr viel später wurde die »Normalität« zu einem Merkmal menschlichen Verhaltens. Eine sinnvolle Ausweitung des Bedeutungsfelds. Normalität arbeitet der Geometrie des Lebens vor: dem auf geraden Wegen Wandeln, dem aufrechten Gang, dem geradlinigen Aufstieg, der Aufrichtigkeit; erinnern wir uns auch daran, daß der Philosoph Nietzsche (beziehungsweise sein Sprachrohr »Zarathustra«) sich den idealen Menschen (den »Übermenschen«) »rechtwinklig an Leib und Seele« wünschte. Normalsein heißt, weder physisch noch moralisch einen krummen Rücken zu haben. Das rechte Verhältnis zur Welt zu entwickeln, heißt, sich die rechte Haltung anzueignen und die rechte Einstellung zu gewinnen. Wenn man in die *richtige* (oder *rechte*) Richtung strebt, hat man alle Aussicht, daß die Sache *richtig* (im *rechten* Sinn) ausgeht. Zumindest wird man nicht *links* liegen gelassen. Daß der eine und andere »graduiert« – um eine Stufe erhöht – wird, paßt ebenso in dieses geometrische Schema des Lebens wie das Erklimmen der Erfolgsleiter oder das Aufrücken auf der Stufenleiter der Betriebshierarchie.

Der Zimmermann muß seine strikten Prinzipien in puncto Meßgenauigkeit in die Konstruktion von Fundamenten, Wänden und Dachstühlen umsetzen. Während langer Perioden der Menschheitsgeschichte verglichen Dichter und Denker das Aufziehen von Kindern mit dem Aufführen der majestätischsten Bauwerke – Kirchen und Kathedralen. Die Denker erkannten die starke Ähnlichkeit zwischen dem Einkörpern des Atems Gottes in einer Kathedrale und dem Beseelen des Kinderkörpers mit dem kindlichen Atem, so daß, wer wissen will, was die frühesten Kirchenväter zum Thema Erziehung zu sagen hatten, unter den Stichwörtern »Bau« und »Erbauung« nachsehen muß.

Alle Lehrer brauchen ein Winkelmaß – damit sie ein solides Fundament zurüsten können, auf dem ihre Schüler einen sicheren Stand finden, daß kein Wind oder Sturm sie umwerfe. Die Lehrerbildungsanstalten in den USA nannten sich einstmals *normal schools*, weil es ihr Ziel war, solide, aufrechte Bürger – Säulen der Gesellschaft – heranzubilden. Die Lehrer waren die Dienstleistungsexperten, die sich letzten Endes der armen, abgerissenen Kinder in den *infant schools* annehmen würden. Lehrer wurden in Normalität geschult, damit sie zu gegebener Zeit in der Lage wären, ihre Schützlinge zu normalisieren. In diesem Punkt laufen die Fluchtlinien der Systematik des Bildungssystems zusammen. Die Lehrer konnten den Anspruch erheben, im besten Sinn des Wortes Seelenbaumeister zu sein. Wie durch Zauber oder ein Wunder schlägt das Profane ins Heilige um, wann immer ein Schüler ins Licht des Wissens tritt.

Die Mathematik und der gesunde Menschenverstand sagen uns, daß die kürzeste Entfernung zwischen zwei Punkten die Gerade ist. Die Welt bietet ihre ganze Autorität auf, um dieses Bröckchen geometrischen Wissens in der Lebenspraxis Jugendlicher zur Geltung zu bringen. Schon die Kleinen werden von Lehrern und Eltern ermahnt, vorwärts zu streben, zügig fortzuschreiten auf der Lebensbahn, und was zu schreiben, zu sagen, zu tun ist, *geradewegs* und *ohne Umschweife* zu tun, herauszusagen, niederzuschreiben. Das hört sich zwar nach einer guten und fruchtbaren Devise, ja geradezu nach dem Inbegriff der Normalität selber an, stellt aber womöglich nur die Hälfte eines Programms für ein restlos befriedigendes Leben dar. Manchmal kann es durchaus sinnvoll sein, einen großen Umweg zu machen, sich scheinbar ziellos herumzutreiben. Huckleberry Finn gewinnt ein beträchtliches Maß an Wissen und Einsicht auf einer Fahrt voller Abenteuer, Späße und Kapriolen, die dem gewundenen Lauf des Mississippi folgt.

In dem Raster von Regeln und Vorschriften und autoritativer Lenkung und Leitung, der sich über jedermanns Leben legt – Literalität in ihrer unbarmherzigsten Form –, erscheint ein schnurgerader Lebensweg auf ausgetretenem Pfad als der fruchtbarste. Im Mittelalter verlangte der ideale Weg zur Wahrheit, daß man erst einmal in die Irre ging. Im zwölften Jahrhundert, das den Zusammenfluß von Oralität und Literalität erlebte, wäre es in der Tat ein riskantes Unterfangen gewesen, auf dem geraden Pfad zu wandeln. Denn der Überlieferung zufolge vermochte sich der Teufel nur in gerader Linie fortzubewegen. Was bedeutete, daß der Fürst der Täuschung selbst höchst anfällig war für Täuschung und Blendwerk und Lügen. Wer Haken schlug, entwischte ihm. Irrgärten verschafften den Menschen Übung in labyrinthischem Denken und, ein willkommener Nebeneffekt, auch Übung darin, wie man dem bösen Feind ein Schnippchen schlägt. Um den Ausgang zu finden, mußte man sich der Methode von Versuch und Irrtum bedienen. Im Zentrum des Labyrinths herumirrend, sollte man im

Idealfall lernen, nicht in Panik zu verfallen, sondern äußerstenfalls Konsternation angesichts der labyrinthischen Umgebung zu empfinden, und von dem mühsamen Weg durch die Irrgänge nach draußen, für den man sich eine jederzeit modifizierbare Strategie ersinnen mußte, versprach man sich, daß er die Geistesgegenwart und das Selbstvertrauen fördere.[33]

Das Lesen eines Buches gleicht einer Wanderung durch einen Irrgarten. Leser sprechen zuweilen sogar davon, daß sie sich in einem Roman verloren haben. Jeder Satz, zumal wenn er von einem Meister des Schriftstellerhandwerks wie Mark Twain stammt, führt uns auf labyrinthische Pfade. Von Zeit zu Zeit innehaltend, um uns des Sinns zu vergewissern, bahnen wir uns den Weg längs der Zeilen, bis wir in den Genuß des Vergnügens kommen, das der Punkt am Satzende für uns bereithält. Die Literatur lehrt uns, daß die kürzeste Strecke zwischen zwei Punkten, die Gerade, nicht immer den größten Lustgewinn bringt. Zum gelungenen Geschichtenerzählen gehören eine Menge Abschweifungen vom ausgetretenen Pfad und nicht zuletzt auch eingestreute Witze. Irrtümer, Fehler zu begehen heißt abzuschweifem vom geraden Weg, um sich auf *Irrfahrt* zu begeben – das ist kaum der Stoff, aus dem die Moralität gefertigt wird. Es sei denn – und das ist in diesem Zusammenhang ein bedeutungsschweres Wort – *es sei denn*, wir finden nach einem Fehler Vergebung der Art, wie Jim sie übt, wenn er Huck nach dessen üblem Streich in die Arme schließt.

So fördert die Literatur in gewissem Sinn dann doch die Moralität, wenn auch nicht unbedingt auf die normale, geometrische Weise. Wer auf Irrfahrt zieht, kann am Ende doch wieder bei der Geradlinigkeit landen. Ein jugendlicher Dropout heute, ein junger Mensch ohne Lese- und Schreibkenntnis, den wir als einen »Verirrten« bezeichnen, kann angesichts seiner labyrinthischen Situation nur eine quälende, zerstörerische Konsternation empfinden. Er befindet sich nicht auf jener nutzbringenden Irrfahrt, von der ich gesprochen habe, sondern treibt ziellos und ohne Ruder vor dem Wind.

Als das *New England Journal of Education* 1833 den Neologismus *literacy* kreierte, setzte es zugleich eine Einstellung in Sachen Lese- und Schreibkenntnis in die Welt, die von den Bildungsanstalten bis auf den heutigen Tag kultiviert und verbreitet wird. Die Literalität wird als unabdingbare Voraussetzung für das persönliche Fortkommen präsentiert, nicht zuletzt weil sie dazu befähigt, Formulare auszufüllen und Verträge zu unterschreiben. Literalität dient nicht der Befreiung der Menschen, nicht dazu, sie auf Abenteuerkurs zu bringen, sondern bindet sie noch fester in den geometrischen Raster der verwalteten Welt ein. Fast erschlagen von den nackten Schülerzahlen, stundenlangen Konferenzen und einem endlosen Papierkrieg, beurteilen die meisten Lehrer diesen Aspekt der Literalität als eine feine Sache. Sie erleichtern sich ihr schweres Leben, indem sie die Schüler mit mechanischen Aufgaben ruhigstellen – mit Fleißarbeiten, die von den Schülern ohne vorausgegangenen durchdachten Unterricht erledigt werden können.

Diskussionen in der Klasse, das pulsierende Herz des Lese- und Schreibunterrichts, fressen angesichts eines randvollen Terminplans nur Zeit. Auf die Klagen von Eltern, daß ihre Kinder nur mangelhaft lesen und schreiben können, reagieren die Lehrer mit der Erhöhung des Arbeitspensums – die Schüler bekommen noch mehr zeitraubende, langweilige Aufgaben aufgebrummt, die sie pflichtgemäß abarbeiten. Sie pauken Grammatik- und Interpunktionsregeln, prägen sich Musterbeispiele für Groß- und Klein-, Getrennt- und Zusammenschreibung ins Gedächtnis. Die Schüler nehmen den Unterrichtsstoff ähnlich passiv auf, wie sie die Informationen aus dem Fernsehapparat aufnehmen. Daraufhin werden Unterrichtsprogramme angeleiert, die letzten Endes nichts weiter bewirken, als die Abrichtung der Jugendlichen zu reinen Konsumenten – Warenkonsumenten, Bilderkonsumenten – voranzutreiben. Diesen Jugendlichen werden ihre Bedürfnisse im Säuglingsalter von Medizinern und Produktherstellern, später dann von Pädagogen zudiktiert.

Sobald ich anfange, den Alltag im Klassenzimmer zu beschreiben, tappe ich in eine Falle. Ich tue so, als wären die Probleme, mit denen das Lesenlernen und das Schreibenlernen in diesem Land belastet sind, allein am Unterrichtsbetrieb festzumachen, und weise die Verantwortung für das Problem dem »Bildungssystem« zu. Ich leiste der Illusion Vorschub, es ließe sich mit Geld oder irgendwelchem Flickwerk oder einer geschickten Mischung aus beidem beheben. Weit schlimmer: Ich erwecke den Anschein, als bestünde das Problem, das überall in diesem Land um sich greift, in dem, was Zeitungen und Bücher und Pädagogen »Analphabetismus« nennen. Sobald ich das Problem aus dem Bezugsrahmen Heim und Familie herauslöse und in den Bezugsrahmen Klassenzimmer versetze, ziehe ich meine Aufmerksamkeit von der Erziehung ab und verlagere sie auf die Beschulung. Ein folgenschwerer Wechsel. Haben Schüler sich erst einmal die Beschulungsmentalität zu eigen gemacht, bildet sich bei ihnen die Ansicht heraus, daß alles, was gelernt werden kann, unterrichtet werden muß. Mit anderen Worten: Es muß von einem Lehrer vermittelt werden. Beschulung geht davon aus, daß die Schüler unwissend sind, daß sie jedoch, sofern sie genügend Aufmerksamkeit und Schulgeld aufwenden, lernen können, wie man des Lesens und Schreibens mächtig und gescheit wird.

Wie ich indessen in den vorausgegangenen Abschnitten dieses Kapitels zu verdeutlichen suchte, besteht das Problem *nicht* darin, daß Jugendliche sich mit dem Lesenlernen und dem Schreibenlernen schwertun. Sie tun sich schwer mit der Lese- und Schreibkenntnis, wenn Dinge zu Bruch gehen – die Verbindung zur Familie, die Verbindung zur Stimme, die Verbindung zum Spiel. Ihre Schwierigkeiten werden verstärkt durch Schulen, die die Lese- und Schreibkenntnis als Ware behandeln, ihre Ware über ein Vertriebssystem an den Mann bringen und mit Hilfe diagnostischer Tests Erfolgsbilanzen ziehen. Statt das Lesen und Schreiben als einen dynamischen Prozeß zu begreifen, der aus der Oralität hervorgeht, reduzieren die institutionalisierten Vertriebssysteme es auf das Qualifikationsmerkmal »Lese- und Schreibkenntnis«. Diese Einstellung erlaubt es den Lehrern, Lese- und Schreibkenntnis an passive Empfänger namens Schüler zu vertreiben. Verschärft wird die Problemlage durch den Umstand, daß die Mehrzahl der Eltern und Pädagogen als ausgemacht voraussetzen, daß alles Lernen notwendigerweise Ergebnis von Unterricht ist – daß Lernen sich im Klassenzimmer zwangsläufig immer in der Weise vollzieht, daß eine Autoritätsperson Informationen weitergibt. Das Wissen in dem Sinn, von dem ich im ersten Kapitel gesprochen habe, Wissen in dem Sinn, den das lateinische Wort für Bewußtsein, *con-scientia*, bezeichnet: Mit-Wissen, Wissen als eine Frucht des Mit-einander in der oralen Gruppe – diesem Wissen wird in den Schulzimmern jenseits der allerersten Klassen kein Heimatrecht mehr zugestanden.

Zuweilen stolpert der Unterrichtsbetrieb über sich selbst, und blitzartig leuchtet dann die Wahrheit auf. In einem solchen Moment tut sich sozusagen ein Blick hinter die bunten Kulissen auf. Als Collegelehrer hatte ich das Glück, einem Studenten zu begegnen, der mir Einblick in das Werden und Entstehen eines in der Literalität versierten Geistes gewährte. Dieses Privileg wurde mir unter den sonderbarsten Umständen zuteil, nämlich durch Vermittlung eines Menschen, der so weit außerhalb des traditionellen Systems stand, daß er einen Spalt in die Mauer unserer Vorurteile brach, durch den einen Blick zu werfen jedem von uns anderen nur guttun würde.

Dieser junge Collegestudent – den ich hier Maxwell nennen werde – war, bevor er sich unter meinen Schülern einfand, innerhalb des Bildungssystems schon fast als hoffnungsloser Fall eingestuft worden. Er litt an einer so schweren Dyslexie (Leseleistungsschwäche), daß sein Klassenlehrer auf der High-School ihm geraten hatte, er möge sich den Gedanken, das College zu besuchen, aus dem Kopf schlagen. Trotzdem lagen ihm seine Eltern so lange in den Ohren, bis er schließlich doch noch an einige Colleges Studienplatzbewerbungen losschickte. Aufgrund seiner schlechten Zeugnisnoten und der miserablen Ergebnisse, die er bei den Aufnahmeprüfungen erzielte, wurde er überall abgelehnt. Nachdem Maxwell sich bei den Claremont Colleges persönlich vorgestellt hatte, entschied man sich dort, ihn unter Sonderbedingungen probeweise zuzulassen. Im einzelnen hieß dies, daß er im ersten Jahr einen Notendurchschitt von 2,5 oder besser erreichen mußte und außerdem keinen einzigen Kurs ohne Schein beenden durfte. Jeden Kurs, den er belegte, mußte er ordnungsgemäß zu Ende bringen, wie hart ihn das unter Umständen auch ankommen mochte. Seine Eltern bedrängten ihn. Seine Freunde scharten sich um ihn.

Er schnitt außerordentlich erfolgreich ab. Doch während seines ganzen vierjährigen Collegestudiums las Maxwell nicht ein einziges Buch. Und wenn man es ganz genau nimmt, schrieb er auch keine einzige Seminararbeit. Er hatte sich vielmehr eine geniale Methode ausgedacht, wie er Bücher für sich zum Leben erwecken konnte. Er ließ sie sich einfach von seinen Freunden kapitelweise vorlesen. Nach jedem Kapitel faßte er den Inhalt in seinen Worten zusammen, um zu kontrollieren, ob er alles richtig verstanden hatte. Die anwesende Freundesclique diskutierte seine Rekapitulation, dann las man weiter. Wenn der Termin für die Abgabe einer Seminarbeit heranrückte, diktierte Maxwell seinen Text einem Freund, der dann ein Schreibmaschinenmanuskript davon anfertigte. Diesen Rohentwurf las der Freund Maxwell Seite für Seite langsam vor und hielt dabei die Änderungswünsche des Verfassers fest. Im Oberseminar schnitt Maxwell mit einer 1^{+} ab. Bei der Graduierungsfeier schritt er, sein Diplom mit beiden Händen über den Kopf hebend, über die Bühne, stolz und glücklich. Und triumphierend.

Ich muß Maxwell als einen in der Literalität vollkommen versierten jungen Mann bezeichnen. Er formuliert glänzend. Da seine Ohren auf Rhythmus feinabgestimmt sind, hört er, ob eine Formulierung »sitzt« oder nicht. Es ist eine wahre Lust für ihn, wenn ein Gedankengang sich in zwingenden Schritten auf ein unausweichliches Ziel zubewegt. Während der Seminarstunden wartete er immer wieder mit Geistesblitzen auf, mit denen er der allgemeinen Diskussion die Richtung auf das Wesentliche wies. Für seine Freunde war er nur der »Wortspielmacher«. Er darf sich als ein entfernter Verwandter von Shakespeares Puck und Mark Twains Huck fühlen. Er ist genauso wortgewandt und herrlich lausbübisch wie Huck. Seine Dyslexie hatte ihm die Möglichkeit verschafft, aus dem Konkurrenzkampf um Erfolg und Aufstieg auszusteigen, ohne seine Eltern vor den Kopf zu stoßen. Er erntete vielmehr eine Menge Zuwendung. Er wurde zu einer wohlerzogenen Ein-Mann-Gang.

Wieso konnte Maxwell, obwohl scheinbar radikal abgeschnitten vom Lesen und Schreiben, sich zu dermaßen brillanten Leistungen aufschwingen? Wie konnte dieser junge Mann trotz einer Dyslexie, die das Lesen auch nur eines einzigen Satzes für ihn zur Qual machte, zum Musterbild dessen werden, was wir gern von all unseren Studenten hätten? Seinen schlechten Ausgangsbedingungen zum Trotz hat es bei Maxwell gefunkt. Im Lauf seines Studiums wuchs sein Interesse für die Welt der Ideen ebenso wie sein Verlangen, seine mündlichen Äußerungen in dauerhafte Zeichen auf einem Blatt Papier verwandelt zu sehen.

Allmählich begriff ich, daß Maxwell und seine Freunde sich im gegenseitigen Interesse zu einer engen Gemeinschaft formiert hatten. Ohne es zu wissen, hatten sie ein mittelalterliches Phänomen kopiert, das von der Geschichtsschreibung den Namen »Textgemeinschaft« erhalten hat.[34] Der Kern einer mittelalterlichen »Textgemeinschaft« war jemand, der lesen und schreiben konnte und interessierte Menschen aus seinem sozialen Umfeld um sich versammelt hatte, denen er langsam und bedächtig aus einem Text vorlas. Im Anschluß an die einzelnen Abschnitte wurde das Vorgelesene gemeinsam diskutiert. Auf diese Weise wurden die Mitglieder der Gruppe alphabetisiert und der Zusammenhalt zwischen ihnen enger. Sie konnten zwar bis auf den Vorleser nicht selbst lesen und schreiben, aber ihre Weltsicht wurde durch schriftsprachliche Sätze geprägt. Diesen Vorgang habe ich als Alphabetisierung bezeichnet.[35]

Von den Diskussionen innerhalb solcher Gruppen profitiert nicht nur ein »Maxwell«. Da alle im Kollektiv sich gemeinsam um die Auslotung von Ideen bemühen, lernt dabei jeder. Das Wichtigste jedoch ist – wichtig, weil Lese- und Schreibleistungsschwäche häufig mit einem gestörten Verhältnis zu Autoritäten einhergeht –, daß Maxwells Problemlösungsmodell die Autorität dezentralisiert hat. Lernen ist wahrscheinlich die Aktivität, die am wenigsten der Regulierung von seiten anderer bedarf. Das bedeutet, daß in Maxwells Gemeinschaft jeder Beteiligte nicht nur die Gelegenheit, sondern auch den Anreiz hat, die Verantwortung für sich selbst zu übernehmen. Niemand behandelt Maxwell als minderrangigen Analphabeten. Die Wörter sind aus ihrer Verhaftung an die Druckseite befreit und in die Oralität zurückversetzt worden, so daß jeder in der Gruppe unter verstärkt egalitären Bedingungen zuhören und verstehen kann. Maxwell insbesondere mußte seiner Umgebung mit Offenheit und mehr als gewöhnlichem Vertrauen begegnen. Sein Interesse für andere Menschen zielte auf alles, was sie an Wissen in sich angesammelt hatten, es mochte sein, was es wollte. Andere Menschen waren für ihn lebende Bücher. Studenten wissen meistenteils, was sie von ihren Kommilitonen zu erwarten haben, weil sie alle denselben Bildungsgang hinter sich haben. Doch in Maxwells Fall war da jemand, der faktisch abseits der Hauptkanäle der Bildungs- und Wissensvermittlung stand. Die Welt war für ihn stets frisch und neu, und so auch die Menschen. Er hatte es geschafft, Beschulung in Erziehung zurückzuverwandeln. Er hatte gelernt, seine eigene Amme zu sein.

Denken wir uns Maxwells Dyslexie einmal nicht als somatische Störung, sondern als Resultat der Verinnerlichung von etwas, das in der Familie schiefgelaufen ist. Denken wir uns seine Verfassung als mehr oder weniger diejenige, in der heutzutage die meisten Jugendlichen in die Schule kommen. So gesehen, ist er repräsentativ. Und ebenso kann man auch die Lösung, die er sich einfallen ließ, als ein repräsentatives Modell betrachten. Denn wenn wir uns Maxwells Dyslexie wegdenken, gleicht seine Bildungserfahrung sehr stark derjenigen, die noch vor wenigen Jahrzehnten in den meisten Schulen an der Tagesordnung war. Vor der Ära der elektronischen Massenkultur waren die Schulklassen in Elementarschulen und höheren Schulen Textgemeinschaften der Art, wie Maxwell sie unter dem Druck der Notwendigkeit zusammen mit seinen Freunden um des nackten Überlebens willen neu schuf. (Wir können uns in der Regel darauf verlassen, daß Jugendliche ausreichend Lebensklugheit besitzen, um ihre Probleme selbst lösen zu können, mögen diese Lösungen manchmal auch radikal und antisozial erscheinen.)

Einst vermochten Lehrer ihre kleinen Zuhörer in ein Wunderland zu entrücken, indem sie ihnen ein Märchen oder eine Sage erzählten. Das Klassenzimmer füllte sich mit der Atmosphäre von Spannung und Geheimnis dank der

Zauberkraft eines einfachen Instruments: der Stimme des Lehrers. Meist war bei solchen Gelegenheiten noch nicht einmal irgendwo ein Buch zu sehen; der Lehrer kannte die ganze Geschichte auswendig oder hatte zumindest so viele Einzelheiten von ihr im Gedächtnis, daß er den Erzählfaden ohne Unterbrechung fortspinnen konnte. Die kleinen Zuhörer bibberten. Hinterher spielten sie Szenen der Handlung dramatisch durch oder erzählten abwechselnd, was sie von der Geschichte behalten hatten. Im Klassenzimmer unterbrachen sie den Erzähler mit Zwischenfragen oder Bitten um die Ausschmückung bestimmter Handlungsetappen. Manchmal lernten sie sogar ein oder zwei Gedichte aus der Geschichte auswendig. Sobald das Klingelzeichen die Stunde beendet hatte, eilten sie nach Hause, um dort alles in dramatische Szenen umzusetzen, was ihre Phantasie ihnen an Ergänzungen zu der Geschichte eingegeben hatte. Wurde ihnen langweilig, hatten sie keinen Fernsehapparat, den sie hätten einschalten können. Sie mußten sich notgedrungen ihre eigenen Spiele erfinden.

Das größte Geschenk, das wir nicht nur allen noch kommenden Schülergenerationen, sondern auch ihren Lehrern machen könnten, wäre, Leben und Energie ins Klassenzimmer zurückzubringen, indem wir es wieder mit menschlichen Stimmen füllen. Dazu muß der Würgegriff des derzeitigen Leseunterrichts gesprengt werden. Wir sollten aus der Geschichte meines Studenten Maxwell eine Lehre ziehen. Genauso wie wir an dem eigentlichen Problem vorbeizielen, wenn wir Jugendliche als »Analphabeten« bezeichnen, verfehlen wir die Lösung, wenn wir unseren Horizont ganz auf den eng umschriebenen Begriff der »Literalität« eingrenzen, als ob der Schlüssel zum Lesen und Schreiben ausschließlich in den Buchstaben zu finden wäre – als ob Literalität durch das Aufschlagen von Büchern zu entbinden wäre.

Siebtes Kapitel

In den letzten fünfzig Jahren hat das Bewußtsein vom Wert des Elternhauses stark zugenommen. (Daß im Ursprung dieses Bewußtseins die Einsicht in die Auswirkungen eines schlechten Elternhauses steht, ist leider nicht zu ändern.) Wir wissen einiges darüber, warum die Elternpflicht, den Kindern durchzuhelfen, diese langwierige und strapaziöse Aufgabe, eine lohnende Aufgabe ist, ja, wir sind sogar überzeugt, daß eine Gesellschaft hier ihre einzige echte Basis und ein Land hier seine einzige Fabrikationsstätte für die demokratische Tendenz in seinem Sozialsystem besitzt. […]

Mir geht es um die Beziehung der Mutter zu ihrem Baby unmittelbar vor der Geburt und in den ersten Wochen und Monaten nach der Geburt. Ich möchte Aufmerksamkeit dafür wecken, welche immense Leistung für das Individuum wie die Gesellschaft die normale gute Mutter mit Unterstützung von seiten ihres Mannes am Anfang vollbringt, und zwar einfach, indem sie sich hingebungsvoll ihrem Säugling widmet. […]

[Wir müssen alles dafür tun,] daß die normale gute Mutter, ob gebildet oder ungebildet, ein scharfer Verstand oder ein schlichtes Gemüt, reich oder arm, moralische Unterstützung erhält und gegen alles und jeden abgeschirmt wird, das beziehungsweise der sich trennend zwischen sie und ihr Baby schieben könnte. Wir alle wirken mit vereinten Kräften daran mit, daß die Gefühlsbeziehung zwischen der Mutter und dem Neugeborenen in Gang kommen und sich auf natürliche Weise entwickeln kann. Diese kollektive Aufgabe ist eine erweiterte Form der Vaterrolle, des Amts, das dem Vater am Anfang obliegt: während der Zeit, in der seine Frau sein Kind austrägt, zur Welt bringt und stillt, das heißt während der Zeit, in der das Kind ihn noch nicht in anderer Weise in Anspruch nehmen kann.

D. W. Winnicott, *A Mother's Contribution to Society.* In: Home Is Where We Start From.

Jeder, der ein Buch wie dieses liest, tut dies mit wachsender Erwartung – der Erwartung nämlich, daß der Autor im letzten Kapitel schließlich und endlich zum Höhepunkt seiner Ausführungen, im Idealfall zur Lösung der Probleme kommt. Ich habe keine Lösung anzubieten. Aus unzähligen Stunden der Beschäftigung mit dem Gegenstand habe ich nur *ein* Resultat mitgenommen: Eine Lösung des – unter diesem Namen in den USA inzwischen allgemein bekannten – *literacy problem*, zu deutsch: »Analphabetismusproblems«, *kann nicht* und sollte auch nicht isoliert in Angriff genommen werden. Literalität ist *per definitionem* nichts, das isoliert werden und dann im Klassenzimmer oder in welcher Reparaturwerkstatt auch immer gewartet, instand gesetzt und heil gemacht werden könnte. Literalität ist das Rohmaterial, aus dem wir unsere Kultur geformt haben; sie durchdringt alle sozialen Beziehungen und Institutionen. Daß die Literalität in Amerika zunehmend unter Problemdruck gerät, ist ein Anzeichen für einen radikalen Bruch, eine Verwerfung im Grundgestein der Kultur. Jeder Lösungsversuch unterhalb einer totalen Änderung unserer Lebensweise bleibt Flickwerk und kann nur in einem Fehlschlag und einer weiteren Verschärfung des Problems enden. Ich ergehe mich hier nicht in polemischen Überspitzungen oder Übertreibungen im Interesse einer Schocktherapie. Ich überbringe lediglich die Nachricht, welch ein gewaltiger Wandel erforderlich ist, damit die Literalität wieder in normales Fahrwasser gelangt, wieder zu einem Stück normalen

Lebens wird. Eine Lösung des Problems ist schlicht unmöglich, sie wäre denn eine in des Wortes fundamentaler und radikaler Bedeutung. Jeder, den die Sache angeht – Bürger, Pädagogen, Politiker, Eltern, oder sagen wir einfach: jeder, dem daran liegt, daß unsere Demokratie überlebt –, muß für sich die Entscheidung treffen, daß die Literalität gerettet zu werden verdient, und muß für sich den festen Entschluß fassen, die Bedingungen für das Aufblühen einer gesunden Literalität zu schaffen. Was immer dazu verlangt ist, wie gewaltig das Unterfangen auch sein mag, wir müssen alle willens und bereit sein, uns in kleinen Gruppen zusammenzusetzen und darüber zu sprechen, wie diese schreckliche und unter den derzeitigen Umständen unausweichliche Degeneration unserer Jugend zum Stillstand zu bringen ist. Was immer sich im Lauf der Jahre der Literalität als Hindernis in den Weg gestellt hat, müssen wir mit Stumpf und Stiel beseitigen.

Im Amerika des Jahres 1995 Lesen und Schreiben zu unterrichten, ist etwas ganz anderes als der Lese- und Schreibunterricht in diesem Land zu früheren Zeiten. *Received Standard English* zu sprechen und zu schreiben ist heute ein hochgradig vorbelastetes politisches Tun. Viele junge Farbige identifizieren die englische Hochsprache mit der herrschenden Kultur; *white talk* zu sprechen hieße für sie, sich aufzugeben, ihre ethnische Identität und damit die ethnische Solidarität preiszugeben. Viele dieser Jugendlichen haben ganz bewußt der Schule den Rücken gekehrt, weil sie zu der Überzeugung gekommen waren, daß sie ihnen nichts zu bieten habe. »Schule ist kalter Kaffee«, erklärt ein New Yorker Teenager gegenüber einem Reporter der *New York Times* verächtlich und bekennt dann, daß er schon mit neun die Schule geschmissen habe.[1] (Er ist seit sieben Jahren Drogendealer, wurde in dieser Zeit mehrmals angeschossen und saß zweimal hinter Gittern.) Ohne es zu wissen oder zu wollen oder davon auch nur zu ahnen, hatte er sich, als er die Schule aufgab, auf eine Konspiration mit seinen Lehrern eingelassen. Der Junge kommt im Unterricht nicht mit; die Lehrerin brummt ihm mehr Arbeit auf. Der Junge rebelliert. Die Lehrerin resigniert: ein hoffnungsloser Fall. Wozu in der Schule bleiben, wenn es sowieso keine lohnenden Arbeitsplätze gibt? Wozu sich anstrengen, etwas zu lernen, wenn alles so langweilig ist? Die Mischung ist tödlich. Nachdem alle pädagogischen Stricke gerissen sind, ist die Straße zur Schule geworden. Dort kann man Geld machen, das ist besser, und auf jeden Fall ist es kurzweiliger.

Was dabei herauskommt, sind die Zerfallserscheinungen und der Rückzug in die Gewalt, unter denen heute die meisten Großstädte und viele kleinere Städte in diesem Land zu leiden haben. Als Schutzwall, der ihre politische und physische Isolation sichert, hat die Straßenjugend sich aus Slang- und Jargonausdrücken, neuen Wortschöpfungen, Kürzeln und jeder Menge Flüchen eine eigene Sprache geschaffen. Derlei Sprachen verleihen den Sprechern Macht allein schon durch ihre Exklusivität. Sie haben Aussagekraft nur für eine kleine Stammgruppe von Leuten aus demselben Milieu. Ohne einen Spitzel oder einen Dolmetscher kann kein Außenstehender je seine Antennen in den inneren Kreis der Gruppe vorschieben.

Wo Straßenjargon gesprochen wird, fällt Macht mit »Identitätspolitik« zusammen, wie Henry Louis Gates diesen Schutzschild der Rassen- oder Gruppensolidarität genannt hat. Das vernakuläre Rotwelsch bildet insofern den Gegenpol zum unterrichteten Gelehrtenlatein, als es stets gesprochen, nie unterrichtet wird. Macht wird von Mund zu Mund weitergegeben; die Sprache zu erlernen ist bereits ein Initiationsritus, der den Zugang zum innersten Heiligtum der Gruppe oder Gang bringt. Ein Jugendlicher ist, selbst wenn er das richtige Outfit hat, kein Gangster, wenn er den Ton der Gangster nicht draufhat.

Niemand, der der Kultur angehört, die in der Sicht der Gangster die herrschende ist, das heißt niemand, der englische Hochsprache spricht und schreibt, darf sich Hoffnung machen, diese mit den Mitteln der Sprache errichtete Barrikade je durchbrechen zu können. Dafür ist sie auf zu tief liegendem Fundament zu solide gebaut. Hinzu kommt, daß diese Kunstsprache bereits aus den Zentren der Großstädte übergeschwappt ist auf die Jugend der wohlhabenderen Schichten. Derbe Sprache und Unbekümmertheit um Grammatikregeln sind in. Es gibt nur ein Mittel, die Jugend in die für sie so wenig einladende Welt der Literalität zu holen, und das ist eine radikale Neudefinition der Literalität, kraft derer sie nicht mehr erst dann beginnt, wenn ein Kind anfängt, die Buchstaben des Alphabets zu erlernen. Sie muß – und das muß allgemein bekannt und verstanden sein – viel früher beginnen, nämlich mit den ersten Versuchen des Säuglings, zu regelmäßigem, rhythmischem Atmen zu finden. Mit anderen Worten: Sie beginnt bereits mit dem Saugen an der Mutterbrust und schließt alle nur irgend denkbaren Formen der Babysprache und des Babyhörens ein – Nonsenssilben, Kichern und Glucksen, Reime, Guckguck-Spielen und so weiter und so fort.

Die Aufgabe ist zugleich einfach und unendlich schwierig. Der gesamte Verwaltungsapparat, der für den Kampf gegen den Analphabetismus mobilisiert wurde, schafft es nicht, auch nur einen Schritt in Richtung auf eine Lösung des Problems zu tun. Selbst die Schulbehörden mit ihrem ganzen bürokratischen Schwergewicht haben die Lage nur verschlimmert. Eine so grundlegende Änderung, wie sie hier erfordert ist, kann nur von den einzelnen Menschen, den einzelnen Familien, den einzelnen Bürgergemeinschaften ausgehen.

Ich plädiere hier nicht für ein Rehabilitationsprogramm oder ein Selbsthilfeprogramm zur Wiederherstellung des jugendlichen Selbstwertgefühls. Nicht Dropouts, die eine

Knarre mit sich herumtragen und Dope drücken, verhindern die Literalität, sondern eine Konsumkultur, die ökonomische Ungleichheit und Argwohn und Haß zwischen den Rassen schafft. Man macht es sich zu leicht, wenn man mangelndes Selbstwertgefühl und mangelndes Selbstvertrauen mit mangelnder Lese- und Schreibkenntnis gleichsetzt. Wenn Menschen keine Arbeit, keine Hoffnung, keine Chancen haben, können sie auch kein Selbstwertgefühl haben – selbst wenn sie schreiben wie die Engel. Mit Pop-Psychologie und einer Kultur des Narzißmus ist denen nicht zu helfen, die dem Alphabet den Rücken gekehrt haben. Mit Patentlösungen wird man sie nicht zur Umkehr bewegen. Mit Instant-Gemeindeprogrammen trägt man nur zur Verschärfung der Problemlage bei und schafft sich neue Feinde, die sich dann als Gang-Gurus etablieren.

Ich habe in diesem Buch den in historischen Zeiten beschrittenen, traditionellen Weg geschildert, auf dem die Individuen zur Literalität gelangten, ohne sich der Oralität ihrer Anfänge zu entfremden. Ich habe außerdem zu zeigen versucht, daß die traditionelle Route inzwischen zerstört ist und daß die traditionellen Grenzübergänge für zukünftige Reisende gesperrt sind. In groben Zügen habe ich die in Gang-Mitgliedschaft, Gewalttätigkeit und Drogenkonsum mündenden Umwege dargestellt, die Jugendliche heute einschlagen, um sich eine Stimme zu verschaffen. Aber ohne richtige Verwurzelung und angemessenen Rückhalt in der Oralität kann niemand hoffen, jemals wirklich auf den Weg zur Literalität zu gelangen, geschweige denn, dort anzukommen.

Mit dem Zitat von D. W. Winnicott, das ich diesem Kapitel als Motto vorangestellt habe, möchte ich unterstreichen, daß der Alphabetisierungsprozeß mit der Arbeit des Kindermundes an der Mutterbrust beginnt. Analphabeten werden im Klassenzimmer, Dropouts auf den Straßen sichtbar.

Indes, sie sind beide nichts anderes als die Symptome, die Folgen eines sehr viel tiefer liegenden, gewichtigeren Beziehungsproblems, dessen Humus das Elternhaus ist. Was Pädagogen als Analphabetismus apostrophieren, ist die Art, wie Jugendliche in der Schule, im Wirtschaftsleben, im Umgang mit Autoritäten auf einen Bruch in der normalen Organisation ihres Lebens reagieren; ist ihre Art, sich im Interesse des eigenen Überlebens um eine Neuorganisation ihres Lebens zu bemühen. Aber die Anfänge liegen in einem Bruch im Elternhaus. Um diesen Bruch reparieren zu können, müssen wir zunächst die enorme Wichtigkeit der Person der Mutter erkennen, deren Einfluß sich im Alltag ihres Kindes nicht nur in dessen ersten Lebensjahren, sondern auch in seinem gesamten späteren Leben geltend macht.

Wenn Eltern und Erzieher in den USA über ein Analphabetismusproblem klagen, deuten sie damit unwissentlich auf die leibliche Fluß- und Fließbewegung (»Ein-fluß«) von der Mutter zum Kind. In übertragener Bedeutung hallt das *Flüssige*, *Fließende* im Lernprozeß der Literalität kraftvoll wider. Während der winzige Milchstrom fließt, lauscht der Säugling Geräuschen und lernt sprechen. Die »fließende« Qualität des Rede*flusses* beginnt an der Mutterbrust, und vor das Quellgebiet ist heute ein Damm gebaut. Die Mutterbrust mit allem, was sie bewirkt und bedeutet, ist aus dem Familienleben exstirpiert. Eines ist es, die »Milch der Menschenliebe«[2] (d.h. die Milch, die die Menschheit zur Menschheit macht) nicht anzunehmen; etwas ganz anderes ist es, sie bewußt aus der Kultur zu tilgen. Aber mögen die Antriebe in den beiden Fällen noch so verschieden sein, die Resultate sind die gleichen.

In einem vorangegangenen Kapitel habe ich davon gesprochen, daß die frühmittelalterliche Kirche, als sie das Geschäft der Erziehung übernahm, zugleich die neue Identität einer *alma mater* annahm, die ihre Novizen aus metaphorischen *alma ubera*, »milchstrotzenden Brüsten«, nährte. Die jungen Neophyten traten in die Kirche ein, um sich von Priestern – die häufig mit weiblichen Brüsten dargestellt wurden[3] – erziehen (nähren) zu lassen. Das Innere der Kathedralen sprach von Innerlichkeit. Indem die Neophyten den Sakralbau betraten, machten sie sich in ihrem innersten Sein die Lösung zu eigen, die das mütterliche Christentum ihnen anbot. Dieser Bezug zur Mütterlichkeit war ein so fundamentales, so integrales Moment im Leben der Glaubensgemeinschaft, daß mit weithin sichtbaren Zeichen in Form von grotesken Wasserspeiern an der Außenseite der Kathedralen vor dem Verzicht auf ihn gewarnt wurde. Diese urkundlich erstmals in einem Dokument aus dem Jahr 1295 belegten figürlichen Wasserspeier in Gestalt von fratzenhaften Tieren oder Menschen ragten von den Rinnleisten der Kirchenbauten (später auch von Bürgerhäusern) weg und dienten dazu, das aus der Rinnleiste überquellende Regenwasser von den Gebäudemauern weg auf unten Vorbeigehende zu lenken.

Im Englischen heißen diese Wasserspeier *gargoyles*. Das Wort – verwandt mit dem deutschen »Gurgel« (althochdeutsch »gurgula«) – leitet sich über das altfranzösische *gargouille (gargoule)* – vom lateinischen *gurgulio*, »Kehle«, »Schlund«, »Luftröhre«, her. Diese Wasserspeier geben der Vorstellung vom »Speien« in der volkstümlichen Bedeutung des Wortes, das heißt der Vorstellung des Erbrechens öffentlichen Ausdruck. Während im Inneren des Gebäudes der Priester die Gemeinde mütterlich »stillte«, verkörperten draußen die Wasserspeier mit ihrer Unfähigkeit, Flüssigkeit in sich aufzunehmen und bei sich zu behalten, die entgegengesetzte Flußrichtung. Die mittelalterlichen Steinmetze gestalteten die Figuren als Ungeheuer mit weit aufgerissenem Maul, die bei entsprechendem Wetter zum Ärger aller Vorübergehenden einen anhaltenden Wasserstrahl ausspien. Mit Hilfe dieser gewollt häßlichen und Ärger verursachenden technischen Neuerung führten die Baumeister nicht nur das Regenwasser von den Gebäudemauern ab, sondern verbreiteten zugleich eine wichtige theologische Botschaft.

Die gotischen Wasserspeier sind von Kunsthistorikern ganz unterschiedlich gedeutet worden. Doch einer bestimmten Auffassung zufolge veranschaulichen sie in drastischer Form, daß die Zurückweisung der *alma mater* den Christen zum Ungeheuer und Dämon macht. Den im Inneren des Bauwerks inszenierten Topos der Ernährung führen sie *extra muros* zum Bild von Ablehnung und Ausscheidung pervertiert vor – was drinnen Wachstum und Wandel war, wurde draußen zur versteinerten Scheußlichkeit. Der Wasserspeier, ein rudimentäres, unvollständiges Wesen symbolisierend, praktisch ganz Kopf und nur wenig Körper, stürzt im Hechtsprung von der Rinnleiste am oberen Ende der Außenmauer weg. Er kennt nur eine Lösung, das Wasser, das zwar eine Zeitlang Leben erhalten kann, aber es nicht nährt. Viel zu hoch situiert, als daß ein unten vor dem Gebäude stehender Betrachter Blickkontakt mit ihm aufnehmen könnte, starrt er aus hervorquellenden Augen in die Ferne, eine beständige Mahnung für jedermann, welch schreckliche Konsequenzen – verunstaltende Konsequenzen, Konsequenzen in Form von technischen Neuerungen – der Verzicht auf die einzig wahre Nahrung hat, die nur die Mutter Kirche bieten kann. Aus den weit aufgerissenen Mäulern der Wasserspeier quillt die Lösung und ergießt sich auf die Straße drunten – ein herabstürzender Strom von Erbrochenem aus Nahrung und Flüssigem, eine Travestie der religiösen Literalität, ein Zerrbild der laktierenden Kirche.[4]

Moderne technische Neuerungen wie Babyflaschen und Fertigmilch gestatten es dem Säugling, auf die *alma ubera* der Mutter zu verzichten. Etwas, das man die Verdichtung der kindlichen Entwicklung durch Berührung und aus der Tiefe kommende und in die Tiefe gehende Ernährung nennen könnte, hört mit dieser Abtrennung des Säuglings von der Mutter auf. In gewisser Beziehung setzt eine groteske

Veränderung ein, das fließende Element verändert seine Farbe in ein wäßriges Grau von zweifelhaftem Charakter. Es mag weit hergeholt erscheinen, Argumente aus einem siebenhundert Jahre alten Analogon zu gewinnen, trotzdem ist nicht zu bestreiten, daß Jugendliche heute in beachtlicher Zahl sich den Ingrimm, den man auf den Gesichtern der Wasserspeier liest, zu eigen gemacht haben. Ihr Ort ist draußen vor den klassischen Institutionen, wo sie, als ob ein undifferenzierter Erguß soviel wie fließendes Sprechen wäre, in einem fort große Worte spucken und allen, die mit ihnen in Berührung kommen, Ärger bescheren. Doch haben sie im Lauf ihres Lebens wenig zu sich genommen, das nahrhaft gewesen wäre. Ja, in vielen Fällen verweigern sie sogar die Nahrungsaufnahme, denn der Blick nach vorn zeigt ihnen nur eine düstere, freudlose Zukunft.

Ich »lese« dieses abweichende Verhalten als ein Zeichen dafür, daß die Jugendlichen sich für ihr Leben etwas Besseres erwarten, daß sie etwas Nahrhafteres nötig haben. Ich verstehe ihre Haltung als Hilferuf – ein positives Zeichen. Die triste Zukunft, in die sie starren, teilt jeder von uns mit ihnen.

Wer eine Veränderung im Niveau der Lese- und Schreibkenntnis in den USA herbeigeführt sehen möchte, muß auf der Ideallösung bestehen, denn was heute als Idealzustand gilt, war einst Normalität. Jeder, der dies liest, steht vor der Wahl: Die Ausrottung des Drogenkonsums, der Gewalttätigkeit, des Analphabetismus ist möglich, allerdings nicht mit Hilfe irgendeines Regierungsprogramms oder unter der Regie irgendeiner bürokratischen Dienststelle. Die Ämterbürokratie hat das Problem mitverursacht. Eine Lösung wird es nur geben, wenn Lehrer und Eltern und Verwaltungsfunktionäre sich eine Vision vom Leben, wie es sein sollte, zu eigen machen und dazu den Willen, diese Vision in die Wirklichkeit umzusetzen.

Jede berufstätige Mutter – von der armen, die arbeiten

gehen muß, um leben zu können, bis zur reichen, für die ihre Arbeit ein einträglicher Zeitvertreib ist – muß ihre Berufstätigkeit zumindest bis zum Ende der Kleinkindphase ruhen lassen, um sich zu Hause um ihr Kind kümmern zu können. Und auch noch nach dieser Zeit muß sie zu Hause eine gewisse Präsenz aufrechterhalten. Wenn ihre Gesundheit es erlaubt, muß sie ihr Kind stillen. Das setzt natürlich voraus, daß sie zu Hause wirtschaftlich gesichert ist und sich die ihrer Mutterrolle angemessene Ernährung leisten kann. Es bedeutet zudem, daß die Mutter nicht auf der Straße leben kann, sondern das Zuhause zu ihrem ständigen Aufenthaltsort machen muß.

Wie läßt sich ein struktureller Wandel solch schier unglaublichen Ausmaßes irgend herbeiführen? Auf gar keinen Fall denke ich daran, daß berufstätige Mütter mit amtlichem Zwang ins Haus zurückgebracht werden sollten. Die Frage ist vielmehr: Wie können wir die Lebensbedingungen schaffen, die es Müttern (und Vätern) ermöglichen, in der häuslichen Umgebung ihre normale soziale Rolle gegenüber ihren Kindern wahrzunehmen? (Was in gewisser Beziehung soviel bedeutet wie: Wie können wir mit schonendsten Mitteln alle Hindernisse aus dem Weg räumen, die der Anwesenheit der Mutter zu Hause entgegenstehen?)

Eine Lanze für die Familie breche ich hier nicht etwa, weil ich der Institution eine inhärente Wichtigkeit beimäße oder weil ich ein Apologet sogenannter »familialer Werte« wäre (letzteres eine verschlüsselte Losung, in der sich ein konservatives politisches und soziales Programm verbirgt). Für die Familie interessiere ich mich insofern, als sie eine spezielle Form von Literalität hervorgebracht hat, die ihrerseits das uns bekannte und, wichtiger noch, von uns vorausgesetzte Bild des Menschen geformt hat.

Wie alle Beziehungen ist auch die zwischen Familie und Literalität eine reziproke. Die Literalität hält die Familie am Leben – vermittels Diskussionen, kritischer Analysen, Geschichten, Disputen und Gesprächen. Insofern der Computer mitgeholfen hat, den innersten Kern des Menschen zu exstirpieren – das heißt seinen Fundus an Geschichten und das Geschichtenerzählen auszulöschen (»auszuradieren«) –, hat er die Zerstörung der Familie beschleunigt. Die Familie umschließt einen lebendigen Kern von Oralität. Wie ein Stammesmitglied trägt jedes Familienmitglied die allen gemeinsamen Geschichten in sich. Die Familie erzählt sich ihre Kollektivbiographie.[5]

Das ist der erste Schritt – eine Mutter und ein Vater. Aber wenn das Kind in die Schule kommt, muß der Einfluß der Familie es begleiten und umhüllen. Das Spiel ist ein langsam fließender Strom, der das Kind auf seinem Weg aus dem Zuhause in die Welt durch die ersten Schuljahre trägt. Jeder Versuch, kleinen Kindern Unterricht im eigentlichen Wortsinn zu erteilen, ihnen Lesen und Schreiben beizubringen, dämmt diesen Strom ein. Vorschul- und Kindergarten- und *Head-Start*-Programme, so gut sie auch gemeint sind, stören den natürlichen Fluß der kindlichen Erziehung.

Von wachsender Verzweiflung über das Lese- und Schreibleistungsniveau in den USA ergriffen, brennen die Lehrer in diesem Land vor Ungeduld und können es kaum erwarten, die Kinder in die Hände zu bekommen, um ihnen das Lesen und Schreiben beizubringen. Die Lehrer reagieren auf die gegebene Situation, indem sie die Kontrolle über die Dreijährigen, ja sogar über Zweijährige an sich reißen. Und das ist einfach viel zu früh, um Kinder an die Literalität heranzuführen. In diesem Alter haben sie noch nicht das vollständige Eintauchen in die Oralität erlebt, die Frucht der innigen Verbindung zu ihrer Mutter, die ohne Mitwirkung von Wörtern, Buchstaben, Schrift und Texten heranreift.

So riskant es ihnen auch erscheinen mag – Eltern müssen sich auf eine für sie womöglich nervenzermürbende Geduldsprobe einlassen und sich bereit finden, den Zeitpunkt hinauszuschieben, zu dem sie ihr Kind gern lesen und schreiben lernen sähen. Sie werden dabei insgeheim von der Frage gequält werden: Ist das für meinen Sohn, meine Tochter auch wirklich der richtige Weg zum Lesen und Schreiben? Dazu habe ich zweierlei zu sagen. Erstens: Wer Druck ausübt, damit das kindliche Auge einen Text lesen lernt, statt das kindliche Ohr im Zuhören und den kindlichen Mund im Nachsprechen zu schulen, der behindert damit nur die volle Entfaltung der Lese- und Schreibkenntnis. Er überspringt das ganz entscheidende und unverzichtbare Stadium des Entwicklungsprozesses, auf dem die Sprechpraxis zur engen Verbündeten des gelesenen Wortes wird.

Zweitens: Angesichts einer schier grenzenlosen Vielfalt elektronischer Geräte – vom Fernsehapparat bis zum CD-Player, vom Videogerät bis zum Videospiel – muß Kindern ausreichend Zeit gelassen werden, sich selbst ausdrücken zu lernen. Eine produktive Phantasie ist vielleicht der beste, wenn nicht sogar der *einzige* Schutz gegen den Ansturm der technisch produzierten und übermittelten Bilder. Sie ist vielleicht das einzige Mittel, das die jüngste Bürgergeneration der Vereinigten Staaten vom äußersten Rand der Verzweiflung wegzuführen vermag.

Für praktisch alle Eltern, jeden Politiker, der zur Wahl oder Wiederwahl kandidiert, jeden Schulleiter, jeden Lehrer ist »volle Lese- und Schreibkenntnis« ein erwünschtes und erklärtes Ziel. Indes, sie haben offenbar alle keinen Blick für die paradoxe Natur der Literalität. Der Weg zur Literalität führt nicht über die Literalität. Ja, frühes Eintauchen in die Literalität verbaut sogar den Weg zu ihr. Trotz ihrer zunehmenden Besorgnis um die Lese- und Schreibkenntnis der Kinder müssen Eltern und Lehrer dem verständlichen Wunsch widerstehen, mit verstärktem Nachdruck auf die Ausweitung des Lese- und Schreibunterrichts hinzuarbeiten.

Lernen wir eine nachhaltige Lektion aus der Geschichte. Holen wir die Jugend aus dem sprachlichen Schattenreich heraus, in dem sie sich befindet, und führen wir sie zu der Schlüsselerfahrung zurück, die ihr entgangen ist – zur Erfahrung der Oralität. Die Weichen zu einem allseitig entwickelten Erwachsensein werden vielleicht bei dem hochbedeutsamen Wechsel aus der häuslichen Umgebung und dem Vorschulalter in das Schulalter und das Grundschulmilieu gestellt. Was das betrifft, hat mein leseschwacher Schüler Maxwell uns alle etwas zu lehren. Der Unterricht im Lesen und Schreiben muß auf einem Lehrplan fußen, der Singen und Tanzen, Spielen und Spaßmachen mit Improvisieren und Rezitieren verbindet. Die Schüler müssen Geschichten zu hören bekommen, die der Lehrer sich entweder selbst ausdenkt oder aus einem Buch vorliest. Sie müssen sich auch eigene Geschichten ausdenken und versuchen, gehörte Geschichten mit eigenen Worten nachzuerzählen. Die Lehrer müssen für eine lückenlose Schulung in der Kunst der mündlichen Rede sorgen – in der Grundschule wie später auch in den weiterführenden Schulen und noch auf dem College. In früheren Generationen war die Lese- und Schreibkenntnis besser, weil man damals besser sprechen lernte und sich mittels rhetorischer Übungen ein umfangreicheres Vokabular erwarb. Gute Leser fangen als gute Rezitatoren und gute Redner an.

Zu den Wundern der Literalität, ich sprach bereits an früherer Stelle davon, zählt das *tempus futurum*, die Tempus-Kategorie »Zukunft«, des Verbs. Einerlei, ob wir uns für die derzeitige soziale Schieflage verantwortlich fühlen oder nicht, darf ich hier zu Protokoll geben, daß die Zukunft sich in den Augen der Jugendlichen heute kümmerlich ausnimmt: Sie haben nicht das Gefühl, daß ihnen da etwas sonderlich Erfreuliches blüht. Wenn aber die Jugend auf eine Katastrophe zusteuert, reißt sie uns alle mit.

Das sollte uns alle zum Nachdenken bringen. Um eine Lösung zu erreichen, müssen wir zuallererst einmal eine erreichen *wollen.* Anderenfalls ist alles umsonst. Und was den Kurs betrifft, der hier zu wählen ist: nur die einfachste Vorgehensweise wird uns ans Ziel bringen, die Vorgehensweise, die im Urgrund der Literalität selbst angelegt ist.

Wir müssen uns in kleinen Gruppen – »Textgemeinschaften« – zusammenfinden, um über dieses mit Verheerungen größten Ausmaßes drohende Problem, diese bereits explodierte Zeitbombe zu sprechen, Mittel und Wege zur Schadensbegrenzung zu finden und, wichtiger noch, sicherzustellen, daß zukünftige Generationen sich auf keinen Fall der Selbstzerstörung anheimgeben. Und dabei können wir von dem zweiten Wunder der Literalität, dem Kontrafaktischen, profitieren. In den besagten kleinen Gruppen ist es von äußerster Wichtigkeit, ein denkbar konkretes und plastisches Bild der Welt, wie sie sein könnte und sollte, zu entwerfen. Wie sie nach unseren Wünschen sein sollte, wohlgemerkt. Das *tempus futurum* und das Kontrafaktische – wenn diese zwei Kategorien vergehen und absterben, wenn wir als Erwachsene nicht mehr bewußt von der Zukunft träumen können, dann ist alles verloren. Dann hat sich die Literalität fraglos aus unserer Kultur verflüchtigt. Und dieses Buch ist nichts weiter als ein belangloser Traum.

Bibliographie

ABRAHAMS, ROGER D.: »A Performance Centered Approach to Gossip.« In: *Man. The Journal of the Royal Anthropological Institute* 5 (1970): 280–295.

ACKERMAN, DIANE: Die schöne Macht der Sinne. Eine Kulturgeschichte (A Natural History of the Senses, New York 1990). Aus dem Amerikanischen von Antoinette Gittinger, München 1991.

ANDERSON, DAVID C.: »Street Guns«. In: *New York Times Magazine*, 14. Februar 1993.

APPLE, RIMA D.: Mothers and Medicine: A Social History of Infant Feeding 1890–1950, Madison 1987.

APTED, MEHADEV L.: Humor and Laughter: An Anthropological Approach, Ithaca 1985.

ARMEN, JEAN-CLAUDE: Gazelle-Boy, New York 1974.

AUGUSTINUS, AURELIUS: Confessiones/Bekenntnisse. Lateinisch und Deutsch. Übs. von Joseph Bernhart. 2. Aufl., München 1960.

AUSTIN, JOHN L.: Zur Theorie der Sprechakte (How to Do Things with Words, Cambridge, Mass. 1962). Deutsche Bearbeitung von Eike von Savigny, Stuttgart 1972.

BAIN, BRUCE (Hg.): The Sociogenesis of Language and Human Conduct, New York/London 1983.

BAKHTIN, MIACHIL: The Dialogic Imagination: Four Essays. Hg. von Michael Holquist, Austin 1981.

BEATTIE, JAMES: Essays, Edinburgh 1778.

BENJAMIN, WALTER: Der Erzähler. Betrachtungen zum Werk Nikolai Lesskows. In: W. B., Gesammelte Schriften. Unter Mitarbeit von Theodor W. Adorno und Gershom Scholem hg. von Rolf Tiedemann und Hermann Schweppenhäuser. Bd. II,2, Frankfurt am Main 1977, S. 438–465.

BETTELHEIM, BRUNO: Kinder brauchen Märchen (The Uses of Enchantment: The Meaning and Importance of Fairy Tales, New York 1977). 5. Auflage, Stuttgart 1990.

BING, LÉON: »Confessions from the Crossfire«. In: *L. A. Weekly*, 6.–12. Mai 1988.

Ders.: Do or Die, New York 1991.

BLEDSTEIN, BURDON J.: The Culture of Professionalism: The Middle

Class and the Development of Higher Education in America, New York 1978.
BLY, ROBERT: »What the Mayans Could Teach to the Joint Chiefs«. In: *New York Times*, 23. Juli 1993.
BONAVENTURE, BROTHER: »The Teaching of Latin in Later Medieval England«. In: *Medieval Studies* 23 (1961): S. 1–20.
BROWNLEE, W. ELLIOTT, und MARY M. BROWNLEE: Women in the American Economy: A Documentary History 1675–1929, New Haven 1976.
BRUNER, JEROME: Acts of Meaning, Cambridge, Mass. 1990.
Ders.: Wie das Kind sprechen lernt (Child's Talk: Learning to Use Language, New York 1983). Aus dem Englischen von Urs Aeschbacher, Bern/Stuttgart/Toronto 1987.
Ders.: The Ontogenesis of Speech Acts. In: *Journal of Child Language* 2 (1975): 1–18.
BRUNER, JEROME, und V. SHERWOOD: Early Rule Structure: The Case of Peekaboo. In: Readings on the Development of Children. Hg. von Mary Gauvain und Michael Cole, New York 1993.
BRUNER, JEROME, und SUSAN WEISSER: The Invention of Self: Autobiography and Its Forms. In: Literacy and Orality. Hg. von David R. Olson und Nancy Torrance, Cambridge (England) 1991.
BURGESS, ANTHONY: Wiege, Bett und Recamier. Kleine Kulturgeschichte des Liegens (On Going to Bed, New York 1982). Deutsch von Bernd Weyergraf, München 1985.
BUZZELL, KEITH A.: The Neurophysiology of Television Viewing: A Preliminary Report, New York 1961.
CAILLOIS, ROGER: Die Spiele und die Menschen (Les jeux et les hommes, Paris 1958). Aus dem Französischen von Sigrid v. Massenbach, München/Wien o.J.
CAMILLE, MICHAEL: Image on the Edge: The Margins of Medieval Art, Cambridge, Mass. 1992.
Ders.: »Seeing and Reading: Some Visual Implications of Medieval Literacy and Illiteracy«. In: *Art History* 8, H. 1 (März 1985): 26–49.
CANDLAND DOUGLAS KEITH: Feral children and Clever Animals: Reflections on Human Nature, New York 1993.
CASE, ROBBIE: Intellectual Development: Birth to Adulthood, Orlando, Fla. 1985.
CETRON, MARVIN, und MARGARET GAYLE: Educational Renaissance: Our Schools at the Turn of the Twenty-first Century, New York 1991.
CHIARO, DELIA: The Language of Jokes: Analysing Verbal Play, London 1992.

CHOMSKY, NOAM: Regeln und Repräsentationen (Rules and Representations, New York 1980). Dt. von Helen Leuninger, Frankfurt am Main 1981.
CIXOUS, HÉLÈNE: »The Laugh of the Medusa«. Übs. von Keith Cohen und Paula Cohen. In: *Signs* (Sommer 1976): 150–167.
CLARK, EVE W., und HERBERT H. CLARK: Psychology and Language: An Introduction to Psycholinguistics, New York 1977.
CLARKE-STEWART, ALISON: »Infant Day-Care: Maligned or Malignant?«. In: *American Psychologist* 44, H. 2 (Februar 1989): 266–273.
CLONINGER, ROBERT: »Three Brain Chemical Systems». In: *Science* 236: 410–416.
CONDON, WILLIAM, und LOUIS SANDER: »Neonate Movement Is Synchronised with Adult Speech: Interactional Participation and Language Acquisition«. In: *Science* (1974): 99–101.
CROSSLEY-HOLLAND, KEVIN (Hg.): The Exeter Book of Riddles, Harmondshire/Middlesex 1979.
CURTISS, SUSAN: Genie: A Psychoanalytic Study of a Modern-Day »Wild Child«, New York 1977.
CYNEWULF s. Kennedy
DAVIDSON, CATHY (Hg.): Reading in America: Literature and Social History, Baltimore 1989.
DAVIDSON, DONALD: Truth and Interpretation, New York 1984.
DIL, ANWAR S. (Hg.): Language Structure and Language Use: Essays by Charles H. Ferguson, Palo Alto 1971.
ECKHOLM, ERIK: »Teen-Age Gangs Are Inflicting Lethal Violence on Small Cities«. In: *New York Times*, 31. Januar 1993.
EHRMANN, JACQUES (Hg.): »Game, Play, Literature«. In: *Yale French Studies* 41 (1968): 5–167.
ELLIS, GODFREY J.: »Youth in the Electronic Environment: An Introduction«. In: *Youth and Society* 15, H. 1 (September 1983): 3–12.
ELMER-DEWITT, PHILIP: »Cyberpunk!«. In: *Time*, 8. Februar 1992.
FARAL, EDMOND: Les jongleurs en France du Moyen Âge, Paris 1964.
FERNALD, ANNE u.a.: »A Cross-Language Study of Prosodic Modifications in Mothers' and Fathers' Speech to Preverbal Infants«. In: *Journal of Child Language* 16, H. 3 (September 1983): 472–501.
FEUERBACH, ANSELM RITTER VON: Kaspar Hauser. Beispiel eines Verbrechens am Seelenleben des Menschen, Ansbach 1832.
FINE, MICHELLE: »Dropping Out of High School: An Inside Look«. In: *Social Policy* (Herbst 1985): 43–50.
FISKE, EDWARD B.: Smart Schools, Smart Kids: Why Do Some Schools Work?, New York 1991.
FOUCAULT, MICHEL: Die Ordnung der Dinge. Eine Archäologie der

Geisteswissenschaften (Les mots et les choses, Paris 1966). Dt. von Ulrich Köppen, Frankfurt am Main 1971.
FRANZ, MARIE-LOUISE VON: Psychologische Märcheninterpretation. Eine Einführung (An Introduction to the Interpretation of Fairy Tales, New York 1970). Dt. von Gisela Dokters, München 1986.
FREUD, SIGMUND: Der Witz und seine Beziehung zum Unbewußten (1905). Frankfurt am Main (S. Fischer) 1969 (Gesammelte Werke, Bd. 6, 4. Aufl.).
FUCHS, VICTOR: Women's Quest for Economic Quality, Cambridge, Mass. 1988.
GASS, WILLIAM H.: »Human, All Too Human«. In: *New York Review of Books* 35 (4. Februar 1988): 35.
GEBER, MARCELLE: »The Psycho-Motor Development of African Children in the First Year and the Influence of Maternal Behavior«. In: *Journal of Social Psychology* 47 (1958): 185–195.
GEERTZ, CLIFFORD: Dichte Beschreibung. Beiträge zum Verstehen kultureller Systeme (The Interpretation of Culture, New York 1973). Dt. von Brigitte Luchesi und Rolf Bindemann, Frankfurt am Main 1983.
GORDIMER, NADINE: Das Wort kann man nicht umbringen (The Unkillable Word, 1980). In: N. G., Leben im Interregnum. Essays zu Politik und Literatur. Hg. von Stephen Clingmann. Deutsch von Manfred Ohl und Hans Sartorius, Frankfurt am Main (S. Fischer) 1987, S. 180–187.
GRAUBAUD, STEPHEN R. (Hg.): »America's Childhood«. In: *Daedalus* (Winter 1993).
GREENFIELD, P. M., und J. SMITH: The Structure of Communication in Early Language Development, New York 1976.
HALLIDAY, M. A. K.: Learning How to Mean, London 1975.
HAVELOCK, ERIC: The Literate Revolution in Greece and Its Cultural Consequences, Princeton 1982.
Ders.: The Muse Learns to Write: Reflections on Orality and Literacy from Antiquity to the Present, New Haven 1986.
HEILMAN, SAMUEL C.: Synagogue Life: A Study in Symbolic Interaction, Chicago 1976.
HEISIG, KARL: »Muttersprache. Ein romanistischer Beitrag zur Genesis eines deutschen Wortes und zur Entstehung der deutsch-französischen Sprachgesetze«. In: *Muttersprache* 22, H. 3 (1954): 144–174.
HIGGINS, TORY E.: »Self-Discrepancy: A Theory Relating Self and Affect«. In: *Psychological Review* 94 (1987): 319–340.
HOEFER, C., und M. C. HARDY: »Later Development of Breast Fed and Artificially Fed Infants«. In: *Journal of the American Medical Association* 96 (1929): 615–619.

HUIZINGA, JOHAN: Homo Ludens. Vom Ursprung der Kultur im Spiel (1938). In engster Zusammenarbeit mit dem Verfasser aus dem Niederländischen übertragen von H. Nachod, Reinbek 1956 (rowohlts deutsche enzyklopädie 21).

HUNGERFORD, T. A. G. (Hg.): Australian Signpost, New York 1956.

ILLICH, IVAN: Die Enteignung der Gesundheit (Medical Nemesis, London/New York 1975). Deutsch von Nils Thomas Lindquist, Reinbek 1975. Überarbeitete Endfassung unter dem Titel: Die Nemesis der Medizin. Von den Grenzen des Gesundheitswesens (Limits to Medicine, London/New York 1976). Deutsch von Thomas Lindquist, Reinbek 1977.

Ders.: Entschulung der Gesellschaft. Entwurf eines demokratischen Bildungssystems (Deschooling Society, New York/London 1972). Dt. von Helmut Lindemann, Reinbek 1972.

Ders.: H_2O and the Waters Forgetfulness, Berkeley 1988 (erw. gegenüber der deutschen Ausgabe: H_2O und die Wasser des Vergessens. Aus dem Englischen von Regina Carstensen und Wolfgang Mattern, unter Mitarbeit von Barbara Duden, Reinbek 1987).

Ders.: In the Mirror of the Past: Lectures and Addresses 1978–1990, London/New York 1992.

Ders.: Selbstbegrenzung. Eine politische Kritik der Technik (Tools for Conviviality, New York 1973). Deutsch von Thomas Lindquist, Reinbek 1980.

Ders.: Shadow Work, London/New York 1981.

Ders.: Towards a History of Needs, New York 1978.

Ders.: Vom Recht auf Gemeinheit, Reinbek 1982.

ILLICH, IVAN, und BARRY SANDERS: Das Denken lernt schreiben. Lesekultur und Identität (ABC: The Alphabetization of the Popular Mind, San Francisco 1988). Dt. von Ruth Cremerius, Hamburg 1988.

JANKOWSKI, MARTIN SÁNCHEZ: Islands in the Streets: Gangs and American Urban Society, Berkeley/Los Angeles 1991.

JENKINS, JOHN WILLIAMS: Infant School and the Development of Public Primary Schools in Selected American Cities before the Civil War (unveröffentl. Ph. D.-Dissertation, University of Wisconsin 1978).

KAESTLE, CARL F., und MARIS A. VINOVSKIS: Education and Social Change in Nineteenth-Century Massachusetts, Cambridge (England) 1980.

KENNEDY, C. W. (Übersetzer): The Poems of Cynewulf, Cambridge, Mass. 1949.

KLEIN, MALCOLM: Street Gangs and Street Workers, New York 1971.

KOZOL, JONATHAN: Savage Inequalities, New York 1991.
KROEBER, THEODORE: Ishi, Berkeley/Los Angeles 1976.
LA BONTY, JAN: College Students as Readers (Presentation at the Fortieth Annual Meeting of the National Readers' Conference, Miami, Florida, November 1990).
LANE, HARLAN: The Wild Boy of Aveyron, New York 1978.
LANGER, SUSANNE K.: Philosophie auf neuem Wege. Das Symbol im Denken, im Ritus und in der Kunst (Philosophy in a New Key, New York 1942). Dt. von Ada Löwith, Frankfurt am Main (Fischer Taschenbuch Verlag) 1984.
LANHAM, RICHARD: The Motives of Eloquence: Literary Rhetoric in the Renaissance, New Haven 1976.
LARSON, ERIK: »The Story of a Gun«. In: *Atlantic Monthly*, Januar 1993, S. 48–78.
LASCH, CHRISTOPHER: (Buchbesprechung ohne Titel). In: *New York Review of Books*, 24. November 1977, S. 15–18.
LEFEBVRE, HENRI: La production de l'espace, Paris 1974.
LEISS, WILLIAM: The Limits to Satisfaction, Toronto 1976.
LICHTENBERG, JAMES: Reading: »Does the Future Even require It?«. In: *Liberal Education* 79, H. 1 (Winter 1991):4.
LURIJA, ALEXANDER R.: Die historische Bedingtheit individueller Erkenntnisprozesse (Ob istoričskom razvitii poznavatel'nych processov, Moskau 1974). Dt. von Robert Semmelmann u.a., Weinheim 1986.
Ders.: Andere Kulturen – anderes Denken. In: A. R. L., Romantische Wissenschaft. Forschungen im Grenzbezirk von Seele und Gehirn (Etapy projdennogo puti. Nautschnaja awtobiografija, Moskau 1982). Dt. von Alexandre Métraux, Reinbek 1993, S. 70–92.
MACLEAN, PAUL D.: The Triune Brain in Conflict. In: Psychotherapy and Psychosomatics. Hg. von P. O. Sifneos, Basel 1977.
MALSON, LUCIEN: Wolf Children and the Problem of Human Nature, London/New York 1972.
MANNING, STEPHEN: »Rhetoric, Game, Morality, and Geoffrey Chaucer«. In: *Studies in the Age of Chaucer* 1 (1979):105–118.
MARKUS, HAZEL, und PAULA NURIUS: »Possible Selves«. In: *American Psychologist* 41 (1986):954–969.
MARROU, HENRI IRENÉE: Geschichte der Erziehung im klassischen Altertum (Histoire de l'éducation dans l'antiquité, Paris 1948). Deutsch von Charlotte Beumann, Freiburg/München 1957.
MATURANA, HUMBERTO R., und FRANCISCO J. VARELA: The Tree of Knowledge: The Biological Roots of Human Understanding, Cambridge, Mass. 1987.

MICHELSEN, G. F.: To Sleep With Ghosts: A Novel of Africa, New York 1992.

MILLER, GEORGE A.: »Dictionaries in the Mind«. In: *Language and Cognitive Processes* (Frühjahr 1986): 171–185.

MILLS, D. L., S. A. COFFEY und H. J. NEVILLE: Language Abilities and Cerebral Spezialisations in 10–20 months-old. In: Neuro Correlates of Early Cognition and Linguistic Development Symposium. Hg. von C. Nelson, Seattle, Washington: Society for Research in Child Development 1992.

MITCHELL, STEPHEN: Relational Concepts in Psychoanalysis, Cambridge, Mass. 1988.

MONTAGU, ASHLEY: Körperkontakt. Die Bedeutung der Haut für die Entwicklung des Menschen (Touching: The Human Significance of the Skin, New York 1972). Dt. von Eva Zahn. 3. Aufl., Stuttgart 1982.

MOORE, JOAN: Going Down to the Barrio: Homeboys and Homegirls in Change, Philadelphia 1991.

MOSKOWITZ, BREYNE ARLENE: The Acquisition of Language. In: The Emergence of Language: Development and Evolution. Hg. von William S.-Y. Wang, New York 1991.

MULKAY, MICHAEL: On Humor: Its Nature and Its Place in Modern Society, Cambridge (England) 1988.

MUMFORD, LEWIS: The Culture of Cities, New York 1938.

NEBRIJA, ELIO ANTONIO DE: Grammatica Castellana. Texto establecido sobre la edicion »princeps« de 1492 por Pascual Galendo Romeo y Luis Ortiz, Madrid 1946.

NELSON, C. (Hg.): Neuro Correlates of Early Cognition and Linguistic Development Symposium, Seattle, Washington: Society for Research in Child Development 1992.

NEWMEYER, FREDERICK J.: Grammatical Theory: Its Limits and Its Possibilities, Chicago 1983.

NICOLL, ALLARDYCE: Masks, Mimes and Miracles: Studies in the Popular Theatre, London 1931.

OGILVY, J. D. A.: »Mimi, scurrae, historiones: Entertainers in the Early Middle Ages«. In: *Speculum* 38, H. 4 (1963): 603–619.

OLINICK, STANLEY L.: »The Gossiping Psychoanalyst«. In: *International Review of Psycho-Analysis* 7 (1980): 441–443.

OLSON, DAVID R., und NANCY TORRANCE (Hg.): Literacy and Orality, Cambridge (England) 1991.

OLSON, GLENDING: Literature as Recreation in the Later Middle Ages, Ithaca 1982.

O'NEILL, MOLLY: »Arming the Armani Set«. In: *New York Times*, 3. Januar 1993.

Ong, Walter: Orality and Literacy: The Technologizing of the Word, London/New York 1982.
Oring, Elliott: Jokes and Their Relations, Lexington 1992.
Palmer, Gabrielle: The Politics of Breastfeeding, London 1988.
Panofsky, Erwin: Idea. Ein Beitrag zur Begriffsgeschichte der älteren Kunsttheorie, Berlin 1924 (Reprint 1960).
Patton, R. G., und L. I. Gardner: Growth Failure in Maternal Deprivation, Springfield, Ill. 1963.
Pearce, Joseph Chilton: Evolution's End. Claiming the Potential of Our Intelligence, San Francisco 1992.
Pears, D. F.: The Development of Wittgenstein's Philosophy, Oxford 1987.
Ders.: Wittgenstein, Cambridge, Mass. 1986.
Pence, Alan R.: Infant Schools in North America 1825–1840. In: A. R. P., Advances in Early Education and Day Care, Greenwich, Conn. 1986.
Phillips, Adam: On Kissing, Tickling, and Being Bored: Psychoanalytic Essays on the Unexamined Life, Cambridge, Mass. 1993.
Postman, Neil: Wir amüsieren uns zu Tode. Urteilsbildung im Zeitalter der Unterhaltungsindustrie (Amusing Ourselves to Death. Public Discourse in the Age of Show Business, New York 1985). Dt. von Reinhard Kaiser, Frankfurt am Main (S. Fischer Verlag) 1985.
Pratkanis, Anthony R., Steven J. Breckler und Anthony G. Greenwald (Hg.): Attitude Structure and Function, Hillsdale, N. J. 1989.
Provenzo, Eugene F., Jr.: Video Kids: Making Sense of Nintendo, Cambridge, Mass. 1991.
Pulgram E.: »Spoken and Written Latin«. In: *Language* 26 (1950): 458–466.
Putnam, Hilary: Mind, Language and Reality (Philosophical Papers, Bd. 2), Cambridge (England) 1975.
Radin, Paul: The Trickster, New York 1956.
Radin, Paul, Karl Kerényi und C. G. Jung: Der göttliche Schelm. Ein indianischer Mythenzyklus, Zürich 1954.
Reich, Hermann: Der Mimus. Ein literar-entwicklungsgeschichtlicher Versuch, Berlin 1903.
Rheingold, H. L., und H. W. Stevenson (Hg.): Early Behavior: Comparative and Developmental Approaches, New York 1967.
Rifkin, Jeremy: Biosphere Politics: A New Consciousness for a New Century, New York 1991.
Rodriguez, Luis: Always Running: La Vida Loca, Gang Days in L. A., Willimantic, Conn. 1993.

RYMER, RUSS: Genie: An Abused Child's Flight from Silence, New York 1993.

SCOTT, MONSTER KODY: Monster: The Autobiography of an L. A. Gang Member, New York 1993.

SELNOW, G. W.: »Playing Videogames: The Electronic Friend«. In: *Journal of Communications* 34 (1984):148–156.

SHAKUR, SHANYIKA: Monster, New York 1993.

SHATTUCK, ROGER: The Forbidden Experiment: The Story of the Wild Boy of Aveyron, New York 1980.

SINGAL, DANIEL J.: »The Other Crisis in Education«. In: *Atlantic Monthly*, November 1991.

SINGH, J. A. L., und ROBERT M. ZINGG: Wolf Children and Feral Men, New York 1942.

SIPCHEN, BOB: Baby Insane and the Buddha, New York 1993.

SIRAISI, NANCY G.: »The Music of Pulse in the Writings of Italian Academic Physicians (Fourteenth and Fifteenth Centuries)«. In: *Speculum* 50 (1975):689–710.

SMITH, J.: The Structure of Communication in Early Language Development, New York 1976.

SNOW, CATHERINE, und CHARLES A. FERGUSON (Hg.): Talking to Children: Language Input and Acquisition, Cambridge (England) 1977.

SONTAG, SUSAN: Über Fotografie (On Photography, New York 1977). Dt. von Mark W. Rien und Gertrud Baruch, München/Wien 1978.

SPACKS, PATRICIA MEYER: Gossip, New York 1985.

STEINER, GEORGE: Von realer Gegenwart. Hat unser Sprechen Inhalt? (Real Presences, Chicago 1989). Dt. von Jörg Trobitius, München/Wien 1990.

STERN, DANIEL N.: The First Relationship: Infant and Mother, Cambridge, Mass. 1977.

STEVENSON, H. W. (Hg.): Concept of Development, 1966 (Monograph of the Society for Research in Child Development 31/5).

STOCK, BRIAN: The Implications of Literacy: Written Language and Models of Interpretation in the Eleventh and Twelfth Centuries, Princeton 1983.

TOLES, TERRI: »Video Games and American Military Ideology«. In: *The Critical Communications Review* 30; nachgedruckt in: Popular Culture and Media Events. Hg. von Vincent Mosco und Janets Wasko, Norwood, N. J. 1985.

TWAIN, MARK: Huckleberry Finns Abenteuer (The Adventures of Huckleberry Finn, London 1884). Deutsch von Gertrud Baruch. In: M. T., Tom Sawyers Abenteuer. Huckleberry Finns Abenteuer, München 1976, S. 241–583.

Vinovskis, Maris A.: »Early Childhood Education. Then and Now«. In: Daedalus (Winter 1993; Spezialnummer »America's Childhood«).
Wang, William S.-Y. (Hg.): The emergence of Language: Development and Evolution, New York 1991.
Wassermann, Jakob: Caspar Hauser oder Die Trägheit des Herzens (1908), Frankfurt am Main (Fischer Bücherei) 1968.
Weisgerber, Leo: »Ist *Muttersprache* eine germanische oder eine romanische Wortprägung?« In: *Beiträge zur Geschichte der deutschen Sprache und Literatur* 62 (1938):428–437.
Wekker, Herman: The Expression of Future Time in Contemporary British English: An Investigation into the Syntax and Semantics of Five verbal Expressions Expressing Futurity, North-Holland Publishing Company 1976.
Wekker, Herman (Christian): The Expression of Future Time in Contemporary British English: An Investigation into the Syntax and Semantics of Five verbal Expressions Expressing Futurity, Nimwegen 1976.
Whitman, Walt: Leaves of Grass, New York 1955.
Winnicott, D. W.: Kind, Familie und Umwelt (The Child, the Family, and the Outside World, New York 1964). Deutsch von Ursula Seemann, München/Basel 1969 (unvollständig).
Ders.: Home Is Where We Start From: Essays by a Psychoanalyst, New York 1986.
Wittgenstein, Ludwig: Logisch-philosophische Abhandlung. Tractatus logico-philosophicus. Kritische Edition. Hg. von Brian McGuinness und Joachim Schulte, Frankfurt am Main 1989.
Wygotski, Lew Semjonowitsch: Denken und Sprechen (1934). Dt. von Gerhard Sewekow, Frankfurt am Main (S. Fischer) 1969.
Wright, Roger: »Speaking, Reading, and Writing Late Latin and Early Romance«. In: *Neophilologus* 60, H. 17 (1976):178–189.
Zboray, Ronald J.: Antebellum Reading and the Ironies of Technological Innovation. In: Reading in America: Literature and Social History. Hg. von Cathy Davidson, Baltimore 1989.
Zigler, Edward, und Jeanette Valentine (Hg.): Project Head Start: A Legacy of the War on Poverty, New York 1979

Anmerkungen

1. Kapitel

1 »Bewußtsein« zählt zu den Begriffen, die zwar leicht von der Zunge gehen, aber schwer zu definieren sind. Hilfe bringt ein Blick in die Sprachgeschichte. Das lateinische Wort für Bewußtsein, *conscientia*, »Mit-Wissen« (im Sinne von »mit jemandem geteiltes Wissen«), spricht dafür, daß Bewußtsein in den Frühstadien seiner Entwicklung eigentlich eine gemeinschaftliche Angelegenheit war. Ein gemeinschaftliches Bewußtsein setzt unter den Bedingungen der Oralität ein und bildet sich erst unter den Bedingungen der Literalität zu einer individuierenden, sich selbst reflektierenden Seelentätigkeit fort.

2 Walter Benjamin, Der Erzähler. Betrachtungen zum Werk Nikolai Lesskows (1936). In: W. B., Gesammelte Schriften, Bd. II.2, Frankfurt am Main 1977, S. 438–465 (442).

3 Jerome Bruner und Susan Weisser, The Invention of Self: Autobiography and Its Forms. In: David R. Olson und Nancy Torrance (Hg.), Literacy and Orality, S. 129f.

4 Die Maya kennen vier Stufen des Menschseins: den Knaben, den Krieger, den Mann des Gemeinwesens und als höchste Stufe den Echomann. Siehe Robert Bly, What the Mayans Could Teach the Joint Chiefs.

5 G. F. Michelsen, To Sleep with Ghosts: A Novel of Africa, S. 93.

6 Eric Havelock, The Muse Learns to Write, S. 70.

7 Walter Ong, Orality and Literacy: The Technologizing of the Word, S. 23f.

8 Marie-Louise von Franz, Psychologische Märcheninterpretation. Eine Einführung.

9 Verwandt mit »Gesta«, dem lateinischen Wort für »(Kriegs-)Taten« und – in erweiterter Bedeutung – auch für »Geschichte« [qua Erzählung von Taten], sind Wörter wie der medizinische Terminus »Gestation« (Sammelbegriff für Schwangerschaft, Geburt und Wochenbett), »Geste« und interessanterweise auch »Ingestion«, der in der Medizinersprache gebräuchliche Ausdruck für »Nahrungsaufnahme«. Zwischen dem Essen und dem Geschichtenerzählen be-

steht eine vielsagende Parallelität. Ein guter Erzähler muß sich Erfahrungen einverleiben, sie verdauen und sie dann dem Kollektiv wiedergeben. Das Kollektiv wiederum kann aufgrund von Speisevorschriften bestimmte Themen (»heilige Kühe«) als tabu oder unrein aus dem Stoffvorrat des Erzählers ausschließen.

Weil mittelalterliche Mönche das Alphabet »im Rahmen des langsamen und bewußten Wiederkäuens einer täglich eingenommenen Kost« zu schmecken bekamen, sieht der Kunsthistoriker Michael Camille einen Zusammenhang zwischen dem »emsigen Wiederkäuen des Wortes und den strotzenden, saftigen Formen sowohl pflanzlicher als auch tierischer Provenienz, welche die Buchstaben [in mittelalterlichen Handschriften] zierten«. (Michael Camille, Seeing and Reading, S. 29.)

10 Havelock, The Muse Learns to Write, S. 71.

11 Ong, Orality and Literacy, S. 12.

12 Der Zusammenhang zwischen dem Wasser und der Dichtkunst ist in den meisten alten Sprachen bezeugt. So bedeutete zum Beispiel das althebräische Wort für »Dichtung«, »Dichtwerk«, »Gedicht« ursprünglich »Geräusch von Wasser, das über Geröll und Kiesel fließt«.

13 Ong, Orality and Literacy, S. 49.

14 Diane Ackerman, A Natural History of the Senses, S. 175.

15 Deutsche Übersetzung unter dem Titel Die historische Bedingtheit individueller Erkenntnisprozesse, 1986.

16 Ong, Orality and Literacy, S. 53.

17 C. W. Kennedy (Übs.), The Poems of Cynewulf (Cynewulf II, 1, 134).

18 Diese Übersetzung des 15. Jh. ist im *Oxford English Dictionary* zitiert. Der lateinische Originaltext findet sich in den *Acta Sanctorum Ordinis S. Benedicti* Bd. 4, S. 191.

19 Das Interesse für den Zusammenhang zwischen Sprechen und Wahrnehmung wurde geweckt durch: John L. Austin, Zur Theorie der Sprechakte. Siehe auch: Jerome S. Bruner, Wie das Kind sprechen lernt; Eve W. Clark und Herbert H. Clark, Psychologie and Language: An Introduction to Psycholinguistics; P. M. Greenfield und John Smith, The Structure of Communication in Early Language Development; M. A. K. Halliday, Learning How to Mean; George A. Miller, Dictionaries in the Mind. In: Language and Cognitive Processes.

20 Breyne Arlene Moskowitz, The Acquisition of Language. In: William S.-Y. Wang (Hg.), The Emergence of Language: Development and Evolution, S. 135.

21 Eric Havelock, The Literate Revolution in Greece and Its Cultural Consequences, S. 45.
22 Godfrey J. Ellis, Youth in the Electronic Environment: An Introduction. In: *Youth and Society.*
23 Joseph Chilton Pearce, Evolution's End: Claiming the Potential of Our Intelligence, S. 44f.
24 Siehe Keith A. Buzzel, The Neurophysiology of Television Viewing: A Preliminary Report; Robert Cloninger, Three Brain Chemical Systems; Paul D. MacLean, The Triune Brain in Conflict. In: Psychotherapy and Psychosomatics, hg. von P. O. Sifneos.
25 Pearce, Evolution's End: Claiming the Potential of Our Intelligence, S. 165f. Das »dreieinige Gehirn« setzt sich aus dem Reptiliengehirn sowie dem alten (= limbisches System) und dem neuen Säugerhirn zusammen.
26 Benjamin, Der Erzähler. Betrachtungen zum Werk Nikolai Lesskows (1936). In: W. B., Gesammelte Schriften, Bd. II.2, S. 446.
27 Adam Phillips, On Kissing, Tickling, and Being Bored: Psychoanalytic Essays on the Unexamined Life, S. 69.
28 Robert Browning, Bishop Blougram's Apology (Zeile 37). In: Ian Jack (Hg.), Browning: Poetical Works 1833–1864, S. 650.
29 So Michael Morgan in einem vom *National Public Radio* im Juni 1993 gesendeten Rundfunkinterview.

2. Kapitel

1 Siehe Herman Wekker, The Expression of Future Time in Contemporary British English; Frederick J. Newmeyer, Grammatical Theory: Its Limits and Its Possibilities.
2 »Die Spur nicht zu verlieren« bedeutet im wörtlichen Sinn, eine unter wirtschaftlichem Aspekt praktikable Methode zu entwikkeln, die Fährte des Tiers aufzuzeichnen, so daß man es später wieder auffinden und zurückholen konnte. Auf Tontafeln oder Pergament gesetzte Zeichen waren vielleicht zunächst einfach nur die Nachbildung einer Tierfährte.
3 Das Wort »Inventar« (das sowohl »Lagerliste« als auch »Lagerbestand« bedeutet) ist vom lateinischen *inventarium* abgeleitet, welches seinerseits wieder auf das Verb *invenire*, »zu/auf etwas kommen, auf etwas treffen, etwas vorfinden, etwas entdecken«, zurückgeht – und auf etwas zu kommen ist eine Grundkomponente des Lesens. Buchstaben winken den Leser fortwährend zu sich heran; und der »kommt« in der Tat »auf« eine Lesart beziehungs-

weise eine Interpretation des Texts. Der Leser »kommt zu« den Buchstaben überdies voller Hoffnung und Erwartung, denn er ahnt, daß in jedem Satz, jedem Buchstaben Wissen und Kenntnisse ruhen. (Im Englischen und Französischen, zwei stärker als die deutsche vom Lateinischen beeinflußten Sprachen, stammt das Wort für »Erfindung«, *invention*, aus derselben Wurzel.)

4 »Semantik« bezeichnete ursprünglich die Kunst des Weissagens aus dem Wandel des Wetters. Was für Geschichten wissen die Wolken dort zu erzählen? Die Phantasie entdeckt alle möglichen Formen in diesen flauschigen Gebilden: Sie erschafft Bedeutung aus dem Nichts. Erinnern wir uns an den komischen Wortwechsel zwischen dem wahnsinnigen Hamlet und dem Höfling Polonius, dessen Zuvorkommenheit bis zur Wetterwendischkeit geht.

HAMLET: Die Wolke dort, sieht sie nicht aus wie ein Kamel?
POLONIUS: Beim heiligen Sakrament; wirklich wie ein Kamel!
HAMLET: Mich dünkt, sie ist wie ein Wiesel.
POLONIUS: Sie hat den Rücken eines Wiesels.
HAMLET: Oder wie ein Walfisch?
POLONIUS: Ganz wie ein Walfisch.

Hamlet gibt Polonius seinen Wahnsinn mit Hilfe der Semantik zu verstehen: Wenn *er* ein Wort gebraucht, dann heißt es (wie bei Humpty Dumpty in Lewis Carrolls *Alice hinter den Spiegeln*) genau das, was er für richtig hält – wenigstens für den Moment.

5 George Steiner, Von realer Gegenwart, S. 81.

6 Ebd., S. 66.

7 Siehe Brian Stock, The Implications of Literacy.

8 Augustinus, Bekenntnisse VI, 3.

9 Walt Whitman, Leaves of Grass (Ausgabe von 1955).

10 Nach Jerome Bruner ist so etwas wie eine »Kulturpsychologie« nötig, um den »klassischen Zentralbegriff der Psychologie, das Selbst«, zu erklären. Als Einführung in den Gegenstand empfiehlt er den Aufsatz *Possible Selves* von Hazel Markus und Paula Nurius. Vgl. auch Anthony R. Pratkanis, Steven J. Breckler, Anthony G. Greenwald (Hg.), Attitude Structure and Function; Robbie Case, Intellectual Development: Birth to Adulthood; Thory E. Higgins, Self-Discrepancy: A Theory Relating Self and Affect.

Zu dem Gedanken eines fortlaufenden Dialogs mit dem Selbst vgl. Michail Bachtins Konzept der »Heteroglossie«, in: Dialogic Imagination: Four Essays; ferner Lew Wygotskis Konzept der »inneren Rede«, in: Denken und Sprechen.

Über das Selbst und die Literalität: Ivan Illich und Barry Sanders, Das Denken lernt schreiben.

11 So Michael Hulse in seiner Einleitung zu der amerikanischen Ausgabe von Jakob Wassermanns Roman *Caspar Hauser* (New York: Bantam Books 1992). Ähnlich auch Wassermann selbst; siehe Caspar Hauser, S. 8.

12 Seit dem Mittelalter wurden um die fünfzig Berichte allein über »Wolfskinder« verfaßt. Zum Phänomen des wilden Kindes siehe u.a.: Jean-Claude Armen, Gazelle-Boy; Susan Curtiss, Genie: A Psycholinguistic Study of a Modern-Day Wild Child; Theodore Kroeber, Ishi; Harlan Lane, The Wild Boy of Aveyron; Lucien Malson, Wolf Children and the Problem of Human Nature; Russ Rymer, Genie: An Abused Child's Flight from Silence; Roger Shattuck, The Forbidden Experiment: The Story of the Wild Boy of Aveyron; J. A. L. Singh, Robert M. Sing, Wolf Children and Feral Men. Einen interessanten Abriß des Sujets bietet: Douglas Keith Candland, Feral Children and Clever Animals.

13 Anselm von Feuerbach, Kaspar Hauser, S. 77f u. 79.

14 Ebd., S. 41 ff.

15 Der Priester erneuert in der Meßliturgie dieses Drama der Komplementarität von Zerteilung und Ganzwerdung, wenn nach der Wandlung von Brot und Wein das Brot gebrochen und bei der Kommunion den Gläubigen gereicht wird zur Re-instituierung des EINEN *corpus mysticum*.

16 Eric Havelock, The Literate Revolution in Greece and Its Cultural Consequences, S. 6. Vgl. insbesondere die Darstellung der Literalität in China (S. 51–53).

17 Einen Ausblick auf die neuroanatomische Literatur zum Thema Sprache und kritisches Denken gibt: D. L. Mills, S. A. Coffey, H. J. Neville, Language Abilities and Cerebral Specializations in 10–20-months-olds. In: C. Nelson (Hg.), Neuro Correlates of Earley Cognition and Linguistic Development Symposium.

18 Ivan Illich, H_2O and the Waters of Forgetfulness, S. 72.

19 von Feuerbach, Kaspar Hauser, S. 146.

20 Russ Rymer, Genie: An Abused Child's Flight from Silence.

21 Henri Lefebvre, La production de l'espace, S. 51.

22 Jan La Bonty, Professor der Pädagogik an der Southern Illinois University, stellte fest, daß nur »10 Prozent der Bevölkerung 70 Prozent aller Bücher lesen. Unter den 159 Mitgliedstaaten der Vereinten Nationen rangieren die USA in puncto Alphabetisierungsgrad an 49. Stelle.« (College Students as Readers. In: Presentation at the Fortieth Annual Meeting of the National Readers' Conference, Miami, Florida, November 1990, S. 3.) Die Statistik kann allerdings auch die tieferen Wahrheiten über das Lesen ver-

decken. Die beim *Scholastic Aptitude Test* (abgekürzt: SAT; »Schulleistungstest«) erzielten Noten dürften insofern ein besseres Maß für das Niveau der Leseleistung sein, als in diesem Test versucht wird, das Sinnverständnis beim Lesen zu messen. Laut dem vom *College Board* am 28. August 1990 veröffentlichten Jahresbericht über die SAT-Ergebnisse haben sich die Notenwerte im Zeitraum 1988–1990 landesweit verschlechtert. Im Jahr 1991 erreichten sie einen bisher beispiellosen Tiefstand. (James Lichtenberg, Reading: Does the Future Even Require It? In: *Liberal Education* 79, H. 1, Winter 1991, S. 4). Im Jahr 1992 folgte ein neues Rekordtief. Laut Daniel J. Singal (The Other Crisis in Education. In: *The Atlantic Monthly,* November 1991) sind die beim SAT auf dem Sektor sprachlicher Ausdruck erreichten Durchschnittsergebnisse in den vergangenen fünfundzwanzig Jahren in einzelnen Colleges um 50–60 Punkte zurückgegangen. Singal fügt dieser Feststellung sofort hinzu, daß die fraglichen Bildungsinstitutionen in sonstiger Hinsicht in ihrem relativen Qualitätsniveau durchaus nicht nachgelassen hätten. Die Schüler seien einfach nur viel miserablere Leser als früher: »Sie übersehen so vieles. Selbst die überdurchschnittlich fähigen Leser nehmen nur die allerwenigsten Einzelheiten eines gedruckten Texts auf. Und ohne alle Einzelheiten erfassende Informationsaufnahme können sie im Grunde nicht verstehen, was der Autor eigentlich sagen wollte.«

Schwieriger zu ermitteln sind die Dropout-Quoten, die von einer geographischen Region zur anderen und von einer sozialen Schicht zur anderen gewaltigen Schwankungen unterliegen. Zudem bedürfte der Begriff Dropout noch einer genaueren Bestimmung und Deutung. Wann schreibt eine Bildungsinstitution einen Schüler oder Studenten als definitiven Dropout ab? Laut der *Los Angeles Times* vom 12. März 1991 (Reading the Signs of a Crisis, Seite A1) hat etwa jeder vierte Jungarbeiter die Schule vorzeitig abgebrochen. Für manche innerstädtische Schule erhöht sich diese Größe auf 40 Prozent oder mehr. Glaubt man Michelle Fine (Dropping Out of High School: An Inside Look. In: *Social Policy,* Herbst 1985, S. 43–50), verlassen in städtischen Regionen nur etwa 50 Prozent der Schulanfänger die Schule mit einem Abschluß.

Das *National Center for Education Statistics* in Washington, D. C., ermittelte 1983, daß in den USA 73,9 Prozent der Neuntkläßler mit dem Abschluß von der Hauptschule abgehen würden. Das bedeutet jedoch exorbitant hohe Dropoutzahlen in manchen großstädtischen Regionen. Sara Rimer bezifferte in der *New York Times* vom 12. März 1991 unter Berufung auf den Annual Dropout

Report des *New York City Board of Education* vom April 1990 die Dropout-Quote in New York auf 46 Prozent. In der *Chicago Tribune* wurde die High-School-Dropout-Quote für Chicago wiederholt mit 55 Prozent angegeben. Noch Haarsträubenderes hat Jonathan Kozol zu berichten: »Einer aus jüngster Zeit datierenden Untersuchung der *State Commission of Education* zufolge ›bringen es‹ in New York City ›drei von vier Schwarzen und vier von fünf Latinos innerhalb der vierjährigen Regelschulzeit nicht zum High-School-Abschluß‹.« (J. K., Savage Inequalities, New York: Crown Publishers 1991, S. 112.)

3. Kapitel

1 Vgl. Paul Radin, Karl Kerényi und C. G. Jung, Der göttliche Schelm. Ein indianischer Mythenzyklus, Zürich: Rhein-Verlag 1954.

2 Der griechische Gott Hermes in seinen mannigfaltigen Erscheinungsformen, namentlich als Dieb, gehört mit zur Großfamilie der Trickster.

3 Die klassische Einführung in das Thema »Trickster« ist: Paul Radin, The Trickster. Spätere kulturvergleichende Untersuchungen in: Mehadev L. Apted, Humor and Laughter: An Anthropological Approach (insbes. S. 212–236: The Trickster in Folklore).

4 Zur Einführung in den Fragenkreis siehe John L. Austin, Zur Theorie der Sprechakte; Hilary Putnam, Is Semantics Possible?. In: H. P., Mind, Language and Reality; ders., The Meaning of Meaning, ebd.; Donald Davidson, Truth and Interpretation.

5 Ludwig Wittgenstein, Tractatus logico-philosophicus. – Siehe auch D. F. Pears, The Development of Wittgenstein's Philosophy; ders., Wittgenstein.

6 George Steiner, Von realer Gegenwart, S. 141 f.

7 Der eigentliche Lichtbringer ist natürlich Luzifer, der wie ein Blitz ins Dunkel fiel. Am Himmel leuchtet er, der vollendete Trickster binärer Oppositionen in der kosmologischen Dimension, als Phosphoros (Morgenstern) und Hesperos (Abendstern).

8 Elliot Oring, Jokes and Their Relations, S. 2.

9 Kevin Crossley-Holland (Hg.), The Exeter Book of Riddles, S. 85.

10 Ebd.

11 Die witzige Lösung beruht auf dem Gleichklang der Ausdrücke *ajar* (halboffen, angelehnt) und *a jar* (ein irdener Topf).

12 Siehe Ivan Illich und Barry Sanders, Das Denken lernt schreiben. Lesekultur und Identität, S. 97–120 (Kap. VI: Unwahrheit und Er-

zählung); Barry Sanders, Lie It As It Plays. In: David R. Olson und Nancy Torrance (Hg.), Literacy and Orality.

13 Augustinus, De mendacio I, 2.

14 Einen interessanten Überblick über das fahrende Volk des Mittelalters gibt: J. D. A. Ogilvy, *Mimi, scurrae, historiones*: Entertainers in the Early Middle Ages. – Das Standardwerk über die Mimen ist nach wie vor: Hermann Reich, Der Mimus. – Über die Verbindung zwischen Antike und Mittelalter: Allardyce Nicol, Masks, Mimes and Miracles: Studies in the Popular Theatre.

15 Das Standardwerk über die *jongleurs* ist: Edmond Faral, Les jongleurs en France du Moyen Âge.

16 Siehe Walter J. Ong, Orality and Literacy, S. 112–116. Vgl. ferner: Brother Bonaventure, The Teaching of Latin in Later Medieval England; Henri Irenée Marrou, Geschichte der Erziehung im klassischen Altertum; E. Pulgram, Spoken and Written Latin; Roger Wright, Speaking, Reading, and Writing Late Latin and Early Romance.

17 Zum Begriff der Muttersprache siehe Karl Heisig, Muttersprache. Ein romanistischer Beitrag zur Genesis eines deutschen Wortes und zur Entstehung der deutsch-französischen Sprachgrenze.

18 Ong, Orality and Literacy, S. 114.

19 Ebd.

20 Patricia Meyer Spacks, Gossip, S. 29.

21 Stanley L. Olinick, The Gossiping Psychoanalyst; Samuel C. Heilman, Synagogue Life: A Study in Symbolic Interaction.

22 Zur Einführung in die anthropologische Sicht des Klatschs siehe Roger D. Abrahams, A Performance-Centered Approach to Gossip; Clifford Geertz, Dichte Beschreibung. Beiträge zum Verstehen kultureller Systeme. – Hélène Cixous, The Laugh of the Medusa: »Man braucht der Medusa nur direkt ins Gesicht zu blicken, um sie zu sehen. Und sie ist nicht todbringend. Sie ist schön, und sie lacht.«

23 Die französische Sprache kennt eine ähnliche Paarung in den etymologisch verwandten Wörtern *le chanteur*, »der Sänger«, und *l'enchanteur*, »der Zauberer«.

24 Harriet Rheingold, The Social and Socializing Infant. In: H. W. Stephenson (Hg.), Concept of Development, 1966 (Monograph of the Society for Research in Child Development 31/5), S. 782f.

25 Anthony Burgess, Wiege, Bett und Recamier. Kleine Kulturgeschichte des Liegens, S. 7.

26 2. Moses 15, 20f.

27 Die lateinische Wurzel *ger-o* hat eine Vielzahl von Bedeutungen, von einer spezifischen wie gebären bis zu allgemeineren wie »tra-

gen, hinschaffen« oder »ausführen, ausüben, verrichten« oder »Gefühle an den Tag legen« oder »eine Miene zur Schau tragen«. Aus diesen allgemeineren Bedeutungen von *ger-o* entwickelten sich im Latein des späten Römischen Reichs »Autor« *(auctor)*, »Geschichte« *(gesta)*, »Geste« *(gestus)* und »erzählen« *(agare)*. In Anlehnung an Formen wie *mercator* (Händler, Kaufmann) und *arator* (Pflüger, Bauer) wird aus dem Verb *au-ger-e* das Nomen agentis *auctor* abgeleitet, das in dieser Form sowohl ins Altfranzösische wie ins Mittelenglische eingeht.

28 Siehe Ivan Illich, Das Recht auf die gemeine Sprache. In: I. I., Vom Recht auf Gemeinheit, S. 11–29; ders., Die warenhafte Muttersprache. Ebd., S. 30–48.

29 Illich, Die warenhafte Muttersprache. A.a.O., S. 31.

30 Ebd., S. 31 f.

31 Ebd., S. 41; vgl. Ivan Illich, Vernacular Values and Education. In: Bruce Bain (Hg.), The Sociogenesis of Language and Human Conduct, S. 482 f.

32 Eigentlich »Englisch der Stummen«, kann aber auch anhand einer umgangssprachlichen Nebenbedeutung von *dumb* als kalauerndes »Englisch der Dummen« interpretiert werden. – Anm. d. Übs.

33 Den entschiedensten, offenkundigsten Fall von Vernakulärsprache haben wir vor uns in der »internalisierten Grammatik«, die kleine Kinder in ihren Gesprächen anwenden. Die Psycholinguistin Breyne Arlene Moskowitz schreibt: »Es ist wichtig zu begreifen, daß Kinder, wenn sie solche Fehler machen, keine mangelhaften oder unvollständigen Nachbildungen von Sätzen Erwachsener produzieren; sie produzieren Sätze, die nach dem Maßstab ihrer momentanen internalisierten Grammatik korrekt und stimmig sind. Tatsächlich stellen kindliche Fehlbildungen für die Erforschung der kindlichen Sprache ganz wesentliche Informationen dar, weil es die konsequenten Abweichungen vom Vorbild der Erwachsenen sind, die Aufschluß geben über die momentanen Hypothesen des Kindes in bezug auf die grammatische Seite der Sprache.« (B. A. M., The Acquisition of Language. In: William S.-Y. Wang [Hg.], The Emergence of Language: Development and Evolution, S. 135 ff.)

Vgl. auch Noam Chomsky, Regeln und Repräsentationen; Anwar S. Dil (Hg.), Language Structure and Language Use: Essays by Charles H. Ferguson.

34 Chaucer kultiviert, als Reverenz vor der Volkssprache, ganz bewußt Spiel und Witz. Mediävisten versuchen unentwegt, diese Art Ausgelassenheit wegzudiskutieren. Laut Glending Olson (Literatu-

re as Recreation in the Later Middle Ages) dient das Spielelement bei Chaucer dem praktischen Zweck, die für die Durchführung ernsthafter Arbeit benötigten Erholungspausen zu gewähren. Richard Lanham (Games and High Seriousness: Chaucer. In: R. L., The Motives of Eloquence: Literary Rhetoric in the Renaissance) meint, Chaucer müsse die Welt als ein Spiel und die Menschen als Spieler betrachtet haben; ähnlich äußert sich auch Stephen Manning (Rhetoric, Game, Morality, and Geoffrey Chaucer. In: Studies in the Age of Chaucer).

35 Die Zusammenstellung der Elemente »Mutter« und »Sprache« zu einer neuen Bedeutungseinheit wurde erstmals im Lothringen des zehnten Jahrhunderts vorgenommen, als dort infolge des Vorrückens Neulateinisch sprechender Bevölkerungsteile der Gebrauch des Fränkischen zurückging. Siehe Leo Weisgerber, Ist Muttersprache eine germanische oder eine romanische Wortprägung? (über die Ausbreitung der Idee der Muttersprache in den europäischen Nationalkulturen).

36 Siehe Ivan Illich, Selbstbegrenzung; ders., Shadow Work; Michel Foucault, Die Ordnung der Dinge. Eine Archäologie der Humanwissenschaften.

37 Ivan Illich, Toward a History of Needs, S. 71.

38 Siehe William Leiss, The Limits to Satisfaction (wer an einer Bestandsaufnahme der Umwandlung individueller Wünsche in Bedürfnisse im Zuge der Industrialisierung interessiert ist, dem bietet dieses Buch einen ausgezeichneten Einstieg in die Materie).

39 Eine philosophische Analyse der Kommerzialisierung von Wunsch und Verlangen im Abendland gibt: Ivan Illich, Toward a History of Needs.

40 Über die Umwandlung der Priester in Pastoren: Lewis Mumford, The Culture of Cities, *passim*.

41 Jahrhundertelang war in Frankreich der Bär Sinnbild der Kirche gewesen. Denn die Kirche leckte ihre Neophyten in Form, wie die Bärin es mit ihren Jungen tat. Die Heiden haben keine Form; ihr Betragen ist unzivilisiert, ihr Handeln kennt nicht Maß noch Ziel. Die Mönche aus Gorz vollbrachten nicht irgendein ganz neues Kunststück. Sie fügten lediglich den zahlreichen Kräften der Bärenzunge eine weitere hinzu. – In meinen Ausführungen über die *lingua vulgaris* und die Idee der Muttersprache bin ich Ivan Illich verpflichtet.

42 Weitere Hinweise zur Inbesitznahme der Rede durch die Kirche in: Ivan Illich und Barry Sanders, Das Denken lernt schreiben. Lesekultur und Identität, S. 40–82.

43 Die *Gramática Castellana* wurde am 18. August 1492, fünfzehn Tage, nachdem Columbus in See gestochen war, zu Salamanca gedruckt. Ich zitiere nach: Ivan Illich, Die warenhafte Muttersprache, S. 24f; vgl. auch ders., Taught Mother Language. In: I. I., The Mirror of the Past, Lectures and Addresses 1978–1990, S. 138.

44 Zitiert nach: Ivan Illich, Das Recht auf die gemeine Sprache. In: Vom Recht auf Gemeinheit, S. 27.

45 »Gleichnamigkeit«, ein Typ lexikalischer Mehrdeutigkeit, bei dem zwei oder mehr Ausdrücke über dieselbe Aussprache und Orthographie verfügen bei unterschiedlicher Bedeutung und verschiedener etymologischer Herkunft (z.B. »Reif« = Niederschlag, »Reif« = Ring; ein Spezialfall der Homonymie ist die Homophonie (»Gleichklang«): homophone Ausdrücke verfügen über dieselbe Aussprache bei unterschiedlicher Bedeutung *und Orthographie* (z.B. »mehr/Meer« oder französisch *haut*, »hoch«/*eau*, »Wasser«).

46 Ein von dem französischen Sprachwissenschaftler M. Bréal aus griechischen Komponenten gebildetes Kunstwort mit der Bedeutung »Mehrdeutigkeit«. Polysemie liegt vor, wenn ein und derselbe Ausdruck zwei oder mehr Bedeutungen aufweist, die sich alle aus einer Haupt- oder Grundbedeutung herleiten. (Der Unterschied zur Homonymie liegt darin, daß bei dieser die verschiedenen Bedeutungen auf verschiedene etymologische Wurzeln zurückgehen.)

47 Wissenschaftliche Untersuchungen zum kindlichen Sprachspiel scheinen sämtlich von der von Freud formulierten Grundannahme auszugehen, daß Kinder Wörter als reale Dinge behandeln. Siehe Michael Mulkay, On Humor: Its Nature and Its Place in Modern Society, S. 109ff; Adam Phillips, On Kissing, Tickling, and Being Bored: Psychoanalytic Essays on the Unexamined Life; D. W. Winnicott, Kind, Familie und Umwelt (besonders die Kapitel »Warum Kinder spielen«, S. 135ff, und »Lügen und stehlen«, S. 155ff). Zum Freudschen Modell siehe S. Freud, Der Witz und seine Beziehung zum Unbewußten, S. 140ff.

48 Delia Chiaro, The Language of Jokes: Analysing Verbal Play, S. 43–45.

49 Wer die Definition des Guck-guck-Spiels (englisch *peek-a-boo*) im *Oxford English Dictionary* nachlesen will, muß unter dem älteren Namen des Spiels, *bo-peep*, nachschlagen: »Ammenspiel mit dem Kleinkind, das dabei von einer anderen Person (der Kinderfrau oder einem Spielkameraden) *mit angenehmem Nervenkitzel* [Hervorhebung von mir – B. S.] unterhalten wird, indem diese sich (oder ihr Gesicht) erst versteckt und dann an einer unvorhergesehenen Stelle einen Augenblick hervorlugt, um sich ebenso rasch

wieder zurückzuziehen. Johnson schreibt: ›Ein schnelles Hervorschauen und Zurückschnellen wie erschrocken, oder um jemand anderes zu erschrecken.‹« Auf ein sehr kleines Kind wirkt das Kommen und Gehen der Wirklichkeit nicht verunsichernd und frustrierend, sondern eher angenehm überraschend und erregend. Daher repräsentieren Spiele wie das Guck-guck-Spiel nicht nur das Pulsieren der Erfahrung, sondern sind zugleich der Schmelztiegel für die Materialien zukünftiger, komplizierterer Fertigkeiten wie beispielsweise das Lesen. Siehe auch Jerome Bruner und V. Sherwood, Early Rule Structure: The Case of Peekaboo. In: Mary Gauvain und Michael Cole (Hg.), Readings on the Development of Children, S. 77–82. Das Verschwinden und Wiedererscheinen spielt natürlich eine Hauptrolle in dem Kinderreim von *Little Bo-Peep*, der von einem kleinen Mädchen handelt, das immerzu sein Schaf verliert.

50 Zum »Träumen« als einem »poetischen Schlüssel zur Wirklichkeit« siehe W. E. H. Stanner, The Dreaming. In: T. A. G. Hungerford (Hg.), *Australian Signpost*, S. 51–65.

4. Kapitel

1 »Houston Knows Murder, but This ...« In: *The New York Times*, 9. Juli 1993, S. A7.

2 Ivan Illich, Entschulung der Gesellschaft.

3 Laut National Assessment of Education Progress von 1990.

4 Die statistischen Angaben stammen aus dem Artikel »A Boy and His Gun« im Nachrichtenmagazin *Time* vom 2. August 1993; sie werden durch Statistiken des National Center for Health Statistics und der National Education Association bestätigt.

5 Marvin Cetron und Margaret Gayle, Educational Renaissance: Our Schools at the Turn of the Twenty-first Century, S. 208.

6 Edward B. Fiske, Smart Schools, Smart Kids: Why Do Some Schools Work?

7 Über den ionischen Einfluß bei der Ablösung der Capitalis- durch die Kursivschrift: Eric Havelock, The Literate Revolution in Greece and Its Cultural Consequences, S. 21. Zu dem Gedanken, daß der Rhythmus der Kursivschrift musikalisch geprägt ist, vgl. G. Siraisi, The Music of Pulse in the Writings of Italian Academic Physicians (Fourteenth and Fifteenth Centuries).

8 »Materie« (»Stoff«) klingt ein wenig paradox als Bezeichnung für etwas so »Geistiges« wie den Inhalt eines Buches. Im Mittelalter

entwickelt sich das Manuskript zum anschaulichen Text. Spiegelbildlich dazu beginnt sich auch das Innenleben des Lesers zu »materialisieren«, indem es durch Umsetzen in Textgestalt – Verschriftung – zu Anschaulichkeit gelangt.

9 90 Prozent der Strafgefangenen in New York haben keinen Schulabschluß. So zu lesen in der *New York Times* vom 22. Mai 1990. Siehe auch Albert Shanker, Where We Stand (*New York Times*, 21. Oktober 1990).

10 Siehe Godfrey J. Ellis, Youth in the Electronic Environment: An Introduction. In: *Youth and Society* Jg. 15, Nr. 1 (September 1983), S. 5.

11 Neil Postman, Wir amüsieren uns zu Tode. Urteilsbildung im Zeitalter der Unterhaltungsindustrie, S. 105 ff.

12 Ebd., S. 110.

13 Roger Caillois, Man, Play, and Games; ders., Riddles and Images. In: Game, Play, Literature, hg. von Jacques Ehrmann, S. 148–158. – Johan Huizinga, Homo Ludens. Vom Ursprung der Kultur im Spiel.

14 Johan Huizinga, Homo Ludens, S. 26f.

15 Terri Toles, Video Games and American Military Ideology, S. 207–223.

16 G. W. Selnow, Playing Videogames: The Electronic Friend. – Vgl. auch Eugene L. Provenzo, Video Kids, *passim*.

17 William H. Gass, Human, All Too Human.

5. Kapitel

1 Maschinenpistolen sind Schnellfeuerwaffen mit Pistolenmunition, Maschinengewehre solche mit Gewehrmunition.

2 Erik Larson, The Story of a Gun, S. 51.

3 Ebd., S. 57.

4 Die Zahlen wurden von der Polizeiverwaltung Los Angeles ermittelt und sind zitiert in: Léon Bing, Do or Die.

5 Der Ausdruck »Gang« kann in die Irre führen. Chicano-Gangs und schwarze Gangs unterscheiden sich in ihrem Habitus sowohl voneinander als auch von Bundesstaat zu Bundesstaat untereinander. Selbst innerhalb ein und derselben Gang bestehen zwischen einzelnen Gruppen große Unterschiede. Ich versuche einer Verwischung der Unterschiede vorzubeugen, indem ich in diesem Kapitel die real existierenden Gangs bei ihrem tatsächlichen Namen nenne und die individuellen *gang-bangers* bei dem Kriegernamen, den sie auf der Straße haben.

6 David C. Anderson, Street Guns, S. 21.

7 Bing, Do or Die, S. 49.

8 Quellen: (1) Office of Juvenile Justice and Delinquency Prevention des US-Justizministeriums. (2) FBI. (3) Handfeuerwaffenstatistik des Bureau of Alcohol, Tobacco and Firearms.

9 Die Zunahme der Gewalttätigkeit hat eindeutig mit den leistungsfähiger gewordenen Waffen zu tun. Joan W. Moore führte Gespräche mit Neulingen und Veteranen unter den Mitgliedern von Chicano-Gangs in East Los Angeles und kam dabei zu dem Befund: »Die von Bewohnern des Stadtteils am häufigsten zu hörende Erklärung für die Zunahme der Gewalttätigkeit betraf Waffen. Nicht nur standen in den siebziger Jahren mehr ›richtige‹ Schußwaffen zur Verfügung als in den Fünfzigern mit ihren selbstgebastelten Schießprügeln, sondern die vorhandenen Waffen wurden jetzt auch eingesetzt, um Menschen zu verwunden, indem man auf die Körpermitte zielte, statt mit Schüssen in die Luft oder in Richtung der Beine den Opfern lediglich Angst einzujagen. Eine ältere Jugendfürsorgerin meinte verdrießlich: ›Wissen Sie, es ist ja auch für die Kids so leicht, an Pistolen und andere Waffen heranzukommen, mit denen sie aufeinander losgehen können. Wenn sie heute von Bandenkrieg reden, meinen sie Schießereien.‹ Generell redeten jüngere Cliquen – männliche wie weibliche – häufiger von Schußwaffen, ältere häufiger von Schlägereien.« (Joan W. Moore, Going Down the Barrio: Homeboys and Homegirls in Change.)

10 Molly O'Neill, Arming the Armani-Set, S. 6.

11 Laut einer Studie des Bureau of Alcohol, Tobacco and Firearms aus dem Jahr 1987.

12 Larson, The Story of a Gun, S. 52. [*Rock 'n' roll* bezeichnet ursprünglich – und untergründig noch heute – ein besonders feuriges *making love*. – Anm. d. Übs.]

13 Bing, Do or Die, S. 49.

14 Interview, geführt von Léon Bing, erschienen unter dem Titel *Confessions from the Crossfire* in: L. A. Weekly, 6.–12. Mai 1988, S. 26. Racketeer ist vierunddreißig Jahre alt, High-School-Abgänger ohne Abschluß, und lebt bei seiner Mutter. Lesen und schreiben kann er nur mit größter Mühe. »In seiner Sprechweise ist keinerlei Leidenschaft oder Eindringlichkeit; er stellt einfach nur Fakten fest.«

15 Philip Elmer-Dewitt, Cyberpunk!, S. 60.

16 Larson, The Story of a Gun, S. 74. – *McQ* ist der Titel eines Films mit John Wayne aus dem Jahr 1974.

17 Bing, Do or Die, S. 60. – Ein »Lichtbild« (Kinofilm), das als elek-

tronisches Bild (im Fernsehen) ausgestrahlt wird, macht virtuelle Realität noch virtueller.

18 *Crips* und *Bloods* sind die zwei schwarzen Gangs, die die Szene in Los Angeles Mitte-Süd beherrschen.

19 Eine bemerkenswerte Ausnahme ist der Roman *Always Running* von Louis J. Rodriguez. Aber sogar das neue Buch von Monster Kody wurde einem Journalisten diktiert. Kody wurde als Elfjähriger für die *Crips* gekeilt; zur Zeit sitzt er in einem Hochsicherheitsgefängnis eine Haftstrafe ab.

20 Bob Sipchen, Baby Insane and the Buddha, S. 5.

21 Der Soziologe Malcolm Klein ist der Ansicht, daß Sozialarbeiter, die sich im Einsatz auf der Straße um Gang-Mitglieder kümmern, die Idee, einer Gang beizutreten, für die anderen Kids in der *neighborhood* nur noch attraktiver machen, weil sie den Aufmerksamkeitswert der Gangs erhöhen. Eine ähnliche Steigerung des Aufmerksamkeitswerts bewirken auch zur Bewährung Entlassene. (Siehe Malcolm Klein, Street Gangs and Street Workers.) Laut Martín Sánchez Jankowski hat ihre Anwesenheit in einer *neighborhood* – und eigentlich die gesamte Strafverfolgungsprozedur – »die unbeabsichtigte Folge, daß sowohl der trotzige Eigensinn von Gang-Mitgliedern als auch die Gruppensolidarität gestärkt wird«. (Jankowski, Islands in the Street: Gangs and American Urban Society, S. 283.)

22 Siehe Joan W. Moore, Going Down the Barrio: Homeboys and Homegirls in Change, S. 5.

23 Erik Eckholm, Teen-Age Gangs Are Inflicting Lethal Violence on Small Cities, S. 16.

24 Im Jahr 1992 registrierte die Statistik in den USA 10,1 Millionen Familien mit alleinerziehendem Elternteil – zumeist der Mutter. Das ist etwa ein Drittel aller Familien mit Kindern in diesem Land und stellt gegenüber dem Stand des Jahres 1970 eine Zunahme von 300 Prozent dar. Bevölkerungsstatistiker sagen voraus, daß zur Jahrhundertwende die Hälfte aller Kinder in diesem Land in einer Familie mit alleinerziehendem Elternteil aufwachsen wird. (Nach einem Bericht der *Chicago Tribune* vom 23. April 1992.)

6. Kapitel

1 Siehe R. G. Patton und L. I. Gardner, Growth Failure in Maternal Deprivation; dort der Nachweis, daß der Entzug des Kontakts mit der Mutter zu Störungen im körperlichen und geistigen Wachstum

des Babys führt (zitiert in: Jeremy Rifkin, Biosphere Politics). Vgl. auch C. Hoefer und M. C. Hardy, Later Development of Breast Fed and Artificially Fed Infants; dort der Befund, daß Säuglinge, die »vier bis neun Monate lang gestillt wurden, in der geistigen Entwicklung rascher voranschreiten und früher gehen und sprechen lernen«. Vgl. ferner Marcelle Geber, The Psycho-Motor Development of African Children in the First Year and the Influence of Maternal Behavior; der Autorin zufolge eilen ugandische Kleinkinder infolge des in Afrika üblichen engen Kontakts zwischen Mutter und Kind amerikanischen Kleinkindern in der Entwicklung weit voraus.

2 Siehe William Condon und Louis Sander, Neonate Movement Is Synchronized with Adult Speech: Interactional Participation and Language Acquisition.

3 Joseph Chilton Pearce, Evolution's End: Claiming the Potential of Our Evolution, S. 20.

4 Eine einschlägige Studie kam zu dem Befund, daß die Zeit, die Eltern für die Beschäftigung mit ihren Kindern aufwenden, seit dem Zweiten Weltkrieg um 40 Prozent abgenommen hat. Im Zeitraum 1960–1986 verminderte sich die Zeit, in der Kinder ihre Eltern für sich beanspruchen dürfen, für weiße Kinder um wöchentlich zehn Stunden und für schwarze Kinder um wöchentlich zwölf Stunden; Ursachen sind die zunehmende Berufstätigkeit der Mütter, die zunehmend verlängerte Arbeitszeit der Väter und die Zunahme der Familien mit alleinerziehendem Elternteil. (Victor Fuchs, Women's Quest for Economic Equality, S. 111.)

Zur Geschichte der Erziehung siehe John William Jenkins, Infant Schools and the Development of Public Primary Schools in Selected American Cities Before the Civil War; Carl F. Kaestle und Maris A. Vinovskis, Education and Social Change in Nineteenth-Century Massachusetts; Alan R. Pence, Infant Schools in North America 1825–1840. In: Advances in Early Education and Day Care, S. 1–25.

5 Gabrielle Palmer, The Politics of Breastfeeding, S. 3.

6 Rima D. Apple, Mothers and Medicine: A Social History of Infant Feeding 1890–1950, S. 5.

7 Ebd.

8 Ebd., S. 19.

9 Forscher entdeckten vor kurzem ein Hormon, das während des Stillens von der Bauchspeicheldrüse sowohl der Mutter wie des Säuglings ausgeschüttet wird – eine opiatartige Substanz, deren Wirkung die des Morphiums um ein Mehrfaches übertrifft. Dieser

chemische Nexus der Lust zwischen der Mutter und ihrem Schützling begründet möglicherweise eine zusätzliche Dimension der Intimität.

10 Stephen Mitchell, Relational Concepts in Psychoanalysis, S. 32. Vgl. auch das Konzept der »strukturellen Paarung« in: Humberto R. Maturana und Francisco J. Varela, The Tree of Knowledge: The Biological Roots of Human Understanding.

11 Ashley Montagu, Körperkontakt. Die Bedeutung der Haut für die Entwicklung des Menschen, S. 58.

12 Jeremy Rifkin, Biosphere Politics, S. 222.

13 Ebd., S. 223.

14 Im neunzehnten Jahrhundert begannen Dienstleistungsexperten neue Bedürfnisse zu erfinden und damit die Nachfrage nach Waren anzuregen, deren Lieferung sie mit der Zeit monopolisierten. Zu diesem Wandlungsprozeß siehe Burton J. Bledstein, The Culture of Professionalism. Vgl. auch Christopher Laschs (unbetitelte) Besprechung in der *New York Times*. »Die Experten nutzten die verbreitete Furcht vor Funktionsstörungen und Krankheiten aus, bedienten sich bewußt eines vernebelnden Fachchinesisch, verspotteten überkommene volkstümliche Selbsthilfepraktiken als rückständig und unwissenschaftlich und schufen oder steigerten auf diese Weise die Nachfrage nach ihren Dienstleistungen.« Vgl. auch Ivan Illich, Die Nemesis der Medizin.

15 Walter Benjamin, Der Erzähler. Betrachtungen zum Werk Nikolai Lesskows (1936). In: W. B., Gesammelte Schriften, Bd. II.2, Frankfurt am Main 1977, S. 438–465 (444f).

16 Zitiert nach: Ronald J. Zboray, Antebellum Reading and the Ironies of Technological Innovation, S. 180f. – Bereits in diesem Bericht aus dem Jahr 1884 sehen wir die Literalität in der Umwandlung von der sich selbst offenbarenden Aktivität im mittelalterlichen Sinn zu einer Agentur der Warenwirtschaft begriffen, und zwar sowohl in dem Handelsobjekt Buch selbst als auch in der Ausbreitung einer neu strukturierten Welt, deren Organisationsprinzipien Information und Expertenregiment heißen.

17 W. Elliot Brownlee und Mary M. Brownlee, Women in the American Economy: A Documentary History 1675–1929.

18 *Project Head Start* ist ein seit 1965 in den USA laufendes staatlich finanziertes Programm für den kompensatorischen Unterricht mit behinderten Kindern und Kindern aus den unteren Einkommensschichten. Siehe Edward F. Zigler und Susan Muenchow, Head-Start: The Inside Story of America's Most Successful Educational Experiment (1993); vgl. auch Edward F. Zigler und Jeanette Valen-

tine (Hg.), Project Head Start: A Legacy of the War on Poverty. – Anm. d. Übs.

19 Maris A. Vinovskis, Early Childhood Education: Then and Now, S. 155.

20 Ebd.

21 Ebd., S. 156.

22 Siehe Edward Zigler und Jeanette Valentine (Hg.), Project Head Start: A Legacy of the War on Poverty, bes. S. 3–19.

23 Siehe Alison Clarke-Stewart, Infant Day Care: Maligned or Malignant?

24 Man beachte, wie das Wort von Anfang an dazu dient, Trennungslinien zwischen Klassen und Ethnien zu markieren: Massachusetts ist, was die einheimische Bevölkerung angeht, in puncto Literalität die Nummer eins unter den Staaten der Union und die Nummer neunzehn lediglich aufgrund des Analphabetismus seiner Iren und Frankokanadier, schrieb ein Anonymus unter dem Titel »First Fruits of Butler's Inaugural« in *The New England Journal of Education* (Jg. 17, S. 54).

25 Siehe Daniel N. Stern, The First Relationship: Infant and Mother. Der Autor vertritt die These, daß der Gebrauch von Aspekten und Modi schon in sehr frühem Alter in das Sprachrepertoire aufgenommen wird. Aspekte würden überdies im frühen Sprechen weder mit lexikalischen noch mit grammatischen Mitteln, sondern durch Affektausdruck, etwa Lachen und Weinen, sowie durch die Akzentstruktur und andere prosodische Mittel realisiert.

Vgl. auch Catherine E. Snow und Charles A. Ferguson (Hg.), Talking to Children: Language Input and Acquisition; Ann Fernald u.a., A Cross-Language Study of Prosodic Modifications in Mothers' and Fathers' Speech to Preverbal Infants; Jerome Bruner, Wie das Kind sprechen lernt; ders., The Ontogenesis of Speech Acts.

26 Breyne Arlene Moskowitz, The Acquisition of Language, S. 147.

27 Mark Twain, Huckleberry Finns Abenteuer, S. 344.

28 Ebd., S. 344f.

29 Ebd., S. 583.

30 Ebd., S. 492.

31 Ebd., S. 243.

32 Ebd., S. 493.

33 Im griechischen Mythos erbaute der Künstler und Kunsthandwerker – und Schriftsteller – Daidalos für König Minos das kretische Labyrinth. Der Held Theseus tötete den Minotauros, der im Inneren des Labyrinths lebte. Minos' Tochter Ariadne half Theseus, mit

Hilfe eines Fadens – eines Erzählfadens – den Rückweg aus dem Labyrinth zu finden. Als »Poetische Labyrinthe« bezeichnet man ein Corpus römischer Literaturwerke aus augusteischer Zeit.

34 Brian Stock, The Implications of Literacy.

35 Die geschilderte Praxis war noch im vorindustriellen Amerika anzutreffen: »In Werkstätten, die nach wie vor am vorindustriellen Arbeitsrhythmus festhielten, war es weitverbreitete Praxis, daß eine eigens zu diesem Zweck eingestellte Kraft laut die Zeitung vorlas, während die anderen ihrer Arbeit nachgingen.« (Zboray, Antebellum Reading and the Ironies of Technological Innovation, S. 194.)

7. Kapitel

1 Erik Eckholm, Teen-Age Gangs, S. 16.

2 Shakespeare, Macbeth, I. Akt, 5. Auftritt.

3 Auch Christus wird in der bildenden Kunst des ausgehenden zwölften und beginnenden dreizehnten Jahrhunderts nicht selten mit weiblichen Brüsten dargestellt.

4 Ausführlicheres über Wasserspeier findet man in: Michael Camille, Image on the Edge: The Margins of Medieval Art.

5 Über das erzählte Selbst: Jerome Bruner, Autobiography and the Self. In: J. B., Acts of Meaning. – Bruner erläutert, wie kleine Kinder in Richtung auf bestimmte Erzählstrukturen sozialisiert werden. Diese Strukturen prägen ihm zufolge die Psyche des Kindes und sind in gewisser Weise die Schöpfer seiner Lebensgeschichte.